业大学经济管理学院

「户」调研项目组 著

辽宁省 **新农村十周年**

调研报告

经济管理出版社

ECONOMY & MANAGEMENT PUBLISHING HOUSE

图书在版编目（CIP）数据

辽宁省新农村十周年调研报告/沈阳农业大学经济管理学院"百村千户"调研项目组
著.—北京：经济管理出版社，2019.4
ISBN 978 - 7 - 5096 - 5424 - 8

Ⅰ.①辽…　Ⅱ.①沈…　Ⅲ.①农村—社会主义建设—研究报告—中国　Ⅳ.①F320.3

中国版本图书馆 CIP 数据核字（2017）第 249163 号

组稿编辑：曹　靖
责任编辑：杨国强　张瑞军
责任印制：司东翔
责任校对：王淑卿

出版发行：经济管理出版社
　　　　　（北京市海淀区北蜂窝 8 号中雅大厦 A 座 11 层　100038）
网　　址：www. E - mp. com. cn
电　　话：（010）51915602
印　　刷：三河市延风印装有限公司
经　　销：新华书店
开　　本：720mm×1000mm/16
印　　张：23.5
字　　数：448 千字
版　　次：2019 年 4 月第 1 版　　2019 年 4 月第 1 次印刷
书　　号：ISBN 978 - 7 - 5096 - 5424 - 8
定　　价：78.00 元

序

　　我们党历来重视"三农"问题，始终把解决好"三农"问题作为全党工作的"重中之重"。习近平总书记指出："小康不小康，关键看老乡。"改革开放以来，我国的经济社会发展取得了巨大成就，但"三农"问题始终是全面建成小康社会的突出短板，最艰巨、最繁重的任务在农村。党的十九大明确提出要大力实施乡村振兴战略，要坚持农业农村优先发展，按照产业兴旺、生态宜居、乡风文明、治理有效、生活富裕的总要求，建立健全城乡融合发展体制机制和政策体系，加快推进农业农村现代化，是新时代做好"三农"工作的总抓手，掀开了我国"三农"发展的新篇章。

　　沈阳农业大学经济管理学院师生怀揣强烈的社会责任感和使命感，以发挥学科专业优势，服务"三农"为己任，于2006年起，走出校门，走向辽沈大地，在省内组织开展了新农村建设"百村千户"调研活动。调研紧紧围绕中央提出的"生产发展、生活宽裕、乡风文明、村容整洁、管理民主"五大目标，在15个县（区）、45个乡镇、135个村、1215户农户进行问卷调查，并确定了长期跟踪联系点。2015年，又有近百名师生对十年前调研的县、乡、村和农户进行相同问卷和调研方式的回访。经比较分析十年前后新农村建设的变化，形成二十余篇调研报告，对农业生产规模、生产方式、农业基础设施、农业保险覆盖面、农民收入及来源、农民生活条件、乡村文化生活、村容村貌、民主管理等方面的变化进行了详尽的比较分析。对调研中发现的农业生态环境破坏严重、农产品生产成本上升且效益低下、农业生产组织化程度低、农产品市场竞争力弱、农业劳动力老龄化严重等问题进行了深入剖析，提出了许多科学有益的改进意见和建议，为各级政府和有关部门研究"三农"问题，制定发展规划和相关政策，提供了有力的理论支撑和参考依据。

　　《辽宁省新农村十周年调研报告》凝结了我校经管人对"三农"的追寻和思考。为国家培养更多顶天立地的优秀农业人才，为助力实施乡村振兴战略提供人才支持和智力支撑是沈阳农业大学义不容辞的责任。我们坚信，在中国特色社会主义的新时代，在全社会的共同努力下，"三农"问题将彻底告别历史，乡村全面振兴就在"明天"。

沈阳农业大学校长　陈启军

目　录

辽宁省新农村十周年
调研总报告

新农村建设：十年成就及新挑战

——基于辽宁省"百村千户"的调查

建设社会主义新农村对全面建设小康社会和统筹城乡发展具有重大意义。2006 年中央发布一号文件《中共中央国务院关于推进社会主义新农村建设的若干意见》，文件正式提出了"生产发展、生活宽裕、乡风文明、村容整洁、管理民主"的社会主义新农村建设二十字方针。时隔十年，2015 年中央一号文件再次指出，围绕城乡发展一体化，深入推进新农村建设，全面推进农村人居环境整治。

新农村建设的研究引起学术界广泛的关注，目前国内对新农村建设的文献可以分成两大类：一是新农村建设的理论探讨；二是新农村建设的实践探讨。

新农村建设的理论探讨主要包括：

（1）新农村建设的背景、意义、内涵等。2006 年中央一号文件明确提出建设社会主义新农村的规划目标，大量研究集中在新农村建设提出的背景、意义、内涵等方面（陆学艺，2006；温铁军，2006；贺雪峰，2006 等）。

（2）新农村建设的内容和重点。三种代表性观点分别是：林毅夫为代表的"拉动内需"说、温铁军为代表的"农民合作"说、政策部门的观点。

（3）新农村建设的途径。一是通过城市化来带动新农村的建设（谢扬，2008）；二是加强农村公共产品供给（马晓河，2006；韩俊，2006）；三是通过制度改革来实现新农村建设的目标。还有一些其他观点，如坚持和发展集体经济、实行公司化管理、实现农业产业化、工业反哺农业、城市支持农村、政府大力帮助等（简新华，2006；白永秀，2007）。

（4）国外经验的借鉴。一般以韩国的"新村运动"、日本的"造村运动"、拉美国家社会转型期"贫民窟"的教训等为我国的新农村建设提供借鉴。其中，韩国的"新村运动"是主要的参考对象（贺聪志、李玉勤，2006）。

新农村建设的实践探讨，主要包括：新农村建设类型划分与模式（崔明等，2006），新农村建设的优先顺序（温铁军，2006；林毅夫，2006），新农村建设中不同部门和不同角色作用的发挥（赵培芳等，2015；叶敬忠，2009；李小云，2006），社会主义新农村建设评价指标体系（李立清、李明贤，2007），新农村建设中的信息化建设（李征，2009）、公共文化服务体系建设（邵洁，2014；朱宇，2011）、政府行为研究（魏琦，2013；修竣强，2013）、土地流转问题（娄亚鹏，2013）、农村金融改革（庄岁林，2007）、不同地区新农村建设的思路（张敬华，2014；王学翠，2014）等。尽管新农村建设的理论与实践研究成果丰硕，但鲜有文献用实地调研数据追踪考察新农村建设十年取得的辉煌成就。

2006 年是新农村建设的起步之年，为了了解当时的新农村建设状况，沈阳农业大学经管学院组织了新农村建设"百村千户"调研活动。调研方案紧紧围绕中央提出的五大目标，在调研问卷设计上分农户、村集体、基层政府 3 个层次，每个层次按五大目标分为五大部分。样本的获取采用分层随机抽样法，首先把辽宁省分为辽中、辽东、辽北、辽南、辽西 5 个区域，然后根据经济发展状况（富裕、中等、贫困）在每个区域抽取 3 个县，每个县抽取 3 个乡，每个乡抽取 3 个村，每个村抽取 9 户（富裕、中等、贫困农户各 3 户）；共调研了 15 个县（区）、45 个乡镇、135 个村、1215 户农户，调研方式采取入户问卷调查、深度访谈、小组座谈、调查员现场观察等方式。十年后，为了总结新农村建设的成就及在新形势下面临的新挑战，沈阳农业大学经管学院再次组织了新农村建设"百村千户"调研活动。此次调研方式、问卷设计、各乡镇村户的抽样方式与十年前基本保持一致。本文在两次调研的基础上总结了新农村建设十年的成就，并分析了新农村建设面临的新挑战。本文的调查分析，能够真实反映东北老工业基地新农村建设的十年成就和面临的新挑战。

一、新农村建设十年成就

（一）生产发展：全面推进

1. 农业生产规模扩大，机械化发展迅速，生产方式变化明显

经过十年的发展，农业生产规模增强。目前从事大田生产的农户，户均耕地面积 22.5 亩，十年前大田生产农户户均耕地面积 11.1 亩，耕种面积扩大一倍。种植大棚的农户，大棚种植面积每户平均达到 5.8 亩，而十年前大棚每户平均种植面积仅为 2.4 亩，大棚种植面积也翻了 1 倍多。在调研的总样本中有 35% 的农户进行了土地流转，20% 的农户转入土地，15% 的农户将土地租出，土地流转农户比例增大，农业生产规模扩大。随着农业生产规模的不断扩大，机械化生产水平显著提高，机耕率达到 83.6%，机播率达到 67.9%，机插率达到 76.8%，机

收率达到 39.9%①。随着农业机械化的发展，农业生产方式发生了很大变化，在中部平原地区，近半数的农田已实现全程机械化。

表1 土地经营面积比较

土地经营面积（亩）	2015 年		2006 年	
	均值	标准差	均值	标准差
大田亩数	22.5	86.4	11.1	13.2
大棚亩数	5.8	6.5	2.4	3.0

2. 农业生产基础设施改善明显

在新农村建设的十年中，农业生产急需的公用基础设施，如农田水利浇灌设施、交通设施、电力和能源设施等的投资得到各级政府的高度关注和财力支持。在调研的 116 个村中，66.4% 的村进行过农田水利等基础设施的投资修建，82.8% 的农户反映本村进行了此方面的投资修建，73.5% 的农户对当前的农田水利等基础设施表示满意甚至很满意。而十年前只有 52.2% 的农户对当时的农业生产基础设施选择了满意。农业生产基础设施的改善，基本保证了农业生产旱能灌、涝能排、田成方、路成行、渠相连、路相通。

3. 农民收入来源多元化

在家庭的总收入中，家庭经营收入仍是农户主要收入来源，占家庭总收入的53.2%，其次是工资性收入，占家庭总收入的 28.5%，非生产性收入占家庭总收入的 11.2%，转移性收入占 4.1%，财产性收入占 0.6%。与十年前比，虽然家庭经营收入仍是主要收入来源，但比重明显在下降（十年前家庭经营收入占63.8%）。农户工资性收入、非生产性收入、转移性收入及财产性收入比重均稳步上升，收入来源更加多元化。在相对富裕的辽东和辽南地区，工资性收入所占比重更大，家庭经营收入所占比重更小，而相对贫困的辽西地区正好相反。

4. 农村金融体制改革初见成效，农民贷款难有所缓解

农业生产资金缺乏是影响农业生产经营规模扩大的主要因素之一。在问及有无增加农业生产投资的意愿时，40.6% 的农户表示有增加生产投资的意愿，57.2% 的农户表示有过资金需求缺口，在有过资金需求缺口的农户中，38.9% 的农户申请过银行贷款，成功从银行贷款的农户高达 70.7%。31.3% 的农户认为获得银行贷款是不难的，融资贷款可得性增强，农村金融体制改革初见成效。

5. 农业保险覆盖面逐步扩大，农户参保率显著提高

79.1% 的农户认为自然灾害是农业生产经营面临的最大风险，为抵御自然和

---

① 机械化部分数据为 2014 年沈阳农业大学新农村研究院调研数据。

市场风险，保护农民收益，农业保险服务业近十年有了突飞猛进的发展。虽然农业保险在防御风险、保护农民切身利益上所发挥的作用不尽如人意，提升空间还很大，但农户参保率提高速度之快是惊人的。十年前农户参保率仅为3.2%，如今农户参保率达到67.6%，且参加农业保险的多为大田作物生产的农户。

表2　农户参加农业保险的对比　　　　　　　　　单位:%

是否参加农业保险	2015 年	2006 年
参加	67.6	3.2
未参加	30.1	94.2
不清楚	2.2	2.4

（二）生活宽裕：梦想成真

1. 农民收入显著提高，生活水平明显改善

根据调查，样本农户2014年人均年收入为31855元，去掉两侧各5%的极端值，截尾后的人均年收入为16681元，十年前样本农户人均年收入为6066元，截尾后的人均年收入为4661元。经过十年的发展，农户的人均年收入翻了两番多。2014年农户人均年生活性消费支出8323元，截尾后的人均年生活性消费支出6838元，十年前农户人均年生活性消费支出3002元，截尾后的人均年生活性消费支出2610元，农户的人均年生活性支出也翻了一番多。相对于支出的增长，收入的增长显然快于支出的增长。总体上，农户的经济状况明显改善，生活水平显著提高。

对农户现在家庭生活状况满意度的调查，认为比较满意的39.3%，很满意的22.8%，而十年前23.8%认为比较满意，仅3.1%认为很满意。现在表示不满意和不太满意的占10.9%，而十年前该比例是32.4%，村民对目前生活状况满意度明显提高，见图1。

2. 农民消费水平提高，消费层次再上新台阶

家庭拥有耐用消费品数量增多、层次提高，消费水平再上新台阶。十年前少数家庭普遍拥有的电视、电话，如今已经基本普及。十年前，只有38.5%家庭拥有电冰箱，如今92.4%的家庭拥有。十年前富裕家庭才拥有的空调、热水器，如今已经开始慢慢进入平常家庭。十年前连城里都很少拥有的电脑，如今49.1%的农村家庭拥有电脑，其中74.2%的家庭能上网。十年前只有城市富裕家庭才拥有的小汽车，如今21.9%的农村家庭拥有了小汽车。近三年24.5%家庭有过家庭成员外出旅游，比十年前提高了9.9个百分点。农村消费水平和层次再上新台阶。

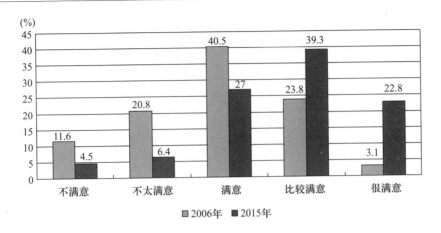

图1 农村家庭生活状况满意度的比较

表3 家中拥有耐用消费品的比较 单位:%

家中拥有的耐用消费品	2015 年	2006 年
摩托车（代步用）	67. 1	46. 5
电视	99. 6	95. 0
空调	15. 9	5. 6
洗衣机	87. 3	62. 0
热水器	41. 2	15. 5
电冰箱	92. 4	38. 5
电话	96. 5	88. 1
电脑	49. 1	6. 3
有电脑且能上网	74. 2	—
小汽车	21. 9	—

3. 生活条件明显改善

随着农村经济的不断发展，农村生活条件随之明显改善。尽管冬季农村普遍还是采用自家土炕进行取暖，但已有7.3%的农户用上了公共供暖，有2.7%的农户用空调进行取暖，十年前仅1.9%的调研样本农户用公共供暖（见图2）。生活饮用水来源变化更大，56.3%的农户喝上公共自来水，喝自家井水的农户减少，十年前仅 38.3% 的农户饮用公共自来水，59.5% 的农户喝自家井水，见图 3。

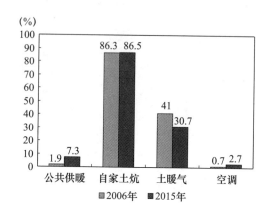

图 2　农村家庭取暖方式的比较

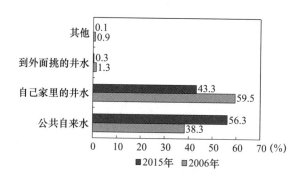

图 3　农村家庭生活用水来源的比较

4. 农村社会保障体系日渐完善

生病、养老、孩子教育费用太高是农村家庭一直以来最忧虑的三件大事。目前新型农村合作医疗在农村已经基本普及，81% 的农户反映新型农村合作医疗报销方便，新型农村合作医疗在保障农民获得基本卫生服务、缓解农民因病致贫和因病返贫方面发挥了重要的作用。过去农村养老只能靠儿女，如今国家出台了新型农村社会养老保险，农村养老有了新途径，66.9% 被访者参加了新型农村社会养老保险。虽然 86.3% 的被访者认为新型农村社会养老保险还不能解决养老问题，但新型农村社会养老保险是继取消农业税、农业直补、新型农村合作医疗等一系列惠农政策之后的又一项重大的惠农政策，随着这一政策的逐步推广完善，必将给农村养老带来新的巨大变化。

（三）乡风文明：稳步改善

1. 文化生活丰富多彩，休闲娱乐方式多样化

随着社会经济的发展，新农村建设的推进，村民文化生活愈加丰富多彩。过去村民更多地在家看电视、听广播、打麻将、打牌，或是闲聊串门，参加乡村组织的文娱活动或健身活动的村民较少，如今参加健身活动或乡村组织的文娱活动的村民越来越多。十年前仅有8.5%的村民选择参加健身活动作为平时休闲娱乐活动，如今有30%的村民开始参加健身活动，调研中印象最深刻的是晚饭后村民们聚在村委会附近的小广场跳起了广场舞，整齐的队伍、流行的音乐、优美的舞姿，不亚于城市居民，老百姓说一到晚上村里就放喇叭，大家自觉过来跳舞。很多村民反映村里修建的休闲娱乐场所还太少，渴望能修建更多的文化娱乐广场，方便村民活动。

表4 农村休闲娱乐活动的比较 单位:%

平时休闲娱乐活动	2015 年	2006 年
看电视、听广播	87.0	88.1
打麻将或打牌	21.8	23.0
参加健身活动	30.0	8.5
参加乡村组织的文娱活动	22.1	14.0
闲聊串门	32.8	30.0
其他	8.2	5.5

2. 农村社会风气改善，宗教信仰特色突出

农村社会风气比以前改善很多，不赡养老人的现象有所缓解，十年前26.3%的村反映有不赡养老人的现象，如今这一比例已降为19.1%，家庭暴力现象也减少很多，十年前32.1%的村民反映有家庭暴力现象，目前下降到20.7%。邻里关系更和谐，目前47.1%的村民反映邻里关系比较和谐，45.3%的村民反映邻里关系很和谐，而十年前，31%的村民反映邻里关系比较和谐，仅9.1%的村民反映邻里关系很和谐。反映村里邻里关系不和谐的村民比重明显下降，目前不到1%的村民认为邻里关系不和谐，十年前4.6%的村民认为邻里关系不和谐（见图4）。对本村治安状况满意度的调查显示，目前村民普遍对本村的治安状况非常满意，选择不满意的仅占1.8%，而十年前选择不满意的村民占12.6%。目前选择很满意的村民占34.6%，而十年前这一比例仅为5.9%，见图5。

目前农村相信封建迷信的村民越来越少，由十年前的7%下降到4.1%。随着封建迷信的破除，宗教信仰文化在农村越来越流行。在所调查的所有村中，每

个村平均58人有宗教信仰。在各类宗教中，基督教的教徒最多，发展速度最快，规模也最大，而佛教、天主教、道教日渐萎缩。目前农村信仰道教的几近为零，在所调研的样本中，无一人信仰道教，见表5。

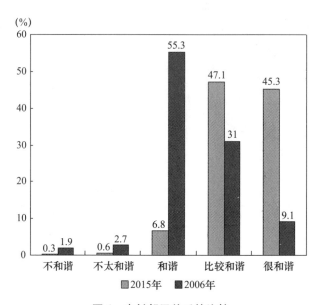

图4　本村邻里关系的比较

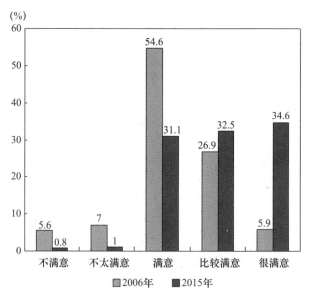

图5　本村治安状况满意度的比较

表5　农村宗教信仰类型的比较　　　　　　　　单位:%

信仰宗教类型	2015 年	2006 年
基督教	90.0	70.2
佛教	25.6	32.1
天主教	9.9	13.7
道教	0.0	1.5
其他	2.3	4.6

（四）村容整洁：成效明显

1. 生活基础设施改善明显

通过新农村建设，农村村容村貌发生了巨大变化。首先是改善道路。村一级的调查问卷显示，85.2%的村进行过道路修建、改造。凤城草河乡保卫村柏油路几乎修到每个农户家门口。其次是农民健身文化活动场所的增多。调研数据显示，89%的村修建了健身休闲广场，81.2%的村民反映本村已经修建了健身和文化活动场所，而十年前这一比例仅为41.1%。村民对本村健身休闲场所的满意度也明显提高。目前，对本村健身休闲场所表示满意的村民高达87.8%，不满意和不太满意的仅占12.2%，而十年前表示不满意和不太满意的比例为39.5%（见图6）。另外，83.6%的村民反映本村有路灯，而十年前的比例是72.6%。35.1%的村民反映本村有公共厕所，十年前这一比例为23.8%（见图7）。总体看，农村生活基础设施改善明显。

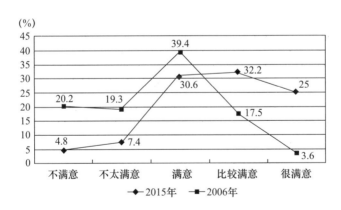

图6　对本村健身休闲场所满意度的对比

2. 村容村貌焕然一新

调查显示，90.5%的村进行了村容改造，改水、改路、改厕、改灶、改圈，

91.0%的村进行村屯整治，清垃圾、清粪堆、清路障、清柴垛、清院落，而十年前仅78.1%的村进行村容改造，76.8%的村进行村屯整治（见表6）。随着村容改造、村屯整治的开展，村民对本村街路状况的满意度逐渐提升，对本村街路状况比较满意的村民由十年前的16%提升到39.9%，很满意的村民由十年前的3.1%提升到24.9%，而不满意和不太满意的比例由47.6%下降到21.5%，见图8。

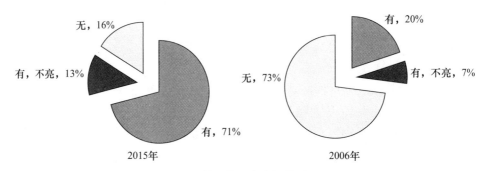

图7　村里是否有路灯的对比

表6　是否村容改造、村屯整治的调查　　　　　　　　　　　　单位:%

是否村容改造、村屯整治	是否村容改造		是否村屯整治	
	2015 年	2006 年	2015 年	2006 年
否	9.5	21.9	9.0	23.2
是	90.5	78.1	91.0	76.8

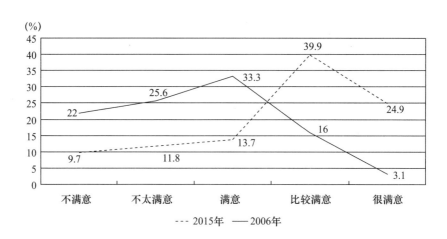

图8　对本村街路满意度的调查对比

3. 人居环境改善明显

人居环境的改善是村容整洁的一大亮点，地方政府在整治农村公共卫生环境方面成效显著，目前70.0%的村设置专门的道路清洁人员和环卫人员，82.8%的村对村里生活垃圾进行统一处理，而十年前仅35.4%村设置了道路清洁人员、环卫人员，38.4%的村对村里生活垃圾进行统一处理。对农药瓶等有害物品10.8%的村进行了统一处理，比过去提高了五个百分点。村民对乡村集市卫生状况给予高度认可，对乡村集市卫生状况比较满意的由过去的19.2%提升到39.4%，很满意的由1%上升为15.4%，不满意和不太满意的由40.7%下降至15%，见图9。

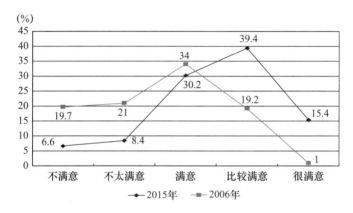

图9　对乡村集市卫生状况满意度的调查对比

村民保护、维持农村公共卫生环境的意识明显提高，这由村民生活垃圾的处理方式可见一斑。将生活垃圾倾倒于村指定的统一处理地点的村民占到76.8%，过去仅有31.3%的村民会如此，随意倾倒垃圾的则由过去的19.9%下降到9.8%（见表7、表8）。村民保护村公共卫生环境的意识以及地方政府的大力整治是农村村容整洁得以长期维持的基础。

表7　村民处理生活垃圾方式的调查　　　　　　　　　单位:%

村民处理生活垃圾的方式	2015 年	2006 年
村指定的垃圾倾倒地点统一处理	76.8	31.3
无人处理的垃圾倾倒点	4.8	8.3
自己家固定倾倒点	8.4	36.8
随意倾倒	9.8	19.9
其他	0.2	3.7

表8 废弃有害物品处理方式的调查   单位:%

农药瓶等废弃有害物品的处理方式	2015 年	2006 年
村统一处理	10.8	5.5
扔垃圾堆	34.0	25.8
随用随扔	34.4	41.9
其他	20.8	26.8

（五）管理民主：扎实推进

1. 民主选举逐步规范

加强农村基层民主管理是建设社会主义新农村的重要内容之一，新农村建设十年农村民主管理成效明显，再上新台阶，民主选举更加规范。

2. 村务全部公开

在所调查的样本村里，100%的村实行村务公开，100%的村表示村里的重大村务都通过村民大会或村民代表表决，79.8%的村民认为村民代表能对村里的经济活动进行有效的监督和约束，而十年前这一比例是68.6%，村民对村务管理的认可有了明显提高。

3. 民主管理认可度更高

村民对本村民主管理的认可度逐年递升，十年前村民对本村民主管理很不满意和不太满意的分别占到5.6%和12.6%，目前这两个比例分别下降到2.5%和4.4%，比较满意的则由十年前的22.7%上升到41.6%，很满意的由十年前的4.2%上升到34.8%（见图10）。村民对村民主管理的认可度发生较大变化。在村民代表能否代表村民意愿的调查中，认为不能的由十年前的11.3%降到8.9%，认为能的由十年前的58.2%上升到63.9%。由此可见，在村民主管理方面，成效明显，再上新台阶。

二、新农村建设面临新挑战

1. 农业生产环境污染严重，农业生态环境系统被严重破坏

现有的农业生产对环境造成了严重污染。为了提高亩产、防止病虫害，农民在一亩地一般要施三四百斤化肥，两三斤农药，这些化肥、农药能够被庄稼利用或保护庄稼的占10%～30%，更多的是造成大量的环境污染，污染的比例高达70%～90%。由于化肥、农药的过量使用，造成农村面源污染、耕地质量下降、土壤基础地力下降、地下水超采等问题日益突出，资源环境难以承受现有生产方式，农业生态环境面临前所未有的挑战和压力。调研中很多农民无奈地反映，现在庄稼、果树已到了不打农药不行的地步，而且害虫越杀越多，漫山遍野飘着农

药味道。农民的环保意识也很薄弱，高达34.4%的村民仍然随用随扔农药瓶子等废弃有害物品。

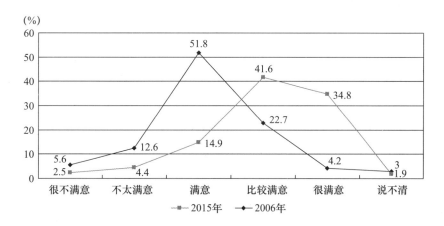

图10　村民对民主管理满意度的调查对比

2. 农业生产的组织化、市场化程度低，农产品市场竞争力低下

调研的样本中，仅有20%的农户参加了农民专业合作社，十年前13.3%的农户加入合作社，加入合作社的农户十年之间增加了不到7个百分点。根据2014年沈阳农业大学新农村发展研究院调研数据，有79.7%的村有农民专业合作社，平均每个村1.8个，各种规章制度健全，且运行较好真正发挥作用的仅占10.2%，大部分合作社只是徒有其名，有些合作社只是比较活跃的农民为获得政府的政策支持而成立的。粮食作物的销售，84.9%的农户主要通过商贩，通过合作社、企业订单销售粮食作物的农户分别占0.79%、2.37%，果蔬类农产品的销售，61.3%的农户主要通过商贩销售，14%的农户直接销售到市场，通过合作社、企业订单销售的农户分别占1.65%、1.65%，与十年前比基本没有变化。农户的农业生产更多还停留在提供初级农产品的阶段，没有延伸产业链条，仅有16.5%的农户对主要农产品进行储藏加工，而且储藏加工的多为粮食作物，十年前有19.8%的农户储藏加工农产品，绝大多数农户不进行任何的储藏加工，进行深加工的寥寥无几。农户的农产品品牌意识不强，绝大多数农户生产的农产品没有任何品牌，农产品竞争力低下。

3. 农业技术应用水平落后，农民信息化水平偏低

近三年，54.7%的农户在农业生产中采用了新技术，但新技术多数还局限于良种、优质化肥、农药、农业机械设施等，仅有2.2%的农户采用了储藏加工技术，5.4%的农户采用了无公害生产技术。农民获取新技术、新知识的渠道单一、

落后，54.1%农户仍然通过电视获得信息，17.6%的农户靠向其他农户学习的方式获得新技术，通过网络获取信息技术的仅占1.8%。20.7%的农户反映农业生产中面临缺乏技术的困难，虽然农村每年搞农业技术培训，但技术培训的针对性、有效性差，农民参与的积极性并不高，农业科技推广应用仍是目前农业生产面临的一大挑战。

农民对电子商务、网络信息了解甚少，仅有22.7%的被访者知道电子商务。在问及制约网上销售农产品的因素有哪些时，38.6%的被访者认为是不会上网，32.7%的被访者认为农产品不适合网上销售。另外，22.3%的被访者回答无网上销售意识，农民信息化水平偏低严重制约"互联网＋"在农村的推广。

4. 生产成本上升，农业生产比较效益低下

农业生产成本持续上升，农产品价格弱势运行，农业生产比较效益持续走低，是农业生产面临的一大现实挑战。农村劳动力、农业土地、农资等价格上涨较快，特别是人工成本和土地流转费用，在工业化、城镇化进程中快速上涨，严重挤压了农民的收益空间。35.4%的农户认为农产品价格波动是农业生产面临的主要风险，20.3%的农户认为是农资价格上涨，15.1%的农户认为是劳动力成本上升，还有5.5%的农户选择了土地租金上涨。当前，农业生产经营进入成本上升的新常态，而农产品价格上涨的空间狭小，农民的收益遭受挑战，这是新农村建设要面临的重大考验。

5. 城乡收入差距缩小，但农村内部收入差距拉大

根据国家统计局公布的数据，2014年我国城镇居民人均可支配收入28844元，农村居民纯收入9892元，城乡居民收入比为2.92:1，城镇和农村居民的收入水平差距首次降至3倍以下，城乡收入差距缩小至2002年以来最低值。但农村内部收入差距却在拉大，调研样本数据中，收入最高的10%农户的平均收入与收入最低的10%农户的平均收入之比为12.47:1，十年前这一比值为8。从我们的样本农户数据看，2014年人均年收入为31855元，去掉两侧各5%的极端值，截尾后的人均年收入为16681元，十年前样本农户人均年收入为6066元，截尾后的人均年收入为4661元，显示农户的收入差距明显拉大。进一步分析表明，2014年样本农户收入的变异系数[①]为0.125，十年前样本农户收入的变异系数为0.09，更进一步显示农村内部收入差距拉大。

6. 劳动力转移步伐加快，农业劳动力老龄化严重

根据家庭成员劳动力的调研数据，目前从事农业生产的劳动力平均年龄46.6岁，其中45岁以下的劳动力仅占25.4%，45～60岁的劳动力占40.3%，60岁

---

① 变异系数＝标准差/均值。

以上的劳动力占34.3%，农业劳动力老龄化相当严重。随着工业化、城镇化的快速推进，大量农村劳动力持续向外转移。根据村卷的调研数据，目前各村平均28.8%的劳动力外出打工。"谁来种地"的问题日益突出，培育新型农业生产经营主体，仍是新农村建设面临的一大难题。

7. 农村随礼现象严重，赌博现象有回升迹象

尽管乡风文明在稳步推进中，但一些新问题不容忽视。农村随礼现象变得更严重，红白喜事操办司空见惯，村民为了回收礼金，小事大办，造成极大浪费。28.9%的村民认为村里随礼现象严重，29.5%的村民认为比较严重，认为很严重的占14.5%，十年前，这几个比例分别是19.5%、20.6%、10.4%（见图11）。村民对随礼现象很反感，更多的却是无奈。另一不容忽视的现象是赌博现象似有回升迹象，十年前93.6%的村民认为本村赌博现象不严重或不太严重，如今86.8%的村民认为不严重或不太严重，却有9.4%的村民认为目前本村赌博现象严重，而十年前只有2.8%的村民认为本村赌博现象严重（见图12）。调研中我们不经意地发现村民间的交往日渐冷淡，过去农民走街串巷、聚在村头巷尾闲聊、左邻右舍亲如一家人的景象正悄悄消失。

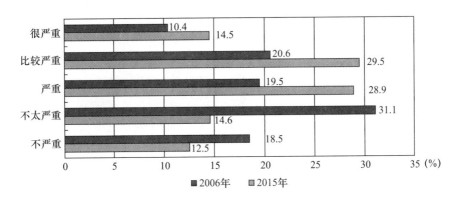

图11 对本村随礼现象看法的调查对比

8. 农村基础设施改善的空间仍很大，绿化美化农村环境任重道远

新农村建设十年，农村村容村貌焕然一新，农村人居环境明显改善，村容整洁成效显著，但距离绿化美化农村环境目标相差甚远。统一规划住房、修建下水道的村，目前寥寥无几，农村绿化更谈不上。道路、健身文化活动场所、路灯、公共厕所等基础设施的修建极大地满足了村民需求，方便了村民，但这些基础设施数量明显不足，而且多数建在村部所在地，不方便多数村民使用。现有的文化基础设施远远无法满足村民的要求，渴望更多更好的文化基础设施是村民的一大愿望。

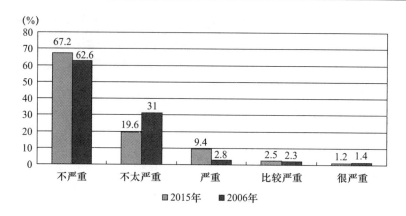

图12 对本村赌博现象看法的调查对比

三、结论与思考

根据两次辽宁省"百村千户"新农村建设调研的比较，总结新农村十年建设取得辉煌成就：生产发展全面推进；生活宽裕梦想成真；乡风文明稳步改善；村容整洁成效明显；民主管理扎实推进。虽然新农村建设取得丰硕成果，仍面临诸多新挑战：农业生产环境污染严重，农业生态环境系统破坏严重；农业生产的组织化、市场化程度低，农产品市场竞争力低下；农业技术应用水平落后，农民信息化水平偏低；农产品生产成本上升，农业生产比较效益低下；城乡收入差距缩小，但农村内部收入差距拉大；劳动力转移步伐加快，农业劳动力老龄化严重；农村随礼现象严重，赌博现象有回升迹象；农村基础设施改善的空间仍很大，绿化美化农村环境任重道远。

为此，必须加大投入，保护农业资源环境，促进农业可持续发展；转变经营方式，促进农业增效农民增收；推进城乡一体化建设，实现城乡社会保障制度均等化；创新农业技术，推进农业信息化建设；培育新型职业农民，保障新农村建设人才；提升农村基础设施水平，推进城乡基本公共服务均等化；改善农民居住条件，配套农村公共服务设施，推进山水林田路综合治理。

总之，只有正确面对目前农村发展中的各种挑战，制定全方位的发展战略，才能进一步推进社会主义新农村建设，为全面建成小康社会奠定坚实基础。

（李旻、张广胜、周静、王振华）

辽宁省新农村建设十周年调研分报告

辽东地区新农村调研报告

建设社会主义新农村对全面建设小康社会和统筹城乡发展具有重大意义。2006 年中央发布一号文件《中共中央国务院关于推进社会主义新农村建设的若干意见》，文件正式提出了"生产发展、生活宽裕、乡风文明、村容整洁、管理民主"的社会主义新农村建设的二十字方针。时隔十年，2015 年中央一号文件再次指出，围绕城乡发展一体化，深入推进新农村建设，全面推进农村人居环境整治。

2006 年是新农村建设的起步之年，为了了解当时的新农村建设状况，沈阳农业大学经管学院组织了新农村建设"百村千户"调研活动。调研方案紧紧围绕中央提出的五大目标，在调研问卷设计上分农户、村集体、基层政府 3 个层次，每个层次按五大目标分为五大部分。样本的获取采用分层随机抽样法，首先把辽宁省分为辽中、辽东、辽北、辽南、辽西 5 个区域，然后根据经济发展状况（富裕、中等、贫困）在每个区域抽取 3 个县，每个县抽取 3 个乡，每个乡抽取 3 个村，每个村抽取 9 户（富裕、中等、贫困农户各 3 户）；共调研了 15 个县（区）、45 个乡镇、135 个村、1215 户农户，调研方式采取入户问卷调查、深度访谈、小组座谈、调查员现场观察等方式。十年后，为了总结新农村建设的成就及在新形势下面临的新挑战，沈阳农业大学经管学院再次组织了新农村建设"百村千户"调研活动。此次调研方式、问卷设计、各乡镇村户的抽样方式与十年前基本保持一致。本文在两次调研的基础上总结了新农村建设十年的成就，并分析了新农村建设面临的新挑战。以下将对辽东地区的调研情况进行详细描述。

一、调查地区概况

辽东地区是辽宁省新农村建设课题组选择的五个地区之一。对于辽东地区，我们选取了抚顺市的新宾满族自治县、丹东市的东港市和凤城市进行调查。

（一）辽东地区基本概括

1. 自然地理

辽东地区位于辽宁辽河以东的辽宁东部地区。在行政上包括抚顺市、本溪市、丹东市。丹东市属于南临黄海的沿海城市，抚顺市、本溪市属于内陆。其中，丹东市地处辽宁省东南部，东与朝鲜的新义州市隔江相望，南临黄海，是亚洲唯一一个同时拥有边境口岸、机场、高铁、河港、海港、高速公路的城市。辽西地区总面积为34906平方千米，人口906.9万人。

辽东地区属温带大陆性季风气候区，年平均气温7℃~8℃。降水量较多，是东北地区降水量最多地区，年平均雨量多在800~1200毫米，降水多集中于夏季的七八月份。受季风影响，季节变化明显，四季分明。辽东地区多为山区，属长白山脉向西南延伸的支脉或余脉，地势由东北向西南逐渐降低，自然概貌可概括为"七山一水分半田，半分道路和庄园"。主要山脉有清原摩离红山，本溪摩天岭、龙岗山，桓仁老秃子山、花脖子山，宽甸四方顶子山、凤城凤凰山等。

2. 经济社会发展

辽东地区由三个地级市组成，辖2个县级市、1个县、5个自治县、11个区、151个乡镇、83个街道。2013年末总户数222.8万户、总人口906.9万人。2013年辽东地区国内生产总值达到3641.41亿元，比上一年增加309.59亿元。其中，第一产业生产总值达到305.76亿元、第二产业生产总值达到2055.03亿元、第三产业生产总值达到1280.62亿元。城镇居民人均可支配收入23135.69元，农民人均纯收入12112元。公共财政预算收入达到400.2727亿元。

（二）新宾满族自治县概况

1. 自然地理

新宾满族自治县，辽宁省抚顺市辖区，位于辽宁省东部，抚顺市东南部，东与吉林省通化市、柳河县搭界，南与本溪市、桓仁满族自治县为邻，西与抚顺市相连，北与清原满族自治县毗壤。属于长白山支脉延伸部分，地势由东北向西南倾斜。总面积4432平方千米。

新宾境内属北温带季节性大陆气候，一年四季分明，气候宜人，雨量充沛，年平均降雨量在750~850毫米，无霜期150天左右。

截至2014年，新宾满族自治县土地总面积664万亩，其中耕地面积39.5万亩；可开发的小流域有6036条，总面积347.5万亩；可开垦的草甸地、山间地和河滩地10.2万亩。新宾满族自治县森林总面积达410万亩，覆盖率73.8%，木材蓄积量累计达到2045万立方米。为辽东山区最大的森林宝库。新宾满族自治县经勘测确定县内有煤炭、金、银、铜、铝、铁，钾长石、硅石、石灰石、磷灰石、大理石、草炭等金属、非金属矿藏40余种，分布在境内144个矿点，其中铁矿储量 3738 万吨、煤炭储量 3000 多万吨、金矿储量 11 万吨、绿斑花岗岩储量 30 万立方米、黑色橄榄辉长岩储量 1200 万立方米。

2. 经济社会发展

截至 2014 年，新宾满族自治县总人口 32 万人，满族人口占全县总人口的 70% 以上。公共财政预算收入实现 10.1 亿元；全县地区生产总值预计实现 120 亿元；全社会固定资产投资实现 117 亿元；农村居民人均可支配收入实现 10495 元。

第一产业方面，新宾满族自治县新种植短梗五加 3000 亩，富硒水稻 1.3 万亩，兑现富硒水稻订单 6000 吨，农户增收 400 万元。新增食用菌种植面积 3000 亩。建成特色产业园 40 个，畜禽标准化养殖场 20 个。农业增加值实现 25.2 亿元，同比增长 6.5%。

第二产业方面，新宾满族自治县新增铁粉产量 25 万吨，总量达到 112 万吨，实现税收 1.7 亿元。新宾满族自治县新增规模以上工业企业 6 个，工业增加值预计实现 56.3 亿元，同比 2013 年增长 16%。

第三产业方面，新宾满族自治县共引进投资超亿元项目 18 个，域外资金到位额 96 亿元，同比 2013 年增长 37.8%；实际利用外资额 5000 万美元，同比 2013 年增长 229%；外贸出口额实现 2560 万美元，同比增长 13%；争取上级政府拨付相关资金 12 亿元，同比 2013 年增长 20%。

（三）东港市概况

1. 自然地理

东港市位于辽宁省东南部，地处丹东市西南部；南临黄海；北、西北接凤城市、岫岩满族自治县；西与庄河市毗邻；东北和丹东市振安区相连；东隔鸭绿江同朝鲜平安北道龙川郡相望。拥有沿海、沿江、沿边地理优势，是中国海岸线上最北端的县级市。东港市地貌类型多样，地势北高南低，呈阶梯状分布。全境陆域面积 2399 平方千米，海域面积 3500 平方千米，海岸线 93.5 千米。

东港市属北温带湿润地区大陆性季风气候。受黄海影响，具有海洋性气候特点。冬无严寒，夏无酷暑，四季分明，雨热同季。正常年景年平均气温 8.4℃，无霜期 182 天，结冻期 147 天，降雨量 888 毫米，日照时数 2484.3 小时。

东港市年平均降水 900～1000 毫米，有河流 12 条，年径流量 12 亿立方米，均为鸭绿江水系、大洋河水系两大水系干流，其他主要河流源出境内北部山区，为季节性直接入海河流。

东港市近海海洋生物资源十分丰富，是多种鱼虾蟹贝的繁衍、栖息、越冬、索饵的场所，也是辽宁省的重要渔业生产基地之一。现有林业用地面积 53195.9 公顷，全市活立木总蓄积 65 万立方米，森林覆盖率 30%。东港市已探明 22 个矿床，矿点达 171 处。开发的矿种有金、铜、花岗岩、大理石、石灰石、海砂、滑石、高岭土等矿种。金矿金是东港市主要金属矿种，分布在长安镇境内，现在已开采点 40 处，产值 750 万元。

2. 经济社会发展

2014 年末，全市总户数 203846 户，比 2013 年增加 2191 户；户籍总人口60.81 万人，比 2013 年增加 892 人。2014 年，东港市地区生产总值 348.9 亿元，在全省县（市）中居第 8 位，比 2013 年增长 5.7%。其中：第一产业增加值71.5 亿元，比 2013 年增长 3.4%；第二产业增加值 158.3 亿元，比 2013 年增长6.0%；第三产业增加值 119.1 亿元，比 2013 年增长 6.6%。三次产业增加值占地区生产总值的比重由上年的 21.2：45.7：33.1 调整为 20.5：45.4：34.1。年人均地区生产总值 57418 元，按可比价格计算，比 2013 年增长 5.6%

（四）凤城市概况

1. 自然地理

凤城市位于辽东半岛东部，地近黄海北岸，为省辖县级市。北邻本溪满族自治县，南与丹东市振安区和东港市接壤，东靠宽甸满族自治县，西与辽阳县、岫岩满族自治县毗连。南距丹东市区 71 千米，北距沈阳 217 千米。全市总面积5513 平方千米，户籍总人口近 59 万人，全市共有满、汉、蒙古、回、朝等 24 个民族，满族人口占 75.1%。全市辖 3 个经济管理区、18 个镇，201 个行政村。

凤城地区属辽东山地丘陵地貌类型，北部是海拔 1000 米以上的侵蚀构造地形。凤城市属于中湿带湿润地区，大陆性季风气候，四季分明，全年平均气温7.9℃，平均最高气温 14℃，平均最低气温 2.6℃；无霜期最多为 173 天，最少为 138 天，平均无霜期 156 天。多年平均降水量 1044 毫米，最大年降雨量1509.4 毫米；多年平均日照时数 2372.2 小时。

凤城市水资源总量为 33.64 亿立方米/年，人均占有量 5831 立方米，占辽宁省地表水资源的 5.5%。可利用水总量 20.90 亿立方米，其中地表水 19.16 亿立方米，地下水 1.74 亿立方米。矿产资源丰富，现已发现煤、铁、金、铜、硼等金属、非金属矿藏 59 种，其中沙金和脉金储量较大，分布面广，开采已有 200多年的历史，1989 年被列为全国黄金生产重点产区之一，2010 年发现新的矿产资源，初步探明蕴藏金资源量 20.5 吨，属于大型金矿；硼矿储量占全国固体硼矿总储量的 63%，刘家河翁泉沟硼矿储量居全国首位；红柱石储量居亚洲第一位、世界第三位。

2. 经济社会发展

2014 年，东港市完成地区生产总值 520 亿元，增长 6%；固定资产投资177.5 亿元，增长 2%；公共财政预算收入 30.7 亿元，下降 7%；社会消费品零售总额113.6亿元，增长12%；外贸出口总额6.6亿美元，增长3%；城乡居民人均可支配收入15500元，增长9.7%。

第一产业方面，粮食总产量达到52.5万吨，实现"四连丰"，荣获"全国粮食生产先进单位"称号。成功创建国家级出口食品农产品（草莓、贝类）质量安全示范区。水产品总产量31万吨，产量及出口创汇连续多年位列全省第二位。创建水稻万亩高产示范片15个。新增经济林1.6万亩。建设病死动物无害化处理场11处。农业示范园区、专业合作示范社、家庭农场、产业化龙头企业在数量和带动作用等方面都有了新的提升。黑沟双增法系种猪繁育项目填补东北地区空白。高标准基本农田、灌区改造等农业基础设施建设的投入资金达2.6亿元，发放各类涉农补贴资金1.3亿元。

第二产业方面，用电量增长8%，规模以上工业增加值增长4%。落实企业扶持政策，完成技改项目50个。75户企业位列"三百企业工程"名单，15户企业新获表彰。新增规模以上企业8户，销售收入过亿元企业5户。再生资源产业园进口废物圈区管理通过国家级验收。食品加工、机械装备制造、纺织服装、再生资源四大产业集群完成规模产值290亿元。

第三产业方面，服务业增加值实现205亿元，占地区生产总值的比重提高1.2个百分点。东港中心商贸流通集聚区成为省级服务业集聚区，新建特色农产品电子商务交易平台。成功举办观鸟节、海鲜文化节，海岛游、乡村游、赏花游等特色旅游项目持续火爆，游客接待量增长15%，再创历史新高。新增旅游专业村4个，獐岛村荣获"全国五星级休闲农业与乡村旅游示范点"称号。东北亚商贸城、北黄海温泉度假村、鸭绿江湿地国际观鸟园等商贸旅游项目顺利推进。

二、生产发展

（一）农业生产规模扩大，产出水平提高

由表1可以看出，经过十年的发展，农业生产规模增强。目前从事大田生产的农户，其中水田和旱地的户均耕地面积分别为25.00亩和14.38亩，十年前大田生产农户户均耕地面积9.12亩，耕种面积进一步扩大。种植大棚的农户，冷棚和暖棚的平均种植面积分别达到6.75亩和7.73亩，而十年前大棚每户平均种植面积仅为1.00亩和1.46亩，大棚种植面积也翻了6~7倍。尽管进行农业生产的户数是在下降，十年间，各项农业生产所带来的亩均净收益是在显著提升。

（二）销售渠道依旧单一，且缺乏对农产品的深加工

如表2所示，十年前，61.57%的农户将农产品直接在市场中销售，而今天，有81.40%农户通过商贩将农产品卖掉，这种单一的销售渠道在农村中占据半壁江山。一些新兴的销售方式（比如网上销售）在农村的普及率很低，2015年仅

占比7.44%。

表1 农户农业生产变化情况

	2015 年			2006 年		
	种植户数（水田/旱地）	平均种植面积（水田/旱地）（亩）	亩均净收益（水田/旱地）（元）	种植户数	平均种植面积（亩）	亩均净收益（元）
大田种植	111/168	25.00/14.38	986.61/842.39	230	9.12	387.91
冷棚种植	6	6.75	24083.33	8	1.00	5312.5
暖棚种植	12	7.73	18341.67	16	1.46	−9500
果园种植	10	15.3	2365	21	19.81	1787.5

数据来源：调研问卷所得。

表2 农户农产品销售渠道的变化情况

	2015 年		2006 年	
	样本数	占比（%）	样本数	占比（%）
直接到市场销售	8	3.72	149	61.57
通过商贩	175	81.40	22	9.09
通过合作社	1	0.47	41	16.94
企业订购	14	6.51	66	27.27
经纪人	0	0	60	24.79
网上销售	16	7.44	0	0

数据来源：调研问卷所得。

另外，2006年，调研农户中对农产品进行加工或储藏的户数有55户，占比22.45%；2015年，调研农户中对农产品进行加工或储藏的户数有38户，占比15.51%。农户缺乏对农产品的深加工，出售的都是一些低级产品，这非常不利于农村的健康发展。

（三）使用效率一直是农户购买农产品考虑的最重要因素

由表3可得，十年来，农户购买农产品考虑的最重要因素一直都是使用效率，且这种意识是在增强，选择使用效率的农户由47.50%提升到62.44%。选择根据别人选择和销售商推广的比例分别提升的6.43%和10.97%。选择价格和广告的农户分别下降了6.76%和7.13%。

表3　农户购买农产品考虑因素的变化情况

	2015 年		2006 年	
	样本数	占比（%）	样本数	占比（%）
根据别人选择	35	16.43	24	10.00
广告	7	3.29	25	10.42
销售商推销	50	23.47	30	12.50
价格	14	6.57	32	13.33
使用效率	133	62.44	114	47.50

数据来源：调研问卷所得。

（四）化肥、农药等生产资料价格趋于合理，农户对其满意度提升明显

2006 年，84.49% 的农户认为化肥、农药等生产资料的价格偏高；12.65% 的农户认为化肥、农药等生产资料的价格合理；2.85% 的农户不清楚化肥、农药等生产资料的价格是否合理。而对于化肥、农药等生产资料质量的满意程度，16.33% 的农户不满意，26.12% 的农户不太满意，22.45% 的农户满意，29.80% 的农户比较满意，1.63% 的农户很满意。

2015 年调研中，42.66% 的农户认为化肥、农药等生产资料的价格偏高；1.83% 的农户认为化肥、农药等生产资料的价格偏低；50.92% 的农户认为化肥、农药等生产资料的价格合理；4.59% 的农户不清楚化肥、农药等生产资料的价格是否合理。而对于化肥、农药等生产资料质量的满意程度，1.83% 的农户不满意，6.42% 的农户不太满意，22.02% 的农户满意，53.67% 的农户比较满意，16.06% 的农户很满意。

（五）农业生产的资金来源趋于单一

经过十年的发展，农户用于农业生产的资金来源趋向于家中自有资金，占比已经达到90.61%，依靠亲朋好友的借款、小额信贷和政府补贴的比例依旧很低。

表4　农户用于农业生产资金的变化情况

	2015 年		2006 年	
	样本数	占比（%）	样本数	占比（%）
家中自有资金	193	90.61	149	61.57
亲朋好友借款	32	15.02	23	9.50
小额信贷	12	5.63	103	42.57
政府补贴	14	6.57	26	10.74

数据来源：调研问卷所得。

（六）农业技术培训增多，参保率明显提升

2006 年调研中，近三年参加培训的农户有 66 户，占比 26.94%。参加农业保险的农户有 5 户，占比 2.04%。参加农业保险的农户有 5 户，占比 2.04%。

2015 年调研中，近三年参加培训的农户有 111 户，占比 45.31%，比十年前提升了 18.37%。参加农业保险的农户有 123 户，占比 50.20%，提升比例达到了 48.14%。

（七）农业生产投资意愿下降

由图 1 可以得出，与 2006 年相比，2015 年调研中，农户对农业生产的投资意愿在下降，由 75.10% 下降到 38.37%。

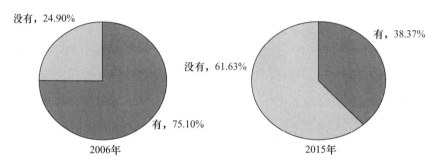

图 1　农户投资农业生产的意愿比较

（八）农田水利设施改善明显，农户满意度提高

2006 年，认为近三年本村道路和农田水利等基础设施得到改善的农户有 201 户，占比 82.04%；认为没有改善的有 34 户，占比 13.88%；其他农户不清楚。2015 年，认为近三年本村道路和农田水利等基础设施得到改善的农户有 213 户，占比 86.94%；认为没有改善的有 26 户，占比 10.61%；其他农户不清楚。

另外，农户对本村道路和农田水利等基础设施的满意度在提高，2006 年，农户的选着主要集中在不满意、不太满意和满意，2015 年的调研结果显示，农户对本村道路和农田水利等基础设施的满意度主要集中在比较满意和很满意这两个选项上，如图 2 所示。

三、生活宽裕：梦想成真

（一）农民收入显著提高，生活水平明显改善

根据调查，截至 2014 年底，农户家庭收入在 30000 元以上的占到总数的 71.43%，而十年前农户家庭收入在 30000 元以内的占到 94.68%，说明农户的家庭收入有了显著的提高（见表 5）。2014 年农户家庭生活性支出在 10000 元以上的占到 71.48%，十年前农户家庭年生活性消费支出 10000 元以内占到 86.53%

（见表6）。相对于支出的增长，收入的增长显然快于支出的增长，总体上，农户的经济状况明显改善，生活水平显著提高。

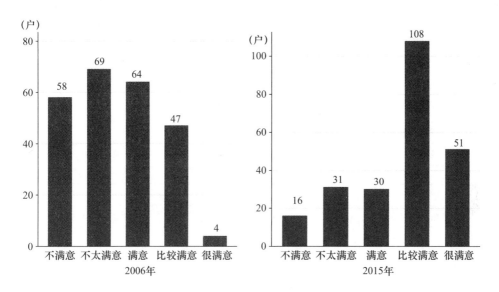

图 2　农户对基础设施的满意度变化情况

表5　家庭收入情况　　　　　　　　　单位：元，%

范围	2014 年	2006 年
0 ~ 10000	6.53	51.42
10000 ~ 30000	22.04	43.26
30000 ~ 50000	24.08	3.27
50000 ~ 100000	27.76	2.05
100000 ~ 200000	10.61	0
200000 ~ 220000	8.98	0

表6　生活性支出情况　　　　　　　　单位：元，%

范围	2014 年	2006 年
0 ~ 10000	28.16	86.53
10000 ~ 30000	46.53	13.06
30000 ~ 50000	17.14	0
50000 ~ 70000	4.49	0.41
70000 ~ 100000	3.27	0
100000 ~ 200000	0.41	0

（二）农民消费水平提高，消费层次再上新台阶

家庭拥有耐用消费品数量增多、层次提高，消费水平再上新台阶。十年前绝大多数家庭普遍拥有的电视、电话，如今已经基本普及。过去只有35.10%家庭拥有的电冰箱，如今92.24%的家庭拥有。过去富裕家庭才拥有的空调、热水器，如今已经开始慢慢进入平常家庭。十年前连城里都很少拥有的电脑，如今48.57%的农村家庭拥有电脑，其中42.04%的家庭能上网。十年前只有城市富裕家庭才拥有的小汽车，如今18.78%的农村家庭拥有了小汽车（见表7）。近三年，36.53%家庭有过家庭成员外出旅游，比十年前提高了18.58个百分点。农村生活富裕，消费层次再上新台阶（见表8）。

表7　家中拥有耐用消费品的调查　　　　　　　单位:%

家中拥有的耐用消费品	2015 年	2006 年
摩托车（代步用）	68.16	45.71
电视	99.18	94.69
空调	8.57	5.31
洗衣机	85.71	66.94
热水器	45.71	15.92
电冰箱	92.24	35.10
电话	95.92	88.16
电脑	48.57	4.90
有电脑且能上网	42.04	
小汽车	18.78	

表8　家庭成员是否有外出旅游的调查　　　　　　　单位:%

近三年家庭成员是否有过外出旅游	2015 年	2006 年
是	36.53	17.55
否	73.47	82.45

（三）生活条件明显改善

经济条件的改善，生活条件也随之改善。尽管冬季农村普遍还是采用自家土炕进行取暖，但已有6.12%的农户用上了公共供暖，有1.63%的农户用空调进行取暖，十年前仅0.82%的调研样本农户用公共供暖（见表9）。生活饮用水来源变化更大，70.61%的农户喝上公共自来水，喝自家井水的农户在减少，十年前仅54.29%的农户饮用公共自来水，42.04%的农户喝自家井水（见表10）。

表9　对家庭取暖方式的调查　　　　　　单位:%

家庭取暖方式	2015 年	2006 年
公共供暖	6.12	0.82
自家土炕	86.94	87.35
土暖气	15.51	28.57
空调	1.63	0.82

表10　对家庭生活用水来源的调查　　　　　　单位:%

家庭生活用水来源	2015 年	2006 年
公共自来水	70.61	54.29
自己家里的井水	28.57	42.04
到外面挑的井水	0.41	2.86
其他	0.41	0.82

（四）养老方式多元化、看病报销便捷化

生病、养老、孩子教育费用太高是农村家庭一直以来最忧虑的三件大事。目前新型农村合作医疗在农村已经基本普及，86.94%的农户反映新型农村合作医疗报销方便，新型农村合作医疗在保障农民获得基本卫生服务、缓解农民因病致贫和因病返贫方面发挥了重要的作用。过去农村养老只能靠儿女，如今国家出台了新型农村社会养老保险，农村养老有了新途径，48.16%被访者参加了新型农村社会养老保险，虽然9.8%的被访者认为新型农村社会养老保险还不能解决养老问题，但新型农村社会养老保险是继取消农业税、农业直补、新型农村合作医疗等一系列惠农政策之后的又一项重大的惠农政策，随着这一政策的逐步推广完善，必将给养老带来新的天地。

（五）生活宽裕面临的新挑战

消费理念落后。在问及家里有钱后最想做什么时，被访者往往露出很迷茫的神情，31.43%的村民愿意进行储蓄，与十年前相比增加了6.12%，22.04%的村民想去旅游，而十年前仅有11.84%。选择买高档耐用品、盖房子、投资的村民有所下降，在城市买楼的村民有明显上升。农民的消费理念仍旧落后，消费的观念与城市仍有很大差距。

表11　对家里有钱后最想做什么的调查　　　　单位:%

	2015 年	2006 年
盖房子	14. 29	28. 57
买高档耐用品	2. 45	7. 35
投资	23. 67	36. 33
文化教育	9. 39	32. 24
看病	12. 65	8. 57
储蓄	31. 43	25. 31
旅游	22. 04	11. 84
在城市买楼	18. 78	0

四、乡风文明

"乡风文明"是建设社会主义新农村的基本要求和重要内容,也是衡量农村精神文明建设发展水平的一个重要标尺,更是社会主义新农村建设的动力。以下是通过对辽东地区的调查分析。

（一）文化生活丰富多彩,休闲娱乐方式多样化

随着新农村建设的推进,村民获取信息的渠道依然以电视为主,利用网络获取信息上升了 2.04 个百分点,村里的公告、通知、广告上升 1.59 个百分点,利用报刊获取信息的却农民下降了 19.92 个百分点,说明如今的村民更多的愿意利用电子设备来获取信息,见表12。

表12　获取信息的渠道　　　　单位:%

渠道	2015 年	2006 年
报刊	2. 86	22. 78
电视	86. 12	87. 34
网络	3. 67	1. 63
广播	0. 82	7. 59
与人交谈	3. 67	11. 39
村里公告、通知、广告	2. 86	1. 27

与十年前相比,看电视、听广播仍然是主要的休闲娱乐项目,然而农村村民参加健身活动的人越来越多,十年前仅有 9.8% 的村民选择参加健身活动作为平时休闲娱乐活动,如今有 19.59% 的村民开始参加健身活动,见表13。

表13　对平时休闲娱乐活动的调查　　　　　　单位:%

平时休闲娱乐活动	2015 年	2006 年
看电视、听广播	84.08	89.38
打麻将或打牌	15.10	20.41
参加健身活动	19.59	9.80
参加乡村组织的文娱活动	11.43	17.14
闲聊串门	29.39	21.63

（二）农村社会氛围良好

农村社会风气、邻里关系和谐、治安状况良好,得到了村民的一致好评,见表14~表16。

表14　对本村社会风气的调查　　　　　　单位:%

村里的社会风气是否满意	2015 年	2006 年
不满意	1.63	6.94
不太满意	2.04	20.41
一般	11.43	42.45
比较满意	51.44	28.98
很满意	33.06	1.22

表15　对本村邻里关系的调查　　　　　　单位:%

村里的邻里关系是否和谐	2015 年	2006 年
不和谐	0.41	2.86
不太和谐	5.31	3.67
和谐	46.53	57.55
比较和谐	47.34	33.06
很和谐	0.41	2.86

表16　对本村治安状况满意度的调查　　　　　　单位:%

对村的治安状况满意度	2015 年	2006 年
不满意	0.82	7.35
不太满意	1.63	10.61
满意	30.2	54.29
比较满意	35.10	25.71
很满意	32.24	2.04

目前农村相信封建迷信的村民越来越少，由十年前的7.35%下降到3.27%。有宗教信仰的人由十年前的13.06%下降到7.35%，见表17~表18。

表17　对农村封建迷信的调查　　　　　　　　　　单位:%

是否相信大仙或神灵，是否曾找大仙或神灵来解决问题	2015 年	2006 年
相信，找过	2.45	4.08
不相信，没找过	94.29	86.12
相信，没找过	0.82	3.27
不相信，找过	2.45	6.53

表18　对家庭成员是否有宗教信仰的调查　　　　　　单位:%

您家成员是否有信仰宗教	2015 年	2006 年
否	92.65	86.94
是	7.35	13.06

（三）新的挑战

1. 随礼现象严重

乡风文明稳步推进过程，一些新问题不容忽视，农村随礼现象变得更严重，红白喜事操办司空见惯，村民为了回收礼金，小事大办，造成极大浪费，28.98%的村民认为村里随礼现象严重，30.2%的村民认为比较严重，认为很严重的占18.37%，十年前，15.92%的村民认为严重，17.96%的村民认为比较严重，3.67%的村民认为很严重。村民对随礼现象很反感，更多的却是无奈，见表19。

表19　对本村随礼现象看法的调查　　　　　　　　单位:%

对村里随礼现象的看法	2015 年	2006 年
不严重	5.31	24.49
不太严重	17.14	37.96
严重	28.98	15.92
比较严重	30.20	17.96
很严重	18.37	3.67

2. 赌博现象似有回升

不容忽视的现象是赌博现象似有回升迹象，十年前2.04%的村民认为本村赌博现象严重，如今9.39%的村民认为严重，见表20。

表 20　对本村赌博现象的调查　　　　　　单位:%

村里赌博现象是否严重	2015 年	2006 年
不严重	56. 73	55. 1
不太严重	25. 71	40
严重	9. 39	2. 04
比较严重	3. 27	2. 86
很严重	1. 22	

五、村容整洁：村民居住环境日趋改善

（一）居民对村里的生活居住环境满意度提高

一个地区的发展程度取决于当地居民的幸福感，及其对所生活居住环境的满意度。各方面的满意度越高，说明其地区发展程度越高，尤其是生活居住环境方面的满意度。由图 3 可以看出，2006 年农村居民对所居住环境的满意度占57. 55%（其中包括满意、比较满意及很满意三者之和），而 2015 年三者之和为94. 26%，远大于 2006 年的生活居住环境满意度。由此可以看出，相当部分的居民对农村居住环境还是比较满意的。

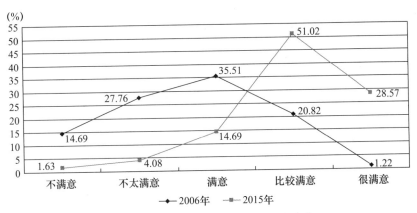

图 3　农村居民对村里的生活环境满意度

（二）居民生活的基础设施逐渐完备

首先，从农村的道路状况满意度着手，一个地区要想富先修路，在新农村建设村容整洁方面，道路状况是评价当地基础设施的必备条件，而本村居民对街路状况的满意度尤为重要。道路作为基础设施，已经成为农村经济发展的推动器，

影响农村经济的发展并且服务于农村经济。十年前后对比发现，2006年街路状况满意度为35.10%，2015年道路满意度为44.08%（见图4），虽然满意度有所提升，但还需要继续进行资金投入，保证更好的街道状况。

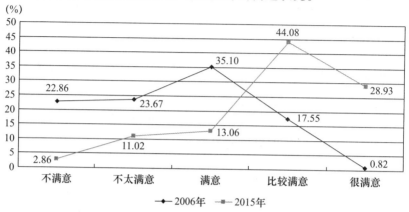

图4 居民对本村的街路状况的满意度

其次，厕所是衡量文明的重要标志，厕所卫生状况直接关系到当地居民的健康和环境状况。解决好厕所问题在新农村建设中具有标志性意义，要因地制宜做好厕所下水道管网建设和农村污水处理，不断提高农民生活质量。农村公共厕所满意度的测评无疑是评价农村发展程度的重要指标，从图5可以看出，满意度由2006年的37.14%上升到2015年的50.20%，说明经过十年的发展，农村公共厕所得到很大改观，但是，由于满意度刚刚达到所访问居民的一半，所以农村公共厕所的发展任重而道远。

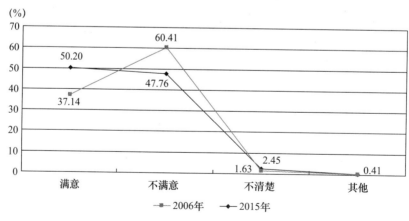

图5 农村居民对公共厕所的满意度

最后，农村集市作为农民经济、社会活动的一个中心，在农民生活中发挥着巨大的作用。农村集市是适应传统农民自足生产和生活需求而自发形成的基层市场，对传统农民的自足性生产具有决定性意义，是农村文化的主要活动场所和承载者，在以传统生产方式占主要地位的农村社会中承担着不可替代的作用。农村乡镇集市的卫生状况体现一地乡村集市基础设施发展水平，调查问卷设计了对当地的乡镇卫生状况满意度的评定。从图6可以清晰地看出，2006年居民对乡镇集市卫生状况表现为不满意和不太满意，占到总调查数的51.84%多，而2015年居民对乡镇集市卫生状况满意度达到92.65%，其中比较满意和很满意的达到76.73%，说明乡镇集市基础设施日趋完备，农村居民生活满意度提高。

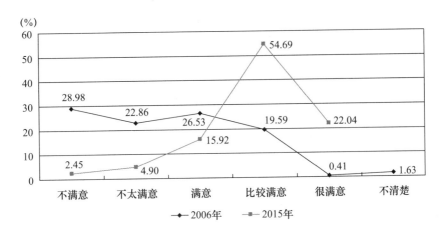

图6　居民对乡镇集市的卫生状况的满意度

（三）居民生活环保意识逐渐增强

普遍说来，中国农村的固体废弃物存在着随意丢弃、随意焚烧的情况，基本上没有无害化处理。在农村，按传统的观念，主要是靠"垃圾堆"这种方式收集和堆放垃圾，然后再通过焚烧等方式解决。农村固体废弃物的随意堆放不仅影响农村的面貌整洁，更重要的是会造成水体污染和土壤破坏。从表21可以看出2006年村民到村指定的垃圾倾倒地点统一处理的占总调查数量的24.49%，而2015年村民到村指定的垃圾倾倒地点统一处理的占到89.80%。对于村里的生活垃圾是否统一处理，根据图7，2006年统一处理只占到28.98%，2015年统一处理垃圾占到92.24%，综合表21、图7可以看出，农村居民的环保意识逐渐增强。

表21　农村居民现在如何处理生活垃圾

如何处理生活垃圾	2006年（次）	2006年（%）	2015年（次）	2015年（%）
村指定的垃圾倾倒地点统一处理	60	24.49	220	89.80
无人处理的垃圾倾倒点	19	7.76	6	2.45
自己家固定的倾倒点	107	43.67	7	2.86
随意倾倒	50	20.41	12	4.90
其他	9	3.67		

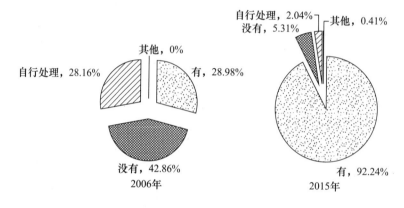

图7　村里的生活垃圾是否统一处理

（四）居民对村庄进行整体规划的呼声很高

全面建成小康社会最艰巨、最繁重的任务在农村。而村庄规划是社会主义新农村建设的核心内容之一，是立足于现实条件缩小城乡差别、促进农村全面发展、提高人民生活水平的必由之路。由图8可以看出，居民对村里住房是否要统一规划的呼声一直很高，其中2006年认为比较必要和很必要的占到24.12%，2015年认为比较必要和很必要的占到63.27%。村庄规划是做好农村地区各项建设工作的基础，是各项建设管理工作的基本依据，对改变农村落后面貌，加强农村地区生产设施和生活服务设施、社会公益事业和基础设施等各项建设，推进社会主义新农村建设具有重大意义。

六、民主管理方面

（一）民主选举规范化

调查乡镇的各村均有村民代表大会，从表22可以看出，67.76%的农户认为村民代表能代表村民意愿，相对于 10 年前的结果，只有 49.8% 的农户认为村民代表能代表村民意愿，村民认可度明显增加。65.71% 的村民认为村民代表能有效监督约束村里的经济活动，比 10 年前的比例提高了 15.1%。

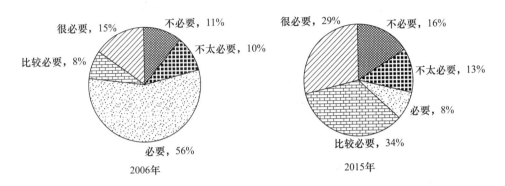

2006年   2015年

图 8　居民对村里的住房是否有统一规划的必要

表 22　农户对村民代表认同情况统计

代表村民意愿	能	还可以	不能	不好说
比例（2015 年）	67.76%	15.51%	8.57%	8.16%
比例（2006 年）	49.80%	24.49%	8.57%	17.14%
监督经济活动	能	还可以	不能	不好说
比例（2015 年）	65.71%	11.02%	12.65%	10.61%
比例（2006 年）	50.61%	18.37%	13.88%	17.14%

（二）民主管理认可度更高

村民对村干部的选举程序的了解情况，大部分人非常了解，而 10 年前则是大部分人只一般了解。关于选举村委会干部是自己的权利这部分数据与十年前调查数据相当，只有 30% 左右的农户认为是强制的或是跟风。77.46% 的农户认为在有建议和意见时，可及时通过各种渠道进行反映，相对于 10 年前的比例增加了 15.42%，80.25% 的村民对村内民主管理方面感到满意，而 10 年前调查结果显示只有 28.16% 的村民满意，变化巨大。

同时，在本次调研过程中发现，村里的村民谈话都比较文明，基本没有乱搭乱建现象，道路整洁以及路灯情况都做得比较好，整体村容村貌有很大改善。

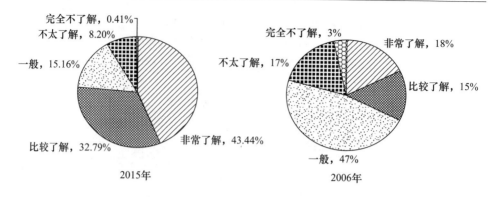

图9 农户对村委会干部选举程序了解程度

七、结论与思考

在农业生产发展方面，农产品销售渠道、农资的质量和价格、农业生产基础设施等几个方面都得到了很大改善，但获取农业信息的途径并没有很大变化，在农业生产中农民迫切需要技术支持；在生活宽裕方面，农民的收入与支出水平、生活条件及满意度有所提高，实行的新农保制度却解决不了农民的养老问题；在乡风文明方面，农村文化场所、社会风气都得到了改善，但是文化娱乐活动种类较少；在村容整洁方面，生活污水、垃圾、道路、集市卫生等几个方面都有很大提高，但废弃有害物品的处理仍然是一个亟待解决的问题；在民主管理方面，村务公开情况良好、民主管理现状满意度提高。结合以上分析，新农村建设至今已使部分农村有了焕然一新的面貌，但依然存在很多不足，在接下来的发展道路中仍需积极探索，努力解决。

第二篇 辽南篇

辽南地区调研报告

一、调查方法介绍

辽南地区是辽宁省新农村建设课题组选择的五个地区之一。2006 年在辽南地区选取了营口市老边区、大连市的普兰店市和庄河市进行调查。根据经济发展情况，在老边区选取了柳树、路南、边城 3 乡（镇），在普兰店市选取了安波、城子坦和同益 3 乡（镇），在庄河市选取了鞍子山、徐岭和长岭 3 乡（镇），每个镇又选取了 3 个村，因此，共有 9 个乡（镇），27 个村，每个村又选取 9 位农户。十年后，2015 年所选取的乡镇、村庄基本不变，调查的方法也不变。

二、调查地区概况

（一）营口市老边区

1. 自然地理

老边区是辽宁省营口市管辖的一个行政区，位于渤海湾东北岸，辽河入海口处，地处营口市城乡结合部位，东、北与大石桥市毗邻，南与盖州市接壤，西邻站前区和辽东湾。下设四镇两街，总面积 305 平方千米，总人口 20 万人，海岸线长 30.5 千米，有适宜各种贝类养殖的滩涂 16 万亩。

全区地形南窄北宽，面积 305 平方千米。老边区属滨海平原，平均海拔 2 ~ 7 米。境内有大平山、小孤山和五棺山，其中最高的五棺山海拔 176.7 米。老边区属暖温带季风大陆性气候，光照充足，温度宜人，雨量适中，年平均日照 2898 小时，年均温 9℃，年均降水量 673 毫米。

老边区地处渤海湾东北部，海岸线长 24.4 千米，浅海 40 万亩，滩涂 20 万亩。境内主要河道 35 条，其中，流经区内的大辽河、奉士河、淤泥河、大旱河等河流形成了供给全区淡水的主要水系。地下水位一般在 0.5 ~ 0.8 米。

境内低洼的地势和适宜的气候为水稻生产创造了优越的条件。老边区现已成为全国水稻标准化栽培示范区。境内有磁铁矿，铁矿石储量 9475.7 万吨。矿藏分布于边城镇于家洼子、王家、郑家路南镇江家、老爷庙、赵家平房、新立和柳树镇后山村一带，面积达 82.5 平方千米。

2. 人口民族

老边区共有近 20 万人。有汉、满、朝鲜、回、蒙古、锡伯、苗、达斡尔、鄂伦春、彝、壮、布依、藏、维吾尔、侗、白、哈尼、黎 18 个民族。全区共有教徒 6620 人，其中佛教徒 1600 人，天主教徒 12 人，伊斯兰教 320 人，基督教 4688 人。

3. 经济发展

老边区拥有规模以上企业 125 家，三资企业 70 多家，有数十家企业通过了 ISO9000 质量体系认证。全区已形成冶金、化工、食品、纺织、服装、机械加工等门类齐全的十大主导产业，主要工业产品 1200 多种，冶金制造、化工医药、纺织服装和机电汽保四大支柱产业发展势头尤为强劲，冶金和化工行业在营口地区处领先地位。高效载体催化剂、蓄电池隔板、汽车保养设备、橡胶制品、载重挂车等产品有较强的市场竞争力，其产品销往 20 多个国家和地区，产量、销量、科技含量处于东北、全国乃至世界领先水平。

4. 交通状况

老边区依托一市两港，交通四通八达，具有得天独厚的地理优势，驱车 30 分钟即可到达东北最近的出海口——鲅鱼圈港，距营口港仅有 2 千米，长大铁路、沈大高速公路、鞍营公路、庄林公路从境内穿过，驱车一个多小时可分别到达沈阳、大连的机场。

5. 旅游景点

望儿山：辽南名山，以美丽的母爱传说得名，以母爱为主题而命名的天下独有之山，辽宁省省级风景名胜区，营口市一级旅游景区。

营口西炮台遗址：位于营口市西部辽河入海口东岸，距市中心 3 千米。其犹如守边老将屹立于渤海之滨，昼夜守卫祖国海疆。

楞严禅寺：位于营口市中心区，属省级文物保护单位。1931 年建成，占地 2 万多平方米，规模宏大，三进四层。与哈尔滨的极乐寺、长春的般若寺、沈阳的慈恩寺齐名。

（二）大连市普兰店市

1. 自然地理

普兰店市位于大连市地理中心，距大连市区 50 千米，距大窑湾港 50 千米。全市总面积 2896 平方千米，其中市区面积 39 平方千米，耕地面积 610 平方千米,海岸线 65 千米。全市辖 1 个(省级)经济开发区、3 个街道办事处、14 个镇、3 个乡。共 164 个村、35 个社区居民委,2584 个村(居)民小组。总人口 83 万人,其中城镇人口 38 万人,从业劳动力 39.8 万人。普兰店历史悠久,资源丰富,尤以海参、对虾等海产品,河沙、花岗岩、地下温泉等地矿资源闻名。

普兰店地势北高南低,西高东低。地形大体分为三部分:北部低山区(占全市总面积 15.8%)、东北及中部丘陵区(占全市总面积 30.5%)、南部沿海丘陵平原区(占全市总面积 53.7%)。海岸线总长 65 千米。陆地东西 63 千米,南北纵长 74 千米,境内总面积 2915.28 平方千米,其中陆地面积 82065 公顷,海涂面积 7532.8 公顷。全市耕地面积 95747.51 公顷,园地 41576.56 公顷,林地819806.7 公顷。

2. 人口民族

截至 2016 年,普兰店区人口以汉族为主,还有满族、回族、蒙古族、朝鲜族、锡伯族、达斡尔族、黎族、苗族、壮族、土家族等 27 个少数民族。截至 2016 年,普兰店区(原普兰店市)常住人口 73.9 万。2013 年全年出生人口5759 人,出生率 6.19‰;死亡人口 5521 人,死亡率 5.94‰;人口自然增长率 0.26‰。计生技术服务实现全覆盖,各项奖励政策全面落实,节育率 77.8%,晚婚率 89.6%,计划生育率 100%。2013 年,普兰店区(原普兰店市)户籍总人口 926643 人。2013 年,普兰店区(原普兰店市)户籍人口中有男 467427 人、女 459216 人。

3. 经济概况

2013 年,普兰店区(原普兰店市)地区生产总值 782.4 亿元,较 2012 年增长 9.2%;完成全社会固定资产投资 690 亿元,较 2012 年增长 21.8%;完成地方财政一般预算收入 48.6 亿元,较 2012 年增长 15.7%;完成规模以上工业增加值 427 亿元,较 2012 年增长 10.2%;工业用电量达 16.86 亿千瓦时,较 2012 年增长 16.79%;农民人均纯收入 14668 元,较 2012 年增长 10.7%;城镇居民人均可支配收入 22500 元,较 2012 年增长 17.6%。2013 年全区利税总额 83.9 亿元,较2012 年增长 39.8%;利润总额 58.5 亿元,较 2012 年增长 39.5%。

第一产业。2013 年,普兰店区(原普兰店市)农林牧渔总产值 193 亿元,较 2012 年增长 5%。其中农业产值 66.9 亿元,林业产值 2 亿元,牧业产值 73.2亿元,渔业产值 37.4 亿元,农林牧渔服务业产值 13.5 亿元,分别较 2012 年增长 8.4%、2%、1.6%、6.3% 和 1%。粮食总产量 44.5 万吨,较 2012 年下降9%;蔬菜总产量 72.9 万吨,较 2012 年下降 1.5%;水果总产量 46.1 万吨,较2012 年增长 0.7%;肉、蛋、奶总产量分别为 28 万吨、9.7 万吨和 1.64 万吨,分别较 2012 年增长 15.2%、增长 4.3% 和增长 26%;水产品总产量 21.4 万吨,较 2012 年增长 5.4%。

第二产业。2013 年，普兰店区（原普兰店市）规模以上工业企业（全部国有及国有控股和年产品销售收入 2000 万元及以上非国有工业企业）438 家。全年规模以上工业企业产值 1427.4 亿元，较 2012 年增长 15.3%；增加值 427 亿元，较 2012 年增长 10.2%。规模以上工业企业主营业务收入 1251 亿元，较 2012 年增长 21%；规模以上工业企业亏损面为 10%，较 2012 年增长 1.1%。19 个大连市级重点项目完成投资 92 亿元，100 个本级重点项目完成投资 210 亿元。2013 年，普兰店区（原普兰店市）具有资质等级的建筑企业 106 家，2013 年全年资质以上建筑业总产值 279.7 亿元，较 2012 年增长 18.9%。2013 年全年房地产开发投资 33.3 亿元，较 2012 年下降 28.7%，占全区固定资产投资总额 4.8%。2013 年房屋施工面积 328.5 万平方米，较 2012 年下降 19.6%；竣工面积 156.7 万平方米，较 2012 年增长 169.6%。

第三产业。2013 年，普兰店区（原普兰店市）全社会消费品零售总额 159.5 亿元，比 2012 年增长 13.8%。2013 年普兰店区商品房销售面积 109.1 万平方米，比 2012 年增长 9.5%；商品房销售额 62.6 亿元，比 2012 年增长 19.7%。2013 年，普兰店区实现外贸进出口总额 23 亿美元，比 2012 年增长 20%。其中，出口总额 16.4 亿美元，比 2012 年增长 13.4%；进口总额 6.6 亿美元，比 2012 年增长 5%。全年引进外资项目 3 个，实际利用外资 5.5 亿美元，比 2012 年增长 10%。2013 年，普兰店区金融业拥有各类金融机构 43 家，其中银行机构 14 家、保险机构 24 家、证券机构 2 家、其他金融业机构 3 家。2013 年末全区金融机构年末本外币各项存款余额 403.46 亿元，比年初增加 45.17 亿元；本外币贷款余额 244.13 亿元，比年初增加 4.79 亿元。其中城乡居民储蓄存款余额 292.29 亿元，比年初增加 38.31 亿元。2013 年普兰店区（原普兰店市）完成外贸进出口总额 23 亿美元，较 2012 年增长 20%；实际利用外资 5.5 亿美元，较 2012 年增长 10%。

4. 交通运输

截至 2016 年，普兰店区有等级公路 77 条、1072 千米，其中黑色路面由 1996 年的 286 千米增至 406.9 千米；公路密度由 36 千米增至 39 千米，比大连市平均水平高 4.6 千米。其中县级以上公路总里程为 523.8 千米，有国道 2 条，69.1 千米（鹤大线 50.2 千米、黑大线 18.9 千米）；省道 4 条 143.4 千米（盖亮线 21.5 千米、城八线 37.1 千米、海皮线 38.7 千米、丹绥线 46.1 千米）；县道 11 条 311.3 千米。

普兰店区有沈大铁路及哈大铁路经过。普兰店站位于普兰店区南山街道，于 1903 年启用，为沈阳铁路局管辖的三等站。在客运方面，该站办理旅客乘降，行李、包裹托运等业务。在货运方面，该站办理整车、集装箱货物发到等业务，也办理整车货物承运前保管等业务。

5. 风景名胜

普兰店市历史悠久，名胜古迹颇多。坐落在星台镇葡萄沟的巍霸山城及清泉寺，始建于晋、唐，是极为罕见的集儒、道、佛教为一体的综合性庙宇。坐落在夹河庙镇赵炉的双泉寺始建于唐代，1993年重修，以其6眼自溢泉水而驰名。坐落在安波镇二龙山的报恩寺始建于明代，寺依雄峰，二龙环抱，景色秀美。截至2016年，普兰店区有省级文化先进乡镇和社区10个、大连市特色文艺活动基地4处。辽南民歌、普兰店鼓乐、普兰店传统手工布艺制作技艺、清泉寺庙会已被确立为大连市级"非遗"代表作。

普兰店市山清水秀，气候宜人，是旅游、度假的好去处，其中有折叠老帽山旅游风景区、二龙山国家森林公园、碧流河风景区、白云山风景区、普兰店市南山公园、千年古莲园、九龙山风景区、平岛旅游度假区、安波温泉旅游度假区、俭汤温泉度假区、巍霸山城清泉寺、城子坦三清观、夹河庙双泉寺、双塔摩崖石刻。

（三）大连市庄河市

1. 自然地理

庄河是辽宁省大连市代管县级市，位于辽东半岛东侧南部，大连东北部，为大连所辖北三市之一。地理坐标为东经122°29′~123°31′，北纬39°25′~40°12′，东近丹东与东港市接壤，西以碧流河与普兰店市为邻，北依群山与营口市的盖州、鞍山市的岫岩满族自治县相连，南濒黄海与长海县隔海相望。

庄河市为低山丘陵区，地势由南向北逐次升高。属千山山脉南延部分，自北而南分高岭和步云山山脉两大干脉贯穿全区，全区山脉均属两大干脉之分支。北部群山逶迤，峰峦重叠，平均海拔在500米以上，其中步云山最高海拔1130.7米，为辽南群山之首。中部丘陵起伏，海拔在300米左右，溪流、峡谷、盆地、小平原间杂其间。南部沿海地势平坦宽阔，海拔在50米以下。三部分区域地势分明，特点突出。山岭，奇峰突起，岩石裸露；丘陵，坡度平缓，土层软厚；平原，零星分布，地表平坦。全市地貌特征可概括为"五山一水四分平地"。

2. 人口民族

庄河市有满、蒙古、回、朝鲜、锡伯、壮、苗、瑶、黎、达斡尔、维吾尔、傣、京、高山、鄂伦春、鄂温克16个少数民族。少数民族总人口7.5万人，占全市人口总数的8.2%。庄河市少数民族以满族、蒙古族、回族、朝鲜族居多，这4个少数民族的人口占全市少数民族总人口90%以上。满族人口近7万人，主要分布在太平岭、塔岭、桂云花、吴炉、青堆、仙人洞等乡镇；蒙古族人口200

人左右，主要分布在大营、塔岭两镇；回族人口近 1000 人，主要分布在庄河市区和青堆、明阳两镇；朝鲜族人口 300 人左右，主要分布在桂云花乡。庄河辖区内太平岭、桂云花乡为少数民族乡，塔岭镇、吴炉镇享受少数民族乡待遇。庄河这 4 个民族乡镇共有中学 6 所，小学 48 所，医院 4 所，敬老院 4 所，有乡镇工商企业 2500 余家。

3. 经济概况

特色农业：庄河市的农业资源十分丰富，是国家商品粮生产基地。以黄海大道经济带建设和海上庄河建设为重点，大力发展优质高效农业。在黄海大道两侧各 1000 米区域内，集中连片建设精品农业项目逐步建成绿洲开发区、"三高"农业示范区、农业产业化示范区和特色农业示范区，使其成为庄河市重要的高效农业产业带、精品农业展示带、城乡商贸流通带和农业观光旅游带。

高新技术产业：庄河市的淡水资源充沛，发展工业十分有利。目前，华丰木业家具出口居全国第一位，大宇电子硅塑封二极管产量居世界第三位。围绕新兴产业，积极引进资金、技术和人才，培育和发展高新技术产业逐步形成。以华丰为龙头的家具工业，以宏大为龙头的化纤工业，以大宇为龙头的电子通信设备制造工业，以善岛为龙头的食品加工和冷藏工业，以海德利为龙头的塑钢制品工业，以亨通为龙头的造纸工业，以大郑胶印机为龙头的专用设备制造工业，以生物农药为龙头的高科技工业体系等。

4. 交通运输

庄河地区交通比较发达，201 国道、大庄高速公路、北三市大通道横穿东西，203 国道、庄林线、张庄线纵贯南北，城庄铁路连接东北铁路网，正在修建中的庄河万吨级港口将成为东北地区通向世界的又一重要口岸，庄河目前的九大旅游区全部分布在交通干线附近，进出各旅游区均十分便利。庄河市内交通近年来得到了长足发展。庄河市就近火车站——大连火车站，位于大连市中山区的青泥洼桥，始建于 1935 年，经过了站舍、站场、站线全面改造、扩建后，新站房于 2003 年 8 月 1 日正式启用。改建后的新站舍由南站房、高架候车室和北站房三部分组成，站房面积 24000 平方米，候车室宽敞明亮，最高可同时聚集 6000 名旅客，服务设施功能齐全。庄河港位于辽宁省庄河市南部的黄海之滨，距庄河市 11 千米，西距大连 184 千米，东距丹东 180 千米，距韩国仁川港 270 海里，距日本长崎港 560 海里，距日本北九洲港 610 海里，是我国黄、渤海岸距日本、韩国最近的港口，是东北亚航运中心的重要组成部分。

5. 风景名胜

庄河自然条件优越，四季分明，气候宜人，环境优美，风光秀丽。得天独厚的地理环境，造就了庄河丰富的旅游资源。南部沿海有黑岛旅游区、蛤蜊岛游览区、海洋乐园海滨度假村;中部有城山古城游览区,龙山湖旅游度假区;北部以冰峪旅游度假区为龙头,有仙人洞自然保护区、天门山风景区、步云山温泉游览区、桂云峰生态山庄,构成了庄河纵横相连、点面结合、相互补充、互为呼应、种类齐全、功能完备的旅游资源网络,是庄河旅游业发展的潜在优势。

三、生产发展

(一)农业生产规模扩大,产出水平提高

表1显示,经过十年的发展,农业生产规模增强。2015年,从事大田生产的农户水田、旱地分别有93户和176户,水田和旱地的户均耕地面积分别为22.15亩和5.64亩,而十年前大田生产农户户均耕地面积为7.32亩,十年间,耕种面积得到了大幅度的增加。2015年的调研数据中,种植大棚的农户,暖棚的平均种植面积达到了5.82亩,而2006年,每户大棚的平均种植面积仅为2.49亩。果园种植方面,2015年,样本农户果园的平均种植面积为15.3亩,而2006年,仅为3.42亩,差别明显。总体上看,经过十年的发展,各项农业生产所带来的亩均净收益显著提升。

表1 农户农业生产变化情况

	2015 年			2006 年		
	种植户数 (水田/ 旱地)	平均种植 面积(水田/ 旱地)(亩)	亩均净收益 (水田/旱地) (元)	种植户数	平均种植 面积(亩)	亩均净收益 (元)
大田种植	93/176	22.15/5.64	835.24/658.92	185	7.32	447.35
冷棚种植	0	—	—	6	0.92	7722.17
暖棚种植	21	5.82	16880.95	17	2.49	10558.82
果园种植	19	15.30	1281.58	24	3.42	1081.25

数据来源:调研问卷所得(下同)。

(二)销售渠道依旧单一,且缺乏对农产品的深加工

十年前,56%的农户将农产品直接在市场中销售,而今天,有84%农户通过商贩将农产品销售出去,这种单一的销售渠道在农村中占据半壁江山,一些新兴的销售方式(比如网上销售)在辽南农村还是没有出现。

另外,农产品加工储藏在农户中基本没有变化。2006年,调研农户中对农产品进行加工或储藏的户数有23户,占比11.2%;2015年,调研农户中对农产品进行加工或储藏的户数有30户,占比12.5%。农户缺乏对农产品的深加工,出售的都是一些低级产品，这非常不利于农村的健康发展。

表2　农户农产品销售渠道的变化情况

	2015 年		2006 年	
	样本数	占比（％）	样本数	占比（％）
直接到市场销售	8	4.00	112	56.00
通过商贩	168	84.00	10	5.00
通过合作社	4	2.00	37	18.50
企业订购	1	0.50	85	42.50
经纪人	4	2.00	41	20.50
网上销售	0	0	0	0
其他渠道	15	7.50	44	22.00

（三）使用效果一直是农户购买农产品考虑的最重要因素

由表3可得，十年来，农户购买农产品考虑的最重要因素一直都是使用效率，选择使用效果的占一半以上。2006 年、2015 年选择根据别人选择和销售商推销的比例分别为 11.06％、19.91％ 和 4.81％、20.85％，分别提升了 8.85％ 和 16.04％。选择"价格"和"广告"的农户分别下降了 0.08％ 和 2.97％。

表3　农户购买农产品考虑因素的变化情况

	2015 年		2006 年	
	样本数	占比（％）	样本数	占比（％）
根据别人选择	42	19.91	23	11.06
广告	13	6.16	19	9.13
销售商推销	44	20.85	10	4.81
价格	15	7.11	16	7.69
使用效果	109	51.66	125	60.10
其他	15	7.11	59	28.37

（四）农资价格趋于合理，农户对其满意度提升明显

2006 年，76.10％ 的农户认为化肥、农药等生产资料的价格偏高；20.98％ 的农户认为化肥、农药等生产资料的价格合理；1.46％ 的农户不清楚化肥、农药等

生产资料的价格是否合理。而对于化肥、农药等生产资料质量的满意程度，6.34%的农户不满意，23.41%的农户不太满意，38.05%的农户满意，27.32%的农户比较满意，3.41%的农户很满意。

2015年调研中，47.44%的农户认为化肥、农药等生产资料的价格偏高；0.47%的农户认为化肥、农药等生产资料的价格偏低；46.51%的农户认为化肥、农药等生产资料的价格合理；5.58%的农户不清楚化肥、农药等生产资料的价格是否合理。而对于化肥、农药等生产资料质量的满意程度，1.4%的农户不满意，5.58%的农户不太满意，23.26%的农户满意，55.35%的农户比较满意，14.42%的农户很满意。

（五）农业生产的资金来源仍然单一

经过十年的发展，农户用于农业生产的资金来源趋向于家中自有资金，占比已经达到89.64%（见表4），依靠亲朋好友的借款、小额信贷和政府补贴的比例依旧很低。

表4　农户用于农业生产资金的变化情况

	2015年		2006年	
	样本数	占比（%）	样本数	占比（%）
家中自有资金	199	89.64	194	93.72
亲朋好友借款	11	4.95	34	16.43
小额信贷	10	4.50	44	21.26
政府补贴	1	0.45	33	15.94
其他	1	0.45	9	4.35

（六）农业技术培训增多，农业保险参保率明显提升

2006年调研中，近三年参加培训的农户有85户，占比34.98%。参加农业保险的农户有9户，占比3.70%。

2015年调研中，近三年参加培训的农户有112户，占比45.34%，比十年前提升了6.36%。参加农业保险的农户有162户，占比65.59%，提升比例达到了61.89%。

（七）农业生产投资意愿下降

由图1可以得出，与2006年相比，2015年调研中，农户对农业生产的投资意愿在下降，由46.50%下降到25.10%，反映出农民在农业生产上的积极性显然不如十年前，一部分是由于农民收入多样性的原因造成的。

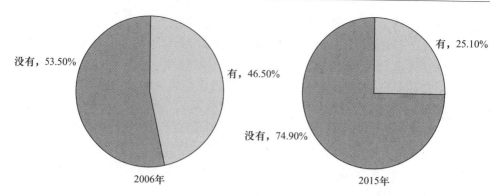

图1 农户投资农业生产的意愿比较

（八）农田水利设施稍有改善，农户满意度提高

2006 年，认为近三年本村道路和农田水利等基础设施得到改善的农户有 184 户，占比 75.72%；认为没有改善的有 31 户，占比 12.76%；其他农户不清楚。2015 年，认为近三年本村道路和农田水利等基础设施得到改善的农户有 199 户，占比 80.57%；认为没有改善的有 42 户，占比 17.00%；其他农户不清楚。

另外，农户对本村道路和农田水利等基础设施的满意度在提高，2006 年，农户的对本村道路的满意度不满意的和满意的基本能够持平，2015 年的调研结果显示，农户对本村道路和农田水利等基础设施的满意度主要集中在"比较满意"和"很满意"这两个选项上，如图 2 所示。

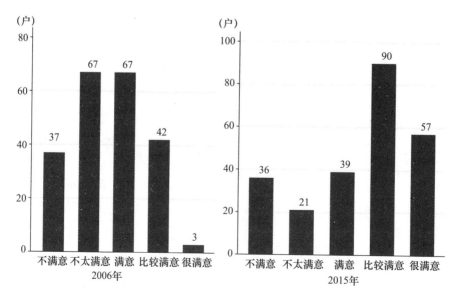

图2 农户对基础设施的满意度变化情况

四、生活宽裕：梦想成真

（一）农民收入显著提高，生活水平明显改善

根据调查，截至 2014 年底农户家庭收入在 30000 元以上的占到总数的 60.74%，而十年前农户家庭收入在 30000 元以内的占到 97.23%，说明农户的家庭收入有了显著的提高。2014 年农户家庭生活性支出在 10000 元以上的占到 72.16%，十年前农户家庭年生活性消费支出 10000 元以内占到 72.81%。相对于支出的增长，收入的增长显然快于支出的增长，总体上，农户的经济状况明显改善，生活水平显著提高。

表 5　家庭收入情况　　　　　　　　　　单位：元，%

范围	2014 年	2006 年
0 ~ 10000	12.55	72.81
10000 ~ 30000	26.72	24.42
30000 ~ 50000	21.46	1.38
50000 ~ 100000	27.94	0.00
100000 ~ 200000	8.10	0.00
200000 ~ 220000	3.24	1.38

表 6　生活性支出情况　　　　　　　　　　单位：元，%

范围	2014 年	2006 年
0 ~ 10000	27.94	72.81
10000 ~ 30000	50.20	24.42
30000 ~ 50000	12.55	1.38
50000 ~ 70000	5.26	0.00
70000 ~ 100000	3.64	0.00
100000 ~ 200000	0.40	1.38

（二）农民消费水平提高，消费层次再上新台阶

家庭拥有耐用消费品数量增多、层次提高，消费水平再上新台阶。十年前少数家庭普遍拥有的电视、电话，如今已经基本普及。过去只有 53.92% 家庭拥有的电冰箱，如今 89.47% 的家庭拥有。过去富裕家庭才拥有的空调、热水器，如今已经开始慢慢进入平常家庭。十年前连城里都很少拥有的电脑，如今 38.46% 的农村家庭拥有电脑，其中 77.14% 的家庭能上网。十年前只有城市富裕家庭才拥有的小汽车，如今 21.05% 的农村家庭拥有了小汽车。近三年 24.70% 的家庭

有过家庭成员外出旅游，比十年前提高了8.57个百分点。农村生活富裕，消费层次再上新台阶。

表7　家中拥有耐用消费品的调查　　　　　　　　　单位:%

家中拥有的耐用消费品	2015 年	2006 年
摩托车（代步用）	56.28	47.47
电视	99.19	96.77
空调	15.79	5.99
洗衣机	75.70	59.91
热水器	35.62	21.20
电冰箱	89.47	53.92
电话	92.71	92.63
电脑	38.46	6.94
有电脑且能上网	77.14	
小汽车	21.05	

表8　家庭成员是否有外出旅游的调查　　　　　　　单位:%

近三年家庭成员是否有过外出旅游	2015 年	2006 年
是	24.70	16.13
否	75.30	83.87

（三）生活条件明显改善

经济条件的改善，生活条件也随之改善。尽管冬季农村普遍还是采用自家土炕进行取暖，但已有6.07%的农户用上了公共供暖，有2.43%的农户用空调进行取暖，十年前仅1.38%的调研样本农户用公共供暖（见表9）。生活饮用水来源变化更大，57.49%的农户喝上公共自来水，喝自家井水的农户在减少，十年前仅34.10%的农户饮用公共自来水，62.21%的农户喝自家井水，见表10。

表9　对家庭取暖方式的调查　　　　　　　　　　　单位:%

家庭取暖方式	2015 年	2006 年
公共供暖	6.07	1.38
自家土炕	75.71	82.95
土暖气	47.77	34.10
空调	2.43	0.92

表10　对家庭生活用水来源的调查　　　　　　　　　　单位:%

家庭生活用水来源	2015 年	2006 年
公共自来水	57.49	34.10
自己家里的井水	42.11	62.21
到外面挑的井水	0.40	1.38

（四）养老方式多元化、看病报销便捷化

生病、养老、孩子教育费用太高是农村家庭一直以来最忧虑的三件大事。目前新型农村合作医疗在农村已经基本普及，95.95%被访者参加了新型农村合作医疗保险，其中89.12%的农户反映新型农村合作医疗报销方便，新型农村合作医疗在保障农民获得基本卫生服务、缓解农民因病致贫和因病返贫方面发挥了重要的作用。

过去农村养老只能靠儿女，如今国家出台了新型农村社会养老保险，农村养老有了新途径，63.41%被访者参加了新型农村社会养老保险，80.82%的被访者认为新型农村社会养老保险还不能解决养老问题，但在调查中调查得知，目前养老金对于贫困老年人的生活质量改善有一定的帮助作用。新型农村社会养老保险是继取消农业税、农业直补、新型农村合作医疗等一系列惠农政策之后的又一项重大的惠农政策，随着这一政策的逐步推广完善，必将给养老带来新的天地。

（五）生活宽裕面临的新挑战

消费理念落后但有改善。在问及家里有钱后最想做什么时，被访者往往露出很迷茫的表情，28.33%的村民愿意进行储蓄，与十年前相比增加了4.26%，20.00%的村民想去旅游，而十年前仅有10.19%（见表11）。选择买高档耐用品、盖房子、投资的村民有所下降，在城市买楼的村民有明显上升。农民的消费理念仍旧落后，消费的观念与城市仍有很大差距。

表11　对家里有钱后最想做什么的调查　　　　　　　　单位:%

	2015 年	2006 年
盖房子	11.74	14.81
买高档耐用品	6.17	4.17
投资	21.25	38.89
文化教育	10.00	20.83
看病	14.17	6.94
储蓄	28.33	24.07
旅游	20.00	10.19
在城市买楼	16.25	0
其他		12.96

五、乡风文明

"乡风文明"是建设社会主义新农村的基本要求和重要内容，也是衡量农村精神文明建设发展水平的一个重要标尺，更是社会主义新农村建设的动力。以下分析是通过对辽东地区的调查。

（一）文化生活丰富多彩，休闲娱乐方式多样化

随着新农村建设的推进，村民获取信息的渠道依然以电视为主，利用网络获取信息上升了 5.62 个百分点，村里的公告、通知、广告下降了 31.90 个百分点，利用报刊获取信息的却农民下降了 21.99 个百分点，说明如今的村民更多的愿意利用电子设备来获取信息，见表 12。

表 12　获取信息的渠道　　　　　　　　　　　单位：%

渠道	2015 年	2006 年
报刊	2.43	24.42
电视	81.78	95.85
网络	9.31	3.69
广播	5.26	12.44
与人交谈	0.40	27.19
村里公告、通知、广告	0.82	32.72
其他	0	2.30

与十年前相比，看电视、听广播仍然是主要的休闲娱乐项目，然而农村村民参加健身活动的人越来越多，十年前仅有 5.99% 的村民选择参加健身活动作为平时休闲娱乐活动，如今有 21.90% 的村民开始参加健身活动，见表 13。

表 13　对平时休闲娱乐活动的调查　　　　　　单位：%

平时休闲娱乐活动	2015 年	2006 年
看电视、听广播	84.62	85.25
打麻将或打牌	16.94	34.10
参加健身活动	21.90	5.99
参加乡村组织的文娱活动	14.88	12.90
闲聊串门	16.12	34.10
其他	8.06%	8.76

（二）农村社会氛围良好

农村社会风气、邻里关系和谐、治安状况良好，得到了村民的一致好评，见表 14 ~ 表 16。

表 14 对本村社会风气的调查   单位:%

村里的社会风气是否满意	2015 年	2006 年
不满意	0.46	3.72
不太满意	2.75	8.37
一般	16.06	46.51
比较满意	46.33	37.21
很满意	34.40	4.19

表 15 对本村邻里关系的调查   单位:%

村里的邻里关系是否和谐	2015 年	2006 年
不和谐	0	0.92
不太和谐	0.92	2.76
和谐	8.72	45.62
比较和谐	52.29	35.94
很和谐	38.07	14.75

表 16 对本村治安状况满意度的调查   单位:%

对本村的治安状况满意度	2015 年	2006 年
不满意	1.37	3.69
不太满意	0.91	7.37
满意	25.57	55.76
比较满意	32.42	29.03
很满意	39.73	4.15

目前，农村封建迷信的村民越来越少，相信大仙或神灵的占比没有很大改善，但是找过大仙的农民比例增加了 1.63%。有正宗的宗教信仰能使农民增加信心，自我规范，有宗教信仰的农民所占比例较 2006 年增加了 2.46%，占比仍然不大，见表 17 和表 18。

表17　对农村封建迷信的调查　　　　　　　　　　单位:%

是否相信大仙或神灵,是否曾找大仙或神灵来解决问题	2015 年	2006 年
相信,找过	4.86	3.23
不相信,没找过	92.31	84.33
相信,没找过	0.81	2.30
不相信,找过	2.02	10.14

表18　对家庭成员是否有宗教信仰的调查　　　　　　单位:%

您家成员是否有宗教信仰	2015 年	2006 年
否	91.09	93.55
是	8.91	6.45

（三）新的挑战

1. 随礼现象更加严重

乡风文明稳步推进过程,一些新问题不容忽视,农村随礼现象变得更严重,红白喜事操办司空见惯,村民为了回收礼金,小事大办,造成极大浪费,34.41%的村民认为村里随礼现象严重,23.48%的村民认为比较严重,认为很严重的占6.48%,十年前,16.87%的村民认为严重,18.52%的村民认为比较严重,7.82%的村民认为很严重（见表19）。村民对随礼现象很反感,更多的却是无奈。

表19　对本村随礼现象看法的调查　　　　　　　　单位:%

对村里随礼现象的看法	2015 年	2006 年
不严重	19.03	26.75
不太严重	16.60	30.04
严重	34.41	16.87
比较严重	23.48	18.52
很严重	6.48	7.82

2. 赌博现象似有上升

不容忽视的现象是赌博现象似有上升迹象,十年前7.91%的村民认为本村赌博现象严重（包括严重、比较严重和很严重）,如今17.88%的村民认为严重（见表20）。说明赌博现象逐渐减轻,这可能也和农民的文化生活日益丰富有关。

表20 对本村赌博现象的调查 单位:%

村里赌博现象是否严重	2015 年	2006 年
不严重	57.80	70.70
不太严重	24.31	21.40
严重	12.84	1.86
比较严重	2.75	3.26
很严重	2.29	2.79

六、村容整洁:村民居住环境日趋改善

(一) 居民对村里的生活居住环境满意度明显提高

一个地区的发展程度相当一部分取决于当地居民的幸福感,对其所生活居住环境的满意度。各方面的满意度越高说明其地区发展程度越高,尤其是生活居住环境方面的满意度。由图3可以看出,2006年农村居民对所居住环境的满意度占69.55%(其中包括满意、比较满意及很满意三者之和),而2015年三者之和为91.49%,远大于2006年的生活居住环境满意度。由此可以看出,相当部分的居民对农村居住环境还是比较满意的。

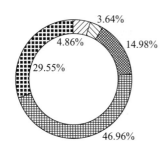
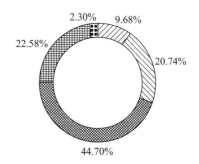

☑不满意 ▨不太满意 ▨满意 ▥比较满意 ▦很满意
2015年

☐不满意 ▨不太满意 ▨满意 ▥比较满意 ▦很满意
2006年

图3 农村居民对村里的生活环境满意度

(二) 居民生活的基础设施明显改善,居民生活满意度提高

从农村的道路状况满意度着手,一个地区要想富先修路,在新农村建设村容整洁方面,道路状况是评价当地基础设施的必备条件,而本村居民对街路状况的满意度尤为重要。道路作为基础设施,已经成为农村经济发展的推动器,影响农

村经济的发展并且服务于农村经济。十年前后对比发现 2006 年街路状况满意度为 45.27%，2015 年道路满意度为 78.95%，虽然满意度有所提升，但还是需要继续进行资金投入，以保证更好的街道状况，见图4。

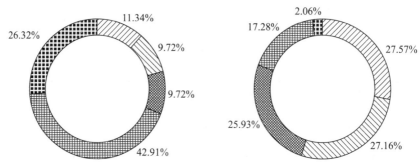

□不满意 □不太满意 ⊠满意 ⊡比较满意 ▣很满意   □不满意 □不太满意 ⊠满意 ⊡比较满意 ▣很满意
2015年   2006年

图4　居民对本村的街路状况的满意度

农村乡镇集市的卫生状况体现一地乡村集市基础设施发展水平，调查问卷设计了对当地的乡镇卫生状况满意度的评定。从表21可以清晰地看出，2006年居民对乡镇集市卫生状况表现为不满意和不太满意占到总调查数的 39.25%，而2015年居民对乡镇集市卫生状况满意度达到86.01%，其中比较满意和很满意的达到62.14%，说明乡镇集市基础设施明显改善，农村居民生活满意度提高。

表21　居民对乡镇集市的卫生状况的满意度　　　　　　单位:%

对集市满意度	不满意	不太满意	满意	比较满意	很满意
2015 年	5.76	8.23	23.87	42.80	19.34
2006 年	17.29	21.96	36.92	21.50	2.34

（三）居民生活环保意识逐渐增强

普遍说来，中国农村的固体废弃物存在着随意丢弃、随意焚烧的情况，基本上没有无害化处理。在农村，按传统的观念，主要是靠"垃圾堆"这种方式收集和堆放垃圾，然后再通过焚烧等方式解决。农村固体废弃物的随意堆放不仅影响农村的面貌整洁，更重要的是会造成水体污染和土壤破坏。从表22可以看出，2006年村民到村指定的垃圾倾倒地点统一处理的占总调查数量的 35.02%，而2015年村民到村指定的垃圾倾倒地点统一处理的占到82.19%。对于村里的生活垃圾是否统一处理，根据图5，2006年统一处理只占到44.7%，2015年统一处理垃圾占到87.85%，综合表22和图5可以看出农村居民的环保意识逐渐增强。

表22　农村居民现在如何处理生活垃圾

如何处理生活垃圾	2006年（次）	2006年（%）	2015年（次）	2015年（%）
村指定的垃圾倾倒地点统一处理	76	35.02	203	82.19
无人处理的垃圾倾倒点	16	7.37	9	3.64
自己家固定的倾倒点	45	20.74	7	2.83
随意倾倒	60	27.65	27	10.93
其他	20	9.22	1	0.40

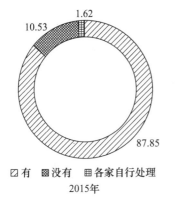
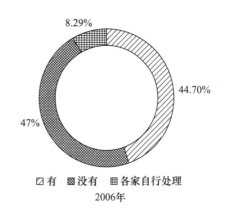

图5　村里的生活垃圾是否统一处理

（四）居民对村庄进行整体规划的呼声很高

全面建成小康社会最艰巨、最繁重的任务在农村。而村庄规划是社会主义新农村建设的核心内容之一，是立足于现实条件缩小城乡差别、促进农村全面发展、提高人民生活水平的必由之路。由表23可以看出，居民对村里住房是否要统一规划的呼声一直很高，其中2006年认为比较必要和很必要的占到38.42%，2015年认为比较必要和很必要的占到60.98%。村庄规划是做好农村地区各项建设工作的基础，是各项建设管理工作的基本依据，对改变农村落后面貌，加强农村地区生产设施和生活服务设施、社会公益事业和基础设施等各项建设，推进社会主义新农村建设具有重大意义。

表 23　居民认为村里的住房是否有统一规划的必要　　　　单位:%

是否有必要统一规划	不必要	不太必要	必要	比较必要	很必要
2015 年	10.98	13.41	14.63	29.27	31.71
2006 年	6.48	6.48	48.61	14.35	24.07

七、民主管理方面

(一) 民主选举规范化

调查乡镇的各村均有村民代表大会,从表 24 可以看出 71.26% 的农户认为村民代表能代表村民意愿,相对于十年前的结果 68.37% 变化相差不大。72.06% 的村民认为村民代表能有效监督约束村里的经济活动,比十年前的比例提高了 14.92%。

表 24　农户对村民代表认同情况统计　　　　单位:%

代表村民意愿	能	还可以	不能	不好说
2015 年	71.26	14.17	6.48	8.10
2006 年	68.37	20.47	5.58	5.58
监督经济活动	能	还可以	不能	不好说
2015 年	72.06	9.72	6.48	11.74
2006 年	57.14	21.66	13.36	7.83

(二) 民主管理认可度提高

村民对村干部的选举程序的了解情况,大部分人非常了解。在问及农民参与选举原因时,2006 年有 16.53% 的人是因为村里强制要求,2015 年该比例为 15.10%,比例变化不大,选举对村民的强制现象依然存在。2006 年跟风的有 11 人,占比 4.55%,而 2010 年跟风的有 29 人,占比 11.84%,可见村民对干部选举投票时,跟风的趋势有所上升。关于选举村委会干部是自己的权利这部分数据与十年前调查数据相当,分别是 70.66%、65.31% (见表 25)。

表 25　农户对村委会干部选举程序了解程度　　　　单位:%

是否了解选举程序	非常了解	比较了解	了解	不太了解	完全不了解
2015 年	40.89	34.41	8.5	12.55	3.64
2006 年	15.21	16.13	54.38	11.52	2.76

77.24%的农户认为在有建议和意见时，可及时通过各种渠道进行反映，相对于十年前的比例减少了2.85%，93.93%的村民对村内民主管理方面感到满意，而十年前调查结果显示有86.17%的村民满意，增加了7.76个百分点（见表26、表27）。

表26　农户是否有渠道反映建议和意见　　　　　　　　　　单位:%

是否有渠道反映建议和意见	有	有，不管用	没有
2015 年	77. 24	4. 88	16. 67
2006 年	80. 09	7. 87	12. 04

表27　农户对民主管理的满意度　　　　　　　　　　单位:%

民主管理满意度	很不满意	不太满意	满意	比较满意	很满意	说不清
2015 年	2. 83	1. 62	11. 34	44. 53	38. 06	1. 62
2005 年	1. 84	9. 68	55. 30	28. 57	2. 30	2. 30

同时，在本次调研过程中发现，村里的村民谈话都比较文明，基本没有乱搭乱建现象，道路整洁以及路灯情况都做得比较好，整体村容村貌有很大改善。

（陈技伟、周密、王振华、谭晓婷）

辽宁省辽西地区新农村建设
发展情况调查报告

——来自建平县、彰武县、北镇市的调查

第一部分　调查基本情况

一、调查背景

2005 年 10 月，中国共产党十六届五中全会通过《十一五规划纲要建议》，提出要按照"生产发展、生活宽裕、乡风文明、村容整洁、管理民主"的要求，扎实推进社会主义新农村建设。时至今日，"新农村建设"工程已过去十年之久，在这十年间国家积极践行这一政策，采取多种形式重视农业的全面发展，并且切实出台了一系列扶持农业发展的政策，为今后农业提供了非常好的发展政策环境。我国农民人口占多数，搞好新农村建设不仅关系到农民群众的切身利益，更有利于我国的发展繁荣。

因此，全面掌握了解新农村建设的发展现状和存在的问题以求为国家新农村进一步发展政策的出台提供有益帮助，2015 年辽宁省农村经济委员会信息中心联合沈阳农业大学经济管理学院成立新农村建设的调查课题组对辽宁省全省进行抽样实地调查。

二、调查方法介绍

为确保本次调查的科学性，真正了解辽宁省新农村建设的发展现状和问题，

课题组在全省分为 5 个地区（辽中地区、辽东地区、辽西地区、辽北地区、辽南地区），每个地区抽取 3 个市，每个市抽取 1 个县、每个县抽取 3 个镇、每个镇抽取 3 个村（分为贫困、中等、富裕）、每个村抽取 9 个居民户进行调研，对选取的每个乡镇、村、农户进行三级调研。全省选取了 15 个县、45 个乡镇、135 个村、1215 个农户进行调研，对每个县（区）的新农村建设情况进行全方位的调查。此次的调研采取随机抽样的方式对九户农户进行一对一访谈，填写调查问卷。

三、调查地区概况

辽西地区是辽宁省新农村建设课题组选择的 5 个地区之一。对于，辽西地区，我们选取了朝阳市的建平县、阜新市的彰武县、锦州市的北镇市进行调查。调查从 8 月 24 日开始，至 9 月 1 日（除周六周日）历时 6 天，共收集 9 个乡镇调查表、27 个村调查表、243 个农户调查表。

（一）辽西地区基本概括

1. 自然地理

辽西地区位于辽宁辽河以西与内蒙古、河北接壤的辽宁西部地区。在行政上可归纳为辽西五市。即锦州市、阜新市、朝阳市、葫芦岛市和盘锦市。锦州、葫芦岛、兴城市是渤海湾地区的沿海城市，朝阳市、阜新市属于内陆城市。其中，锦州市是我国环渤海地区的重要开放城市，地处辽宁省西南部，北依松岭山脉，南临渤海辽东湾，扼"辽西走廊"东端，为古往今来南北通衢的重镇与商埠。

辽西地区总面积有 55162 平方米，人口近 12345 万人。其中农业用地和农村人口占多数。

辽西地区属温带季风大陆性气候区，年平均气温 7℃ ~ 8℃，10℃ 以上积温为 2900℃ ~ 3400℃，无霜期为 135 ~ 165 天，5 ~ 9 月日照时数为 1200 ~ 1300 小时，全区耕地面积约为 104 公顷，土地和光热资源十分丰富。但年降水量仅为 300 ~ 500 毫米，且降水变率较大，旱灾频繁，"十年九春旱"是其基本气候特征。辽西大河——大凌河，是辽宁西部最大河流。

2. 经济社会发展

辽西地区由 5 个地级市组成，辖 5 个县级市、9 个县、2 个自治县、15 个区、248 个镇、136 个乡、179 个街道。2013 年末总户数 429.1 万户、总人口 1245.4 万人。2013 年辽西地区国内生产总值突破 5000 亿元，达到 5089.08 亿元，比上一年增加 401.48 亿元。其中，第一产业生产总值达到 770.13 亿元、第二产业生产总值达到 2716.58 亿元、第三产业生产总值达到 1602.37 亿元。城镇居民人均可支配收入 118742.37 元，农民人均纯收入 56414 元，全年地方财政一般预算收入完成556.2183亿元。

（二）建平县概况

1. 自然地理

建平县位于中国辽宁省西部，东部与朝阳县交界，南部与喀喇沁左翼蒙古族自治县、凌源市接壤，西部和北部与赤峰市的宁城、喀喇沁旗等县隔老哈河相望。东北与敖汉旗毗邻。

建平县有林面积320万亩，森林覆盖率达36%，拥有世界最大的100万亩人工沙棘林，同时是被誉为世界生态工程之最的"三北防护林"的重要县份之一，是全国绿化先进县。

建平县境内地下矿产资源现已探明和发现55种，其中金属矿产27种，非金属矿产28种，金属矿主要有铁、金、锰、铌等，非金属矿主要有玄武岩、珍珠岩、白云石、膨润土、集块岩、石灰石、煤炭等。铁矿探明储量为6021万吨，年生产铁精粉80万吨，在全国县级铁粉产量中名列第6位。

2. 经济社会发展

2012年，建平县年末户籍人口582019人。出生人口4963人，出生率为8.51‰；死亡人口4453人，死亡率为7.63‰；自然增长率为0.88‰。18岁以下人口99236人，占总人口的17.1%；18～60岁人口400651人，占总人口的68.8%；60岁以上人口82132人，占总人口的14.1%。

2012年地区生产总值实现（GDP）196.9亿元，按可比价格计算比上年增长11.8%。其中，第一产业增加值35亿元，增长5.3%；第二产业增加值106.4亿元，增长13%；第三产业增加值55.5亿元，增长12.9%。地区生产总值三次产业构成为17.8∶54.0∶28.2。建平县人均地区生产总值达到39608元（按常住人口平均），按可比价格计算，比上年增长13.2%。从建平县的经济发展状况可知，现在该地区的支柱产业已经由第一产业转到第二产业。

（三）彰武县概况

1. 自然地理

彰武县地处辽宁省西北部，科尔沁沙地南部，东连康平、法库两县，南接新民市，西隔绕阳河与阜新蒙古族自治县相邻，北依内蒙古自治区通辽市的库伦旗和科尔沁左翼后旗；全境呈枫叶形，东西长87.5千米，南北宽79千米，总面积3641平方千米。地势北高南低，东西丘陵，北部沙荒，中、南部为平原。大体是"三丘、三沙、四平洼"。海拔最高（西北部）为313.1米，最低（南部）为59.3米。属于东北平原，内蒙古高原与辽河平原的过渡段。

彰武县设8镇16乡、184个行政村、4个街道、16个社区，总人口42万（2011年），其中农村36万，城镇6万，农业人口34万。总户数12.8万户，其中农村 9.5 万户，城镇 3.3 万户县人民政府驻彰武镇。

彰武县属于温和半湿润的季风大陆性气候，四季分明，雨热同季，光照充足，昼夜温差大，春季风大且多，寒冷期长，年平均气温 7.2℃，最高温度 37.4℃，最低温度 -30.4℃，平均风速 3.8 米/秒，最大风速 38 米/秒，年均降水量 510.3 毫米，平均相对湿度 61%，平均无霜期 156 天。境内有柳河、绕阳河，养息牧河、秀水河四条河流。支流≥110 平方千米的河流 19 条。柳河发源于内蒙古自治区，从西北入境，流向东南，县内河长 61.4 千米，年均径流量为 0.547 亿立方米；绕阳河为南阜新县界河，县内河长 72.93 千米，年均径流量 0.487 亿立方米；养息牧河流发源于本县，由四个支流河汇集而成，年均径流量为 0.955 亿立方米；秀水河从内蒙古经四合城、大四家子乡流入法库县。年均径流量为 0.16 亿立方米。地下水位 2 米以下。

2. 经济社会发展

2013 年，彰武县地区生产总值完成 135 亿元，同 2012 年相比增长 18.3%；公共财政预算收入完成 9.35 亿元，同 2012 年相比增长 12.5%；固定资产投资完成 115 亿元，同 2012 年相比增长 30.8%，增幅居阜新市第一。2008 年农业年度增加值达到 19.0 亿元，是 2000 年的 6.8 倍。彰武县是国家商品粮生产基地，截至 2010 年，粮豆作物 90 万亩，经济作物 63 万亩。年均粮食综合生产能力 60 万吨。年均产玉米 50 万吨、玉米秸 101 万吨、玉米芯 8 万吨、油料 1.3 万吨、豆油 1.5 万吨、豆粕 5 万吨。2013 年彰武县粮食生产连获丰收，产量达 11.6 亿千克，连续三年被国务院授予"全国粮食生产先进县"。打造现代农业示范工程，建成节水农业工程 18.2 万亩，万亩连片示范区 5 处，启动了沈阜现代农业示范带工程。实施畜牧强县战略，新建标准化畜禽小区 135 个，畜牧业产值实现 50.4 亿元，连续六年被评为"全国生猪调出大县"。2013 年完成造林 32.1 万亩、围栏封育 15.4 万亩，清理"小开荒" 2100 亩，彰通高速绿化工程被评为省级精品工程，彰武县森林覆被率达 36.1%。完成草原沙化治理 10 万亩、水土保持工程 9 万亩、机械化收获 140 万亩。彰武县被确定为"全国农村土地承包经营权确权登记试点县"，被评为"全省造林绿化先进县"，再获省政府农建"大禹杯"，彰武县农产品检测站通过辽宁省首家双认证验收。2013 年，彰武县城镇居民医保、新农保参保率均达 94%，新农合参合率达 99%。

（四）北镇市概况

1. 自然地理

北镇市位于锦州市东部，医巫闾山东麓，东接黑山县，西邻义县，南与盘锦市毗邻，北与阜新市搭界，东南与台安县相望，西北与凌海市相通，南北长 53.9 千米，东西宽约 53.1 千米，面积 1782 平方千米。北镇市地形可划分为山区、平原、洼区三种地形。医巫闾山绵亘于西、北两侧，西北部山区环抱北镇大平原，形成白西北向东南的山区、平原、洼区的走势，而且各占1/3。

北镇市全境处于北半球中纬度地带，属温带半湿润季风大陆性气候，医巫闾山形成一道天然屏障，特别是夏季，从太平洋刮来的东南风，带来湿暖空气，遇到闾山屏障，升空与凉空气相遇，形成降雨。所以北镇市降雨量高于闾山以北的阜新、朝阳及内蒙古地区。年降水量可达到604.8毫米。北镇市四季分明：夏季短而湿热多雨；冬季长而干燥寒冷；春季少雨多风；秋季天晴气朗。

北镇市境内的河流，属辽河流域绕阳河水系，主要河流有9条。较大的河流有饶阳河、东沙河、羊肠河。除上述三条较大河流外，稍短河流有西沙河、无虑河（黑鱼沟河）、沙子河、鸭子河、大沟河、兴隆泡河等。河道总长306千米，总流域面积为1682.38平方千米。

2. 经济社会发展

2013年，北镇市实现生产总值148.4亿元，比2012年增长8%。其中：第一产业增加值实现50.5亿元，比2012年增长5%；第二产业增加值实现52.4亿元，比2012年增长10.4%；第三产业增加值实现45.5亿元，比2012年增长8.2%。北镇市农业形成了以医巫闾山为线7个乡镇的林果经济带，以102国道为线10个乡镇的高效种植业经济带，以沈山铁路为线7个乡镇的粮食、养殖业经济带，北镇市被省和国家命名为"中国平原绿化先进县"、"生态农业重点县"、"粮食生产基地县"、"花生生产基地县"、"生猪生产重点县"、"高效农业先进县"、"小麦生产重点县"，水果总产量和猪牛羊肉总产量分别进入中国百强县（市）行列。

2013年，北镇市实现高新技术产值47.7亿元，增加值14.3亿元，2013全年专利授权10件，成功举办了2013年科技周活动，参加了锦州农展会。

北镇市地处连接东北和关内的交通要道，102国道横贯北镇市东西，距京沈高速、盘锦至海城至营口至大连高速公路仅15千米。截至2008年，北镇市有乡级以上公路32条520千米，其中国家级公路2条66千米，省级公路3条75千米，县公路4条85千米，乡级公路23条290千米。截至2013年末，北镇市公路总里程1479千米，其中，国道66千米，省道107千米，县道141千米，乡道414千米，村路751千米。阜盘高速建成通车。

第二部分　辽西地区新农村建设发展现状

新农村建设包括经济、政治、文化和社会等方面的建设，为全面了解北镇市新农村建设的发展情况，我们对辽西地区的建平县、彰武县、北镇市进行了相关了解，共收回有效问卷282份。其中，对农户调查问卷246份，对村集体组织调查问卷27份，对乡镇组织调查问卷9份。从整体情况看，辽西地区的新农村建设初有成效，但还需要更大的建设力度。

一、生产发展方面

（一）农户以种植业为主，主要经营旱田，少数兼有养殖

与2004年设计问卷相比，种植业进行了细分，由原来的大田、冷棚、暖棚、果园、其他分为水田、旱田、冷棚、暖棚、果园、林地和其他七种形式进行调查。

由表1和表2可知，农户主要经营田地，其中旱田所占比重较大，为85.31%；水田所占比例为10.2%。经营田地的户数与十年前相比，变化不大。对于冷棚和暖棚的种植，与十年前相比，冷棚所占比例上升了1.65%，暖棚下降了5.26%。果园所占比例为11.43%，与十年前相比增加了1.17%。从表中还可以看出，旱田所占比例最大，其次为果园、水田。十年间农户的种植结构没有发生太大变化。

表1　2004年辽西地区种植户情况

	大田	冷棚	暖棚	果园	其他
有效样本（份）	246	246	246	246	246
户数	237	9	21	31	2
占比（%）	96.34	3.66	8.53	12.60	0.81

表2　2014年辽西地区种植户情况

	水田	旱田	冷棚	暖棚	果园	林地	其他
有效样本（份）	245	245	245	245	245	245	245
户数	25	209	13	8	28	13	2
占比（%）	10.2	85.31	5.31	3.27	11.43	5.31	0.82

调查的246户农户旱田总面积为3153.9亩，户均面积12亩，2014年田种植户平均亩投入462元，平均亩产值1198元，平均亩收入736元。可见新农村建设已经取得一定成效。

在246户被调查者中，有28户兼有养殖，品种基本为鸡、牛、猪、羊，养

殖总投入 109.67 万元，总产出 93.65 万元，亏损 16.02 万元。可以看出，辽西地区主要以种植业为主，养殖业发展较为缓慢，经营零散，未形成规模，与十年前相差不多。

（二）农户生产条件有所改善

在新农村建设过程中，辽宁省各级政府为农民生产提供了更便利的服务与条件。农户获得农业新技术、新知识的途径出现多样化：除了传统的广播宣传，还可以通过电视宣传。互联网查询，以及农业技术培训等方式；可以参与合作社，进行规模经营，提高农业收入、降低生产资料成本、提高农产品销售价格；很多农户采用新技术措施如良种、优质化肥、耕作方式也从传统的耕作方式转变为农业机械化耕作；另外，农业保险已经在农村普及开来，一半以上的农户参加了农业保险。

从表 3 和表 4 可知，2014 年辽西地区 28.16% 的农户参与农业技术培训，每次的农业技术培训都是政府组织的免费培训，与 2004 年相比，参加技术培训的比例有所下降，政府各级部门应该引以重视，采取多种形式激发农民参加技术培训的热情和积极性；55.92% 农户参加农业保险，比 2004 年的 3.66% 多出了52.26 个百分点；2007 年国家颁布实施《农民专业合作社法》以来，农民专业合作社像雨后春笋般蓬勃发展，辽西地区农民参加农民专业合作社的比例已经由2004 年的 10.57% 发展为 2014 年的 76.73%，并且大多数农民表示有意愿参加农民专业合作社，而且参与合作社的农户都认为加入农民专业合作社可以在收入、成本、技术、解放劳动力上得到帮助。56.73% 的农户采用良种、优质化肥、农药、农业机械化新型耕作方式、灌溉设施等农业新技术措施。80.82% 的农户认为村里的道路和农田水利等基础设施有所改善，与 2004 年相比有所增加。与十年前调研数据相比，农户参加农业保险、农民专业合作社的比例有所增加，参加农业技术培训、采用新技术设施的比例有所下降，农户的生产条件得到了很好的改善，有更多更好的途径获取农业技术，也有方式减少风险，对农户的生产经营活动有一定帮助。另外，从调查的访谈过程中可知，近几年，政府、村集体对乡村道路和水利基础设施都有所改善，且村民的满意率也有所提高。

表 3　2004 年农户生产发展情况统计分析

	参加农业技术培训	参加农业保险	采用新技术措施	参与合作社	基础设施改善
有效样本（份）	246	246	246	246	246
是	83	9	163	26	179
占比（%）	33.73	3.66	66.26	10.57	72.76

表4　2014年农户生产发展情况统计分析

	参加农业技术培训	参加农业保险	采用新技术措施	参与合作社	基础设施改善
有效样本（份）	245	245	245	245	245
是	69	137	139	188	198
占比（%）	28.16	55.92	56.73	76.73	80.82

二、生活宽裕方面

（一）农户收入大幅提高，外出务工人员增多

从图1中可以看出，2004年农民年收入主要在1万元以下，5万元以上的不到1%；然而十年后的2014年农民的年收入增加，主要集中在1万~5万元，收入在5万~10万元的户数也达到了25.71%，有9.39%的农户年收入达到了10万元以上。2014年，被调查地区农户户均年收入8.2万元，与十年前农户户均收入1.7万元相比，增长了4.8倍，其中种植业收入3.5万元，占43.2%，非农经营收入1.2万元，占34.3%，工资性收入以及粮食直补、赠予占22.5%，可见，农户收入明显提高，该地区农户始终以农业生产为主，由于农业机械化程度提高以及交通条件改善，农户家中外出务工人员增加，非农经营收入也有所提高。被调查地区农户户均年支出4.3万元，生产支出2.2万元，与十年前相比，增长2.4倍，生活支出2.8万元，增长了2.5倍。

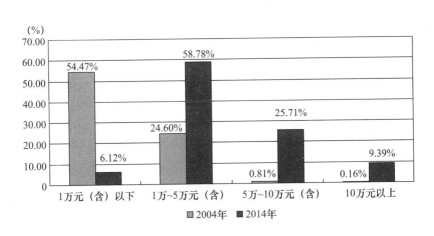

图1　2004年和2014年农民收入对比

（二）农户的生活条件有所提高

该地区农户生活水平明显提高，现在大多数农户家中有电视、洗衣机、电冰

箱、手机、电脑等日常家用电器，较十年前增加很多。绝大多数的农户购买生活
用品时比较注重质量和实用程度。从表5中可以看出，与2004年相比，2014年
农户在做饭使用柴的比重略有下降、使用电的比例增加了15%；取暖方式仍以
自家土炕和土暖气为主，几乎没有发生变化；生活用水方面，使用自来水和自家
井水的占绝大多数，其中使用自来水比重增加了25%。2014年，97.55%的农户
参加新农合，绝大多数的农户觉得报销很方便，部分农户因为在异地看病不能报
销以及使用部分药品保险比例较小等原因感到不方便；74.29%的农户参加了新
农保，还有少数农户参加了社会养老保险，但在参加新农保的农户中多数农户认
为新农保的补贴并不能解决养老问题。

表5 农户生活情况统计分析　　　　　　　　　　　　　　　　单位:%

做饭用	柴	液化气	煤	电
比例（2014年）	67	55	22	67
比例（2004年）	85	56	28	52
取暖方式	公共取暖	自家土炕	土暖气	空调
比例（2014年）	5	91	25	0
比例（2004年）	2	89	39	0
生活用水	自来水	自家井水	外面井水	其他
比例（2014年）	45	55	0	0
比例（2004年）	20	78	1	1
参加新农合（2014年）	97.55			
参加新农保（2014年）	74.29			

当问到：您是否对当前的家庭生活状态满意? 22.86%的农户认为很满意，
35.10%的农户认为比较满意，只有7.76%的农户认为不太满意，5.31%的农户
认为不满意。这一数据与2004年相比，满意度明显增加。

表6 农户对家庭生活状况的满意程度　　　　　　　　　　　　单位:%

	很满意	满意	比较满意	不太满意	不满意
比例（2004年）	3.25	39.02	28.86	16.67	9.76
	很满意	比较满意	一般	不太满意	不满意
比例（2014年）	22.86	35.10	28.57	7.76	5.31

三、乡风文明与村容整洁方面

调查发现，辽西地区几乎没有封建迷信情况，有宗教信仰的人也极少，闲暇时间所做的活动主要是看电视、听广播，与十年前相比，如今村内的休闲活动场所，如阅览室、健身活动场所、广场等的修建使农户闲暇时间的健身活动和文娱活动有所增加。从图2中可以看出，农户看电视、听广播的比例变化甚微，打麻将、打牌的比例有所减少，参加健身活动和文娱活动的比例显著增加。通过调查员与农户交流、观察，调查地区农民讲话文明，赌博现象基本消除，乡风文明有一定的提高。

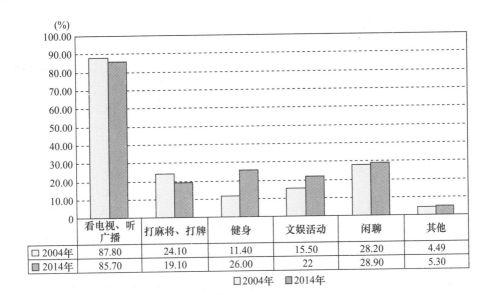

	看电视、听广播	打麻将、打牌	健身	文娱活动	闲聊	其他
□2004年	87.80	24.10	11.40	15.50	28.20	4.49
■2014年	85.70	19.10	26.00	22	28.90	5.30

□2004年　■2014年

图2　2004年和2014年农户闲暇时间从事活动的对比

表7中将问卷中五个级别分别赋予1～5的分数，然后统计出选择每个等级的户数，进行加权平均，算出平均得分。

从表7可以看出各项得分除集市卫生在2.95分，其他均在3分以上，说明农户对乡风村容整体状况都在满意程度以上，其中得分最高4.39的是邻里关系，其次是社会风气，得分4.11，得分最低的是集市卫生，仅有2.95。在调查中发现，村民的生活垃圾、污水还有随处倾倒现象，虽较十年前相比有所改善，但多数农户表示村内没有统一进行垃圾处理，街路卫生环境有待加强。另外，绝大多数农户认为有必要对住房进行统一规划，希望政府、村集体在垃圾定点处理、道路修整、修建厕所及下水道、建文化站等方面给予支持。

表7　农户对乡风村容满意程度统计　　　　　　　　　　单位:%

	不满意1	不太满意2	满意3	比较满意4	很满意5	平均得分
休闲场所	9	14	51	43	67	3.79
社会风气	3	7	46	92	97	4.11
邻里关系	2	2	15	105	121	4.39
治安状况	3	6	81	74	81	3.91
生活环境	8	20	45	101	71	3.84
街路状况	33	30	32	83	67	3.49
集市卫生	22	21	80	61	35	2.95

四、民主管理方面

调查乡镇的各村均有村民代表大会,59.8%的农户认为村民代表能代表村民意愿,并且认为村民代表能有效监督约束村里的经济活动,村民对村干部的选举程序都比较了解,参加村干部选举也都是认为是自己的权利,并非被强迫或是跟风行为;有建议和意见时,也可及时通过各种渠道进行反映,村民对村内民主管理方面普遍感到满意。

当地广大基层干部群众对新农村建设十分拥护,热情高涨,问卷调查表明,当问及当前村里最急需解决的问题是什么,还有哪些问题需要上级政府解决时,大部分农户提到村庄道路和农业基础设施的建设,认为新农村建设非常重要;农民很愿意参加改善生产和生活环境的基础设施建设义务活动。

第三部分　辽西地区新农村建设的问题及建议

一、存在的问题

(一)产业结构和发展方式单一

农业增收既面临着农业内部受资源约束,增收潜力不大的压力,又面临着农业外部就业竞争加剧的巨大压力;产业结构调整缓慢,新型农业发展滞后,缺乏龙头企业带动,农业现代化水平低,抵御自然灾害风险能力弱,探索发展的新兴产业弱、散、小,发展后劲不足。

(二)镇村经济实力薄弱、牵引力不大

村级集体经济实力薄弱,加之近年来镇村加大了对重点产业发展、公益事业

建设、基础设施等项目的投入和建设，使得镇村两级政府对本地发展经济包袱沉重，经济发展难以形成牵引力、向心力。

（三）文化生活单调，基层文化建设滞后

农村文化事业底子薄、基础差、人才缺、资金少的状况未从根本上改变。缺乏多种形式的文化活动和体育活动。适合农村的各类科普资料缺乏，虽有阅览室，却形同虚设，农户学习的积极性没有调动起来。

（四）产品不优，没有品牌，没有规模化

在农产品种植过程中，不少农户片面追求数量，而不注重产品质量，更不注重拳头产品和品牌建设，盲目发展、机械效仿和低水平生产现象比较突出，未形成规模化经营，种植零散。

二、建议

加大宣传力度，调动农民参与新农村建设的积极性和主动性。建设社会主义新农村的主体是农民，根本是发展农村经济，重点是增加农民收入，难点是构建农民收入持续增长的长效机制。因此，要利用村广播、会议、标语等手段，深入宣传好信农村建设的意义、任务、标准、要求、政策，充分调动起群众参与新农村建设的积极性和主动性。

扶持种养大户，培植新型农业经营主体。通过对一些市场意识强、科技素质高的种养大户，采取政府扶持支部引导、农户投资的办法，大力发展规模养殖，引进优良品种，采用精细的管理方式，逐步发展壮大起来，使他们不仅是科学种养致富的典型，而且成为农村先进生产力的代表。

加快农业和农村经济增长方式的转变，加快传统农业向现代农业的转变。不断提高农业综合生产能力，加速发展培育以设施农业、标准农业、绿色农业、农产品加工业为体系的现代农业。积极推进种植、养殖业标准化、规模化、集约化发展，延长产业链条，提高经济效益。提高农民组织化程度，提高农村经济的自主发展能力。

加大农村投入力度，强化政府服务功能。统筹各方力量，形成工作合力，准确有效地加大对农村教育、卫生、交通、电力、通信、农田水利等基础设施和生态环境建设的投入力度，不断改善农民的生产生活条件，从根本上解决农村生产生活基础设施严重滞后的瓶颈制约。

进一步加大新型农民培养力度，全面提高农村劳动者素质。实施失地农民培训、农村劳动力转移培训和新型农民科技培训工程。提高村集体领导班子素质，招聘大学生村干部，调动农民学习的积极性，不要单单流于形式，应建立起真正的图书阅览室、文化站。

辽宁省中部三地新农村
建设十年调查报告

引 言

本次调查中辽宁省中部地区共选择了辽中县、沈阳市浑南新区（原东陵区）以及海城市3个地区。此次沈阳农业大学经济管理学院新农村建设十周年的调查中依据前之前调查样本选择方法，每个地区抽取3个乡镇，每个乡镇抽取3个村，每个村抽取9位农户进行调查。整个辽宁省中部地区共抽取样本户248户，取得有效问卷248份。

调查所抽取的样本地区如下：海城市南台镇、中小镇、接文镇；现隶属沈阳市浑南新区的祝家镇、李相镇以及王滨镇；辽中县养士堡镇、刘二堡镇、冷子堡镇。调查结果整体上看，新农村建设显见成效。

一、辽宁中部地区样本农户家庭情况统计

本次调查得知辽宁省中部地区217户样本农户户均人口3.6636人，而十年前整个中部地区每户常住人口3.2863人。

（一）户均人口数量有所增加

通过表1可以看出，10年以来样本农户的家庭结构有了明显的差异，平均每户家庭的人口数由2006年的3.29提到到2015年的3.66。其原因可能是因为两次调查的口径不同：2006年调查的是家庭常住人口，而2015年调查的是家庭户籍人口。

表 1　辽宁中部地区新农村建设十年家庭结构变动统计

每户人口数	2006 年		2015 年	
	户数	占比（%）	户数	占比（%）
1	2	1	0	0
2	75	31	28	13
3	74	31	78	36
4	48	20	61	28
5	33	14	36	17
6	5	2	12	6
7	2	1	0	0

（二）户主受教育程度有所提高

从调查结果看，户主的受教育程度有所提高，文盲的比例降低，同时初中生、高中以上学历的人群比重增加。一些大学毕业生开始到农村从事农业生产。可以认为，随着我国农村人口受教育程度的增加，农村劳动力的受教育程度逐渐增加，高中生在农村从事农业生产的比重有所降低，也许需要从劳动力转移的角度进行考虑。

表 2　样本农户户主受教育程度对比统计

学历	2006 年		2015 年	
	样本数	总占比（%）	样本数	总占比（%）
文盲	6	3	3	1
小学	78	33	58	24
初中	116	48	142	58
高中	30	13	30	12
大专及以上	10	4	12	5

二、辽宁中部地区农业生产发展情况调查统计

（一）农田经营规模化统计

2015 年 248 户样本户共经营各类土地 7193.9 亩，户均经营土地 29.01 亩，29 户土地经营面积在 50 亩以上；相比之下，2006 年辽中地区 242 户样本农户总经营大田、大棚、果园等各类土地 3465.8 亩，户均经营 14.38 亩，其中 15 户土地经营面积在 50 亩以上。可以看出，新农村发展的 10 年，农户经营规模明显增

加。样本农户的十年间种植结构对照如表 3 所示：

表 3　辽宁中部地区新农村建设 10 年农田经营情况

调查年份	大田		大棚		果园	
	户数	户均面积（亩）	户数	户均面积（亩）	户数	户均面积（亩）
2006	177	17.52	41	1.87	20	11.23
2015	225	29.52	46	5.57	37	7.70

由表 3 可知，248 个样本农户中有 225 户（占 90.36%）种田，户均土地 29.52 亩。2006 年的新农村调研中，241 个样本农户只有 177 户（占 73.44%）户种植了大田，亩均土地 17.52 亩。可以看出，辽宁省中部地区户均大田经营面积是 10 年前的 1.69 倍，且选择种植大田的农户数较 10 年前增加了 27.12%。2015 年有 46 户农户种植了大棚，户均 5.57 亩，户均大棚种植面积是 10 年前的 2.98 倍。

种植果园的户数有所增加，但平均面积减小。实际上，辽中地区果园种植面积主要集中在海城市，海城因其南果梨产业远近闻名。调查中发现，农户对于南果梨产业的发展非常看好，产梨区南果梨带动了附近群众就业，有效促进了农民增收。同时，调查中得知，适宜种植南果梨的山地基本已经达到饱和，增加种植面积受到自然禀赋的限制。

新农村建设十年来，辽宁省中部地区的种植结构发生明显变化。首先是种植大田的农户数以及户均大田种植面积大幅度明显，分别上升了 27.12% 和 69%；其次户均大棚种植面积显著增加，果园种植户增加，户均果园种植面积减少。

（二）土地流转总体规模明显

由于辽宁省农村集体土地承包制度规定，土地承包经营权 30 年不动摇，因此户均经营土地面积增加主要是通过土地流转实现的。调查中专门就土地经营户的土地流转情况进行了调查，具体情况如表 4 所示：

表 4　2015 年辽宁省中部地区土地流转情况

流转方式	水田		旱田		暖棚		果园	
	户数	户均面积（亩）	户数	户均面积（亩）	户数	户均面积（亩）	户数	户均面积（亩）
流入	19	105.06	43	49.76	16	5.03	2	8
流出	30	22.83						

从表 4 可以看出，有 19 家农户户均流入水田 105.06 亩，旱田 49.67 亩，不

少流入土地的大田经营户经营形成了一定规模，呈现明显的规模化倾向。

总体上看，2015 年调查的辽宁省中部地区 248 户样本农户共经营土地 7200 亩，参与土地流转（包括土地转入与转出）的土地总面积达到 2250 亩，也即近 35% 的集体经营的土地流转后投入到农业生产中，可以说，在辽宁中部地区土地流转已经是一种比较普遍的现象。

（三）农户对生产资料价格的认知

通过农户对生产资料价格的认识统计发现（见表 5），认为农业生产资料价格偏高的农户由 10 年前的 87% 下降到 2015 年的 40%，超过一半的农户认为生产资料价格合理。主要原因包括两个方面：一是近年来农产品价格保持高位稳定一，农民收入提高；二是各级政府对农业生产要素进行各种类型的补贴，改善了农业生产资料在农业生产中的贵族角色。

表 5 新农村建设十年农户生产资料价格认知对比统计

	2006 年		2015 年	
	样本数	占比（%）	样本数	占比（%）
偏高	188	87	91	40
偏低	0	0	2	1
合理	24	11	121	53
不清楚	3	1	15	7

但可以看到，仍有 40% 的农户认为生产资料价格昂贵，尤其是对购买农机服务的价格。通过加入合作社，或者多个农户成立农机合作社等方式，降低农机服务成本，目前是一种比较普遍的规模农户采用的方式。

（四）样本农户生产中主要困难对比统计

调查中，从生产资料、自然条件、农产品价格、市场情况等方面仔细询问了农户农业生产中面临的主要困难，目的是通过对农业中主要难题的了解以及对比，搜寻下一部改造农户生产条件的突破口。调查中，具体调查农户生产中所面临的主要难题是什么，并要求农户进行排序。前后 10 年的具体对比结果如表 6、表 7 所示：

表 6 辽宁省中部地区 2006 年农户生产主要困难统计

总占比	排序 1（%）	排序 2（%）	排序 3（%）	排序 4（%）
技术	13	5	4	1
资金	23	8	1	0

总占比	排序1（%）	排序2（%）	排序3（%）	排序4（%）
产品销售	10	5	1	0
自然灾害	12	3	2	1
基础设施	2	1	2	0
自然条件	4	6	1	0
生产资料价格	14	10	5	0
市场信息	5	3	2	0
其他	8	1	0	0

表7　辽宁省中部地区2015年农户生产主要困难统计

总占比	排序1（%）	排序2（%）	排序3（%）	排序4（%）
技术	9	6	3	1
资金	16	8	1	0
产品销售	10	8	4	1
自然灾害	36	15	2	0
基础设施	3	7	1	1
自然条件	2	3	1	1
生产资料价格	3	4	5	3
市场信息	5	4	2	1
其他	4	5	1	0

对比两个表格可以看出，农户眼中前3位的生产困难有着明显的变化。十年前农户在生产中面临的最大的困难，依次为资金、技术、生产资料价格和自然灾害。而十年后，有36%的样本农户将自然灾害列为生产中最大的困难，其次为资金、产品销售以及技术。相比较而下，农户对自然灾害以及产品销售的关切程度较之前有了明显的增加。

而生产资料价格，由于国家近年存在着较高比重的补贴、外加农产品价格补贴等农业支持政策，农户对于农业生产资料价格的担心比起十年前明显下降。

（五）农户农业生产基本条件满意度调查

由表8可以看出，近年来，农户对农业生产条件不满意、不太满意的比重明显下降，由原来的35%下降到24%。也即经过十年的发展，农业生产条件有了明显的改进，但仍有很长的路要走。虽说农业生产条件已经取得了一些改善，满足了某些农户的需求，但仍有近1/4的农户对农业生产条件不甚满意，在实际调查中也找到一些确实需要改进的地方：如有的南果梨生产地区打了机井，但是没有相关部门给供电；原有的水利设施老化没有更新等。

表8　新农村建设十年农户生产条件满意度对比

	2006 年		2015 年	
	样本数	占比（%）	样本数	占比（%）
不满意	35	15	20	9
不太满意	47	20	35	15
满意	98	42	46	20
比较满意	39	17	97	41
很满意	12	5	36	15

三、生活宽裕调查统计

（一）样本农户收入明显提高，收入差距拉大

如表9所示，2006年234户样本农户的户均家庭收入为2.11万元，2015年达到16.9万元。不考虑物价、时间因素，直接从调查所得收入数值上看样本农户的家庭收入在过去十年中有大幅度增长。家庭总收入2万元以下家庭的比例由2006年的78%下降到2015年的12%。其他收入水平的农户家庭总数据均有所增加：家庭年总收入在2万~5万元的农户占总家庭数的比例由2006年的14%增长到2015年的34%；家庭年总收入8万~10万元的农户上升了7%，收入15万元以上的农户上升了12%。

表9　辽宁省中部地区新农村建设十年农户收入对照

收入范围（万元）	2006 年	占总户数比例（%）	2015 年	占总户数比例（%）
<2	183	78	30	12
(2, 5]	33	14	82	34
(5, 8]	7	3	49	20
(8, 10]	1	0	18	7
(10, 15]	4	2	28	11
15 以上	6	3	37	15
总户数	234		244	

农户年总收入增长明显，农民生活更加宽裕。十年前78%的样本农户年收入均在2万元以下，十年后的今天，高收入农户的比重增加，农户间的收入差距

较之前有所增加。2015 年，样本农户中最高的年收入达到 800 万元，最低的 3000 元。而 2006 年样本农户最高年收入为 65 万元，最低家庭总收入 700 元。

（二）耐用消费品持有量大幅度增加

从表 10 可以看出，新农村建设开展十年以来，辽宁省中部地区包括洗衣机、热水器、电脑、冰箱、空调在内的耐用消费品的持有比例大幅度增加。洗衣机、电冰箱的拥有率均超过 90%，有超过半数的样本农户拥有电脑，超过 40% 的电脑已经联网。农民接受新事物、信息化程度已经达到较高水平，为下一阶段发展农村电商、农村移动金融等打下良好的物质条件。显示出农民的生活水平提高，生活富裕的情况；也揭示出农民接受新事物、离现代化的生活越来越近。

表 10　辽宁省中部地区耐用消费品持有量对照

消费品	2006 年户数	总占比（%）	2015 年户数	总占比（%）
空调	13	5	47	19
洗衣机	157	65	228	92
热水器	40	17	95	38
冰箱	111	46	226	91
电脑	20	8	132	53
电脑上网			103	41

（三）农民生活保障网络宽泛，有待进一步强化

辽宁省 2006 年实施农村合作医疗制度以来，农村合作医疗在辽宁省中部地区发展迅速。2006 年 189 户（占 78.42%）农户认为农村合作医疗制度对于农民生活保障起到了作用；但也有不少农户认为新农合有作用但报销麻烦，有的农户表示政策好，只是没有落到实处，有的农户甚至认为参加新农合比不参加还要贵。

十年过去了，96.77% 的样本农户参加了新农合体系，248 个样本农户中有 178 个（占 71.77%）认为新农村合作医疗报销比较方便。新农村合作医疗保险覆盖了所有调查的样本村，得到了多数农户的好评，大大提高了对农户生命安全的保障。

另外，辽宁省中部地区新农村社会保险项目发展前景也比较乐观，在 248 个样本农户中 182 户（占总样本数的 73.39%）参加了新农保。其中 182 户参加农村社保的农户中 108 户选择每年交 100 元的保险，占参保总人数的 59.34%（由于数据缺失，实际上每年选择交 100 元的农户比例可能更大一些）。也即是说，

实际上，样本农户中参加新农保时基本上选择交最少的钱。由于当前的新农户保障力度不大，对于农户养老所起的作用有限。所以，多数农户还存在着其他的养老选择：自己储蓄、养儿防老等。

调查中了解到不少农户选择购买城市里与市民同等待遇的"大养老保障"，因为后者的保障强度要大一些，当然当前农户购买保险时所支付的保费也多一些。这其实反映出不少有能力的农户希望通过多交保费得到更高保额、退休后得到更高退休金的期许。

（四）农户生活满意度调查统计

调查数据表明（见表11），经过十年的发展，对自己生活不满意、不太满意的农户比例下降了20%，对生活的总体满意程度提升。总体上看，为数不少的农户已经过上了较富裕、物质比较丰富的生活，新农村建设效果非常显著。

表11　新农村建设十年样本农户现实生活满意度调查统计

	2006 年		2015 年	
	样本数	占比（%）	样本数	占比（%）
不满意	22	9	6	2
不太满意	41	17	10	4
满意	112	46	67	27
比较满意	53	22	108	44
很满意	13	5	56	23

尽管不少农户均对当前的生活感到满意，本次调查中还是专门统计了农户生活最关心的、最忧虑的问题，并进行排序。新农村建设前后10年的对比情况具体统计如表12、表13所示：

表12　辽宁省中部地区2006年农户生活主要忧虑统计　　　　单位:%

	排序1	排序2	排序3
家里有人生病	44	12	2
孩子的教育费用太高	15	10	1
养老问题	22	13	7
子女婚嫁费用	5	2	3
人情往来	9	6	5
其他	5	0	0

表13　辽宁省中部地区2015年农户生活主要忧虑统计　　　单位:%

	排序1	排序2	排序3
家里有人生病	36	13	3
孩子的教育费用太高	16	11	3
养老问题	18	16	5
子女婚嫁费用	7	5	3
人情往来	6	12	5
其他	12	0	0

对比看，十年前农户们最担心的是家人生病、养老以及孩子们的教育费用，2015年农户们最担心的三大问题仍是家人生病、养老以及孩子们的教育费用。只是经过十年的发展，将养老及家人生病的列为首要问题的家庭数目有所降低。将子女婚嫁费用列为首要忧虑问题的家庭数目增加了2%。近年来，新农保及新农合政策出台，部分缓解了农户的医疗以及养老压力，但由于保障程度较轻，所起的作用有限。

四、辽宁省中部地区的乡村文明

（一）闲暇时间利用情况

如表14所示，通过对比可以发现，农户闲暇时光的利用有着明显的变化：参加健身活动的比例明显增长，参加村里文娱活动的比例也有所增加；看电视、闲聊串门的比例均有所减少；其他类型的休闲活动比例增加。

表14　新农村建设十年辽宁省中部地区农户闲暇时间利用对比分析

活动	2006年		2015年	
	样本数	占比（%）	样本数	占比（%）
看电视、听广播	205	85	195	79
打麻将或打牌	40	17	41	17
参加健身活动	28	12	78	31
参加乡村组织的文娱活动	49	20	67	27
闲聊串门	101	42	77	31
其他	11	5	23	9

为提高农民休闲时间的利用效率，政府可以予以引导。农民闲暇时间用来看电视、听广播的比重达到79%，有关部门可以在地方电视台增加有意义的电视、

广播节目。可以通过开展各式的文化下乡活动，丰富农民的业余生活，不断提高农户的精神素养。

（二）宗教信仰情况

2015 年辽宁中部地区 248 个样本农户中共有 31 个（占样本总户数的 13%）农户表示家中有成员有宗教信仰。具体宗教信仰情况统计如表 15 所示：

表 15　村民宗教信仰情况统计

	2006 年		2015 年	
	样本数	总占比（%）	样本个数	总占比（%）
基督教			9	4
佛教			22	9
天主教			0	0
道教			1	0
其他			2	1
总户数	21	8.7	31	13

可以看出近 10 年来农村宗教活动繁衍迅速，有宗教的信仰的样本农户达到 31 户，2015 年共有 13% 的农户家庭信仰宗教，所信奉的宗教主要为基督教和佛教。在宗教信仰占据一定比例的情况下，农户们是否信仰封建迷信呢？具体统计情况如表 16 所示。

表 16　样本农户神灵信仰及其行为统计

	2006 年		2015 年	
	样本数	总占比（%）	样本数	总占比（%）
相信，找过	6	3	6	2
相信，没找过	9	4	4	2
不相信，没找过	224	94	227	92
不相信，找过			10	4

可以看出，新农村建设 10 年以来，辽宁省中部地区样本农户中信仰神灵的比例由原来的 7% 下降到 4%。而 92% 的农户不相信神灵也不存在着参拜神灵的行为。通过对现实生活的了解，再加上本次调查中所得，参加宗教信仰的不少农户为生活中存在着不如意的人，这些人需要排解心中的烦郁。因为家人生病、家庭不和睦、婚姻不幸福等，没有足够的知识为自己排解，便去寻找宗教等企图解

救自己。

神灵并不能有效地解决农户的生活及生产需求，在未来的乡村精神文明工作中可以增加对反对封建迷信活动的宣传，增加对困难群众的帮扶。丰富农户的精神世界，农民安居乐业。

（三）村中随礼状况

统计发现，75%的农户认为村中随礼现象严重、比较严重、很严重，其中统计到礼金数据的244个农户上年平均每户随礼11471元，见表17。

表17 辽宁省新中部地区新农村建设十年样本农户随礼认知对比统计

	样本数	总占比（%）	样本数	总占比（%）
不严重	26	11	27	11
不太严重	77	32	33	13
严重	54	22	88	35
比较严重	49	20	72	29
很严重	35	15	28	11

请客随礼有着其正面作用，如促进感情交流等。但随礼应该有一个合适的度，平均每家每月随礼956元，实际上对于不少农户来讲是不小的负担。但村中风俗如此，每家每户都不能免俗，因为大家都生活在社会中。有必要在下一阶段农村精神文明建设中予以适应引导，使之更多发挥积极作用，而减少其负面作用。

五、村容整洁情况统计分析

（一）村容整洁概况

1. 村中垃圾处理及乱搭建情况统计

辽宁中部地区农村的垃圾处理方式、村中卫生的维持方式较十年前有了明显的改善。

由表18可以看出经过十年的发展，样本农户的垃圾处理情况有了明显改观。有87%的农户将垃圾倒在村指定的地点，仅有2%的农户家庭垃圾随意倾倒。调查中发现，不少村中设置了垃圾桶，有的村内卫生非常好，环境优美，非常适宜居住。

表18 辽宁中部地区农户家庭垃圾处理对比统计

	2006 年		2015 年	
	样本数	占比（%）	样本数	占比（%）
村指定的地点	110	46	216	87
无人处理	23	10	4	2
自己家固定	76	32	23	9
随意倾倒	28	12	5	2
其他	4	2	0	0

从调查员的角度对于农户生活环境的卫生情况进行调查，结果如表19所示：

表19 样本农户室内外整洁情况对比统计

	2006 年		2015 年	
	样本数	占比（%）	样本数	占比（%）
比较整洁	111	54	166	67
一般	78	38	72	29
较差	16	8	9	4
	205	1	247	1

由表19可以看出，样本农户室内外整洁程度有了较大提升，卫生较差的农户由十年前的8%下降到如今的4%。原来农村大街上充斥着柴火堆、砖头堆、各种违规的小建筑，如今的调查中，这种乱塔建现象明显减少，且大致发现一个规律：越是经济发达的村庄环境越好，农户的公共环境意识、卫生意识越浓。

表20 样本农户乱搭乱建现象

	2006 年		2015 年	
	样本数	占比（%）	样本数	占比（%）
是	83	40	27	11
否	81	39	125	50
基本没有	43	21	96	39

由表20可以看出，明显的乱搭乱建现象由10年前的40%下降到如今的11%。不少村庄被评为卫生先进村，农户的卫生意识增强。实际调查中也发现，

农户并不是有意将垃圾随意倾倒，只是缺少统一的规划。在有了指定的垃圾倾倒点后，多数农户能够将自家垃圾送到指定的地点。

2. 农村有无必要建立统一的排水系统统计

基于对于乡村生活的体会，农村跟城市生活区别的另一个重要方面是农村的厕所。据调查，多数的样本地区的厕所是旱厕。其实并非是农户不想像城里一样安装先进的设备，也并非是水利设施不够，关键的问题在于农村没有统一的下水系统。经过观察，多数村中已经建了排洪排涝的排水沟，但这种简单的排水系统无法用于厕所的下水系统。调查中专门就农户的统一建造排水系统的愿望进行了调查，结果如表21所示。

表21　农户视角下水系统建立必要性对比统计

	2006 年		2015 年	
	样本数	占比（％）	样本数	占比（％）
有	170	71	173	71
无	64	27	59	24
不清楚	7	3	12	5

十年来，均有超过70％的农户认为有必要建立统一的排水系统。这样做的好处，一是可以将生活污水集中处理，避免农村的点源与面源污染；二是统一排水系统的基础上可以将旱厕改成水厕。其实乡村与城市的卫生环境的区别，除了高楼大厦之外，便是厕所的区别。

（二）农户生活环境满意度统计

由表22可以看出，新农村建设十年以来，农户对农村生活环境的满意度明显提高。其中对生活环境比较满意、很满意的农户总占比由十年前的21％增长到现今的80％；对生活环境不满意、不太满意的农户生存环境占比由27％下降到如今的7％。

表22　辽宁省中部地区新农村建设十年农户生活环境满意度调查统计

	2006 年		2015 年	
	样本数	占比（％）	样本数	占比（％）
不满意	24	10	7	3
不太满意	40	17	11	4
满意	127	53	32	13
比较满意	38	16	137	55
很满意	12	5	61	25

调查中，多数农户对于村里的卫生持乐观、积极的态度，但农村的公共卫生维护、治理还有较长的路要走。农户在村容整洁方面存在的期望主要包括：在村中建立更多的垃圾箱、修建村中道路、修建村中的健身器材、建排水系统等。

六、辽宁省中部地区农村民主管理状况统计分析

新农村建设中，民主治理才是村级治理的核心。村级民主治理是通过村民代表大会实现的，那么村民代表大会能否行使法律赋予的权力，能否代表村民的心声，村务是否能及时、有效地向全体村民公开，代表了一个村庄治理的民主程度。

表23显示，村民代表大会行使权力的比例比十年前下降了3%，对村民代表大会权力行使情况不了解的农户占样本农户的6%。可以说，村民代表大会的透明程度有待进一步加强。

表23 辽宁省中部地区新农村建设十年村民代表大会行使权力情况

	2006 年		2015 年	
	样本数	占比（%）	样本数	占比（%）
是	223	93	223	90
否	8	3	11	4
不知道	8	3	14	6

通过十年数据的对比发现（见表24），村民对村民代表的支持态度有所减弱，认为村民代表可以代表自己行使权力的村民由十年前的76%下降到2015年的58%。超过四成的样本农户对村民代表大会持怀疑或者否定态度。

表24 村民代表能否代表村民行使权力情况统计

	2006 年		2015 年	
	样本数	占比（%）	样本数	占比（%）
能	182	76	145	58
还可以	21	9	48	19
不能	20	8	31	13
不好说	18	7	24	10

这种现象的发生，将对农村的民主治理起到一定的负面影响。虽说村一级的政府是中国社会最基层的政府，村干部是级别几乎最小的官，但农村治理的好坏关系到农村生产发展、农民生活稳定。乡村政治、乡村治理中如何使更多的村政

府合法、合规地工作，是下一步应该继续努力研究的科学问题。

与十年前相比，村务公开情况总体上降低了6%。有77%的农户明确表示村里的村务是公开的（见表25）。而明确表示村务不公开的农户占样本总户数的5%。也就是说，从农户的视角看，有的村村务并不是特别透明。还有10%的农户认为村政府的公务是有选择地公开。按照我国法律规定，各级村政府，必须村务公开，接受广大村民的监督。调查中，确实发现有的村级治理不够规范、公开透明度不够的问题。而这也反映了村级政府治理民主性有待进一步提升的问题。

表25　辽宁省中部地区农户视角的村务公开情况统计

	2006 年		2015 年	
	样本数	占比（%）	样本数	占比（%）
公开	199	83	190	77
有些事公开	19	8	26	10
不公开	13	5	12	5
不知道	10	4	20	8

从调查数据上看（见表26），对民主治理不太满意、不满意的农户比例下降了15%；同时更多的农户对民主治理的满意程度明显提升。

表26　辽宁中部地区民主治理满意度对比统计

	2006 年		2015 年	
	样本数	占比（%）	样本数	占比（%）
不满意	3	5	2	2
不太满意	10	16	3	4
一般	48	76	7	8
比较满意	0	0	48	57
很满意	2	3	24	29

实际上，虽然农户对于村级治理有些许不满，但实际上的民主程度已经比之前有了很大的进步。村中不少年轻人外出打工，留守的多为中老年、老年劳动力，在治理方法、民主管理方法上可能存在着一定的障碍。要在根本上提高其民主及透明度，还有很多的工作要做，这是下一步村级治理研究的重要问题。

七、新农村建设存在的问题

（一）农户对自然灾害的抵御尚显薄弱

调研的过程中，发现村民对如何抵御自然风险非常担忧。比如，在著名南果梨生产地海城，村民们表示，如果南果梨盛果期遭遇冰雹，将直接影响到果品，最终影响到南果梨的质量、价格，直接降低农户的收入。所以农户对于覆盖南果梨的保险非常期待，支付意愿也非常高。但是，政策性农业保险发展的过程中，地方特色的保险产品总是缺失。

实际上保险公司愿意出台的是可以赚钱的产品，农户需要购买的是可以抵御风险的、容易引起损失的保险。如果不考虑政府补贴，广大农户的保费须高于其预期从保险公司得到的收益才有可能去买保险。可是，此时的保险公司基于精算进行费率测算以后，不可能出台相关特色的保险产品。

所以，国家建立专门的农业保险机构是有必要！

（二）随礼更多带来负面影响

据统计，海城市样本农户平均每家每月随礼 1134.05 元，若按玉米价格 1.134 元/斤计算，每月需要 1000 斤玉米用以随礼。单以农业收入计算，2015 年户均种植大田 32 亩，若每年将 12 亩用以随礼，实在是不小的负担。

同时，为了较早地收回成本，农户又会创造收礼的机会。这种不恰当的随礼风气，通过不恰当的攀比心理造成不必要的浪费，对于社会风气有着较大的负面影响。

（三）农户精神文明生活尚待丰富

调查中得知，样本农户，尤其是女性村民对于广场舞保持着较高的热情。一方面，帮助农民们打发了闲暇时光，传播正能量、强健体魄、减少某些社会问题的发生；另一方面，从包括广场舞对村民生活的影响看，农户不是不想参加各种性质的文娱活动，而是缺乏必要的支持。在未来的发展中，越来越多的劳动力退出直接劳动生产、步入老年，这些农村留守农民的精神生活、业余生活如何丰富，是有待进一步研究的问题。

（四）农村民主治理合规性有待进一步加强

调查中发现，在不少农户眼中的村民治理、村民代表大会并不能或者不完全代表着他们的意图。究其原因，一是村民主治理的宣传、公开透明度不够，导致广大村民对民主治理、村民代表大会行使权力的过程不甚了解；二是某些地区的乡村治理民主性堪忧，调查中发现某些农村违背村民的意愿将村里的集中起来交付给某一人经营等引起村民较大的反感。农村的治理，实际上是通过村政府对农民进行管理、引导使之更快更好地发展。但村级政府管理的合规性有待进一步规范，农村治理有待进一步法制化、规章化。

（五）农户养老保障强度不够

调查中发现，2015 年不少农户已经购买了新农保与新农合，农村医疗与新型社会保险已经在广大农村地区广泛铺开，农户对于此项政策反应非常积极，参与度较高。农民"退休"后也可以领补助了，这在我国历史上从来没出现过。

但可以看到，农户退休后所领取的"退休金"数额较低，多数为130 元/月，对于养老所起的作用有限。随着老龄化的进一步加剧，农村居民的养老问题，应当加快提上议程。

（六）缺乏下水系统规划，村中卫生环境无法从深入改进

改善农村生活环境的诸多措施中，不少地方政府提出兴修水利、改建道路等。其实对于农村的下水系统进行统一规划，符合多数村民的预期。进行下水系统规划，不但可以彻底改善村中道路的排水问题，而且可以减少生活污水造成的点源及面源污染；另外，在村中规划建设出下水系统以后，农民可以在此基础上将延续了上千年的旱厕改造成水厕，大大改善村民的生活条件，改善村中的卫生状况。

八、对策建议

（一）建立多层次的农民养老保障力度

与政策性农业保险一样，新农合及新农保近年来发展迅速。但由于额度有限，对于农户养老所起的作用有限。调查中发现，有不少村民对此采取的是消极的态度，不购买农村的新农保，而是到了一定年龄去购买城市中的"大养老保险"。两者的区别之处在于，最初交给保险系统的资金数量不同，而最后退休后得到的养老金也不一样。

因此，建议建立多层次的农村养老保险体系，让农户有多种选择；随着城镇化水平的提升，更多的农民进入城市，农村及城市的社会保障系统应尽快统一起来。

（二）农业保险加大力度、扩展广度

当前的农业保险是由中央以及地方政府联合管理的政策性农业保险，主要的大田作物因存在着政府补贴，商业保险公司将之视为重要的利润来源，这几年在各保险公司中成为你争我夺的香饽饽。但是，农业保险所起的作用有限。保险公司愿意开展业务的地区是其能够取得利润的地方，而非农户需要保险的地方。因此，建立国家及地方政府规划新的农业保险政策体系，改变其绩效考核方法，逐步改变农业保险的补贴方式，将补贴资金用到实处。

同时，对于规模经营农户，增加其保障力度（农户愿意支付较高的保险保

费），将更多的特色农产品纳入到农业保险框架下来。形成地区性的或者全国性的农业保险核算体系。行使体系内农业保险结余资金的调度管理，使补贴资金及农户的保费均用于分担农户风险，而保险公司则得到适度的保险利润。

（三）民主管理继续深入

随着城镇化水平的进一步提高，农村的民主治理状况显现出新的问题。有不少村民对于当前的民主治理不满意，但农村具有治理能力的人才缺乏。多数有知识的农民进城打工，村里剩下的多为老弱病残。为数不多留在农村的农民组织能力薄弱，城市化进城中新的村民管理组织建立较慢，始终未找到合适的民主管理的新办法。

如何在留守村民逐步减少、行政村管理范围逐步增大且民主管理的内容越来越多并不断更新的情况下，更好地进行民主管理是下一步农村管理的难题。

（四）合理引导农民的精神文明生活

调查中发现，广大农户期待着丰富的精神文明生活。但在缺乏组织的情况下，经济不太发达的农村新的精神文明生活难以建立起来。比如众多农户拥护广场舞，参与程度、农户的积极性均是超乎想象的高涨，且是农户自动参与进来的，不需要村干部鼓励。

引导、创造更多的适合农户的精神文明生活，不但有利于提高村民的素质，在团结群众、更好地利用村民的业余时间、改善村内生活环境等方面均可起到不可估量的作用。

（五）统一规划建立农村下水道系统

农村卫生环境的治理，在统一规划垃圾倾倒点、修整道路等之后，有了很大的改进。但至今，调查中所涉及的所有的辽中地区的农村并未建立起统一的下水系统。其实要在根本上治理农村的环境，统一的生活污水处理系统的建立是关键的一环。当然，当前不少农村住房的建设缺乏统一规划，但有必要在某些农村地区开展试点。

农村统一的排水系统具有公共品性质，单一的农户、单个的村庄都不是适合建设下水道的主体。在建立农村下水道系统的过程中，需要像农村自来水系统、电力系统一样进行财政补贴。农村下水道系统的建立，将是农村走向现代化的关键步骤。

专题篇

东港市调研报告

建设社会主义新农村对全面建设小康社会和统筹城乡发展具有重大意义。2006 年中央发布一号文件《中共中央国务院关于推进社会主义新农村建设的若干意见》，文件正式提出了"生产发展、生活宽裕、乡风文明、村容整洁、管理民主"的社会主义新农村建设的二十字方针。时隔十年，2015 年中央一号文件再次指出，围绕城乡发展一体化，深入推进新农村建设，全面推进农村人居环境整治。

2006 年是新农村建设的起步之年，为了了解当时的新农村建设状况，沈阳农业大学经管学院组织了新农村建设"百村千户"调研活动。调研方案紧紧围绕中央提出的五大目标，在调研问卷设计上分农户、村集体、基层政府 3 个层次，每个层次按五大目标分为五大部分。样本的获取采用分层随机抽样法，首先把辽宁省分为辽中、辽东、辽北、辽南、辽西 5 个区域，然后根据经济发展状况（富裕、中等、贫困）在每个区域抽取 3 个县，每个县抽取 3 个乡，每个乡抽取 3 个村，每个村抽取 9 户（富裕、中等、贫困农户各 3 户）；共调研了 15 个县（区）、45 个乡镇、135 个村、1215 户农户，调研方式采取入户问卷调查、深度访谈、小组座谈、调查员现场观察等方式。十年后，为了总结新农村建设的成就及在新形势下面临的新挑战，沈阳农业大学经管学院再次组织了新农村建设"百村千户"调研活动。此次调研方式、问卷设计、各乡镇村户的抽样方式与十年前基本保持一致。本文在两次调研的基础上总结了新农村建设十年的成就，并分析了新农村建设面临的新挑战。以下将对辽东地区东港市的调研情况进行详细描述。

一、自然地理

东港市位于辽宁省东南部，地处丹东市西南部；南临黄海；北、西北接凤城市、岫岩满族自治县；西与庄河市毗邻；东北和丹东市振安区相连；东隔鸭绿江同朝鲜平安北道龙川郡相望。拥有沿海、沿江、沿边地理优势，是中国海岸线上最北端的县级市。东港市地貌类型多样，地势北高南低，呈阶梯状分布。全境陆域面积 2399 平方千米，海域面积 3500 平方千米，海岸线 93.5 千米。

东港市属北温带湿润地区大陆性季风气候。受黄海影响，具有海洋性气候特点。冬无严寒，夏无酷暑，四季分明，雨热同季。正常年景年平均气温 8.4 度，无霜期 182 天，结冻期 147 天，降雨量 888 毫米，日照时数 2484.3 小时。

东港市年平均降水 900～1000 毫米，有河流 12 条，年径流量 12 亿立方米，均为鸭绿江水系、大洋河水系两大水系干流，其他主要河流源出境内北部山区，为季节性直接入海河流。

东港市近海海洋生物资源十分丰富，是多种鱼虾蟹贝的繁衍、栖息、越冬、索饵的场所，也是辽宁省的重要渔业生产基地之一。现有林业用地面积 53195.9 公顷，全市活立木总蓄积 65 万立方米，森林覆被率 30%。东港市已探明 22 个矿床，矿点达 171 处。开发的矿种有金、铜、花岗岩、大理石、石灰石、海砂、滑石、高岭土等矿种。金矿金是东港市主要金属矿种，分布在长安镇境内，现在已开采点 40 处，产值 750 万元。

二、经济社会发展

2014 年末，全市总户数 203846 户，比 2013 年增加 2191 户；户籍总人口 60.81 万人，比 2013 年增加 892 人。2014 年，东港市地区生产总值 348.9 亿元，在全省县（市）中居第 8 位，比 2013 年增长 5.7%。其中：第一产业增加值 71.5 亿元，比 2013 年增长 3.4%；第二产业增加值 158.3 亿元，比 2013 年增长 6.0%；第三产业增加值 119.1 亿元，比 2013 年增长 6.6%。三次产业增加值占地区生产总值的比重由上年的 21.2:45.7:33.1 调整为 20.5:45.4:34.1。年人均地区生产总值 57418 元，按可比价格计算，比 2013 年增长 5.6%。

（一）农业生产规模扩大，产出水平提高

由表 1 可以看出，经过十年的发展，农业生产规模增强。目前从事大田生产的农户，其中水田和旱地的户均耕地面积分别为 41.91 亩和 8.21 亩，十年前大田生产农户户均耕地面积仅有 8.74 亩，耕种面积进一步扩大。种植大棚的农户，冷棚和暖棚的平均种植面积分别达到 0.5 亩和 4.63 亩，而十年前很少有冷棚和暖棚种植。尽管进行农业生产的户数是在下降，十年间，除果园种植外各项农业生产所带来的亩均净收益是在显著提升。

表1 农户农业生产变化情况

	2015 年			2006 年		
	种植户数（水田/旱地）	平均种植面积（水田/旱地）（亩）	亩均净收益（水田/旱地）（元）	种植户数	平均种植面积（亩）	亩均净收益（元）
大田种植	53/31	41.91/8.21	829.34/762.13	81	8.74	388.41
冷棚种植	1	0.5	19500	0	0	0
暖棚种植	4	4.63	12500	4	1.75	3500
果园种植	2	13	775	3	4.33	1033.33

数据来源：调研问卷所得。

（二）化肥、农药等生产资料价格趋于合理，农户对其满意度提升明显

2006 年，78.31% 的农户认为化肥、农药等生产资料的价格偏高；18.07% 的农户认为化肥、农药等生产资料的价格合理；2.41% 的农户不清楚化肥、农药等生产资料的价格是否合理。而对于化肥、农药等生产资料质量的满意程度，16.87% 的农户不满意，20.48% 的农户不太满意，31.33% 的农户满意，28.92% 的农户比较满意，2.41% 的农户很满意。

2015 年调研中，仅有 37.50% 的农户认为化肥、农药等生产资料的价格偏高；59.38% 的农户认为化肥、农药等生产资料的价格合理；3.13% 的农户不清楚化肥、农药等生产资料的价格是否合理。而对于化肥、农药等生产资料质量的满意程度，仅有 1.56% 的农户不满意，3.13% 的农户不太满意，25.00% 的农户满意，54.69% 的农户比较满意，15.63% 的农户很满意。

（三）农业技术培训提升不明显，但参保率明显提升

2006 年调研中，近三年参加培训的农户有 31 户，占比 37.35%。参加农业保险的农户有 5 户，占比 2.04%。参加农业保险的农户有 3 户，占比 3.61%。

2015 年调研中，近三年参加培训的农户有 31 户，占比 38.27%，与十年前相当。参加农业保险的农户有 42 户，占比 51.85%，提升比例达到了 48.24%。

（四）农田水利设施改善明显，农户满意度提高

2006 年，认为近三年本村道路和农田水利等基础设施得到改善的农户有 70 户，占比 84.34%；认为没有改善的有 12 户，占比 14.46%；其他农户不清楚。2015 年，认为近三年本村道路和农田水利等基础设施得到改善的农户有 72 户，占比 88.89%；认为没有改善的有 6 户，占比 7.41%；其他农户不清楚。

另外，农户对本村道路和农田水利等基础设施的满意度在提高，2006 年，农户的选择主要集中在不满意、不太满意和满意，2015 年的调研结果显示，农

户对本村道路和农田水利等基础设施的满意度主要集中在比较满意和很满意这两个选项上。

三、生活宽裕：梦想成真

（一）农民收入显著提高，生活水平明显改善

根据调查，截至 2014 年底农户家庭收入在 30000 元以上的占到总数的 79.01%，而十年前农户家庭收入在 30000 元以内的占到 100%，说明农户的家庭收入有了显著的提高（见表 2）。2014 年农户家庭生活性支出在 10000 元以上的占到 83.95%，十年前农户家庭年生活性消费支出 10000 元以内占到 85.54%。相对于支出的增长，收入的增长显然快于支出的增长，总体上，农户的经济状况明显改善，生活水平显著提高。

表 2　家庭收入情况　　　　　　　　　　　　　　　　单位:%

范围	2014 年	2006 年
0 ~ 10000	2.47	100.00
10000 ~ 30000	18.52	0
30000 ~ 50000	24.69	0
50000 ~ 100000	27.16	0
100000 ~ 200000	14.81	0
200000 ~ 220000	12.35	0

表 3　生活性支出情况　　　　　　　　　　　　　　　　单位:%

范围	2014 年	2006 年
0 ~ 10000	16.05	85.54
10000 ~ 30000	48.15	14.46
30000 ~ 50000	25.93	0
50000 ~ 70000	7.41	0
70000 ~ 100000	2.47	0
100000 ~ 200000	0	0

（二）农民消费水平提高，消费层次再上新台阶

家庭拥有耐用消费品数量增多、层次提高，消费水平再上新台阶。十年前绝

大多数家庭普遍拥有的电视、电话，如今已经基本普及。过去只有48.19%家庭拥有的电冰箱，如今96.3%的家庭拥有。过去富裕家庭才拥有的空调、热水器，如今已经开始慢慢进入平常家庭。十年前连城里都很少拥有的电脑，如今50.62%的农村家庭拥有电脑，其中2.47%的家庭能上网。十年前只有城市富裕家庭才拥有的小汽车，如今20.99%的农村家庭拥有了小汽车，见表4。近三年27.16%家庭有过家庭成员外出旅游，比十年前提高了6.68个百分点。农村生活富裕，消费层次再上新台阶，见表5。

表4　家中拥有耐用消费品的调查　　　　　　　　　单位:%

家中拥有的耐用消费品	2015 年	2006 年
摩托车（代步用）	71.60	46.99
电视	100.00	95.18
空调	12.35	8.43
洗衣机	92.59	81.93
热水器	44.44	32.53
电冰箱	96.30	48.19
电话	98.77	95.18
电脑	50.62	7.23
有电脑且能上网	2.47	
小汽车	20.99	

表5　家庭成员是否有外出旅游的调查　　　　　　　　单位:%

近三年家庭成员是否有过外出旅游	2015 年	2006 年
是	27.16	20.48
否	72.84	79.52

（三）生活条件明显改善

经济条件的改善，生活条件也随之改善。尽管冬季农村普遍还是采用自家土炕进行取暖，但已有7.41%的农户用上了公共供暖，有3.70%的农户用空调进行取暖，十年前仅1.2%的调研样本农户用公共供暖（见表6）。生活饮用水来源变化更大，81.48%的农户喝上公共自来水，喝自家井水的农户减少，十年前仅61.45%的农户饮用公共自来水，34.94%的农户喝自家井水，见表7。

表6　对家庭取暖方式的调查　　　　　　　　　单位:%

家庭取暖方式	2015 年	2006 年
公共供暖	7.41	1.20
自家土炕	88.89	80.72
土暖气	17.28	33.73
空调	3.70	1.20

表7　对家庭生活用水来源的调查　　　　　　　　单位:%

家庭生活用水来源	2015 年	2006 年
公共自来水	81.48	61.45
自己家里的井水	18.52	34.94
到外面挑的井水	0	3.61
其他	0	0

（四）养老方式多元化、看病报销便捷化

生病、养老、孩子教育费用太高是农村家庭一直以来最忧虑的三件大事。目前新型农村合作医疗在农村已经基本普及88.89%的农户反映新型农村合作医疗报销方便，新型农村合作医疗在保障农民获得基本卫生服务、缓解农民因病致贫和因病返贫方面发挥了重要的作用。过去农村养老只能靠儿女，如今国家出台了新型农村社会养老保险，农村养老有了新途径，32.1%被访者参加了新型农村社会养老保险，虽然76.54%的被访者认为新型农村社会养老保险还不能解决养老问题，但新型农村社会养老保险是继取消农业税、农业直补、新型农村合作医疗等一系列惠农政策之后的又一项重大的惠农政策，随着这一政策的逐步推广完善，必将给养老带来新的天地。

（五）生活宽裕面临的新挑战

消费理念落后。在问及家里有钱后最想做什么时，被访者往往表现出很迷茫，34.57%的村民愿意进行储蓄，与十年前相比增加了6.86%，22.22%的村民想去旅游，而十年前仅有13.25%（见表8）。选择买高档耐用品、盖房子、投资的村民有所下降，在城市买楼的村民有明显上升。农民的消费理念仍旧落后，消费的观念与城市仍有很大差距。

表8　对家里有钱后最想做什么的调查　　　　　单位:%

	2015 年	2006 年
盖房子	9.88	18.07
买高档耐用品	2.47	10.84
投资	19.75	27.71
文化教育	11.11	28.92
看病	9.88	7.23
储蓄	34.57	27.71
旅游	22.22	13.25
在城市买楼	22.22	0

四、乡风文明

"乡风文明"承接上下,既是生产发展、生活宽裕的要求和结果,又是村容整洁、管理民主的前提和条件,对于促进农村经济和社会各项事业发展有着巨大的推动作用,在提高农民素质、倡导文明风尚、化解社会矛盾方面有着不可替代的重要作用。以下数据来源于对东港市 9 个村的调查。

(一) 文化生活丰富多彩,休闲娱乐方式多样化

与 2006 年相比,东港的 9 个村村民仍然以电视为主来获取信息,利用网络获取信息上升了 3.74 个百分点,村里的公告、通知、广告下降了 15.58 个百分点,利用报刊获取信息的农民下降了 15.6 个百分点,见表9。

表9　获取信息的渠道　　　　　　　　单位:%

渠道	2015 年	2006 年
报刊	2.47	18.07
电视	85.19	96.39
网络	4.94	1.20
广播	1.23	3.61
与人交谈	2.47	8.43
村里公告、通知、广告	3.70	19.28

与十年前相比,看电视、听广播依然是主要的休闲娱乐项目,然而农村村民参加健身活动的人越来越多,十年前仅有 14.46% 的村民选择参加健身活动作为平时休闲娱乐活动,如今有 24.69% 的村民开始参加健身活动,见表10。

表 10　对平时休闲娱乐活动的调查　　　　单位:%

平时休闲娱乐活动	2015 年	2006 年
看电视、听广播	92.59	81.93
打麻将或打牌	19.75	21.69
参加健身活动	24.69	14.46
参加乡村组织的文娱活动	9.88	25.3
闲聊串门	28.40	30.12

（二）农村社会氛围良好

农村社会氛围比以前改善很多，邻里关系和谐，治安状况良好，满意度也比十年前有所提高，见表 11 ~ 表 13。

表 11　对本村社会风气的调查　　　　单位:%

村里的社会风气是否满意	2015 年	2006 年
不满意		3.61
不太满意	1.23	9.64
一般	7.41	48.19
比较满意	56.79	37.35
很满意	34.57	1.2

表 12　对本村邻里关系的调查　　　　单位:%

村里的邻里关系是否和谐	2015 年	2006 年
不和谐	1.23	1.20
不太和谐		2.41
和谐	1.23	57.83
比较和谐	54.32	33.73
很和谐	43.21	4.82

表 13　对本村治安状况满意度的调查　　　　单位:%

对村的治安状况满意度	2015 年	2006 年
不满意		12.05
不太满意	1.23	8.43
满意	28.40	46.99
比较满意	39.51	31.33
很满意	30.86	1.20

目前农村村民相信封建迷信的村民越来越少，由 10 年前的 10.84 下降到 3.7%，随着封建迷信的破除，宗教信仰在农村越来越流行，10 年前仅有 7.23% 有宗教信仰，如今有 11.11% 有宗教信仰。

表14　对农村封建迷信的调查　　　　　　　单位:%

是否相信大仙或神灵,是否曾找大仙或神灵来解决问题	2015 年	2006 年
相信,找过	2.47	4.82
不相信,没找过	92.59	83.13
相信,没找过	1.23	6.02
不相信,找过	3.7	6.02

表15　对家庭成员是否有宗教信仰的调查　　　　　　　单位:%

您家成员是否有宗教信仰	2015 年	2006 年
否	88.89	92.77
是	11.11	7.23

(三) 面临的新挑战

1. 农村随礼现象严重

乡风文明稳步推进过程，一些新问题不容忽视，农村随礼现象变得更严重，红白喜事操办司空见惯，村民为了回收礼金，小事大办，造成极大浪费，37.04% 的村民认为村里随礼现象严重，23.45% 的村民认为比较严重，认为很严重的占 12.35%，十年前，15.92% 的村民认为严重，17.96% 的村民认为比较严重，3.67% 的村民认为很严重 (见表16)。村民对随礼现象很反感，更多的却是无奈。

表16　对本村随礼现象看法的调查　　　　　　　单位:%

对村里随礼现象的看法	2015 年	2006 年
不严重	3.70	24.49
不太严重	23.46	37.96
严重	37.04	15.92
比较严重	23.45	17.96
很严重	12.35	3.67

2. 赌博现象有回升迹象

十年前 56.63% 的村民认为本村赌博现象不严重，如今 59.26% 的村民认为不严重，却有 6.17% 的村民认为目前本村赌博现象严重，而十年前只有 1.2% 的村民认为本村赌博现象严重，见表 17。

表 17　对本村赌博现象的调查　　　　　　　　　　　单位:%

村里赌博现象是否严重	2015 年	2006 年
不严重	59.26	56.63
不太严重	33.33	37.35
严重	6.17	1.2
比较严重	1.23	3.61
很严重		1.2

五、村容整洁：村民居住环境日趋改善

（一）居民对生活居住环境满意度提高

一个地区的发展程度取决于当地居民的幸福感，对其所生活居住环境的满意度。各方面的满意度越高说明其地区发展程度越高，尤其是生活居住环境方面的满意度。通过调查可以得出 2006 年农村居民对所居住环境的满意度占 56.63%（其中包括满意、比较满意及很满意三者之和），而 2015 年三者之和为 93.83%，远大于 2006 年的生活居住环境满意度。由此可以看出，相当部分的居民对农村居住环境还是比较满意的。

（二）居民生活的基础设施逐渐完备

首先，从农村的道路状况满意度着手，一个地区要想富先修路，在新农村建设村容整洁方面，道路状况是评价当地基础设施的必备条件，而本村居民对街路状况的满意度尤为重要。道路作为基础设施，已经成为农村经济发展的推动器，影响农村经济的发展并且服务于农村经济。十年前后对比发现 2006 年农户对街路状况选择满意和比较满意的占比 55.43%，2015 年这一比例提升为 69.14%。

其次，厕所是衡量文明的重要标志，厕所卫生状况直接关系到当地居民的健康和环境状况。解决好厕所问题在新农村建设中具有标志性意义，要因地制宜做好厕所下水道管网建设和农村污水处理，不断提高农民生活质量。农村公共厕所满意度的侧评无疑是评价农村发展程度的重要指标，通过调研得出，2006 年，调研地公共厕所的数量有限，仅有 46.99% 的农户介绍说村里有公共厕所，而 2015 年村里有公共厕所的农户占比 53.09%，说明经过十年的发展，农村公共厕

所得到改善。

（三）居民生活环保意识有待提升

普遍说来，中国农村的固体废弃物存在着随意丢弃、随意焚烧的情况，基本上没有无害化处理。在农村，按传统的观念，主要是靠"垃圾堆"这种方式收集和堆放垃圾，然后再通过焚烧等方式解决。农村固体废弃物的随意堆放不仅影响农村的面貌整洁，更重要的是会造成水体污染和土壤破坏。

通过调研得出，2006 年村民到村指定的垃圾倾倒地点统一处理的占总调查数量的 24.49%，而 2015 年村民到村指定的垃圾倾倒地点统一处理的占到 89.80%。垃圾统一处理的比例上升，但对于农药瓶子的处理仍很随意，2015 年统一处理的比例仅占 3.70%，随用随扔的比例很高，占到 75.95%。

（四）居民对村庄进行整体规划的呼声很高

全面建成小康社会最艰巨、最繁重的任务在农村。而村庄规划是社会主义新农村建设的核心内容之一，是立足于现实条件缩小城乡差别、促进农村全面发展、提高人民生活水平的必由之路。居民对村里住房是否要统一规划的呼声一直很高，其中 2006 年认为比较必要和很必要的占到 80.72%，2015 年认为比较必要和很必要的占到 79.01%。

六、民主管理

从表 18 中可以看出，2015 年调研中 75.31% 的农户认为村民代表能代表村民意愿，相对于十年前的结果，只有 57.83% 的农户认为村民代表能代表村民意愿，村民认可度明显增加。另外，74.07% 的村民认为村民代表能有效监督约束村里的经济活动，比十年前的比例提高了 12.62%。

表 18　农户对村民代表认同情况统计　　　　　　　　　　单位:%

代表村民意愿	能	还可以	不能	不好说
比例（2015 年）	75.31	11.11	7.41	6.17
比例（2006 年）	57.83	24.10	10.84	7.23
监督经济活动	能	还可以	不能	不好说
比例（2015 年）	74.07	13.58	8.64	3.70
比例（2006 年）	61.45	9.64	16.87	12.05

通过数据可以反映出，经过十年的发展，村民意愿得以反映且监督活动更加有效。

七、结论与思考

在农业生产发展方面,农产品销售渠道、农资的质量和价格、农业生产基础设施等方面都得到了很大改善,但获取农业信息的途径并没有很大变化,在农业生产中农民迫切需要技术支持;在生活宽裕方面,农民的收入与支出水平、生活条件及满意度有所提高,实行的新农保制度却解决不了农民的养老问题;在乡风文明方面,农村文化场所、社会风气都得到了改善,但是文化娱乐活动种类较少;在村容整洁方面,生活污水、垃圾、道路、集市卫生等几个方面都有很大提高,但废弃有害物品的处理仍然是一个亟待解决的问题;在民主管理方面,村务公开情况良好、民主管理现状满意度提高。结合以上分析,新农村建设至今已使部分农村有了焕然一新的面貌,但依然存在很多不足,在接下来的发展道路中仍需积极探索,努力解决。

东港市新农村建设的调查分析

一、新农村建设的内涵

（一）新农村建设的意义

为了解决"三农"问题、培育新型农民、全面建设小康社会和贯彻落实科学发展观，党中央从我国国民经济社会发展的现阶段实情出发，编制了《中华人民共和国国民经济和社会发展第十一个五年规划纲要》，提出从 2006 年开始推进我国社会主义新农村建设。时隔十年，2015 年中央一号文件再次指出，围绕城乡发展一体化，深入推进新农村建设，全面推进农村人居环境整治。对于整个社会而言，新农村建设是我国推动经济社会科学发展，统筹城乡一体化的重要举措，对于深入贯彻落实科学发展观，构建和谐社会，全面建设小康社会具有深远的战略意义。并且社会主义新农村建设也是我国向社会主义现代化迈进的一项重要推动力，是提高国民生活水平以及国民经济水平的重要因素。对于农业、农村、农民的发展而言，新农村建设项目对于提高当前农民生活质量，促进农村经济发展，推进农村经济体制改革，创新农村经营模式都起到了不可估量的作用。林毅夫也指出社会主义新农村建设是当前经济形势下增加农民收入、解决"三农"问题的手段，是"三农"政策所要达到的目标。所以社会主义新农村建设是新时期新阶段党和国家与时俱进提出的战略决策，是我国克服发展短板，实现全面建成小康社会目标的战略选择，是实现城乡统筹的必然要求。

（二）新农村建设的内涵

在 2006 年，党中央、国务院对社会主义新农村建设提出了"生产发展、生活宽裕、乡风文明、村容整洁、管理民主"的总要求。这短短的五句话二十字，概括精准，内涵丰富，意思深刻。这里面既包括了生产力，又包括了生产关系，还包括了上层建筑；这里面既涉及了农民，又涉及了农业，还涉及了农村；这里面既包含了政治，又包含了经济文化，还包含了社会管理。充分反映了广大农民群众的根本利益和强烈愿望，涵盖了当前和今后一个时期"三农"工作的方方面面,是我国社会主义现代化建设"四位一体"总体布局在农村的具体体现。因此,从内涵的提出、实施到现在,笔者认为,依然具有很强的指导意义。

二、东港市新农村建设的现状

东港市地处辽东半岛,南临黄海,东依鸭绿江,隔江隔海与朝鲜半岛相望,地理位置特殊,属沿江、沿海、沿边地区,是中国海岸线上最北端的县级市,境内海岸线93.5千米,东西极长83千米,南北极宽38千米。陆域面积2360平方千米,海域面积3500平方千米。近年来,东港市积极推进农村政治、农村经济、农村文化、农村社会和农村环境的建设,不断深化农村改革,努力促进农业增效、农民增收和环境改善等,使社会主义新农村建设取得很大的进步。

(一)农村政治管理现状

新农村建设政治文明的主要内容是管理民主,它的核心内容是村民自治制度的民主,其内容主要体现民主选举、民主决策、民主管理和民主监督四个方面。

关于民主选举方面,一是针对村民了解村委会干部选举程序的问题,表示非常了解的村民由过去的15.66%上升到49.37%,表示比较了解的村民由过去的14.46%上升到34.18%(见表1),说明村民的参与度提高,有利于新农村建设中民主政治的实施。二是针对村干部当选的因素,58.7%的村民选择了群众基础这一项。这说明民主选举政策落实得很到位。一方面,有利于提高农民主体地位,发挥农民主体作用,调动农民参与新农村建设的积极性;另一方面,能够加强和改进农村基层干部廉政建设,改善干群关系,提高党和政府农村政策的执行效果,加快现阶段新农村建设步伐。

表1　关于村民对村委会干部选举程序了解度的调查 单位:%

村民对村委会干部选举程序的了解度	2015 年	2006 年
非常了解	49.37	15.66
比较了解	34.18	14.46
一般	12.66	60.24
不太了解	3.8	8.43
完全不了解	0	1.20

数据来源:2015 年和2006 年的调查问卷所得。

关于民主决策方面,有92.5%的农户村里的重大村务是通过村民大会或村民代表大会表决,并且87.5%的村民认为村民代表能代表村民的意愿。如表2所示，针对"一事一议"筹资筹劳制度有65%的农户参加过，其中32.2%的农户认为比较满意，50.85%的农户认为很满意。"一事一议"筹资筹劳制度是用来解决政府管不好，市场不愿管，而群众急需要解决的村内生产公益事业的建设问题。通过农民自己讨论协商可以得到有效的解决办法并且可以避免干群矛盾的产生，还能够推动农村基层民主建设进程，所以该制度有利于推动新农村建设，应该继续实施下去。

表2　关于"一事一议"筹资筹劳制度的相关调查

项目	选项	占比（%）
是否参加过"一事一议"筹资筹劳制度	是	65
	否	10
	没听说过	25
对"一事一议"筹资筹劳制度的满意度	不满意	3.39
	不太满意	1.69
	一般	11.86
	比较满意	32.20
	很满意	50.85

数据来源：2015年的调查问卷所得。

关于民主管理方面：针对村务是否公开这个问题，86.25%的农户表示村务公开，十年前这一比例为81.93%（见表3）；针对村民是否有渠道对村里进行建议和意见，90%的农户表示有渠道进行反映，而十年前这一比例只有74.7%（见表4）。这说明该村的村务管理越来越公开、透明，农民民主权利继续强化，村干部独断专权的事情很少见了。

表3　关于本村村务是否公开的调查　　　　　　　　单位:%

本村村务是否实行公开	2015年	2006年
公开	86.25	81.93
有些事公开，有些事不公开	6.25	7.23
不公开	2.50	4.80
不知道	5.00	6.02

数据来源：2015年和2006年的调查问卷所得。

表4　村民是否有渠道对村里的建议和意见进行反映的调查　　　单位:%

村民对村里的建议和意见是否有渠道进行反映	2015 年	2006 年
有	90	74.7
有,不管用	3.75	9.64
没有	6.25	15.66

数据来源：2015 年和2006 年的调查问卷所得。

关于民主监督方面,有75%的农户认为村民(代表)对村里的经济活动能够进行有效的监督和约束,而过去这一比例为61.45%(见表5)。这表明民主监督方面也得到了很大的加强,东港市民主政治越来越公开透明了。关于村民对本村民主管理现状是否满意,十年前村民对本村民主管理很满意和比较满意的比例分别为2.41%和24.1%,如今很满意和比较满意分别上升到43.75%和40%(见表6),这说明在民主管理方面成效明显,农村政治更加公开、公平、公正。

表5　村民代表能否对村经济活动进行有效监督和约束的调查　　　单位:%

村民代表能否对村里经济活动进行有效监督和约束	2015 年	2006 年
能	75	61.45
一般	12.5	9.64
不能	8.75	16.87
说不清	3.75	12.05

数据来源：2015 年和2006 年的调查问卷所得。

表6　关于本村民主管理满意度的调查　　　单位:%

对本村民主管理现状满意度	2015 年	2006 年
很不满意	1.25	4.82
不太满意	1.25	4.82
满意	13.75	61.45
比较满意	40	24.1
很满意	43.75	2.41
说不清	0	2.41

数据来源：2015 年和2006 年的调查问卷所得。

(二)农村经济发展现状

农村经济的繁荣从农户家庭收入的增长速度快于支出增长的速度就可以看

出，通过对问卷数据进行分析，我们发现农户 2014 年人均年收入为 31855 元，去掉两侧各 5% 的极端值，截尾后的人均年收入 16681 元，十年前农户人均收入为 6066 元，截尾后农户的人均年收入为 4661 元，可以看出经过十年的发展农户的人均年收入增长了近 4 倍。农户 2014 年的人均年生活性消费支出为 8323 元，截尾后的人均年生活性消费支出 6838 元，十年前农户人均年生活性消费支出 3002 元，截尾后的人均年生活性消费支出 2610 元，农户人均年生活性消费支出增长了 2 倍多。相对于支出的增长，收入的增长显然快于支出的增长，农民收入增长明显，农村经济走向繁荣。

农村经济之所以能够发展较快还得益于农业的快速发展。十年来，农民的耕地面积扩大了 3 倍多，由十年前的户均耕地面积 8.7 亩变为现在的 27.2 亩（见表 7）。耕地面积的扩大，主要有以下三个原因：

表7 关于土地经营面积的比较

土地经营面积（亩）	2015 年	2006 年
大田亩数（平均值）	27.2	8.7

数据来源：2015 年和 2006 年的调查问卷所得。

一是因为农业生产资料的价格、质量更加合理化。如表 8 所示，认为化肥、农药等生产资料价格合理的人有 58.73%，十年前这一比例为 18.3%，这一比例有了很大的提升，说明当前物价水平更加合理，农业生产成本降低。关于对种子、化肥、农药等生产资料的质量是否满意这个问题，有 53.97% 的农户表示比较满意，15.87% 的农户很满意；而在十年前只有 29.6% 的农户比较满意，很满意的农户根本没有。近三年内没有买到假冒伪劣的农业生产资料的农户的比例是 86.89%，而十年前这一比例为 64.6%。这说明农业生产资料的质量得到保证，有利于农业的收成和农民收入的增长。

表8 关于农业生产资料方面的比较

项目	选项	占比（%）	
		2015 年	2006 年
您认为当前化肥、农药等生产资料的价格是否合理	偏高	38.1	79.3
	偏低	0	0
	合理	58.73	18.3
	不清楚	3.17	2.4

续表

项目	选项	占比（%）	
		2015 年	2006 年
您对当前种子、化肥、农药等生产资料的质量是否满意	不满意	1.59	17.3
	不太满意	3.17	21
	一般	25.4	32.1
	比较满意	53.97	29.6
	很满意	15.87	0
近三年您家是否买到过假冒伪劣的农业生产资料	是	8.2	20.7
	否	86.89	64.6
	说不清楚	4.92	14.6

数据来源：2015 年和 2006 年的调查问卷所得。

二是因为农业生产基础设施得到改善。近年来，农业生产用水、用电和农用道路、桥梁等得到改善。在对农户的访问中，有 92.21% 的农户表示本村道路和农田水利等基础设施有所改善，74.65% 的农户表示比较满意。十年前只有 26% 的农户对当时的农业基础设施比较满意。这说明经过十年新农村的建设，道路、农田水利等农业公共基础设施的改善让更多的农民得到实惠。

三是因为土地流转的速度加快，以 2015 年调查的水田为例，有 57% 的农户进行了土地流转，15.3% 的农户转入了土地，41.7% 的农户转出了土地，土地流转农户比例增大，农业生产规模提高。东港市因此产生部分种粮大户，表明在东港市新农村建设中，农业经营规模在扩大，有利于对土地进行机械化、规模化生产，改变以往农业生产分散、自给自足的生产状态，可以优化农业生产结构和农村经济结构，有利于繁荣农村经济。

（三）农村文化生活现状

随着新农村建设的推进、全国上下对农村地区文化事业投入的增加，新农村文化基础设施建设不断地增多，新农村文化建设日益丰富多彩。在问及村里是否有健身或文化活动场所，98.75% 的农户表示具有健身或文化活动场所，而十年前只有 67.5% 的农户表示具有健身或文化活动场所（见表 9），这说明体育活动场所、阅览室等设施正在逐渐建立和完善。在问及是否对当前的健身休闲场所满意时，有 94.94% 的农户表示满意，十年前这一比例只有 52.46%（见表 10）。这说明新农村文化基础设施的建立增强了农民的满意度，丰富了农民的文化生活。

表9 关于农村健身或文化活动场所的调查 单位:%

村里是否具有健身或文化活动场所	2015 年	2006 年
是	98.75	67.5
否	1.25	32.5

数据来源: 2015 年和 2006 年的调查问卷所得。

表10 关于农户对当前健身休闲场所的满意度调查 单位:%

对当前村健身休闲场所的满意度	2015 年	2006 年
不满意	1.27	21.31
不太满意	3.8	26.23
满意	34.18	32.79
比较满意	32.91	18.03
很满意	27.85	1.64

数据来源: 2015 年和 2006 年的调查问卷所得。

(四) 农村社会生活现状

从各个农户家庭看,可以发现生活消费水平显著提高。如今电视家家都有,而十年前95.18%的农户家庭拥有电视;拥有洗衣机的家庭数量也有提升,大约增加了十个百分点,从过去的81.93%上升到93.75%;电冰箱的增长幅度则更大,由过去的48.19%增长到如今的96.25%;作为代步工具的摩托车、小汽车的拥有比例如今分别是 71.25% 和 21.52%,而过去摩托车的拥有比例只有46.99%,并且那时农户家庭普遍买不起小汽车。逐渐普遍使用的电脑、热水器如今的拥有比例为 51.9% 和 45%,而过去的拥有比例只有 7.23% 和 32.53%(见表11)。这一方面是源于农民收入的不断增长,农民对生活质量追求提升;另一方面得益于 2007 年我国开始实施的家电下乡政策,成功刺激和促进了农民的购买欲望,提高了新农村建设政策的执行效果。

表11 农户家中拥有耐用消费品的调查 单位:%

农户家中拥有的耐用消费品	2015 年	2006 年
摩托车 (代步用)	71.25	46.99
电视	100	95.18
空调	12.5	8.43
洗衣机	93.75	81.93
热水器	45	32.53

续表

农户家中拥有的耐用消费品	2015 年	2006 年
电冰箱	96. 25	48. 19
电话	98. 75	95. 18
电脑	51. 9	7. 23
小汽车	21. 52	0

数据来源：2015 年和 2006 年的调查问卷所得。

从整个农村社会面貌上看，我们可以发现一些封建迷信、陈规陋俗正在逐步改变，目前相信封建迷信的村民越来越少，由十年前的 10.84% 已经下降到 3.75%（见表 12）。村里打架斗殴现象减少，邻里关系更加和睦，43.75% 的农户表示邻里关系很和谐，55% 的农户表示邻里关系比较和谐，而在十年前，只有 4.82% 的农户认为邻里关系很和谐，33.73% 的农户认为邻里关系比较和谐（见表 13）。关于本村治安状况满意度的调查显示，村民普遍对本村治安状况感到满意，没有人选择不满意，十年前 12.05% 的农户选择不满意（见表 14）。可以看出农民精神面貌积极向上，社会和谐程度不断提高。农户现在对村里的社会风气表示比较满意的占 56.25%，表示很满意的占 35%，而十年前这两个比例分别为 37.8% 和 1.22%，说明通过新农村的建设，农户对村里社会风气的满意度增加，见表 15。

表 12 关于农村封建迷信的调查 　　　　　　　单位:%

是否相信大仙或神灵，是否找过大仙或神灵来解决问题	2015 年	2006 年
相信，找过	2. 5	4. 82
不相信，没找过	92. 5	83. 13
相信，没找过	1. 25	6. 02
不相信，找过	3. 75	6. 02

数据来源：2015 年和 2006 年的调查问卷所得。

表 13 关于邻里关系和谐度的调查 　　　　　　　单位:%

村里的邻里关系是否和谐	2015 年	2006 年
不和谐	0	1. 2
不太和谐	0	2. 41
一般	1. 25	57. 83
比较和谐	55	33. 73
很和谐	43. 75	4. 82

数据来源：2015 年和 2006 年的调查问卷所得。

表 14　关于对本村治安状况满意度的调查　　　　　　　单位:%

对本村的治安状况是否满意	2015 年	2006 年
不满意	0	12.05
不太满意	1.25	8.43
满意	27.50	46.99
比较满意	40	31.33
很满意	31.25	1.2

数据来源：2015 年和 2006 年的调查问卷所得。

表 15　关于村里社会风气满意度的调查　　　　　　　单位:%

对现在村里的社会风气是否满意	2015 年	2006 年
不满意	0	3.66
不太满意	1.25	9.76
一般	7.50	47.56
比较满意	56.25	37.8
很满意	35	1.22

数据来源：2015 年和 2006 年的调查问卷所得。

从农村社会保障制度的进一步完善中也可以感受到农民的社会生活更加令人满意。关于新型农村合作医疗制度，所有的农户选择参加了农村合作医疗制度。其中，高达 88.75% 的农户认为使用新农合报销方便，只有 1.25% 的农户认为不方便（见表 16）。新型农村社会养老保险和农业保险制度也在进一步地完善实施，这使人们能够有效地防范和应对社会风险，增强人们对社会的认同感，激发形成社会活力，也是我国实行城乡统筹，建设和谐社会的基础。

表 16　关于农户参加新农合基本情况的调查

项目	选项	占比（%）
是否参加了新农合	是	100
	否	0
使用新农合报销方便吗	方便	88.75
	不方便	1.25
	说不清	10

数据来源：2015 年的调查问卷所得。

（五）农村生活环境现状

农民居住环境得到改善。目前农户生活用水来源分为两大部分，一部分是使用公共自来水（81.25%），一部分是使用自己家里的井水（18.75%）。而十年前只有 61.45% 的农户饮用公共自来水，34.94% 的农户喝自己家里的井水，还有 3.61% 的农户到外面挑井水喝（见表 17）。自来水的使用很大程度上改善了农民的生存环境，节省了相关的人力劳动和时间，有利于提高农民们的生活水平。农村道路状况也取得很大的改善，在问及村里是否有道路清洁人员和环卫人员时，有 72.5% 的农户表示有道路清洁人员和环卫人员，26.25% 的农户表示没有；而在十年前只有 38.55% 的农户表示村里有道路清洁人员和环卫人员，57.83% 的农户表示没有（见表 18）。关于对本村街路状况的满意度调查，28.75 的农户表示很满意，41.25% 的农户表示比较满意，而十年前，没有人对街路状况表示很满意，只有 24.1% 的农户表示比较满意（见表 19）。这说明街路状况得到了很大的改善，并得到村民的认可。

表 17　关于农户生活用水来源使用情况的调查

项目	选项	占比（%）	
		2015 年	2006 年
生活用水来源	公共自来水	81.25	61.45
	自己家里的井水	18.75	34.94
	到外面挑的井水	0	3.61
	其他	0	0

数据来源：2015 年和 2006 年的调查问卷所得。

表 18　关于村里是否有道路清洁人员和环卫人员的调查　　　单位:%

村里是否有道路清洁人员和环卫人员	2015 年	2006 年
有	72.50	38.55
无	26.25	57.83
不清楚	1.25	3.61

数据来源：2015 年和 2006 年的调查问卷所得。

表 19　关于本村的街路状况满意度的调查　　　单位:%

对本村街路状况的满意度	2015 年	2006 年
不满意	6.25	18.07
不太满意	13.75	26.51

续表

对本村街路状况的满意度	2015 年	2006 年
一般	10	31.33
比较满意	41.25	24.10
很满意	28.75	0

数据来源：2015 年和 2006 年的调查问卷所得。

农村生活垃圾处理更加有序，有效改善了以往脏、乱、差的生活条件。目前 90% 的农户把生活垃圾倾倒在村里指定的垃圾点统一处理，而十年前这一比例仅为 25.3%；随意倾倒垃圾的村民也由过去的 20.48% 下降到 6.25%（见表 20）。村民保护村公共卫生环境的意识增强，因为村民深知，卫生环境差，除了有碍农村景观和增加疾病传播机会外，还造成了综合环境的深度污染，对农村土地的可持续利用造成威胁，对生态环境和水资源也会造成破坏。而村里也加大了对垃圾的处理力度，有 92.5% 的农户表示村里会对生活垃圾进行统一处理，而十年前只有 34.94% 的农户表示村里会对垃圾进行统一处理，见表 21。

表 20　关于村民处理生活垃圾方式的调查　　　　　　单位:%

村民处理生活垃圾的方式	2015 年	2006 年
村指定的垃圾倾倒地点统一处理	90	25.3
无人处理的垃圾倾倒点	2.50	8.43
自己家固定倾倒点	1.25	40.96
随意倾倒	6.25	20.48
其他	0	4.82

数据来源：2015 年和 2006 年的调查问卷所得。

表 21　关于村里生活垃圾是否统一处理的调查　　　　　单位:%

村里生活垃圾是否统一处理	2015 年	2006 年
有	92.50	34.94
没有	6.25	42.17
各家自行处理	1.25	22.89

数据来源：2015 年和 2006 年的调查问卷所得。

三、东港市新农村建设存在的问题

虽然东港市新农村建设发生了巨大变化，农民从物质、精神方面都有了相当的进步，但当前农业的问题、农民的困境仍然明显，主要表现在以下几个方面。

（一）农村金融体系不健全

根据调查分析可知，农户用于农业生产的资金来源主要是靠家中自有资金（79.45%），其次是向亲朋好友借款（15.07%），政府补贴占总资金来源的一小部分（4.11%），小额信贷更是微乎其微（1.37%），见表22。这说明农户不太习惯运用金融手段，也在一定程度上反映出农村金融体系的脆弱和功能的缺失。关于家庭资金缺口问题，42.59%的农户家庭都产生过资金缺口，产生资金缺口选择申请银行贷款的占41.38%，其中申请成功的比例是69.23%。申请成功率并不是百分之百，一方面可能是农户资金链有问题，银行经审核后拒绝贷款，另一方面说明正规贷款不容易获得（55.17%），所以建设社会主义新农村应高度重视金融体系建设，解决农民资金需求问题，争取为农户提供高效便捷的服务。

表 22　农户关于资金需求相关问题的认知

项目	选项	占比（%）
您家是否有过资金需求缺口	是	42.59
	否	57.41
如果有资金缺口是否申请过银行贷款	是	41.38
	否	58.62
如果申请过银行贷款是否成功了	是	69.23
	否	30.77
您认为目前的正规贷款是否容易获得	是	44.83
	否	55.17

数据来源：2015 年的调查问卷所得。

（二）农业发展缺乏先进的科学技术

现代农业的发展需要先进的科学技术。然而大多数农民的受教育水平较低，不懂得如何利用现代科学技术，不会对农产品进行深加工（94.44%），影响产品附加值的增加，阻碍了农业现代化的发展。如表23所示，农户获取农业新技术、新知识的途径单一，44.78%的农户仍通过电视来获取信息和学习技术，17.91%的农户是通过向其他农户学习，而通过网络获取信息和技术的农户竟然为零，这说明农民获取信息与技术的渠道十分不充分。而问及是否知道电子商务，竟只有33.33%的农户知道电子商务，其中有36.36%的农户认为不会上网是制约在网上销售农产品的因素，22.73%的农户认为产品不适合在网上销售，22.73%的农户回答没有网上销售意识，说明农民信息化、科技化水平严重偏低，有碍现代农业和新型农民的发展。

表 23　农民获取新技术、新知识的途径

项目	选项	占比（%）
获取新技术、新知识的途径	电视	44.78
	广播	1.49
	报纸杂志	1.49
	参加培训	14.93
	向其他农户学习	17.91
	"科技下乡"	14.93
	网络（QQ、微信等）	0
	其他	4.48

数据来源：2015 年的调查问卷所得。

（三）农户使用清洁能源覆盖率低

通过对农户做饭使用燃料的调查，我们发现农户家庭使用清洁能源的覆盖率极低，并且十年来没有什么太大的改善。农户做饭时选用燃料为柴的比率为71.25%，选用液化气的为50%，选用煤的比例为6.25%，选用沼气的竟然为零（见表24）。这表明农户生活方式还是存在落后的地方，农村沼气普及率极低，需要大力开发。因为沼气使用，不仅能提高经济效益和生态效益，而且能改善农村卫生环境，提高农民的健康水平，并最终实现庭院美化、厨房亮化和圈厕净化，也会潜移默化地改变农户的卫生习惯。所以我们应该大力推进清洁能源的使用。

表 24　农户使用燃料的基本情况　　　　　　　　　单位:%

农户做饭使用的燃料	2015 年	2006 年
柴	71.25	86.75
装液化气	50	68.67
煤	6.25	16.87
电	61.25	69.88
沼气	0	0
其他	2.50	2.41

数据来源：2015 年和 2006 年的调查问卷所得。

（四）公共基础设施建设和环境综合整治任务重

公共基础设施包括生产性设施和生活性设施。目前在东港市新农村建设中生产性设施建设还不能完全配套，如抗旱排涝、农田灌溉和田间道路等。农民生活性设施与新农村建设的要求也有一定差距。比如，路灯建设、道路硬化与网络普及等。环境的综合整治任务还很重大，通过表25可以看出，经过十年的变化，农户处理生活污水的方式还是比较落后，随意倾倒的农户比例达到了25%；对农药瓶子等废弃有害物的处理方式还存在不当，随用随扔的农户占比为29.58%，所以还需要政府或者村集体加大引导力度，建立对生活污水、农药瓶子等废弃有害物品的正确处理方式。

表25　农户对生活污水及农药瓶子等废弃有害物品的处理方式

项目	选项	占比（%）
您家如何处理生活污水	随意倾倒	25
	自挖下水井（直接排入地下）	56.25
	街边排水渠	13.75
	统一规划的下水道	5
	其他	0
您家如何处理农药瓶子等废弃有害物品	村统一处理	4.23
	扔垃圾堆	38.03
	随用随扔	29.58
	其他	28.17

数据来源：2015年的调查问卷所得。

（五）部分农民对新农村建设的认识存在一定偏差

在新农村建设中农民发挥着主体作用，而政府只是主导作用，因此，必须重视农民的地位。然而在东港市新农村的建设中部分农民认识不到新农村建设的重要意义，简单地认为新农村就是盖盖楼房、修修公路而已，没有彰显整体的"新"。另外，个别农民认为新农村建设就是当地政府的工作，自身没有办法进行干预规划，导致对新农村建设的主动性不高。以村民参加村委会选举的原因为例，认为"参加选举是自己的权利"的农户由十年前的77.11%下降到76.25%，因为"村里要求必须参加"的村民由十年前的6.02%上升到15%（见表26），这反映出农户建设新农村的积极性有待加强。

表26　村民参加村委会选举原因的调查　　　　　单位:%

村民参加村委会选举的原因	2015 年	2006 年
村里要求必须参加	15	6.02
大家都去，所以我也去	6.25	13.25
是我的权利	76.25	77.11
其他	2.50	3.61

数据来源：2015 年和 2006 年的调查问卷所得。

（六）农民参保意识和社会保障制度有待加强

农民参保意识不强烈，对于新型农村社会养老保险的参与力度不够，只有30.38%的农户参加了新农保，其中仅有6.15%的农户认为新农保能够解决养老问题（见表27）。一是农民认识还不到位；二是政府的宣传力度还有待加强；三是农民有可能出于经济因素的考虑，认为能节省一点是一点，这反映出农民理财观念的落后；四是现有社会保障制度的力度较弱，覆盖面不大，让农民感觉不值得。

表27　农民关于新农合的认知情况

项目	选项	占比（%）
是否参加了新农保	是	30.38
	否	69.62
新农保是否能解决养老问题	是	6.15
	否	93.85

数据来源：2015 年的调查问卷所得。

四、主要结论及对策建议

（一）主要结论

本文通过比较丹东东港市 2006 年和 2015 年新农村建设的调查数据，对东港市新农村建设情况进行了描述性分析，得出以下结论。

近十年来丹东东港市新农村建设取得了很大的成效：农村政治管理更加公平、公正、公开，表现在民主选举、民主决策、民主管理和民主监督四个方面；农村经济发展更加繁荣，农民收入水平普遍提高，农业经营面积扩大；农村文化生活更加丰富多彩，农民娱乐、活动的方式增多，农村文化基础设施的建设满足了农民多样化的文化需求；农村社会生活更加舒适，生活水平的提高给了农民舒适的物质生活，社会风气的改善满足了农民的精神需求，社会保障制度的完善解决了农户部分的后顾之忧；农村生活环境更加令人满意，农户的居住环境得到很大的改善，用水和道路状况的改善给农户提供了很大的方便，生活垃圾的规范处理为农户们保证了卫生的居住环境。

虽然东港市的新农村建设在政治、经济、文化、社会生活和环境方面取得了很大的成效，但同时还存在很多新的问题。比如，农村金融体系不健全，与城市金融体系存在很大的差别；农业发展缺乏先进的科学技术；农户使用清洁能源覆盖率低；社会保障制度还有待完善；公共基础设施建设和环境综合整治任务还需继续强化；社会化服务未完全满足农村发展的需要；农民民主管理意识还有待加强等。这说明社会主义新农村建设不是一项新开展的工作，而是已经探索实践了多年，积累了丰富的经验，取得了巨大的成效但仍需坚持下去的工作。它事关我国农业和农村的长远发展，事关改革开放和现代化建设的大局，所以我们必须要坚持不懈地实施下去。

（二）加快东港市新农村建设的对策建议

1. 完善金融体系建设，加强金融知识宣传

强化政策金融，实施制度创新，加大对农村金融的支持力度，减轻农民贷款难度，提高农民贷款额度，有效满足农户资金需求。加强对农户们的宣传力度，可以通过多种形式和途径，如通过电视宣传、印发宣传海报和报刊等，向农民介绍金融产品、贷款流程和假币识别等金融知识，特别是鼓励和培养农民多元化理财观念，切实维护农民的合法权益。

2. 积极培养懂技术的新型农民

新农村建设必须提高农业的技术含量，走科技兴农之路。要加大对农民的培训力度，不仅要培养农业技术方面的知识，让农民依靠技术致富；还要培养农民的市场意识，积极推进农产品走向市场，提高农产品的收益；还要加强农民的精神文明建设，把农民从小农思想中解放出来。另外，还要鼓励大学生到农村中去，为新农村建设提供有力的智力支持。针对目前农户们互联网利用率低的状况，可以对农民进行上网培训，让农民可以查找自己感兴趣和需要的信息来为自身生产和经营服务。

3. 大力倡导使用清洁能源

就清洁能源而言，一是提高液化气使用率，二是号召广泛使用沼气、太阳能等清洁能源，形成科学循环的种养殖模式，助力农村环境改善。这样不但可以环保节能，还可以实现立体生态农业的循环发展，有助于提高农业的经济效益和生态效益。

4. 完善公共基础设施，继续实施农村环境综合整治措施

改善农田水利基础设施和农村道路交通，如抗旱排涝、农田灌溉和田间道路

等。继续完善农村道路建设，进行道路硬化、绿化和净化；提高路灯数量，保证农户早晚道路出行的安全。进行厕所改造、运用合理的方式处理生活污水和农药瓶子等废弃有害物品，保证居住环境干净、卫生。

5. 纠正农民认识偏差，提高农民的参与程度

针对农民对新农村建设的认知程度不高，理解偏差，地方政府要采用农民能够接受和喜闻乐见的方式，加深他们对新农村建设内涵和建设意义的理解。需要继续做好宣传工作，采取多种宣传形式来提高农民的认知。要让农民知道他们才是新农村建设的最终受益者和建设者，激发他们参与新农村建设的热情和主动性。

6. 完善社会保障制度，加强农民参保意识

完善社会保障制度，加大社会保障的力度及覆盖面，力争提高新型农村社会养老保险的缴费标准和待遇水平，逐步实现城乡统一的养老保险制度。加大农业保险宣传力度，提高农民参保意识，减少自然灾害对农业生产的影响，稳定农民收入，促进农业和农村的经济发展。

7. 加大财政投入力度

新农村建设不是一蹴而就的，需要长期性的财力和物力的投入，这些都离不开政府的支持。因此，各级政府要出台财政支持政策，提高农业的基础地位，努力帮助农民解决各种问题。一方面，要加大资金投入力度，要充分利用财政资金，解决农民的用水、用电、通路、新品种、新化肥及新技术等方面问题；另一方面，要整合政府投入、农民自筹等方面的资金，推广农产品开发等项目，充分发挥整合资金的作用。

凤城市调研报告

建设社会主义新农村对全面建设小康社会和统筹城乡发展具有重大意义。2006 年中央发布一号文件《中共中央国务院关于推进社会主义新农村建设的若干意见》，文件正式提出了"生产发展、生活宽裕、乡风文明、村容整洁、管理民主"的社会主义新农村建设的二十字方针。时隔十年，2015 年中央一号文件再次指出，围绕城乡发展一体化，深入推进新农村建设，全面推进农村人居环境整治。

2006 年是新农村建设的起步之年，为了了解当时的新农村建设状况，沈阳农业大学经管学院组织了新农村建设"百村千户"调研活动。调研方案紧紧围绕中央提出的五大目标，在调研问卷设计上分农户、村集体、基层政府 3 个层次，每个层次按五大目标分为五大部分。样本的获取采用分层随机抽样法，首先把辽宁省分为辽中、辽东、辽北、辽南、辽西 5 个区域，然后根据经济发展状况（富裕、中等、贫困）在每个区域抽取 3 个县，每个县抽取 3 个乡，每个乡抽取 3 个村，每个村抽取 9 户（富裕、中等、贫困农户各 3 户）；共调研了 15 个县（区）、45 个乡镇、135 个村、1215 户农户，调研方式采取入户问卷调查、深度访谈、小组座谈、调查员现场观察等方式。十年后，为了总结新农村建设的成就及在新形势下面临的新挑战，沈阳农业大学经管学院再次组织了新农村建设"百村千户"调研活动。此次调研方式、问卷设计、各乡镇村户的抽样方式与十年前基本保持一致。本文在两次调研的基础上总结了新农村建设十年的成就，并分析了新农村建设面临的新挑战。以下将对辽东地区凤城市的调研情况进行详细描述。

一、自然地理

凤城市位于辽东半岛东部，地近黄海北岸，为省辖县级市。北邻本溪满族自治县，南与丹东市振安区和东港市接壤，东靠宽甸满族自治县，西与辽阳县、岫岩满族自治县毗连。南距丹东市区 71 千米，北距沈阳 217 千米。全市总面积

5513 平方千米，户籍总人口近 59 万人，全市共有满、汉、蒙古、回、朝等 24 个民族，满族人口占 75.1%。全市辖 3 个经济管理区、18 个镇，201 个行政村。

凤城地区属辽东山地丘陵地貌类型，北部是海拔 1000 米以上的侵蚀构造地形。凤城市属于中湿带湿润地区，大陆性季风气候，四季分明，全年平均气温 7.9℃，平均最高气温 14℃，平均最低气温 2.6℃；无霜期最多为 173 天，最少为 138 天，平均无霜期 156 天。多年平均降水量 1044 毫米，最大年降雨量 1509.4 毫米；多年平均日照时数 2372.2 小时。

凤城市水资源总量为 33.64 亿立方米/年，人均占有量 5831 立方米，占辽宁省地表水资源的 5.5%。可利用水总量 20.90 亿立方米，其中地表水 19.16 亿立方米，地下水 1.74 亿立方米。矿产资源丰富，现已发现煤、铁、金、铜、硼等金属、非金属矿藏 59 种，其中之一沙金和脉金储量较大，分布面广，开采已有 200 多年的历史，1989 年被列为全国黄金生产重点产区之一，2010 年发现新的矿产资源，初步探明蕴藏金资源量 20.5 吨，属于大型金矿；硼矿储量占全国固体硼矿总储量的 63%，刘家河翁泉沟硼矿储量居全国首位；红柱石储量居亚洲第一位、世界第三位。

二、经济社会发展

2014 年，东港市完成地区生产总值 520 亿元，增长 6%；固定资产投资 177.5 亿元，增长 2%；公共财政预算收入 30.7 亿元，下降 7%；社会消费品零售总额 113.6 亿元，增长 12%；外贸出口总额 6.6 亿美元，增长 3%；城乡居民人均可支配收入 15500 元，增长 9.7%。

第一产业方面，粮食总产量达到 52.5 万吨，实现"四连丰"，荣获"全国粮食生产先进单位"称号。成功创建国家级出口食品农产品（草莓、贝类）质量安全示范区。水产品总产量 31 万吨，产量及出口创汇连续多年列全省第二位。创建水稻万亩高产示范片 15 个。新增经济林 1.6 万亩。建设病死动物无害化处理场 11 处。农业示范园区、专业合作示范社、家庭农场、产业化龙头企业在数量和带动作用等方面都有了新的提升。黑沟双增法系种猪繁育项目填补东北地区空白。高标准基本农田、灌区改造等农业基础设施建设的投入资金达 2.6 亿元，发放各类涉农补贴资金 1.3 亿元。

第二产业方面，用电量增长 8%，规模以上工业增加值增长 4%。落实企业扶持政策，完成技改项目 50 个。75 户企业位列"三百企业工程"名单，15 户企业新获表彰。新增规模以上企业 8 户，销售收入过亿元企业 5 户。再生资源产业园进口废物圈区管理通过国家级验收。食品加工、机械装备制造、纺织服装、再生资源四大产业集群完成规模产值 290 亿元。

第三产业方面，服务业增加值实现 205 亿元，占地区生产总值的比重提高 1.2 个百分点。东港中心商贸流通集聚区成为省级服务业集聚区，新建特色农产品电子商务交易平台。成功举办观鸟节、海鲜文化节，海岛游、乡村游、赏花游等特色旅游项目持续火爆，游客接待量增长 15%，再创历史新高。新增旅游专业村 4 个，獐岛村荣获"全国五星级休闲农业与乡村旅游示范点"称号。东北亚商贸城、北黄海温泉度假村、鸭绿江湿地国际观鸟园等商贸旅游项目顺利推进。

（一）农业生产规模扩大，产出水平提高

由表 1 可以看出，经过十年的发展，农业生产规模增强。目前从事大田生产的农户，其中水田和旱地的户均耕地面积分别为 3.84 亩和 11.71 亩，十年前大田生产农户户均耕地面积 8.53 亩。种植大棚的农户，冷棚和暖棚的平均种植面积分别达到 7.5 亩和 13.6 亩，而十年前大棚种植仅有六户，且大棚种植面积相对较少。尽管进行农业生产的户数是在下降，十年间，各项农业生产所带来的亩均净收益是在显著提升。

表 1 农户农业生产变化情况

	2015 年			2006 年		
	种植户数 （水田/ 旱地）	平均种植 面积（水田/ 旱地）（亩）	亩均净收益 （水田/旱地） （元）	种植户数	平均种植 面积（亩）	亩均净收益 （元）
大田种植	27/74	3.84/11.71	622.22/669.05	67	8.53	283.88
冷棚种植	4	7.5	26750	1	1	2500
暖棚种植	5	13.6	20600	5	1.6	9800
果园种植	8	15.88	2762.5	16	21.44	1576.67

数据来源：调研问卷所得。

（二）化肥、农药等生产资料价格趋于合理，农户对其满意度提升明显

2006 年，83.54% 的农户认为化肥、农药等生产资料的价格偏高；13.92% 的农户认为化肥、农药等生产资料的价格合理；2.53% 的农户不清楚化肥、农药等生产资料的价格是否合理。而对于化肥、农药等生产资料质量的满意程度，8.86% 的农户不满意，20.25% 的农户不太满意，24.05% 的农户满意，40.51% 的农户比较满意，6.33% 的农户很满意。

2015 年调研中，47.44% 的农户认为化肥、农药等生产资料的价格偏高；1.28% 的农户认为化肥、农药等生产资料的价格偏低；43.59% 的农户认为化肥、农药等生产资料的价格合理；7.69% 的农户不清楚化肥、农药等生产资料的价

是否合理。而对于化肥、农药等生产资料质量的满意程度，1.28%的农户不满意，6.41%的农户不太满意，24.36%的农户满意，47.44%的农户比较满意，20.51%的农户很满意。

（三）农业技术培训增多，参保率明显提升

2006年调研中，近三年参加培训的农户有23户，占比29.11%。参加农业保险的农户有2户，占比2.53%。

2015年调研中，近三年参加培训的农户有33户，占比42.31%，比十年前提升了13.20%。参加农业保险的农户有54户，占比66.67%，提升比例达到了64.14%。

（四）农田水利设施改善明显，农户满意度提高

2006年，认为近三年本村道路和农田水利等基础设施得到改善的农户有66户，占比83.54%；认为没有改善的有11户，占比13.92%；其他农户不清楚。2015年，认为近三年本村道路和农田水利等基础设施得到改善的农户有62户，占比76.54%；认为没有改善的有18户，占比22.22%；其他农户不清楚。

另外，农户对本村道路和农田水利等基础设施的满意度在提高，2006年，农户的选择主要集中在不满意、不太满意，占比达到了55.70%，2015年的调研结果显示，农户对本村道路和农田水利等基础设施的满意度主要集中在比较满意和很满意这两个选项上，选择不满意和不太满意的比例下降到37.04%。

三、生活宽裕：梦想成真

（一）农民收入显著提高，生活水平明显改善

根据调查，截至2014年底农户家庭收入在30000元以上的占到总数的70.37%，而十年前农户家庭收入在30000元以内的占到94.95%，说明农户的家庭收入有了显著的提高。2014年农户家庭生活性支出在10000元以上的占到67.90%，十年前农户家庭年生活性消费支出10000元以内占到91.64%。相对于支出的增长，收入的增长显然快于支出的增长，总体上，农户的经济状况明显改善，生活水平显著提高，见表2、表3。

表2　家庭收入情况　　　　　　　　　　　　　　单位：元,%

范围	2014年	2006年
0～10000	4.94	50.64
10000～30000	24.69	44.31
30000～50000	27.16	3.80

范围	2014 年	2006 年
50000 ~ 100000	25.93	1.27
100000 ~ 200000	7.41	0
200000 ~ 220000	9.88	0

表3　生活性支出情况　　　　　　　　　　　单位：元,%

范围	2014 年	2006 年
0 ~ 10000	32.10	91.64
10000 ~ 30000	49.38	8.86
30000 ~ 50000	14.81	0
50000 ~ 70000	2.47	0
70000 ~ 100000	1.23	0
100000 ~ 200000	0	0

（二）农民消费水平提高，消费层次再上新台阶

家庭拥有耐用消费品数量增多、层次提高，消费水平再上新台阶。十年前绝大多数家庭普遍拥有的电视、电话，如今已经基本普及。过去只有34.18%家庭拥有的电冰箱，如今97.53%的家庭拥有。过去富裕家庭才拥有的空调、热水器，如今已经开始慢慢进入平常家庭。十年前连城里都很少拥有的电脑，如今43.21%的农村家庭拥有电脑，其中38.27%的家庭能上网。十年前只有城市富裕家庭才拥有的小汽车，如今16.05%的农村家庭拥有了小汽车（见表4）。近三年25.93%家庭有过家庭成员外出旅游，比十年前提高了1.88个百分点。农村生活富裕，消费层次再上新台阶，见表5。

表4　家中拥有耐用消费品的调查　　　　　　单位:%

家中拥有的耐用消费品	2015 年	2006 年
摩托车（代步用）	74.07	51.90
电视	100.00	96.20
空调	7.41	3.80
洗衣机	80.25	65.82
热水器	41.98	11.39
电冰箱	97.53	34.18

续表

家中拥有的耐用消费品	2015 年	2006 年
电话	95.06	87.34
电脑	43.21	2.53
有电脑且能上网	38.27	0
小汽车	16.05	0

表5　家庭成员是否有外出旅游的调查 单位:%

近三年家庭成员是否有过外出旅游	2015 年	2006 年
是	25.93	24.05
否	74.07	75.95

(三) 生活条件明显改善

经济条件的改善,生活条件也随之改善。尽管冬季农村普遍还是采用自家土炕进行取暖,但已有2.47%的农户用上了公共供暖,有1.23%的农户用空调进行取暖,十年前仅1.27%的调研样本农户用公共供暖(见表6)。生活饮用水来源变化更大,55.56%的农户喝上公共自来水,喝自家井水的农户在减少,十年前仅56.96%的农户饮用公共自来水,39.24%的农户喝自家井水,见表7。

表6　对家庭取暖方式的调查 单位:%

家庭取暖方式	2015 年	2006 年
公共供暖	2.47	1.27
自家土炕	95.06	88.61
土暖气	24.69	29.11
空调	1.23	0

表7　对家庭生活用水来源的调查 单位:%

家庭生活用水来源	2015 年	2006 年
公共自来水	55.56	56.96
自己家里的井水	41.98	39.24
到外面挑的井水	1.23	1.27
其他	1.23	2.53

（四）养老方式多元化、看病报销便捷化

生病、养老、孩子教育费用太高是农村家庭一直以来最忧虑的三件大事。目前新型农村合作医疗在农村已经基本普及，79.01%的农户反映新型农村合作医疗报销方便，新型农村合作医疗在保障农民获得基本卫生服务、缓解农民因病致贫和因病返贫方面发挥了重要的作用。过去农村养老只能靠儿女，如今国家出台了新型农村社会养老保险，农村养老有了新途径，35.8%被访者参加了新型农村社会养老保险，虽然71.6%的被访者认为新型农村社会养老保险还不能解决养老问题，但新型农村社会养老保险是继取消农业税、农业直补、新型农村合作医疗等一系列惠农政策之后的又一项重大的惠农政策，随着这一政策的逐步推广完善，必将给养老带来新的天地。

（五）生活宽裕面临的新挑战

消费理念落后。在问及家里有钱后最想做什么时，被访者往往露出很迷茫的神情，35.80%的村民愿意进行储蓄，与10年前相比增加了20.61%，23.46%的村民想去旅游，而10年前仅有16.46%（见表8）。选择买高档耐用品、盖房子、投资的村民有所下降，在城市买楼的村民有明显上升。农民的消费理念仍旧落后，消费的观念与城市仍有很人差距。

表8 对家里有钱后最想做什么的调查 单位:%

	2015 年	2006 年
盖房子	14.81	34.18
买高档耐用品	3.70	8.86
投资	24.69	37.94
文化教育	11.11	36.71
看病	12.35	3.80
储蓄	35.80	15.19
旅游	23.46	16.46
在城市买楼	19.75	0

四、乡风文明

"乡风文明"是建设社会主义新农村的基本要求和重要内容，也是衡量农村精神文明建设发展水平的一个重要标尺，更是社会主义新农村建设的动力。对于促进农村经济和社会各项事业发展有着巨大的推动作用，在提高农民素质、倡导

文明风尚、化解社会矛盾方面有着不可替代的重要作用。以下数据是通过对凤城
9 个村的调查。

（一）文化生活丰富多彩，休闲娱乐方式多样化

随着新农村建设的推进，村民获取信息的渠道以电视为主，利用网络获取信
息上升了 3.67 个百分点，村里的公告、通知、广告上升 1.59 个百分点，利用报
刊获取信息的农民下降了 21.55 个百分点，见表 9。

表 9　获取信息的渠道　　　　　　　　　　　　　　　　单位:%

渠道	2015 年	2006 年
报刊	1.23	22.78
电视	84.72	88.61
网络	4.94	1.27
广播	0	7.59
与人交谈	6.17	11.39
村里公告、通知、广告	4.94	24.05

与十年前相比，看电视、听广播依然是主要的休闲娱乐项目，然而农村村民
参加健身活动的人越来越多，十年前仅有 10.13% 的村民选择参加健身活动作为
平时休闲娱乐活动，如今有 20.99% 的村民开始参加健身活动，见表 10。

表 10　对平时休闲娱乐活动的调查　　　　　　　　　　单位:%

平时休闲娱乐活动	2015 年	2006 年
看电视、听广播	92.59	93.67
打麻将或打牌	12.35	15.19
参加健身活动	20.99	10.13
参加乡村组织的文娱活动	8.64	18.99
闲聊串门	32.10	8.86

（二）农村社会氛围良好

农村社会风气比以前改善很多，邻里关系和谐，治安状况良好，见表 11～
表 13。

表 11　对本村社会风气的调查　　　　　　　　单位:%

村里的社会风气是否满意	2015 年	2006 年
不满意	1.23	1.27
不太满意	2.47	22.78
一般	16.05	51.90
比较满意	41.93	21.52
很满意	38.27	2.53

表 12　对本村邻里关系的调查　　　　　　　　单位:%

村里的邻里关系是否和谐	2015 年	2006 年
不和谐	0	1.27
不太和谐	0	5.06
和谐	9.88	62.03
比较和谐	37.04	29.11
很和谐	53.09	2.53

表 13　对本村治安状况满意度的调查　　　　　　单位:%

对村的治安状况满意度	2015 年	2006 年
不满意	1.23	2.53
不太满意	1.23	7.59
满意	27.16	58.23
比较满意	29.63	27.85
很满意	40.74	3.80

目前，农村相信封建迷信的村民越来越少，相信大仙或神灵的人从 2.53% 下降到 1.23%（见表 14），且这部分人没有去请过大仙或者神灵。有宗教信仰的人从十年前的 6.33% 下降到 1.23%，见表 15。

表 14　对农村封建迷信的调查　　　　　　　　单位:%

是否相信大仙或神灵，是否曾找大仙或神灵来解决问题	2015 年	2006 年
相信，找过	0	1.27
不相信，没找过	95.06	88.61
相信，没找过	1.23	2.53
不相信，找过	3.70	7.59

表 15　对家庭成员是否有宗教信仰的调查　　　　　单位:%

您家成员是否有宗教信仰	2015 年	2006 年
否	98.77	93.67
是	1.23	6.33

(三) 乡风文明面临的新挑战

1. 农村随礼现象严重

乡风文明稳步推进过程,一些新问题不容忽视,农村随礼现象变得更严重,红白喜事操办司空见惯,村民为了回收礼金,小事大办,造成极大浪费,18.52% 的村民认为村里随礼现象严重,33.33% 的村民认为比较严重,认为很严重的占 30.86%,十年前,13.92% 的村民认为严重,21.52% 的村民认为比较严重,3.8% 的村民认为很严重(见表 16)。村民对随礼现象很反感,更多的却是无奈。

表 16　对本村随礼现象看法的调查　　　　　单位:%

对村里随礼现象的看法	2015 年	2006 年
不严重	4.94	20.25
不太严重	12.35	40.51
严重	18.52	13.92
比较严重	33.33	21.52
很严重	30.86	3.8

2. 赌博现象稍有回升

不容忽视的是赌博现象似有回升迹象,十年前 59.96% 的村民认为本村赌博现象不严重,如今 50.62% 的村民认为不严重,却有 13.58% 的村民认为目前本村赌博现象严重,而十年前只有 1.27% 的村民认为本村赌博现象严重,见表 17。

表 17　对本村赌博现象的调查　　　　　单位:%

村里赌博现象是否严重	2015 年	2006 年
不严重	50.62	59.96
不太严重	27.16	37.97
严重	13.58	1.27
比较严重	6.17	3.80
很严重	2.47	0

五、村容整洁：村民居住环境日趋改善

（一）居民对生活居住环境满意度提高

一个地区的发展程度取决于当地居民的幸福感，对其所生活居住环境的满意度。各方面的满意度越高说明其地区发展程度越高，尤其是生活居住环境方面的满意度。通过调查可以得出 2006 年农村居民对所居住环境的满意度占 56.96%（其中包括满意、比较满意及很满意三者之和），而 2015 年三者之和为 95.06%，远大于 2006 年的生活居住环境满意度。由此可以看出，相当部分的居民对农村居住环境还是比较满意。

（二）居民生活的基础设施逐渐完备

首先，从农村的道路状况满意度着手，一个地区要想富先修路，在新农村建设村容整洁方面，道路状况是评价当地基础设施的必备条件，而本村居民对街路状况的满意度尤为重要。道路作为基础设施，已经成为农村经济发展的推动器，影响农村经济的发展并且服务于农村经济。十年前后对比发现 2006 年农户对街路状况选择满意和比较满意的占比 41.77%，2015 年这一比例提升为 81.49%。

其次，厕所是衡量文明的重要标志，厕所卫生状况直接关系到当地居民的健康和环境状况。解决好厕所问题在新农村建设中具有标志性意义，要因地制宜做好厕所下水道管网建设和农村污水处理，不断提高农民生活质量。农村公共厕所满意度的侧评无疑是评价农村发展程度的重要指标，通过调研得出，2006 年，调研地公共厕所的数量有限，仅有 39.24% 的农户介绍说村里有公共厕所，而 2015 年村里有公共厕所的农户占比 61.76%，说明经过十年的发展，农村公共厕所得到很大改观。

（三）居民生活环保意识有待提升

普遍说来，中国农村的固体废弃物存在着随意丢弃、随意焚烧的情况，基本上没有无害化处理。在农村，按传统的观念，主要是靠"垃圾堆"这种方式收集和堆放垃圾，然后通过焚烧等方式解决。农村固体废弃物的随意堆放不仅影响农村的面貌整洁，更重要的是会造成水体污染和土壤破坏。

通过调研得出，2006 年村民到村指定的垃圾倾倒地点统一处理的占总调查数量的 24.49%，而 2015 年村民到村指定的垃圾倾倒地点统一处理的占到 89.80%。垃圾统一处理的比例上升，但对于农药瓶子的处理仍很随意，2015 年统一处理的比例仅占 3.80%，随用随扔的比例很高，占到 75.95%。

（四）居民对村庄进行整体规划的呼声很高

全面建成小康社会最艰巨、最繁重的任务在农村。而村庄规划是社会主义新农村建设的核心内容之一，是立足于现实条件缩小城乡差别、促进农村全面发

展、提高人民生活水平的必由之路。居民对村里住房是否要统一规划的呼声一直很高，其中 2006 年认为比较必要和很必要的占到 74.42%，2015 年认为比较必要和很必要的占到 73.84%。

六、民主管理

从表 18 中可以看出，2015 年调研中 64.20% 的农户认为村民代表能代表村民意愿，相对于 10 年前的结果，只有 50.63% 的农户认为村民代表能代表村民意愿，村民认可度明显增加。另外，60.49% 的村民认为村民代表能有效监督约束村里的经济活动，比 10 年前的比例提高了 4.79%。

表 18 农户对村民代表认同情况统计　　　　　　单位:%

代表村民意愿	能	还可以	不能	不好说
比例（2015 年）	64.20	18.52	8.64	8.64
比例（2006 年）	50.63	31.65	2.53	15.19
监督经济活动	能	还可以	不能	不好说
比例（2015 年）	60.49	9.88	12.35	17.28
比例（2006 年）	55.70	20.25	8.86	15.19

通过数据可以反映出，经过十年的发展，村民意愿得以反映且监督活动更加有效。

七、结论与思考

在农业生产发展方面，农产品销售渠道、农资的质量和价格、农业生产基础设施等几个方面都得到了很大改善，但获取农业信息的途径并没有很大变化，在农业生产中农民迫切需要技术支持；在生活宽裕方面，农民的收入与支出水平、生活条件及满意度有所提高，实行的新农保制度却解决不了农民的养老问题；在乡风文明方面，农村文化场所、社会风气都得到了改善，但是文化娱乐活动种类较少；在村容整洁方面，生活污水、垃圾、道路、集市卫生等几个方面都有很大提高，但废弃有害物品的处理仍然是一个亟待解决的问题；在民主管理方面，村务公开情况良好、民主管理现状满意度提高。结合以上分析，新农村建设至今已使部分农村有了焕然一新的面貌，但依然存在很多不足，在接下来的发展道路中仍需积极探索，努力解决。

近十年新农村建设发展
情况对比调查报告
——以抚顺市新宾县为例

社会主义新农村建设是指在社会主义制度下，按照新时代的要求，对农村进行经济、政治、文化和社会等方便的建设，最终实现把农村建设成为经济繁荣、设施完善、环境优美、文明和谐的社会主义新农村的目标。社会主义新农村建设从 2005 年 10 月开始实施，至今已过去 10 个年头。为了了解新农村建设的现状和进程，沈阳农业大学经济管理学院在 2005 年 8 月组织了新农村建设"百村千户"调研活动，调研方案紧紧围绕中央提出的五大目标，样本的获取采用分层随机抽样法，2015 年 9 月又再次回访了 10 年前的调研地点，对发展了 10 年新农村建设的地方进行了调研。调研方式采取入户问卷调查、深度访谈、小组座谈、调查员现场观察等方式。本文以抚顺市新宾县为例，调查对象为新宾镇、红升乡、北四平乡下属的 9 个村庄的 81 位农户，根据 2005 年和 2015 年的调研结果，分析了近 10 年新农村建设发展的情况。

一、生产发展方面

（一）农产品的销售与储藏、加工

大多数农民仍然选择直接销售农产品。与 2005 年相比，直接销售农产品的比例一直在增大。在被调查的农民中，选择进行储藏加工的比例在 10 年当中由 32.5% 下降到 19.5%（见表 1），选择储藏加工是为了增加农产品价值，待到售卖时能够提高价格；而选择直接销售农产品的理由大致是由于农民现在拥有的土地越来越少，所收获的农产品产量不足以进行储藏加工。

表 1　农产品的销售、储藏、加工情况分析　　　　单位:%

年份	储藏加工	直接到市场	商贩	合作社	企业订单	经纪人	其他
2005	32.5	62.7	8.4	16.9	14.5	36.1	14.5
2015	19.5	1.2	68.3	0	12.2	1.2	1.2

关于农产品销售渠道的调查，如今占到主导地位的渠道已由通过商贩销售代替了 2005 年时直接到市场售卖的渠道。而通过合作社、企业订单、经纪人以及其他渠道在 10 年的变化中比例都在减小。

（二）获取农业新技术的途径

在 10 年的新农村建设当中，电视仍然是农民获取农业新技术、新知识的主要渠道。据调查，电视这一获取信息的渠道在 2005 年和 2015 年的两次调研结果中都占有重大比例，其次是向其他农民学习这一渠道（见表 2）；在十年的进程当中，选择报纸杂志和科技下乡的农民越来越少；农民不再局限于这几种渠道，随着科技的发展，农民更倾向于尝试新的途径，选择其他渠道的比例有所加大。

表 2　获取农业信息途径的情况分析　　　　　　单位:%

年份	电视	广播	报纸杂志	培训	向农民学习	科技下乡	其他
2005	62.7	8.4	16.9	14.5	36.1	14.5	7.2
2015	48.8	2.4	0	11.0	20.7	0	13.4

（三）农业投入情况

1. 农资购买情况

新农村建设发展至今，农民在购买农资时仍然会选择实体店，一般会就近在村里的农资商店购买，无人选择通过网店购买。大多数农民对网店购物不太熟悉，而且认为通过网店购物不安全，产品质量得不到保障。

农资价格趋于合理，农资质量满意度提高。在农资价格方面，2005 年的调研数据显示，91.6% 的农民认为农资价格偏高，认为价格合理的仅有 6.0%。2015 年的数据显示，认为价格合理的比例上升到了 47.6%，认为价格偏高的比例下降到了 39.0%（见表 3）。说明随着新农村建设的发展，农资价格已经趋于合理，能够在农民接受的范围之内。

表 3　农资价格情况分析　　　　　　单位:%

年份	偏高	偏低	合理	不清楚
2005	91.6	0	6.0	2.4
2015	39.0	3.7	47.6	2.4

在农资质量满意度方面，在 2005 年，农民对农资质量表示不太满意的比例最大，占到 37.3%。在 2015 年的数据中，农民表示比较满意的比例占到最大，为 54.9%（见表 4）。同时，超过六成的农民表示近三年没有买到过假冒伪劣的

农业生产资料。农资质量和农民满意度随着新农村建设发展正在不断提高。

表4　农资质量满意度

单位:%

年份	不满意	不太满意	一般	比较满意	很满意
2005	22.9	37.3	12.0	20.5	1.2
2015	2.4	8.5	15.9	54.9	11.0

2. 投资方面

农民具有增加生产投资意愿的比例有所下降，目前为45.1%，较2005年下降了22.4%。具有投资意愿的农民投资的项目主要是在原有基础上扩大种植面积、增加养殖数量等。同时调查数据显示，在农业生产的资金来源方面选择"家中自有资金"的农民比例有所增加，由2005年的36.1%上升到目前的80.5%，随着经济的不断发展，农民在农业生产资金方面大多数能够依靠自己解决，无须借用外力。另外，2005年的数据显示，农民在农业生产中面临的最大困难是资金，2015年的数据表明最大困难是技术，说明随着新农村建设的不断发展，农民正在逐渐摆脱资金制约，当前在农业生产中最应该提供的是技术支持。

（四）农业生产基础设施

农业生产基础设施有所改善。2015年的数据显示96.3%的农民表示在近几年内本村的基础设施有所改善，相比2005年上升了约20个百分点，大多体现在修路和下水道等方面。

在对当前道路和农田水利等基础设施的满意度调查当中，表示"满意及以上"态度的农民达到93.9%，相比建设初期上升了约46个百分点。

二、生活宽裕方面

（一）收入与支出水平

随着新农村建设的不断发展，农民的收入与支出水平不断提高。目前，农民收入过万元的比例已达到91.5%，相比于2005年的22.9%，增长了约68个百分点。收入的主要来源集中于工资性收入和非农经营收入，农民不再完全依靠种植业和养殖业为生。在支出方面，生活性支出占到总支出的主要部分，在生活性支出当中衣食住行的花费比例很小，农民的生活水平正在不断提高。

（二）生活条件

农民拥有耐用消费品数量不断增加。在农民家庭耐用消费品普及率上，电视机的普及率最高，达到98.8%；普及率居于第二位的是手机，达到95.1%，对于电脑、空调等高档消费品，农民拥有比例已达到50.0%。这说明农村消费水平与城市之间的差距正在缩小，农民的生活条件越来越好。

（三）新农合、新农保制度

在医疗方面，农村都推行了新农合制度。相比 2005 年，目前已有 96.3% 的农民参加了新农合，84.1% 的农民反映新农合报销方便，能在家人生病时解决部分医疗费用，缓解经济压力。86% 的农民认为本村看病很方便，但大多数农民对村里的医疗水平产生质疑。同时，在养老方面，74.4% 的农民参加了新农保，但有近六成的农民反映新农保不能解决养老问题。

（四）农民生活满意度

超过八成的农民对当前生活持满意及以上态度，相对于 2005 年的情况有很大提高（见表5）。农民的生活条件虽然好了，最忧虑的事情仍然是家人生病、养老问题和教育费用高，这几个方面仍然是有待解决的问题。

表5　农民生活满意度情况分析 单位:%

年份	不满意	不太满意	满意	比较满意	很满意
2005	20.5	33.7	26.5	18.1	1.2
2015	4.9	8.5	26.8	43.9	17.1

三、乡风文明方面

（一）农民各类信息获取渠道

据数据显示，目前农民获取信息的渠道比较单一，主要渠道仍然是电视。在被调查的农民当中，选择电视这一渠道的农民比例最大，与 2005 年的数据比例相近，而其他渠道，如报刊、网络、广播、村里公告、通知、广告等形式所占的比例很小（见图1）。这说明农民获取信息的方式仍然比较传统，一些新兴有效的方式还没有得到广泛应用，需大力推广。

（二）农村文化生活方面

农民的休闲方式主要集中在看电视、听广播、打牌等几个方面，参加健身活动和文娱活动以及闲聊串门方面的比例比较小。相较于 2005 年，如今的休闲方式仍旧比较单一。

村内健身和文化活动场所增多。场所数量由 2005 年 31.3% 的比例增长到 2015 年的 89.0%。由图2 可以看到，在所有活动场所中增幅最大的是体育活动场所，其次阅览室、棋牌室、露天电影等场所也有一定幅度的增加，能够满足农民的文化娱乐需求。

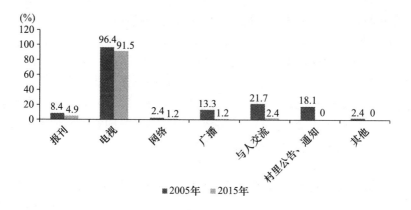

图1　农民信息获取渠道情况分析

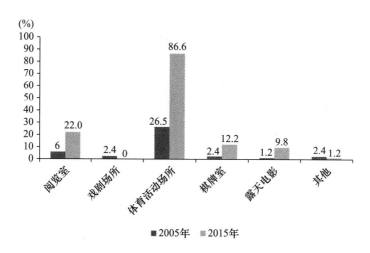

图2　文化健身场所情况分析

（三）农村社会风气

当前农村的社会风气、社会治安满意度有所提高。据调查显示，84.1%的农民对村里的社会风气表示满意，90.2%的农民表示邻里关系比较和谐，84.1%的农民对当地治安状况比较满意。同时，村内的赌博现象也不太严重，极少数的农民思想观念上还存在封建迷信意识。这几个方面相对于新农村建设初期都有所改善。

四、村容整洁方面

（一）生活污水处理

生活污水处理随意倾倒现象有所缓解。农民大多采用的是自挖下水井的处理方法，比例达到47.6%，相对于2005年比例有所减小；采用统一规划下水道的比例达到19.5%，相对于2005年有所增加；选择随意倾倒的比例达到18.3%，相对于2005年有所减小。

（二）生活垃圾处理

生活垃圾处理趋于统一化。据调查发现，2015年的数据显示垃圾处理方式为村指定的垃圾倾倒地点统一处理的比例为90.2%，相对于2005年的30.1%有大幅提高。生活垃圾已基本采用统一处理的方式，环境整洁度有所提高。

（三）乡村街路状况

乡村街路状况满意度提高。在调查过程中，96.3%的农民对街路状况持"满意及以上"态度，原因是在近几年政府和村集体等单位在修建道路和安设路灯等方面作了很大改进，农村街路状况焕然一新。

（四）乡村集市卫生状况

乡村集市卫生状况有所提高。目前乡村集体的卫生都有专门的保洁人员进行维护，蔬菜果皮遍地的现象得到缓解。在调查中，96.3%的农民对集市卫生状况表示满意。

（五）废弃有害物品处理

废弃有害物品随用随扔的现象没有得到有效控制。2005年和2015年的调查数据显示，在处理农药瓶子等有害废弃物时，农民的第一选择还是采用随用随扔的方法，村统一处理的现象很少，仍需大力改善。

五、民主管理方面

（一）村务公开状况

村务公开状况良好。在调查中82.9%的农民表示村内公务会进行公开，大多采用宣传栏张贴通知或者广播等途径。同时63.4%的农民认为村民代表能够对村里的经济活动进行有效的监督和约束，相较于2005年，比例增加了28.5%。另外，村民对村委会干部的选举程序都比较了解。

（二）民主管理现状

在村民意见建议反映渠道方面，70.7%的农民表示有渠道可以反映，且反映之后能够起到作用，相比于新农村建设初期的比例有所提高。9.8%的农民表示虽然有反映渠道，但却不起作用，这种现象相比于2005年也得到了很大改善，见表6。

在对民主管理现状满意度的调查中，87.8%的农民对目前的民主管理现状持"满意及以上"，村民对村干部的信任程度都比较高，认为当选的干部是凭借施政纲领和个人能力胜任目前的工作，能够为当地百姓办实事。

年份	有	有，不管用	没有
2005	32. 5	26. 5	36. 1
2015	70. 7	9. 8	20. 7

表6　民意反映渠道情况分析　　　　单位:%

（三）"一事一议"制度

"一事一议"制度自发起至今在农村得到广泛采用。但在调研的样本村中，村民对"一事一议"筹资筹劳制度了解得很少。参加过"一事一议"的农民比例只占到20.7%，大部分对该制度持比较满意的态度。五成以上的农民表示没有听说过该制度。"一事一议"制度需要在农民之间广泛宣传，让农民熟知该制度并在村内广泛采用。

六、结论与思考

上述以抚顺市新宾县的9个村庄为例，分析了新农村建设至今10年的发展与变化。在农业生产发展方面，农产品销售渠道、农资的质量和价格、农业生产基础设施等几个方面都得到了很大改善，但获取农业信息的途径并没有很大变化，农业生产中的农民迫切需要技术支持；在生活宽裕方面，农民的收入与支出水平、生活条件及满意度有所提高，实行的新农保制度却解决不了农民的养老问题；在乡风文明方面，农村文化场所、社会风气都得到了改善，但文化娱乐活动种类较少；在村容整洁方面，生活污水、垃圾、道路、集市卫生等几个方面都有很大提高，但废弃有害物品的处理仍然是一个亟待解决的问题；在民主管理方面，村务公开情况良好、民主管理现状满意度提高，但"一事一议"仍需广泛宣传采用。结合以上分析，新农村建设至今已使部分农村有了焕然一新的面貌，但依然存在很多不足，在接下来的发展道路中仍需积极探索，努力解决。

农户收入多样化及其影响因素研究

——基于分位数回归方法

2015 年中央一号文件指出，在经济新常态条件下，农业发展的基础地位不能动摇，如何强化农业基础地位、促进农民持续增收是必须破解的一个重大课题。在解读 2015 年中央一号文件时，陈锡文着重强调目标价格改革和农业补贴是增加农民收入的两个重要方面。然而对于单个的农户，他们增收的途径不会因为一项政策而取得较快的改变，他们一般结合自己现有的人力、物力、财力进行投资生产，农户的收入来源不会仅仅局限于一种，收入多样化是农户发展的一个重要趋势，特别是非农多样化意味着资本投入的多样化，是农户解决生计问题的新形势也是新农村建设的一个突破口。本文结合辽宁省统计年鉴的数据（如图1）可得，农民家庭的人均总收入、经营性收入、工资性收入、财产性收入及转移性收入逐年增长，但农民家庭的收入多样化水平则是先升后降的趋势，表明农户的收入再次出现单一化的趋势，是什么因素导致了农户收入多样化水平发生变化？且面对"农民增收难"这一问题，需要了解农户收入多样化的行为及其影响因素，以制定具有针对性的建议。

纵观现有的研究，在对收入多样化的测量上存在分歧，陈跃华以非农纯收入占家庭总纯收入的比重作为家庭纯收入多样化的二元因变量，万金红等采用收入多样性指数（熵指数）和收入依赖性指数来测量农户的收入多样化水平，段伟等则选取了辛普森多样性指数。另外，对收入多样化研究的内容上主要集中在其产生的影响。一种观点强调农户在不确定性条件下增加收入的多样化来获得真正最优的"自我保险"，这是农户规避风险的好措施；另一种观点强调收入的多样化使农户从事的农业生产没办法投入更多的劳动力、技术等生产要素，专业化在农业生产中得不到进一步的应用，农户小而全的生产方式阻碍了市场化、专业化和规模化进程，而对农户收入多样化影响因素的研究相对较少且不系统。

通过对比以往的研究成果，本文有三点创新：第一，通过比较各个收入多样化测量指标，选取既考虑类别，又兼顾分布的 6thGibbs – Poston 指标（M6）进行测量；第二，已有文献侧重于农户收入多样化的影响，系统研究收入多样化及其

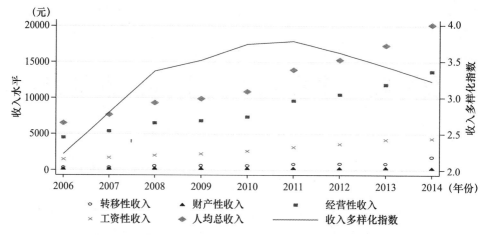

图1　辽宁省农户家庭人均收入及其收入多样化演变趋势（2006～2014）

资料来源：历年《辽宁省统计年鉴》。

影响因素的研究较少；第三，在运用OLS回归方法研究农户收入多样性及其影响因素的基础上，进一步采用分位数回归方法探讨各种因素如何随着收入多样化水平的变化而对农户收入多样化产生不同的影响。

一、概念界定

（一）收入多样化的定义

本文借鉴Ellis对农户收入多样化的定义，将农户收入多样化界定为，由于自然因素、经济因素、社会因素、制度和政策因素的影响，从而使农户在生产、生活过程中通过拓展与农业相关的或与农业无关的经济活动，为其带来更多种类的现金收入或各种粮食物资，并使其生存状态改善或者生存能力进一步得到提升的行为方式。

（二）收入多样化测量指标的确定

通过整理以往文献可得，测量收入多样化的指标主要有数量指标、赫芬达尔—赫希曼指数、熵指数、收入依赖性指数和辛普森多样性指数。而数量指标仅仅考虑了收入的类别，没有考虑收入的分布；后四个指数考虑了分布却没有顾及到收入的类别。鉴于此，本文借鉴Stephen对收入多样化的测量方法，采用6thGibbs – Poston指标（M6）进行测量：

$$M6 = n \left[1 - \sum_{i=1}^{n} \left| x_i - \bar{x}_i \right| /2 / \sum_{i=1}^{n} x_i \right] \tag{1}$$

式中，x_i为某一项收入的多少，$\bar{x}_i$为其均值。M6指标较数量指标而言，既考虑了类别，又兼顾了分布，相对比较全面。M6值越大，农户收入多样化的水平越高，M6值越小，农户收入多样化的水平越低。

二、数据来源与描述性统计

（一）数据来源

本文数据来自2015年沈阳农业大学经管学院新农村建设"百村千户"调研活动。调研方案紧紧围绕中央提出"生产发展、生活宽裕、乡风文明、村容整洁、管理民主"的社会主义新农村建设五大目标，在调研问卷设计上分农户、村集体、基层政府3个层次，每个层次按五大目标分为五大部分。样本的获取采用分层随机抽样法，首先把辽宁省分为辽中、辽东、辽南、辽西、辽北5个区域，然后根据经济发展状况（富裕、中等、贫困）在每个区域抽取3个县，每个县抽取3个乡，每个乡抽取3个村，每个村抽取9户（富裕、中等、贫困农户各3户）；共调研15个县（区）、45个乡镇、135个村、1215户农户，共收集有效问卷1223份（为保证数据有效，有些地方多调研一份），调研方式采取入户问卷调查、深度访谈、小组座谈、调查员现场观察等方式。

（二）农户家庭收入来源与结构

样本地区农户家庭的收入来源及收入情况如表1所示。

表1　农户家庭收入情况①

收入来源 地区指标		种植业 收入	养殖业 收入	非农经营 性收入	工资性 收入	财产性 收入	政府 补助	其他 收入	总收入
样本 总体	均值（元）	40724.96	27172.54	11849.19	18327.17	419.61	1131.13	7958.10	107582.70
	占比（%）	37.85	25.26	11.01	17.04	0.39	1.05	7.40	100
辽中 地区	均值（元）	57862.01	45412.10	10235.73	22211.53	121.98	441.72	32898.75	169183.82
	占比（%）	34.20	26.84	6.05	13.13	0.07	0.26	19.45	100
辽东 地区	均值（元）	36134.80	28901.64	9718.46	25246.15	1001.23	1019.24	2945.21	104966.73
	占比（%）	34.43	27.53	9.26	24.05	0.95	0.97	2.81	100
辽南 地区	均值（元）	19113.78	22063.59	13666.52	19505.69	539.59	2544.33	317.55	77751.05
	占比（%）	24.58	28.38	17.58	25.09	0.69	3.27	0.41	100
辽西 地区	均值（元）	35361.97	4657.61	12298.27	7687.90	259.26	595.02	194.90	61054.93
	占比（%）	57.92	7.63	20.14	12.59	0.42	0.97	0.32	100
辽北 地区	均值（元）	54996.40	34487.41	13353.99	16866.46	178.72	1058.36	3004.42	123945.76
	占比（%）	44.37	27.82	10.77	13.61	0.14	0.85	2.42	100

资料来源：农户调查问卷所得。

---

① 本研究的各项收入为家庭收入的毛收入。

首先，就农户家庭收入总量来看，辽中、辽东和辽北偏高，辽南和辽西偏低。以家庭总收入均值为例，样本总体家庭总收入为107582.7元，其中，辽中最高，为169183.82元；辽北次之，为123945.76元；接下来依次为辽东、辽南和辽西，分别为104966.73元、77751.05元和61054.93元。

其次，就收入结构来看，种植业收入占家庭收入比重最大的是辽西地区，为57.92%，辽北次之，占比44.37%，辽东和辽中地区占比接近，分别为34.43%和34.20%，辽南地区种植业收入占比最低，为24.58%；养殖业收入占家庭收入比重在辽中、辽东、辽南和辽北之间差异不大，占比都在27%左右，辽西地区该项收入的占比最低，为7.63%；非农经营性收入占家庭总收入比重从高到低依次是辽西、辽南、辽北、辽东和辽中，占比分别为20.14%、17.58%、10.77%、9.26%和6.05%；而对于农户工资性收入占家庭总收入的比重来说，辽东和辽南地区在一个水平上，分别为25.09%和24.05%，辽北、辽中和辽西该项比重接近，依次为13.61%、13.13%和12.59%。

最后，在样本地区，种植业和养殖业仍然是农户家庭收入的主要来源，而各地区收入结构上的差异，也必然对收入多样化水平产生影响。

（三）农户收入多样化指数

表2通过收入多样化指数反映了各地区农户收入多样化水平的差异，其中农户多样化指数 I 是由表1中各地区农户各项收入数据再结合 M6 指标计算得出，多样化水平最高的是辽东地区，其次分别为辽北、辽中、辽南和辽西地区。而现实生活中每个农户的收入不会像各地区各项平均收入那样，而是存在很大差异，因此本文通过调研数据，结合每户收入的情况，运用 M6 指标计算出每户的收入多样化指数，最后各地区加总求平均计算出农户多样化指数 II，农户多样化指数 II 更能反映出各地区农户收入多样化水平的差异，辽中地区农户的收入多样化水平最高为 -0.98，其次是辽东地区，为 -1.47，接下来分别是辽西、辽南和辽北，依次为 -2.23、-2.98 和 -3.85。

表2　农户收入多样化指数

地区指标	样本总体	辽中地区	辽东地区	辽南地区	辽西地区	辽北地区
农户多样化指数 I		5.61	6.29	5.26	4.29	6.16
农户多样化指数 II	-2.30	-0.98	-1.47	-2.98	-2.23	-3.85

三、模型建立

（一）研究假说

随着我国开放程度的不断增强，农民收入增长结构发生了翻天覆地的变化，农民收入来源多样化的格局已基本形成。而不同农户在家庭经营过程中存在人力资本、物质资本、金融资产、社会资本以及家庭特征等方面的差异，这些差异会影响到农户的收入多样化水平。具体来说，各因素对收入多样化水平的影响主要表现在以下几个方面：

（1）人力资本（X）。农户家庭人力资本水平越高，进行农业生产或参加工作的能力越强，收入来源渠道就会变多，其收入多样化水平也就越高。

（2）物质资本（K）。耕地或耐用消费消费品等物质资本的增加，均有利于农户收入水平的提高，会对收入结构产生影响，进而影响到农户收入多样化水平。

（3）金融资产（M）。农户金融资产收入的增加，会改变农户的收入结构，增加农户收入多样化水平；若农户家庭存有负债，投资生产的能力就会降低，其收入来源会减少，从而降低了农户的收入多样化水平。

（4）社会资本（J）。农民往往挣扎于市场的边缘，社会资本的缺少使其很难共享市场发展带来的福利，资本的匮乏限制了收入多样化的能力。

（5）户籍制度与政策（G）。户籍制度的存在，使农民在就业上存在行业障碍和制度歧视，相对于非农业户口的家庭，农业户口的家庭收入来源渠道较少，其收入多样性水平也就越低。相反，一些惠农政策的实施会提高农户的收入多样化水平。

（6）家庭特征（L）。户主的性别、年龄及家庭人口数会影响农户的收入多样化水平，一般而言，户主为男性，户主相对年轻，家庭人口数越多的家庭其收入多样化水平越高。

（7）控制变量（D）。不同区域，农户收入结构的差异，会导致其收入多样化水平的不同，本文将其作为一个控制变量。

（二）模型构建与变量设置

基于以上假说，本文建立农户收入多样化水平影响因素模型如下所示：

$$M6_i = \alpha_0 + \beta_1 X_i + \beta_2 K_i + \beta_3 M_i + \beta_4 J_i + \beta_5 G_i + \beta_6 L_i + \beta_7 D_i + \varepsilon_i \tag{2}$$

式中，$M6_i$ 表示农户家庭的收入多样化水平，由上文式（1）计算得出，模型中的自变量为上文中研究假说中讨论的各个影响因素，ε_i 为随机扰动项。变量设置及统计性描述分析见表3。采用 OLS 对上式进行模型估计。然而，OLS 回归方法只能得到各个因素对农户收入多样化水平期望值的影响，无法分析各个因素对农户多样化水平分布规律的影响。为解决该问题，本文借鉴何军分位数回归方法，建立以下模型：

$$Quant_\theta(M6_i \mid Y_i) = \beta^\theta Y_i \tag{3}$$

式中，Y_i 表示式（2）中的所有自变量，β^θ 为系数向量，$Quant_\theta(M6_i \mid Y_i)$

表示 $M6_i$ 在给定 X 的情况下与分位点 θ（0 < θ < 1）对应的条件分位数。与 θ 对应的系数向量 $β^θ$ 是通过最小化绝对离差（LAD）来实现的。

表3　变量设置及统计性描述分析

变量设置及度量方法			统计性描述	
类型	定义	度量方法	均值	标准差
人力资本①	教育	家庭劳动力平均受教育年限（年）	8.15	2.42
	技术培训	参加 = 1，未参加 = 0	0.53	0.50
物质资本②	耕地	家庭人均耕地面积（hm²）	0.57	0.15
	耐用消费品数量	价值大于 1000 元消费品的个数	5.45	1.71
金融资产③	金融资产	家庭人均年末金融资产收入（元）	419.61	4228.08
	金融负债	家庭是否有资金缺口（是 = 1，否 = 0）	0.52	0.50
社会资本④	年随礼支出	家庭人均年随礼支出（元）	2746.02	2896.42
	邻里关系和谐度	不和谐 = 1，不太和谐 = 2，一般 = 3，比较和谐 = 4，很和谐 = 5	4.29	0.76
户籍制度与政策	户口性质	农业户口 = 1，非农户口 = 0	0.96	0.20
	农业保险	参加 = 1，未参加 = 0	0.59	0.49
家庭特征	户主性别	男 = 1，女 = 0	0.96	0.20
	户主年龄	数值	55.51	10.17
	家庭规模	家庭人口数	3.39	1.19
控制变量	区域	辽中 = 1，辽东 = 2，辽南 = 3，辽西 = 4，辽北 = 5	2.99	1.42

文章中常采用 bootstrap 密集算法技术对分位数回归系数 $β^θ$ 进行估计，即通过不断地进行有放回抽样而获得样本的置信区间，从而对系数加以推断。

---

① 人力资本是指存在于人体之中的具有经济价值的知识、技能和体力等因素之和，其核心影响因素是教育水平和健康状况，现有文献对健康状况的测量都是自评，而"自评健康"指标的内生性太强，不是好的解释变量（Strauss、Thomas，1998），因此本文仅以教育系列变量和农业技术培训变量表示人力资本。

② 物质资本也被有些学者称为经济资本或实物资本。本文物质资本细分变量的选择，依据高梦滔和姚洋（2006）的界定。

③ 根据程名望和史清华（2014）对金融资产变量的选择，及本研究调研的问卷，选取家庭人均年末金融资产收入和家庭是否有资金缺口来表示金融资产。

④ 社会资本依据周晔馨（2012）的界定，选取年随礼支出和邻里关系和谐度来表示社会资本。

四、实证分析

本文采用 OLS 回归方法得到各种因素对农户收入多样化期望值的影响，然后采用分位数回归方法分析相关因素对农户收入多样化水平分位数的影响。

（一）OLS 回归结果及分析

从表 4 可以看出，在模型中，调整的 R^2 和 F 值分别为 0.2160 和 25.05，表明所设立的回归模型是合适的，模型整体具有显著性及良好的解释力。从变量显著性结果来看，人力资本、物质资本、金融资产、社会资本、户籍制度与政策、家庭特征等对农户收入多样性水平都产生不同程度上的影响。具体表现在以下几个方面：

表 4 农户收入多样化影响因素 OLS 回归结果

解释变量		系数	标准误
人力资本	教育	0.2540 ***	0.0844
	技术培训	0.1543	0.3943
物质资本	耕地	0.0039 *	0.0023
	耐用消费品数量	0.5558 ***	0.1343
金融资产	金融资产	0.0813	0.1142
	金融负债	− 0.7050 *	0.3958
社会资本	年随礼支出	0.8886 ***	0.1563
	邻里关系和谐度	0.1006	0.2502
户籍制度与政策	户口性质	− 2.0082 **	0.9631
	农业保险	1.3782 ***	0.3829
家庭特征	户主性别	2.9435 ***	0.9393
	户主年龄	− 0.0938 ***	0.0206
	家庭规模	1.4345 ***	0.1700
控制变量	区域	Yes	
	常数项	− 14.4886 ***	2.7336
	调整的 R^2	0.2160	
	F 值	25.05	
	Prob > F	0.0000	
	样本数	1223	

注：***、** 和 * 分别代表了 1%、5% 和 10% 的显著性水平，"Yes" 表示该变量已被控制。

（1）就人力资本而言，家庭劳动力平均受教育年限对收入多样化水平的影响十分显著，说明家庭劳动力平均受教育年限平均每增加一年，农户收入多样化水平就增加25.40%。因此，重视农村人力资本积累，提高农村人力资源素质，加强农村基础教育，提高农民教育水平，将有利于农户收入多样化水平的提高。而农业技术培训对收入多样化水平没有显著影响。

（2）就物质资本而言，家庭人均耕地面积在10%显著水平上显著，人均耕地面积每提高一亩，农户收入多样化水平将提高0.39%；耐用消费品数量在1%显著水平上显著，每增加1%，农户收入多样性水平将提高5.56%。可以说明，农户对土地的依赖性较强，耕地面积的增加，不仅为适度规模经营创造了条件，也有利于农户的多样化经营，降低农户经营上的风险，尽管随着耕地面积的增加，农户会减少非农就业的时间，进而降低务工收入在总收入的比重[1]，但由于农业生产的季节性，农户农业生产收入和外出务工收入之间的差距会进一步缩小，这也无形提高了农户收入多样化水平；维护农户对耐用消费品资产的产权，可以提高农户的财产性收入，进而提升收入多样化的水平。

（3）就金融资产而言，家庭人均年末金融资产收入在作用方向上与预期一致，但对农户收入多样性水平的影响是不显著的，本文的解释是农村金融市场体系相对不太健全，在激活农户的金融资产上作用有限，这导致其对农户收入多样化水平的影响不显著。农户家庭是否有金融负债在10%显著性水平上显著，说明没有金融负债的农户收入多样性水平高于存在金融负债的家庭，金融负债的存在对农户来说是一种负担，这降低了其投资生产进行再冒险的积极性，从而限制了农户收入多样化水平的提升。

（4）就社会资本而言，家庭人均年随礼支出在1%显著性水平上显著，其每提升1%，农户收入多样化水平将提升8.89%。本文解释道，农户的收入多样化水平往往随着非农化的发展而提高，拥有社会网络质量高的农户拥有的非农就业和创业机会较多，其收入多样化的水平也就越高。而邻里关系和谐度在作用方向与预期相符，但没有通过显著性检验。

（5）就户籍制度和政策而言，户口性质在5%显著性水平上显著，即相对于农村户口的家庭，非农户口性质的家庭其收入多样性水平更高，说明以消除农民就业中对户口性质的限制，将有益于农户收入多样化的发展。是否参加农业保险在1%水平上显著，说明我国实行的农业保险政策在改善农村弱势群体的收入状况起到了积极作用。

（6）就家庭特征而言，选定的3个细分变量均在1%显著性水平上显著，户

---

① 该部分所涉及的参考文献较多，详细见 Winters 等（2009）一文的文献综述。

主是男性的家庭其收入多样化水平明显高于户主是女性的家庭；户主年龄每增加一岁，其家庭收入多样化水平就会降低9.38%；家庭人口数每增加一个，其收入多样化水平就会提升1.43。因此，适度调整农村的计划生育政策，不仅可以增加农户家庭的劳动力数量，也可以提升农户收入多样化的水平。

（二）分位数回归结果及分析

本文采用 bootstrap 方法对农户收入多样化水平进行分位数回归。受篇幅所限，表5只列出了农户收入多样化水平的第25个、第50个、第75个和第90个分位点的回归结果。同时，为进一步解释自变量对农户收入多样化水平影响的完整情况，图2列出了农户收入多样化水平分位数回归的部分系数变化情况。

表5　农户收入多样化水平分位数回归结果

解释变量	$\theta = 0.25$	$\theta = 0.50$	$\theta = 0.75$	$\theta = 0.90$
	系数（标准误）	系数（标准误）	系数（标准误）	系数（标准误）
教育	0.1781 **	0.0988 ***	0.0623 **	0.0379 **
	(0.0791)	(0.0293)	(0.0263)	(0.0190)
技术培训	−0.1971	−0.0966	−0.0260	−0.1309
	(0.2735)	(0.1395)	(0.1020)	(0.1000)
耕地	0.0026	0.0013	0.0007	0.0003
	(0.0021)	(0.0027)	(0.0029)	(0.0024)
耐用消费品数量	0.4910 ***	0.3116 ***	0.2001 ***	0.1720 ***
	(0.1146)	(0.0531)	(0.0367)	(0.0303)
金融资产	0.0613	0.0100	0.0772 *	0.0947 **
	(0.0773)	(0.0368)	(0.0421)	(0.0393)
金融负债	−0.4706	−0.2236	−0.0104	−0.0848
	(0.3003)	(0.1418)	(0.1059)	(0.0973)
年随礼支出	0.9402 ***	0.5597 ***	0.3816 ***	0.1991 ***
	(0.1976)	(0.1226)	(0.0683)	(0.0748)
邻里关系和谐度	−0.1429	−0.1495 *	−0.0932	−0.1034
	(0.1950)	(0.0906)	(0.0629)	(0.0649)
户口性质	−0.5840	−0.1141	0.3442	0.4509
	(0.5645)	(0.2971)	(0.2390)	(0.3419)
农业保险	0.4419 *	0.1218	0.1525	0.1797 *
	(0.2652)	(0.1326)	(0.0995)	(0.1000)
户主性别	3.6794 *	1.0885 **	0.4346	0.4377 **
	(2.1916)	(0.4389)	(0.3572)	(0.1876)

续表

解释变量	θ = 0.25	θ = 0.50	θ = 0.75	θ = 0.90
	系数（标准误）	系数（标准误）	系数（标准误）	系数（标准误）
户主年龄	- 0.0625 ***	- 0.0287 ***	- 0.0148 **	- 0.0155 ***
	（0.01479）	（0.0069）	（0.0063）	（0.0052）
家庭规模	1.0279 ***	0.6522 ***	0.3819 ***	0.2825 ***
	（0.1567）	（0.0856）	（0.0583）	（0.0463）
区域	- 0.1442 *	- 0.0664	- 0.0312	0.0052
	（0.0868）	（0.0465）	（0.0349）	（0.0340）
常数项	- 15.9422 ***	- 8.0008 ***	- 4.7296 ***	- 2.1873 **
	（2.9128）	（1.2910）	（1.0453）	（0.9541）
PseudoR^2	0.1813	0.1182	0.0801	0.0788

注：估计值通过 bootstrap 方法迭代 400 次得到；***、** 和 * 分别表示了 1%、5% 和 10% 的显著性水平。

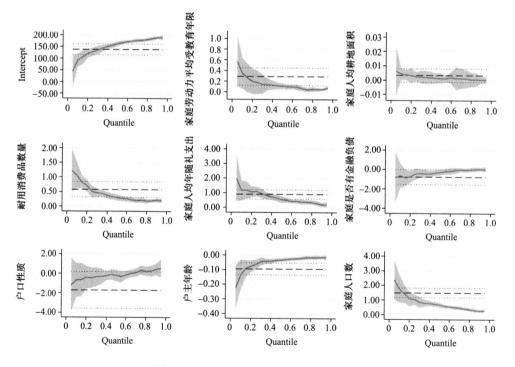

图 2　农户收入多样化水平分位数回归的系数变化情况

从回归结果可以看出，不仅影响农户收入多样化水平的因素有所不同，而且各因素对农户收入多样化水平不同分位数的影响系数都有明显变化，具体体现在以下几个方面：

（1）人力资本中家庭劳动力平均受教育年限在不同分位点上都通过了显著性检验，且随着农户收入多样化水平分位点的提高，家庭劳动力平均受教育年限对其收入多样化水平的影响呈下降趋势，这说明，与收入多样化水平较高的群体相比，家庭劳动力平均受教育年限对收入多样化水平较低群体的收入多样化水平影响更大。

（2）在不同分位点上，物质资本中家庭耐用消费品数量在1%显著性水平上显著，随着农户收入多样化水平分位点的提高，家庭耐用消费品数量对其收入多样化水平的影响呈下降趋势，这说明，与收入多样化水平较高的群体相比，家庭耐用消费品数量对收入多样化水平较低群体的收入多样化水平影响更大。而人均耕地面积的回归系数逐渐下降，但下降幅度不明显，这表明，人均耕地面积对不同收入多样化水平农户的收入多样化水平的影响差异不大。

（3）金融资产的细分类变量"家庭是否有金融负债"的回归系数逐渐上升，但上升幅度不明显，这表明，金融负债对不同收入多样化水平农户的收入多样化水平的影响差异不大。

（4）社会资本中的家庭人均年随礼支出也在1%显著性水平上显著。通过图2可以看出，与收入多样化水平较高的群体相比，家庭人均年随礼支出对收入多样化水平较低群体的收入多样化水平影响更大。

（5）家庭特征中的户口性质的分位数回归系数变化趋势比较明显，一直处于上升状态。例如，在0.25分位点，其系数为 - 0.5840，在0.5分位点，系数为 - 0.1141，在0.55分位点后，系数逐渐大于0，但是其分位数回归显著性很差，因此户口性质对农户收入多样化水平的影响是模糊不清的。而户主年龄在不同分位点上都通过了显著性检验，且显著为负，并随着农户收入多样化水平分位点的提高，户主年龄对其收入多样化水平的影响程度在减弱，这说明，与收入多样化水平较高的群体相比，户主年龄对收入多样化水平较低群体的收入多样化水平影响更大。另外，随着农户收入多样化水平分位点的提高，家庭人口数对其收入多样化水平的影响呈下降趋势，这说明，与收入多样化水平较高的群体相比，家庭人口数对收入多样化水平较低群体的收入多样化水平影响更大。

五、结论与评述

本文依据辽宁省2015年新农村调研的数据，分别采用OLS回归和分位数回归方法分析了农户收入多样化水平及其影响因素，得到了以下结论：第一，OLS回归结果显示，对农户收入多样化水平产生影响的因素既包括制度及政策、区域分割等方面的宏观因素，也包括农户家庭人力资本、物质资本、金融资产及家庭特征等方面的微观因素。第二，进一步分位数回归结果表明，家庭劳动力平均受教育年限、家庭耐用消费品数量、家庭人均年随礼支出和家庭人口数收入多样化水平较低群体的收入多样化水平影响更大，且都为正向的影响，而户主年龄对农户收入多样化水平具有反向影响，但随着农户收入多样性的提升，这种影响是在减弱。

上述结论的政策含义是，促进农民增收，必须了解农户收入多样化的行为，并找到影响农户收入多样化水平的因素，以制定有针对性的政策建议。

另外需要说明的是，文中建立的模型尽量考虑了变量的系统性和全面性，但计量模型及稳健性检验模型的决定系数仍均低于 0.5。这表明，虽然本文建立的模型具有良好的解释性，但仍旧有未知的影响被解释变量的因素，即仍有一些影响农户收入水平的变量没有纳入模型。由此可以解释，农民收入多样化的形成有着深刻而复杂的经济、历史、社会、政治等诸方面的原因，比文章的考虑要复杂，需要更完善的数据和更复杂的模型才能得出更全面的解释。

收入多样化视角下的农户农地流转行为

一、引言

始于 20 世纪 80 年代初的集体所有制下的家庭联产承包责任制，使农民重新获得了土地使用权和剩余收益权，极大地提高了农民生产积极性，为当时农业生产和农村经济快速增长做出了重要贡献，但是这种远近搭配、肥瘦搭配的均分土地制度造成了农地分配的高度破碎化及农业生产的小规模经营，并增加了农户农地经营的成本，降低了农地资源的配置效率和利用效率。2015 年中央一号文件《关于加大改革创新力度加快农业现代化建设的若干意见》，对如何在经济发展新常态下实现农业农村的新发展，给出了明确的答案，这就是在优化农业结构上开辟新途径，在转变农业发展方式上寻求新突破。而伴随我国工业化、信息化、城镇化和农业现代化进程，农村劳动力大量转移，农业物质技术装备水平不断提高，农户承包土地的经营权流转明显加快，发展适度规模经营已成为必然趋势。另外，随着我国开放程度的不断增强，农民收入增长结构发生了翻天覆地的变化，农民收入来源多样化的格局已基本形成。农户收入多样化已成为农户发展的一个重要趋势，在此趋势下，农村土地流转会受到怎样的影响将是本文关注的重点。

纵观现有研究，学者们对收入与农地流转关系的探讨较多，主要包括两方面。第一，农地流转对收入的影响。冒佩华等研究了土地经营权流转与农民收入增长的关系，得出土地流转能显著提高农户家庭的收入水平；诸培新等对比分析了政府主导和农户主导型农地流转对农户收入影响差异，衡量不同类型农地流转对农户土地和劳动力资源配置效应；朱建军等通过研究农地流转对农民收入及收入分配的影响，发现农地租入与农地租出均促进了农民收入的增加，农地流转在一定程度上加剧了农民收入分配的不平等。第二，收入对农地流转的影响。许恒周等研究发现农民非农收入与农地流转之间存在着长期均衡关系，但短期却存在波动；冷智花等研究发现家庭收入结构和劳动力内部分工对农地流转的影响最为显著；石敏等研究发现劳动力转移和非农收入比例增加是农地流转的主要动因。然而研究收入多样化对农地流转影响的文章却寥寥无几。

考虑到农户收入来源多样化的趋势，本文利用调研的微观数据，从实证的角度考察农户收入多样化对农地流转的影响。试图回答以下几个问题：①农户收入多样化对农地流转是否有因果影响？②农户收入多样化是如何影响农地流转？这种关系在转入和转出模型中是否有所不同？值得一提的是，在计量方法上，本文分别采用工具变量方法（IVProbit）和控制函数法（两步法）解决内生性问题，并对工具变量的可靠性进行检验。

二、概念界定

（一）收入多样化的定义

本文借鉴 Ellis 对农户收入多样化的定义，将农户收入多样化界定为，由于自然因素、经济因素、社会因素、制度和政策因素的影响，从而使农户在生产、生活过程中通过拓展与农业相关的或与农业无关的经济活动，为其带来更多种类的现金收入或各种粮食物资，并使其生存状态改善或者生存能力进一步得到提升的行为方式。另外需要说明的是，本文定义收入多样化水平是由收入来源种类及各项收入分布均匀程度共同决定，其中地区农户家庭各项收入的平均数作为评判各项收入分布均匀程度的基准项。

（二）收入多样化测量指标的确定

在对收入多样化的测量上，陈跃华、万金红等和段伟等分别以非农纯收入占家庭总纯收入的比重、收入多样性指数（熵指数）、收入依赖性指数、辛普森多样性指数测量农户的收入多样化水平，并通过整理可得，测量收入多样化的指标主要有数量指标、赫芬达尔—赫希曼指数、熵指数、收入依赖性指数和辛普森多样性指数。而数量指标仅仅考虑了收入的类别，没有考虑收入的分布；后四个指数考虑了分布却没有顾及到收入的类别。鉴于此，本文借鉴 Stephen 对收入多样化的测量方法，采用 6thGibbs – Poston 指标（M6）进行测量：

$$M6 = n\left[1 - \sum_{i=1}^{n}\left|x_i - \overline{x_i}\right|/2/\sum_{i=1}^{n}x_i\right] \tag{1}$$

式中，x_i 为某一项收入的多少，$\overline{x_i}$ 为其均值。M6 指标较数量指标而言，既考虑了类别，又兼顾了分布，相对比较全面。M6 值越大，农户收入多样化的水平越高，M6 值越小，农户收入多样化的水平越低。

三、理论分析框架

本文借鉴 Guirkinger 和 Boucher 的农户模型思想及祝海波提出的比较利益理

论,建立农地流转模型的分析框架。

(一) 理论基础

假设农户的初始资本 K,K 包括家庭的人力资本、物质资本和社会资本。其中,物质资本(K_1)主要指农户拥有的农地数量,并假设农户家庭农地经营规模为 D,D = f(K)。其中农地转入过程中需要支付一定的交易成本 C,包括流转前的信息搜寻成本 c_1、流转中的价值评估定价并就农地的租金、期限进行谈判所付出成本 c_2 和流转后所付出的监督成本 c_3(C = c_1 + c_2 + c_3)。

转入农户进行生产投资获得成功的概率为 p(失败的概率为 1 - p),此时的产出水平为 Y_1,而投资失败时收入水平为 Y_2。并且投资失败后农户的收入水平不能够弥补转入过程所支付租金,面临支付租金 W_1 的损失。同时,农户农地不转入时的保留性活动是租出原有农地获得的租金收入 mK_1(m 表示单位租金收入),y 表示其低投入水平下的收益,农户的保留性收入为 Y_3 = y + mK_1,并且可以假定 Y_1 > Y_3 > Y_2。当农户的收入多样化水平较高时,若农户转入农地,自己的劳动力花费在农地上的时间将会增多,则不能转移到其他产业,损失一部分收入为 Y_4(I)。Y_4(I)是一个关于 I 的函数,I 代表收入多样化指数。因此可以得到农户转入农地的条件:

$$pY_1 + (1 - p)Y_2 > y + mK_1 + C + W_1 + Y_4(I) \tag{2}$$

农地转出的农户所进行的收益包括租金收入 mK_1 以及进行其他投资所获得的收益 y_2,因此,农地转出农户的收益为 Y_5 = mK_1 + y_2 - C,而农户的农地不转出的保留性活动是自己经营所获得的收益 y_3。假设农地不存在抛荒的现象,当农户的收入多样化水平较高时,若农户农地不转出,自己的劳动力则不能转移到其他产业,损失一部分收入为 Y_4(I),可以假设 Y_5 > y_3 - Y_4(I)。

进一步可以得出农户转出农地的条件是:mK_1 + y_2 > y_3 - Y_4(I) + C   (3)

(二) 研究假说

农户收入多样化对农地流转具有促进作用。农户家庭收入多样化水平高,农户对农地依赖程度降低,农户转入农地的概率将会变小,而转出农地的可能性将会增大。而收入多样化水平较低、收入以非农收入为主的农户对农地的依赖程度也会降低,其转入农地的概率将会变小,转出农地的概率将会变大;收入多样化水平较低、收入以农业收入为主的农户对农地的依赖程度较高,其转出农地的概率将会变小,而转入农地的可能性将会增大。

(三) 模型构建

本文基于以上的理论分析及研究假说,建立农户农地流转 Probit 模型如下所示:

$$Y_i = \beta_1 X_i + \beta_2 M6_i + \varepsilon_i \tag{4}$$

式中，下标 i 表示农户，被解释变量 Y_i 为虚拟变量（0－1 变量），取值为 1 表示该农户家庭农地进行了转入或转出，关键解释变量 $M6_i$ 表示农户家庭的收入多样化水平，X_i 是一组与农户农地流转相关的家庭社会经济特征变量，包括人力资本、物质资本、金融资产、户籍制度与政策、家庭特征、区域变量等，ε_i 是随机扰动项。系数 β_2 是本文关注的参数。为获得 β_2 的无偏估计量，需解决模型中内生性问题。

收入多样化水平可能是一个内生性变量。一方面，这是因为影响农地流转的因素不仅包括制度及政策、区域分割等方面的宏观因素，也包括农户家庭人力资本、物质资本、金融资产及家庭特征等方面的微观因素，这中间的一些因素是不可观测的，从而导致遗漏变量偏误；另一方面，农地转出所获得的收入将作为农户家庭的资产性收入，而农地转入后所增加的收入将作为农户家庭的种植业收入，这将对农户收入多样化指数的计算产生很大的影响，农地流转和收入多样化之间可能存在互为因果的关系。本文分别采用"工具变量 Probit 方法"和"控制函数法"（两步法）对模型进行修正。在"控制函数法"（两步法）第一步进行 OLS 回归，如式（5）所示：

$$M6_i = \alpha_1 X_i + \alpha_2 Z_i + v_i \tag{5}$$

Z_i 为一组工具变量，v_i 为随机误差项。具体说来有两个工具变量：家庭人均年随礼支出和家庭收入渠道数。梁义成等提出社会资本有利于农户采用非农多样化生计策略，但对农户农业多样化策略的采用是一种阻碍作用，并依据周晔馨对社会资本的界定，选取家庭人均年随礼支出表示社会资本，而家庭人均年随礼支出在式（4）的模型中具有较强的外生性。家庭收入渠道数表示农户家庭收入的类别，在一定程度上可以表示农户家庭的收入多样化水平，并且可以假定家庭收入渠道数在式（4）的模型中具有较强的外生性。本文首先运用沃尔德检验对收入多样化的内生性问题进行检验，若存在内生性，再运用"工具变量 Probit 方法"和"控制函数法"（两步法）对模型进行修正。

四、数据来源与描述性统计

（一）数据来源

本文数据来自 2015 年沈阳农业大学经管学院新农村建设"百村千户"调研活动。调研问卷设计分农户、村集体、基层政府 3 个层次，样本的获取采用分层随机抽样法，首先把辽宁省分为辽中、辽东、辽南、辽西、辽北 5 个区域，其中辽中抽取沈阳市和鞍山市，辽东抽取丹东市和抚顺市，辽南抽取大连市和营口市，辽西抽取朝阳市、阜新市和锦州市，辽北抽取铁岭市和开原市；然后根据经济发展状况（富裕、中等、贫困）在每个区域抽取 3 个县，每个县抽取 3 个乡，每个乡抽取 3 个村，每个村抽取 9 户（富裕、中等、贫困农户各 3 户）。共调研 15 个县（区）、45 个乡镇、135 个村、1215 户农户，共收集有效问卷 1223 份（为保证数据有效，有些地方多调研一份），调研方式采取入户问卷调查、深度访谈、小组座谈、调查员现场观察等方式。

（二）农户农地流转情况

样本地区农户农地流转情况如表 1 所示。就农地转入情况看，转入比例不高，各地区都低于 20%。具体来看，样本总体转入农地的户数有 181 户，占比 14.80%，其中转入比例最高的地区为辽中和辽北地区，分别为 19.76% 和 19.34%，接下来是辽东、辽西和辽南，依次为 16.80%、10.70% 和 7.35%；而户均转入面积，辽北地区最高，为 2.00 公顷，辽中和辽东次之，依次为 1.11 公顷和 0.78 公顷，辽南和辽西最少，分别为 0.52 公顷和 0.20 公顷。就农地转出情况看，不同地区农地转出比例存在巨大差异，其中辽东地区农地转出比例最高，为 27.87%，而辽南和辽西地区农地转出比例仅有 5.71% 和 4.94%；在户均转出面积上，辽北地区最高，为 0.57 公顷，而辽南地区户均转出面积仅为 0.02 公顷。总体看来，样本地区农户农地流转的比例不高，且各地区流转情况存在显著差异。

表 1　样本地区农地流转情况统计

	样本数	农地转入			农地转出		
		户数	比例（%）	户均转入面积(公顷)	户数	比例（%）	户均转出面积(公顷)
辽中地区	248	49	19.76	1.11	33	13.31	0.23
辽东地区	244	41	16.80	0.78	68	27.87	0.28
辽南地区	245	18	7.35	0.52	14	5.71	0.02
辽西地区	243	26	10.70	0.20	12	4.94	0.17
辽北地区	243	47	19.34	2.00	51	20.99	0.57
样本总体	1223	181	14.80	0.92	178	14.55	0.25

（三）农户收入多样化指数

本文结合农户收入的情况，运用 M6 指标计算出每户的收入多样化指数，最后各地区加总求平均计算出农户多样化指数，并通过表 2 反映出各地区农户收入多样化水平的差异。

表2 农户收入多样化指数

农户类型	样本总体	辽中地区	辽东地区	辽南地区	辽西地区	辽北地区
流转农户	-2.52	-0.61	-1.33	-5.33	-1.19	-5.00
转入农户	-0.24	0.87	0.07	-3.52	0.31	-0.73
转出农户	-4.81	-2.82	-2.18	-7.66	-4.45	-8.92
未流转农户	-2.21	-1.16	-1.57	-2.62	-2.43	-3.09
所有农户	-2.30	-0.98	-1.47	-2.98	-2.23	-3.85

总体上说，辽中地区农户的收入多样化水平最高为 -0.98，其次是辽东地区，为 -1.47，接下来分别是辽西、辽南和辽北，依次为 -2.23、-2.98 和 -3.85，对于未流转农户来说，各地区收入多样化水平的高低与总体保持一致，而对于流转农户，收入多样化水平最高的地区还是最高，接下来则依次为辽西、辽东、辽北和辽南；通过比较流转农户和未流转农户的收入多样化水平可以得出，辽中、辽东和辽西地区流转农户要高于未流转农户，辽南和辽北地区流转农户低于未流转农户，而样本总体两者的差异并不大；收入多样化差异主要体现在转入农户和转出农户上，转入农户的收入多样化水平普遍大于转出农户的收入多样化水平，这说明转入农户的并没有作为职业农民进行农业生产，其收入更加平均分布到各个收入上来，而对于转出农户来说，收入来源趋于单一，他们转出土地后，收入来源更加集中，并且这个趋势在各地区都普遍存在。

（四）主要变量的描述性统计

变量设置及统计性描述分析见表3。

表3 变量设置及统计性描述分析

变量设置及度量方法			统计性描述	
类型	定义（代码）	度量方法	均值	标准差
工具变量	年随礼支出（X1）	家庭人均年随礼支出（元）	2746.02	2896.42
	收入渠道数（X2）	家庭收入来源渠道的个数	2.65	0.91
人力资本[①]	教育（X3）	家庭劳动力平均受教育年限（年）	8.15	2.42
	技术培训（X4）	参加 =1，未参加 =0	0.53	0.50

---

① 人力资本是指存在于人体之中的具有经济价值的知识、技能和体力等因素之和，其核心影响因素是教育水平和健康状况，现有文献对健康状况的测量都是自评，而"自评健康"指标的内生性太强，不是好的解释变量（Strauss、Thomas，1998），因此本文仅以教育系列变量和农业技术培训变量表示人力资本。

续表

变量设置及度量方法			统计性描述	
类型	定义（代码）	度量方法	均值	标准差
物质资本①	耕地（X5）	家庭人均耕地面积（hm²）	0.57	0.15
	耐用消费品数量（X6）	价值大于1000元消费品的个数	5.45	1.71
金融资产②	金融资产（X7）	家庭人均年末金融资产收入（元）	419.61	4228.08
	金融负债（X8）	家庭是否有资金缺口（是=1，否=0）	0.52	0.50
户籍制度与政策	户口性质（X9）	农业户口=1，非农户口=0	0.96	0.20
	农业保险（X10）	参加=1，未参加=0	0.59	0.49
家庭特征	户主性别（X11）	男=1，女=0	0.96	0.20
	户主年龄（X12）	数值	55.51	10.17
	家庭规模（X13）	家庭人口数	3.39	1.19
区域变量	区域（X14）	辽中=1，辽东=2，辽南=3，辽西=4，辽北=5	2.99	1.42

五、实证分析

（一）农户农地转入模型回归结果

本文运用 Stata12，分别采用一般 Probit 回归、IVProbit 和控制函数法（两步法）三种方法估计收入多样化水平对农户农地是否转入的影响。结果如表4所示，总体说来，无论哪种估计方法都显示出农户收入多样化水平对农地是否转入存在显著的正影响，这说明模型是稳健的。但与前文的假设是不一致的，本文的解释是收入多样化水平高的农户多为风险规避的农户，陈传波从风险规避角度分析了农户收入多样化是收入平滑中最重要的选择之一，从事多样化的活动能减轻每一种活动本身的风险，并使风险被逐步分散，当农户遇到灾难时其恢复的时间大大缩短。因此，收入多样化水平高的农户转入土地取得种植业收入来规避风险的可能性增大，以保证家庭收入的稳定性。

---

① 物质资本也被有些学者称为经济资本或实物资本。本文物质资本细分变量的选择，依据高梦滔和姚洋（2006）的界定。

② 根据程名望和史清华（2014）对金融资产变量的选择，及本研究调研的问卷，选取家庭人均年末金融资产收入和家庭是否有资金缺口来表示金融资产。

表 4　农户农地转入模型 Probit 回归结果

解释变量	一般 Probit 回归		IVProbit		控制函数法（第一步）		控制函数法（第二步）	
	系数	标准误	系数	标准误	系数	标准误	系数	标准误
M6	0.0428 *	0.0225	0.1247 ***	0.0314			0.1577 ***	0.0583
X1					0.8906 ***	0.1562		
X3	−0.0367 *	0.0209	−0.0544 ***	0.0180	0.2549 ***	0.0844	−0.0688 **	0.0284
X4	−0.1619 *	0.0957	−0.1408	0.0871	0.1475	0.3938	−0.1780 *	0.1081
X5	0.0001	0.0008	0.0004	0.0006	0.0038	0.0023	0.0005	0.0005
X6	0.0601 *	0.0331	−0.0162	0.0449	0.5584 ***	0.1341	−0.0205	0.0548
X7	−0.0224	0.0317	−0.0272	0.0249	0.0798	0.1141	−0.0344	0.0334
X8	0.2962 ***	0.0952	0.2926 ***	0.0917	−0.7168 *	0.3946	0.3698 ***	0.1150
X9	0.9473 **	0.4186	0.9357 ***	0.3481	−1.9909 **	0.9618	1.1829 ***	0.4554
X10	0.2093 **	0.0962	0.0483	0.1222	1.3823 ***	0.3826	0.0610	0.1286
X11	0.6499 *	0.3369	0.2380	0.3688	2.9372 ***	0.3884	0.3008	0.4011
X12	−0.0037	0.0047	0.0068	0.0057	−0.0932 ***	0.0206	0.0086	0.0083
X13	−0.0422	0.0420	−0.1542 ***	0.0530	1.4373 ***	0.1698	−0.1950 **	0.0889
X14	−0.0231	0.0336	0.0160	0.0348	−0.3656 ***	0.1347	0.0202	0.0418
常数项	−2.3855 ***	0.7428	−1.2226	0.9295	−14.1401 ***	2.5915	−1.5456 *	0.8791
Prob > chi^2	0.0000		0.0000				0.0000	
Prob > F					0.0000			
PseudoR^2	0.0739							
AdjR − squared					0.2165			
样本数	1223							

注：***、**和*分别代表显著性水平为 1%、5% 和 10%。

在一般 Probit 回归中，M6（收入多样化水平）的系数为 0.0428，且在 10%
水平上显著，即收入多样化水平越高，农户转入农地的概率也就越大。但怀疑
M6 为内生变量，因为存在互为因果和遗漏变量的问题。为此，使用另一变量 X1
（家庭人均年随礼支出）作为工具变量，衡量社会资本的变量家庭人均年随礼支
出与收入多样化水平相关，满足工具变量的相关性；另外，家庭人均年随礼支出
与农地是否转入不直接相关，故满足工具变量的外生性。接下来使用工具变量进
行 IVProbit 估计。

本文通过沃尔德检验对收入多样化水平的内生性进行检验，原假设：收入多

样化为外生变量。检验结果 Prob > chi2 的值为 0.0610，拒绝原假设，故可在 10% 水平上认为收入多样化水平为内生变量。并根据模型估计结果，ε_i 和 v_i 的相关系数为 -0.6118，这表明未度量的遗漏变量在提高农户收入多样化水平的同时，也会对农地是否流转产生影响。相关系数高达 -0.6118，说明一般 Probit 回归和 IVProbit 估计结果会大不相同。从表 4 可以看出，使用 IVProbit 估计时，收入多样化水平的估计系数为 0.1247，而且在 1% 水平上显著（p 值为 0.000）。这表明，如果使用一般 Probit 模型进行估计，由于忽略收入多样化的内生性，将低估收入多样化对农地流转的正向影响。

再次运用控制函数法（两步法）对模型进行估计，估计结果显示，两步法估计的系数比 IVProbit 估计的系数约大 3%，这与极大似然估计对 ε_i 和 v_i 相关系数的估计相一致，因为 $\sqrt{1-0.6118^2} \approx 0.79$，IVProbit 估计系数是两步法估计系数的 0.79 倍。并且收入多样化外生性原假设的 Wald 检验结果表明，p 值为 0.0292，故可在 5% 水平上认为收入多样化为内生变量，另外第一步回归结果显示，工具变量家庭人均年随礼支出对收入多样化具有较强的解释力。

其他控制变量的回归结果表明，家庭劳动力平均受教育年限和技术培训对农地转入具有负向的影响，并通过了显著性检验，这说明家庭劳动力平均受教育年限越长、接受过技术培训的农户转入农地的概率越小；而耐用消费品数量、是否有金融负债、户口性质、是否参加农业保险及户主性别对农地转入具有正向的影响，这表明家庭物质资本越高、存在金融负债、农业户口、参加农业保险及户主为男性的农户转入农地进行生产的概率也就越大。

（二）农户农地转出模型回归结果

本文再次运用 Stata12，分别采用一般 Probit 回归、IVProbit 和控制函数法（两步法）三种方法估计收入多样化水平对农户农地是否转出的影响。结果如表 5 所示，在一般 Probit 回归中，M6（收入多样化水平）的系数为 -0.0178，且在 1% 水平上显著，即随着收入多样化水平的提高，农户转出农地的概率在下降的。但怀疑收入多样化为内生变量，因为存在互为因果和遗漏变量的问题。为此，使用另一变量 X2（收入渠道数）作为工具变量，收入渠道数与收入多样化水平相关，满足工具变量的相关性；另外，收入渠道数与农地是否转出不直接相关，故满足工具变量的外生性。

接下来使用工具变量进行 IVProbit 估计，通过沃尔德检验对收入多样化的内生性进行检验。原假设：收入多样化为外生变量。检验结果 Prob > chi2 的值为 0.0017，拒绝原假设，故可在 1% 水平上认为收入多样化为内生变量。并根据模型估计结果，ε_i 和 v_i 的相关系数为 -0.9194，这表明未度量的遗漏变量在提高农户收入多样化水平的同时，也会对农地是否转出产生影响。相关系数高达

-0.9194，说明一般 Probit 回归和 IVProbit 估计结果会大不相同。由表4可以看出，使用 IVProbit 估计时，收入多样化水平的估计系数为 0.1328，不仅改变了符号，而且在1%水平上显著（p 值为 0.000）。这表明，如果使用一般 Probit 模型进行估计，由于忽略收入多样化的内生性，将低估收入多样化对农地流转的负向影响。

再次运用控制函数法（两步法）对模型进行估计，估计结果显示，两步法估计的系数比 IVProbit 估计的系数约大20%，这与极大似然估计对 ε_i 和 v_i 相关系数的估计相一致，因为 $\sqrt{1-0.9194^2} \approx 0.39$，IVProbit 估计系数是两步法估计系数的 0.39 倍（见表5）。并且收入多样化外生性原假设的 Wald 检验结果表明，p 值为 0.0002，故可在1%水平上认为收入多样化为内生变量，另外，第一步回归结果显示，工具变量收入渠道数对收入多样化具有较强的解释力。

表5　农户农地转出模型 Probit 回归结果

解释变量	一般 Probit 回归		IVProbit		控制函数法（第一步）		控制函数法（第二步）	
	系数	标准误	系数	标准误	系数	标准误	系数	标准误
M6	-0.0178***	0.0063	0.1328***	0.0176			0.3377**	0.1667
X2					0.5709**	0.2200		
X3	-0.0343	0.0211	-0.0548***	0.0132	0.2935***	0.0849	-0.1393**	0.0619
X4	-0.1987**	0.1006	-0.0984	0.0803	0.1211	0.3979	-0.2502	0.1742
X5	-0.0357**	0.0142	-0.0161*	0.0065	0.0042*	0.0023	-0.0408***	0.0149
X6	0.0315	0.0348	-0.0901***	0.0248	0.7216***	0.1319	-0.2290*	0.1354
X7	0.1063***	0.0241	0.0285	0.0242	0.0140	0.1203	0.0726	0.0503
X8	-0.0306	0.0973	0.0806	0.0657	-0.5967	0.3989	0.2046	0.2049
X9	0.3563	0.2599	0.4378***	0.1434	-2.2399**	0.9748	1.1130**	0.5496
X10	-0.5105***	0.0950	-0.3843***	0.0931	1.1644***	0.3895	-0.9771***	0.2745
X11	0.0298	0.2186	-0.4127	0.2680	3.0967***	0.9488	-1.0492	0.6545
X12	0.0114**	0.0053	0.0196***	0.0033	-0.1054***	0.0207	0.0497**	0.0200
X13	-0.0016	0.0440	-0.1867***	0.0359	1.2873***	0.1711	-0.4745**	0.2333
X14	-0.0463	0.0353	0.0364	0.0274	-0.4039***	0.1363	0.0926	0.0877
常数项	-1.4270**	0.5756	0.4859	0.5834	-8.7456***	2.3918	1.2352	1.6375
Prob > chi²	0.0000		0.0000					
Prob > F					0.0000		0.0015	
PseudoR²	0.1023							
AdjR - squared					0.1999			
样本数	1223							

注：***、**和*分别代表显著性水平为1%、5%和10%。

其他控制变量的回归结果表明，是否参加技术培训、家庭人均耕地面积及是否参加农业保险对农地转出具有负向的影响，并通过了显著性检验，这说明未接受过技术培训、家庭人均耕地面积越小及未参加农业保险的农户转出农地的概率越大；而家庭人均年末金融资产收入及户主年龄对农地转出具有正向的影响，这表明家庭人均年末金融资产收入越高、户主年龄越大的农户转出农地概率也就越大。

六、结论及政策建议

本文依据辽宁省 2015 年新农村调研的数据从理论与实证两方面探讨了农户收入多样化对农地流转的影响，选取既考虑类别，又兼顾分布的 6thGibbs – Poston 指标（M6）对农户的收入多样化水平进行测量，并采用工具变量方法（IVProbit）和控制函数法（两步法）实证分析农户收入多样化对农地流转的影响，工具变量方法和控制函数法可解决内生性问题，消除了内生性问题所带来的估计偏误，保证了估计结果的一致性和稳健性。

本文研究发现：第一，辽宁省农户农地流转的比例不高，各地区农地流转状况及农户收入多样化水平存在显著差异。第二，样本中流转农户和未流转农户的收入多样化水平差异不大，但转入农户的收入多样化水平普遍大于转出农户的收入多样化水平。第三，通过实证分析得出，随着农户家庭收入多样化水平的提高，其转入农地的概率将会变大，而转出农地的概率将会变小。

综上所述，农户收入多样化对农村土地的流转发挥了重要的作用。本文的研究发现是对现有农地流转问题研究的一个很好的扩展和补充。首先，政府可以通过政策、项目扶持实现农户的收入多样化，从而缓解农户对土地的依赖程度，促进其农地流转。其次，积极鼓励收入多样化水平较高的农户流入农地，逐步解决农地高度破碎化的问题，实现农地的适度规模经营。另外需要强调的是，本文的农地流转是农户间的流转，没有涉及到种粮大户、农业合作社、家庭农场等新型经营主体，因此，收入多样化对农地流转的影响在新型经营主体之间可能会存在差异，应区别对待。

新农村生态环境建设面临的挑战及对策

——以辽宁省 135 个村 1250 农户为例

2005 年，党的十六届五中全会做出了加快社会主义新农村建设的重大决策，提出了实施以"生产发展、生活宽裕、乡风文明、村容整洁、管理民主"等内容的新农村建设战略。从此，中国进入了建设"美丽乡村"的发展道路。而党的十八大再次强调了整个中国的生态文明建设。农村环境污染和生态破坏威胁着农业和农村经济的可持续发展。作为农业大国，农村实现生态文明建设不但是整个建设"美丽乡村"计划中不可或缺的组成部分，也是国家战略中不可或缺的部分，更是农村现代化建设能够持续健康发展的前提条件。

沈阳农业大学经济管理学院分别于 2006 年和 2015 年对来辽宁省新农村建设开展了实地调研，覆盖了辽宁省 15 个县（区）、45 个乡镇，135 个村，1250 个农户，分别获得有效问卷 1218 份和 1233 份。调研方式采取了入户问卷调查、深度访谈、小组座谈、调查员现状观察等方式。本研究专题针对农户和村干部对农村生态环境的认识、行为和管理制度而展开。

一、辽宁省新农村生态环境建设的现状分析

辽宁省农村的生态环境问题主要表现在农药化肥的不当使用、管理缺失以及农户对生态环境保护意识的贫乏。在新农村建设的认识中能够考虑到环境因素的农户仅仅 10%。大部分农户所认为的新农村建设是修路和致富问题，占调查人数的 70%。而考虑到绿化、饮水条件、厕所改造、污水处理等生态环境问题的农户仅仅 25.8%。以下将从农药化肥处理、污水处理、固体废弃物处理、畜禽粪便处理等方面介绍 2005～2015 年农户在生态环保意识、行为、管理制度上发生的变化。

（一）农药化肥处理

农药与化肥是农业土地污染的主要来源之一，农户对优质化肥和农药的使用影响着这类污染的实际排放量。如表 1 所示，2006 年全省采用农业生产新技术措

施的农户比重为 59.5%。其中优质化肥与农药的比重分别是 56.4% 与 42.8%。2015 年，占比均没有增加反而有所下降。分地区观察可见，辽东、辽西、辽北的农户采用优质化肥和农药的比重有所减少，辽南与辽中的比重所有增加。可知，辽宁农户在新技术措施应用方便，比起生态环保更加在乎的是可以增加农作物产量的其他技术。

表1　新技术、措施的采用情况　　　　　　　　　单位:%

题项	全省		辽东		辽西		辽南		辽北		辽中	
	2006 年	2015 年	2006 年	2015 年	2006 年	2015 年	2006 年	2015 年	2006 年	2015 年	2006 年	2015 年
用过	59.5	48.8	75.1	50.2	66.3	56.7	46.5	48.3	53.9	32.3	55.6	58.5
优质化肥	56.4	50.8	65.2	40.7	68.7	38.8	38.1	53.9	51.9	46.3	48.5	71.0
农药	42.8	35.0	63.0	27.6	48.5	25.2	16.8	36.5	45.0	40.0	27.6	46.9
样本数量	1218	1233	245	245	246	245	243	238	243	248	241	248

农户对农药和化肥等生产资料价格的感知决定着使用量是否过多的问题。如表 2 所示，2006 年，辽宁省的农户多数认为化肥和农药的价格偏高，比重高达 77.2%，认为合理的比重为 14.4%，认为偏低的比重仅 0.3%。可以得出结论，辽宁省农户不会造成过量使用农药和化肥的可能性高。2015 年，仍然认为化肥和农药价格偏高的农户比重为 38%，下降幅度较高。从数据中可看出，这部分人群的态度基本转移到认为当前化肥和农药价格合理的题项中。分地区观察可见，2006 年认为化肥和农药价格高的地区是辽东和辽西农民，之后依次是辽北、辽中、辽南。2015 年，辽西和辽南地区是认为化肥和农药价格偏高的地区，之后依次是辽东、辽中、辽北。

表2　农户对化肥、农药的价格的理解　　　　　　单位:%

题项	全省		辽东		辽西		辽南		辽北		辽中	
	2006 年	2015 年	2006 年	2015 年	2006 年	2015 年	2006 年	2015 年	2006 年	2015 年	2006 年	2015 年
偏高	77.2	38.0	84.5	38.0	84.6	44.5	64.6	41.3	74.1	29.8	78.0	36.7
偏低	0.3	0.7	0.0	1.6	1.2	0.4	0.0	0.4	0.4	0.4	0.0	0.8
合理	14.4	46.4	12.7	45.3	8.5	44.1	18.5	40.5	22.2	52.8	10.0	49.2
不清楚	8.1	14.8	2.9	15.1	5.7	11.0	16.9	17.8	3.3	17.0	12.0	13.3
样本数量	1218	1233	245	245	246	245	243	238	243	248	241	248

废弃的农药瓶作为农药的一种，不经任何处理随意丢弃将导致农村的生态环境破坏。残留的农药一旦流入附近水源，会造成水体、土壤环境污染，生态环境

会遭受破坏。儿童在村中田地里捡到农药瓶玩耍会出现不适症状。如表3所示，2006年全省农药瓶统一处理的农户极少，占比仅仅5.3%。而随用随扔的现象比较普遍，比重为41.3%。选择扔垃圾堆或其他方式处理的分别占了25.5%和27.8%。农户自行处理农药瓶的方式很多，包括回收、焚烧、深埋、扔入河流里等方式。其中选择回收的方式处理农药瓶的农户比重仅占1.3%，选择焚烧和深埋的农户较多，部分少数农户甚至会将农药瓶扔进河里。2015年，村统一处理农药瓶的现象稍微有所增加，比重仅为9.9%。扔垃圾堆里的现象有所增加，随用随扔的现象有所减少。分地区观察可见，辽南、辽北、辽中地区的农药瓶管理水平在全省平均之上，而辽东和辽西的农药瓶管理水平较低。辽北和辽中随用随扔的现象比较严重。并且除辽中之外其余地区的农药瓶随用随扔现象均有所改善。可以得出结论，辽宁省的农民对农药瓶的危害了解甚少，环保意识差。

表3　农药瓶等废弃有害物品处理　　　　　　　　单位:%

题项	全省		辽东		辽西		辽南		辽北		辽中	
	2006年	2015年	2006年	2015年	2006年	2015年	2006年	2015年	2006年	2015年	2006年	2015年
村统一处理	5.3	9.9	4.1	8.2	5.7	4.9	3.3	13.8	4.5	12.5	9.1	10.1
扔垃圾堆	25.5	31.8	39.2	35.5	34.1	36.3	14.8	36.8	16.0	19.4	23.2	31.0
随用随扔	41.3	33.1	41.2	31.0	39.8	28.2	37.4	28.7	51.9	42.3	36.1	35.1
其他	27.8	25.2	15.5	25.3	20.3	30.6	44.4	20.6	27.6	25.8	31.5	23.8

（二）污水处理

生活污水中多含氮、磷、硫和致病细菌，是水体的主要污染源之一。如表4所示，2006年，辽宁农户在处理生活污水的方式中，自挖下水井将生活污水直接排入地下的现象最多，比重为40.6%。随意倾倒和街边排水渠（包括土沟、砖石结构、水泥结构）现象比重分别为32.9%和17.7%。统一规划的下水道极少，比重仅为4.4%。2015年，自挖下水井将生活污水直接排入地下的现象几乎没有改变，随意倾倒的现象有所缓解，统一规划下水道所有增加，比重仅8.4%。分地区观察可见，2006年随意倾倒现象最严重地区是辽西和辽北，十年之间均有所改善。将污水直接排入地下的现象在辽东、辽西、辽南有增无减，在辽北与辽中有所改善。统一规划下水道在辽东增幅最高，从2%增加至12.2%，其他地区也均有所改善。辽宁生活污水处理不当的现象较为普遍，急需采取管理措施。辽宁农户普遍认为农村有必要建设下水道，比重高达70%，如表5所示。

表4 生活污水处理　　　　　　　　　　　　　　单位:%

题项	全省		辽东		辽西		辽南		辽北		辽中	
	2006年	2015年	2006年	2015年	2006年	2015年	2006年	2015年	2006年	2015年	2006年	2015年
随意倾倒	32.9	28.3	23.7	24.5	46.3	31.8	32.5	26.3	40.7	35.9	21.2	23.0
直接排入地下	40.6	41.9	51.8	51.4	36.6	45.7	23.5	39.3	32.5	25.0	58.5	48.0
街边排水渠	17.7	19.8	19.6	11.4	8.9	14.3	24.3	23.1	22.2	28.6	13.3	21.4
统一规划的下水道	4.4	8.4	2.0	12.2	3.3	6.5	7.8	10.1	2.1	6.0	6.6	7.3
其他	4.0	0.7	2.9	0.4	4.9	1.6	11.9	1.2	2.5	2.4	0.4	0.4

表5 建设下水道的必要性　　　　　　　　　　　单位:%

题项	全省		辽东		辽西		辽南		辽北		辽中	
	2006年	2015年	2006年	2015年	2006年	2015年	2006年	2015年	2006年	2015年	2006年	2015年
有	70.4	71.7	74.7	74.3	59.8	75.1	76	76.1	71.2	63.3	70.5	69.8
无	25.1	21.98	19.6	20	30.9	20	22.3	21.1	26.3	25	26.6	23.8
不清楚	4.5	6.32	5.7	5.7	9.3	4.9	1.7	2.8	2.5	11.7	2.9	6.4

(三) 固体废弃物处理

生活垃圾是固体废弃物的一种,包含塑料、剩餐、清洁类化学药品等。分别导致破坏土质、细菌繁殖、产生有毒气体、致癌物质等生态环境现象。农村生活垃圾管理缺失是美丽乡村建设的一大障碍。如表6所示,2006年,辽宁省农村自家固定倾倒垃圾的现象最多,比重为36.8%。其次是村统一处理,比重为31.2%。随意倾倒的现象占比19.9%,村里无人处理的现象达到8.3%。2015年,村里统一处理垃圾的比重增加值77.3%,自家固定倾倒垃圾的现象降低至8%,随意倾倒垃圾的现象降低至9.3%,村里无人处理垃圾的现象减少至4.7%。可以看出,十年间,辽宁农村在垃圾处理方式上大有改进。分地区观察可见,2006年,辽中和辽南地区的垃圾管理制度较好,村里统一处理垃圾的比重高于全省平均水平,而辽西与辽东的垃圾处理水平较低。村里无人处理垃圾的现象在辽西和辽中略为严重。截至2015年,各地区无人处理垃圾的现象均有所改善,在辽中的改变最为明显。随意倾倒垃圾的现象在辽东和辽中的改善颇为明显,其次是辽南和辽北,而辽西基本没有变化。

表6　生活垃圾处理方式　　　　　　　　　　单位:%

题项	全省		辽东		辽西		辽南		辽北		辽中	
	2006 年	2015 年	2006 年	2015 年	2006 年	2015 年	2006 年	2015 年	2006 年	2015 年	2006 年	2015 年
统一处理	31.2	77.3	24.5	89.8	15.4	66.9	38.3	82.2	32.5	60.5	45.6	87.1
无人处理	8.3	4.7	7.8	2.4	10.2	7.3	6.6	3.6	7.4	8.5	9.5	1.6
自家固定倾倒	36.8	8.0	43.7	2.9	57.3	11	19.8	2.8	31.3	14.1	31.5	9.3
随意倾倒	19.9	9.3	20.4	4.9	13.8	14.7	27.2	10.9	26.3	14.1	11.6	2.0
其他	3.9	0.7	3.7	0.0	3.2	0.01	8.2	0.4	2.5	2.8	1.7	0.0

2006 年,认为生活垃圾有必要统一处理的农户仅为 38.1%,其余农户则认为自家处理或无须处理。而 2015 年 83.1% 的农户认为生活垃圾需要统一处理,如表7 所示。

表7　生活垃圾统一处理的必要性　　　　　　单位:%

题项	全省		辽东		辽西		辽南		辽北		辽中	
	2006 年	2015 年	2006 年	2015 年	2006 年	2015 年	2006 年	2015 年	2006 年	2015 年	2006 年	2015 年
有	38.1	83.1	29.4	92.2	18.3	75.5	47.7	87.9	42	64.9	53.5	95.2
没有	43.8	12.9	42.8	5.7	52	19.6	44.9	10.5	44.4	25.0	34.4	3.6
各家自行处理	18.1	3.97	27.8	2.0	29.7	4.9	7.4	1.6	13.6	10.1	12.0	1.2

（四）畜禽粪便处理

畜禽粪便中含有大量的氮和磷的化合物,进入土壤后会转化为硝酸盐和磷酸盐,含量过高会使土地失去生产价值,造成地表水和地下水的污染,使水中硝态氮、硬度和细菌总数超标即,水体富营养化后,患病或隐性带病的畜禽会排出多种致病菌和寄生虫卵,如大肠杆菌、沙门氏菌、鸡金黄色葡萄球菌、传染性支气管炎病毒、禽流感和马立克氏病毒、蛔虫卵、毛首线虫卵等。如不适当处理,不仅会造成大量蚊虫滋生,还会成为传染源,造成疫病传播,影响人类和畜禽健康。如表8 所示,辽宁省农民对禽畜的管理较好,圈养的农户比重高达 72.5%,散养的农户仅为 5.7%,无禽畜的农户为 21.9%。2015 年,辽宁省中圈养禽畜的农户比重大幅降低至 29%,无禽畜的农户增加至 66%。分地区观察可见,2006年,辽宁各地区农户圈养禽畜的比重相差不多,2015 年,辽南、辽北、辽中地区无禽畜农户比重高达 70% 以上,辽东的比重最低为 50.6%,且大部分属于圈养。可知，辽宁禽畜粪便管理水平一直保持在较高的水平。

表8　家畜、家禽的管理方式　　　　　　　　单位:%

题项	全省		辽东		辽西		辽南		辽北		辽中	
	2006 年	2015 年	2006 年	2015 年	2006 年	2015 年	2006 年	2015 年	2006 年	2015 年	2006 年	2015 年
圈养	72.5	29.0	73.9	43.7	72.8	31.4	74.1	26.3	74.9	22.2	66.8	21.4
散养	5.7	5.0	6.5	5.7	2.0	4.5	3.3	1.2	14.4	6.0	2.1	7.3
无	21.9	66.0	19.6	50.6	25.2	64.1	22.7	72.5	10.7	71.7	31.1	71.4

从以上分析可以看出，辽宁农户在新技术措施应用方便，比起生态环保更加在乎的是可以增加农作物产量的其他技术。辽宁省农户对农药瓶的危害了解甚少，环保意识极差，需要有关部门加强环保宣传与管理。另外，辽宁省农村生活污水处理不当的现象较为普遍，急需采取管理措施。农户普遍认为农村有必要建设下水道；农村在垃圾处理方式上大有改进，农户对生活垃圾统一处理的意识很强；农村禽畜粪便管理水平一直保持在较高的水平。

二、辽宁省生态环境建设面临的机遇

(一) 生态环境治理的激励约束政策日益完善

2006 年以来，辽宁省政府在国务院的统一部署下，开始实施农村小康环保计划，先后开展了"清洁水源、清洁家园、清洁田园"、"环境优美村镇创建"、"畜禽养殖业污染防治"、"农村饮用水源地保护和饮用水安全示范"、"再生资源转化与循环利用"等综合整治工程；2008 年起，国家又实施了"以奖促治"政策，有效促进了地方政府关注农村生态环境环保积极性；2010 年，全省开始实施农村环境连片整治，将整治范围扩大到有条件的连片地区；2013 年，辽宁省政府《关于全面开展农村环境治理的实施意见》中明确提出"十二五"末要完成农村垃圾污水和养殖粪处理，有效改善村容村貌；2014 年《关于开展宜居乡村建设实施意见》中提出实施"百千万宜居乡村创建工程"，进行乡村环境治理、基础设施改造、提升乡村绿化亮化等发展水平。目前，辽宁省级以上生态先进乡镇总数 168 个，约占全省乡镇总数的 17%；省级以上生态先进村总数 602 个，约占全省行政村总数的 5%。从调研数据分析，10 年间，调查户选择所在村进行了村屯改造工作的比例提升了 13 个百分点，进行了村容整治工作的比例提升了 16 个百分点。

2007～2012 年，辽宁省农村环境综合整治相关财政投入逐年增加，专项资金累计达到了 21.5 亿元。与农村环境综合整治直接相关的农业投入（包括耕地

· 171 ·

地力保护、农村能源综合建设、农村人畜饮水、农村道路建设）累计达到了82.4亿元。辽宁省较早地建立了农村环境综合整治专项资金投入制度，每年在排污费中安排约1亿元规模的省本级财政专项资金，推动了农村环境综合整治工作。

（二）公众的环保意识有所提升

由于亲身感受到了水污染、空气污染、土壤污染等带来的严重危害以及国家一系列生态文明举措的影响，农民已经意识到环境保护的重要性，虽然尚不能清晰地描绘生态环境的治理路线并付诸行动，但越来越多的农民已经意识到，环境治理不仅仅是政府的事情，还和他们的日常生活息息相关，这种朴素的环保意识让农村居民生态环境治理的积极性日渐提升，迫切希望环境能够得到改善。

（三）乡村旅游与农村生态环境的耦合性

乡村旅游对于促进农村经济结构调整和产业结构升级，起到了重要的作用。乡村旅游的资源与农村的生态环境息息相关，优美的自然生态环境和丰富的人文生态景观，是吸引广大市民前来消费的最大卖点。绿水青山是乡村旅游从业人员的金山银山，在乡村旅游中尝到甜头的农村居民，保护环境的行为会由原来的被动型逐步向主动型转化。因此，开展乡村旅游有助于农村居民积极主动地参与到农村生态环境改善工作中来，形成可持续发展的环境意识。诚然，乡村旅游活动引发的环境污染问题也不容小觑，因此，在乡村旅游发展过程中，要按照生态旅游的经营原则，对规模、质量进行合理调控，发挥乡村旅游与生态环境的良性互动机制。

三、辽宁省生态环境建设面临的挑战

农村生态环境保护包括两方面的内容：一方面是农村生态保护问题，包括森林、湖泊等自然资源的生态保护；另一方面是农村生活环境的保护，如生活、生产污染物的治理等。

（一）自然资源保护效果不利

辽宁省人均耕地面积约0.096公顷，与全国人均耕地面积基本持平，耕地土层厚度和土壤有机质含量下降较快，全省水土流失面积1.5亿吨，山洪和泥石流灾害有所增加；人均林地面积0.135公顷，与全国人均林地面积0.153公顷还有一定差距，森林覆盖率较上次清查仅提高了1个百分点，增幅较低；6条主要河流中，只有鸭绿江水质良好，其余5条污染严重。在人口增长和自然资源的不合理利用双重压力下，辽宁省10年间的资源保护力度不足。

（二）工业化与城镇化进程中的污染转移

辽宁是重要的老工业基地，工业化进程中，随着城市工业产业的升级和城市

劳动力价格的提升，再加上辽宁省农村地区的交通条件相对便捷，越来越多高耗能、高污染企业和劳动密集型企业向农村地区转业。这些企业中，除了一些大型企业有较好的排污系统外，大多数中小企业的污水、废气、烟尘、工业固体废弃物均是直接排放，对农村的生态环境造成了极大的影响。

城镇化进程中，伴随城市规模的不断扩大，原本围城的垃圾开始向农村转移。农村地区垃圾填埋场的增加对水源产生了不同程度的影响。城市未经有效处理的污水，在水资源短缺的季节，成为农村灌溉的水源，不仅污染了土地，也不同程度地对食品安全带来隐患。

（三）生活水平的提升使污染物排放量增加

10 年间，辽宁省农村人口数量基本维持不变，但伴随生活水平的提升，污染物的排放量却增幅较大。2006 年，辽宁省农村常住人口人均可支配收入 4090元，2014 年达到 11191 元，提高了 1.74 倍。随之而来的生活污水排放量增加了 0.46 倍，垃圾排放量增加了 0.21 倍。由于农村聚居点配套基础设施建设普遍落后，集中处理生活垃圾和污水的措施不力，加上农民的环境意识薄弱，生活垃圾、污水排放基本上处于无序状态，给农村生态环境造成较大压力。

（四）粗放型农业生态引发的环境污染

农业废弃物主要有农用薄膜、肥料袋、农药瓶、塑料袋、污水等。目前辽宁省农药的不合理使用现象比较突出，农药利用率仅为 30% 左右，同时伴随着化肥的低利用、高流失率，这两个因素导致农田土壤污染和生态系统破坏，高毒农药和除草剂残留现象也经常发生，严重威胁着生物多样性。由于缺乏监管，10年间，农药瓶子等有害废弃物的处理措施未见改善。

（五）农村政府环保职能的缺位

从我国环保机构的设置看，最基层环保部门是县一级环保机构，且监测能力普遍不足，乡镇一级尚无相关职能部门，环境保护的监管不力导致农村环境污染失察。相对于大中城市的环境污染而言，农村的污染源、污染范围、污染程度、污染物质及其危害性都具有不确定性，特别是农业面源污染不像点源污染那样直观，治理难度大。环境保护部门主要针对大中城市环境、重大项目和重点企业污染治理工作进行监管，无暇顾及数量多、范围广的小城镇和农村环保工作。各县级环保部门人员少、资金匮乏、监管手段薄弱，很难全面实行。

四、辽宁省新农村生态环境建设的基本思路及对策

建设社会主义新农村，是中央在新的发展阶段为彻底解决"三农"问题做出的战略性举措，对全面建设小康社会和统筹城乡发展具有重大意义。经多年对辽宁省农村的深入调查结果显示，辽宁省已基本呈现出农村经济社会稳步发展、农民文化生活逐步得到改善的良好局面，为推动新农村建设奠定了坚实的基础。但在"重发展，轻环保；重生产，轻生态"的思想影响下，辽宁省不少地方农村尤其是经济较发达地区的农村出现了环境污染加重的趋势，这不但影响了农产品品质和食品安全，甚至还严重威胁到了人民群众的生命健康，存在的问题如：农产品销售中通过商贩销售占主导地位，通过协会、经纪人及订单销售所占比例很小，导致农民专业协会的发展滞后于农业的发展；农业生产资金极度匮乏，而农村信用社等农村金融机构在农业生产方面并未起到金融支持作用；文化程度偏低，农业生产技术水平低；农业生产基础设施需要加强；农民信息获取渠道较单一，主要以电视为主；休闲方式单一，主要是看电视，其次是闲聊和打麻将等；生活污水和生活垃圾统一处理亟须加强；有害废弃物未能得到安全处理等。

针对这些问题，提出以下加强辽宁省新农村生态环境建设的基本思路及对策。

（一）完善农村生态环境保护的政策、法规、标准体系

针对农村生态环境污染日益严重的状况，在起草污染防治政策、立法、标准体系时，有必要借鉴英美等国家的先进经验。

第一，由于各生态要素相互关联的特点，在研究起草土壤污染防治法、畜禽养殖污染防治条例、农村环境保护条例，建立农村环境监测、信息统计、质量评价等标准、方法体系时，应注意与现行的相关法律法规的综合协调，同时应对现有法规中已有的一些制度进行完善。

第二，在立法中应强调预防体系的健全，并规定严格的法律责任。

第三，在立法上应鼓励公众参与环境保护，确立公众参与制度，充分发挥公民个人、NGO等环保组织以及社区的作用，积极参与到污染防治工作中来。

第四，建立污染整治基金制度、污染整治市场体系和环境污染风险责任保险制度，促进农村生态环境污染整治向市场化发展。

（二）强化政府在生态环境管理中的作用

政府在生态环境管理中有着举足轻重、不可替代的作用。在现阶段，政府应采取"发展导向"模式。

第一，政府应打击地方保护主义，加强环境执法力度。健全有利于提高执法效能的长效保护机制，用制度来监督环境。环保系统应该实行环境行政执法过错责任追究制。

第二，建立宏观综合决策机制，健全中央—地方协商制度。把环境容量、环境质量状况和对环境的影响、对资源的消耗、对生态系统的影响纳入统计指标，使生态环境承载能力也作为经济社会发展水平的重要表示。环境保护政策要同部门发展政策以及宏观经济政策相结合。同时，生态环境保护的成功很大程度上取

决于中央政府与地方政府博弈的合作均衡。

第三，进行有效管理，促使环境外部性内在化。由于市场存在失灵情况，因而通过政府对环境资源利用进行管理以纠正市场失灵，使外部性问题得以解决。政府可通过征收"庇古税"解决外部性问题。建立环境资源有偿使用和补偿制度。随着发展，政府应逐渐转向"秩序导向"模式。强化公共资源的管理和服务职能，建立合理的环境经济利益关系和可持续发展经济利益关系。

（三）建立健全农村环境保护管理制度

完善农村环境监测体系，建立健全监测指标体系和信息系统，加强农村饮用水水源保护区、规模化畜禽养殖场和重要农产品产地的环境监测。加大农村环境监督执法力度，严格查处小造纸、小化工、小冶炼、小水泥等高污染行业违法排污行为。对长期超标排污的私设暗管偷排偷放的、污染直排的，应停产关闭。对建设项目未批先建、未经验收擅自投产的，应停产停建。对治理无望和生产能力低的企业，应关闭取缔。严格环境准入，禁止不符合区域功能定位和发展方向、不符合国家和地方产业政策的项目在农村地区立项。加强自然保护区环境监管，严厉打击违法采矿和开展旅游等破坏生态的行为。要充实农村环境保护力量，保证必要的监测、执法装备、经费等工作条件。

（四）进一步加大宣传力度

农村环境建设，是一项涉及千家万户的民心工程，要把提高群众环境意识作为农村精神文明建设的重点和主要内容，通过广泛深入的宣传，从治理城乡环境入手，通过组织科普宣传活动，加大对农业生产技术的宣传推广活动。如针对电视是农户获取农业新技术的主渠道，应提高对农村电视的普及率和加强农民掌握与农业生产有关的新技术、新知识等技术知识培训，帮助农民提高科学文化素质，掌握党的富民政策，这对于现代农业生产发展具有重要的意义。

积极倡导科学文明的生产生活方式和绿色生产、绿色消费，积极创建生态示范区、环境优美乡镇、生态示范村，促使生活垃圾的节约化、减量化、无害化和资源化，走经济、社会、生态并重的可持续发展道路，创造"村容整洁"的新农村。

（五）增强科技对生态环境管理的贡献

要以科技创新推动农村环境保护，大力研究、开发和推广农村环保关键和适用技术。围绕农业面源污染形成和消除机理、污染土壤修复、水体自然生态修复等重要课题和关键技术的研究，开展科技攻关。加快农村生活污水和垃圾处理、农业废弃物综合利用、矿区生态环境恢复治理等技术的研发和推广，为有效防治农村污染和生态破坏提供强有力的技术支撑。通过分类指导、试点示范、教育培训等方式，建立新型科技推广服务体系，促进农村环保适用技术的应用。

（六）调整产业结构，发展循环经济

建设社会主义新农村，要以发展生态农业为主线，在经济、生态、社会效益的结合点上做文章，加快农业科技进步，调整农业产业结构，优化农业产业布局，发展优质、高产、高效、生态、安全农业。在农业产业结构调整中，要发展无公害农产品，以开展农业标准化建设为载体，壮大特色产业。加快发展循环农业，以资源循环利用为重点，大力开发节约资源和保护环境的农业技术，推广废弃物综合利用技术、相关产业连接技术和可再生资源开发利用技术，鼓励农民变"三废"（畜禽粪便、农作物秸秆、生活垃圾、废水）为"三料"（肥料、饲料、燃料）；鼓励农民利用沼气；将农业生产废弃物进行无害化处理，实现经济、生态和社会效益的最大化。

（朴慧兰、何丹、石小亮、陈珂）

辽宁省大连庄河市新农村建设情况调查报告

——来自鞍子山镇、长岭镇、徐岭镇的调查

第一部分　调查基本情况

一、调查背景

中国要美，农村必须美；繁荣农村，必须坚持不懈推进社会主义新农村建设。2006 年中央发布一号文件《中共中央国务院关于推进社会主义新农村建设的若干意见》，提出"生产发展、生活宽裕、乡风文明、村容整洁、管理民主"二十字方针，时隔十年，中央一号文件再次指出，围绕城乡发展一体化，深入推进新农村建设，全面推进农村人居环境整治。建设社会主义新农村对全面建设小康社会和统筹城乡发展具有重大意义。

二、调查方法

2006 年是新农村建设的起步之年，为了了解当时的新农村建设状况，沈阳农业大学经管学院组织了新农村建设"百村千户"调研活动。调研方案紧紧围绕中央提出的五大目标，在调研问卷设计上分农户、村集体、基层政府 3 个层次，每个层次按五大目标分为五大部分。样本的获取采用分层随机抽样法，首先把辽宁省分为辽中、辽东、辽北、辽南、辽西 5 个区域，然后根据经济发展状况（富裕、中等、贫困）在每个区域抽取 3 个县，每个县抽取 3 个乡，每个乡抽取

3 个村,每个村抽取 9 户(富裕、中等、贫困农户各 3 户);共调研了 15 个县(区)、45 个乡镇、135 个村、1215 户农户,调研方式采取入户问卷调查、深度访谈、小组座谈、调查员现场观察等方式。十年后,为了总结新农村建设的成就及在新形势下面临的新挑战,沈阳农业大学经管学院再次组织了新农村建设"百村千户"调研活动。此次调研方式、问卷设计、各乡镇村户的抽样方式与十年前基本保持一致。本文在两次调研的基础上总结了新农村建设十年的成就,并分析了新农村建设面临的新挑战。以下是对辽宁省大连庄河市的调研结果进行分析。

三、调查地点概况

(一)庄河市基本概况

1. 自然地理

庄河是辽宁省大连市代管县级市,位于辽东半岛东侧南部,大连东北部,为大连所辖北三市之一。地理坐标为东经 122°29′~123°31′,北纬 39°25′~40°12′,东近丹东与东港市接壤,西以碧流河与普兰店市为邻,北依群山与营口市的盖州、鞍山市的岫岩满族自治县相连,南濒黄海与长海县隔海相望。

庄河市为低山丘陵区,地势由南向北逐次升高。属千山山脉南延部分,自北而南分高岭和步云山山脉两大干脉贯穿全区,全区山脉均属两大干脉之分支。北部群山逶迤,峰峦重叠,平均海拔在 500 米以上,其中步云山最高海拔 1130.7 米,为辽南群山之首。中部丘陵起伏,海拔在 300 米左右,溪流、峡谷、盆地、小平原间杂其间。南部沿海地势平坦宽阔,海拔在 50 米以下。三部分区域地势分明,特点突出。山岭,奇峰突起,岩石裸露;丘陵,坡度平缓,土层软厚;平原,零星分布,地表平坦。全市地貌特征可概括为"五山一水四分平地"。

2. 人口民族

庄河市有满、蒙古、回、朝鲜、锡伯、壮、苗、瑶、黎、达斡尔、维吾尔、傣、京、高山、鄂伦春、鄂温克 16 个少数民族。少数民族总人口 7.5 万人,占全市人口总数的 8.2%。庄河市少数民族以满族、蒙古族、回族、朝鲜族居多,这 4 个少数民族的人口占全市少数民族总人口 90% 以上。满族人口近 7 万人,主要分布在太平岭、塔岭、桂云花、吴炉、青堆、仙人洞等乡镇;蒙古族人口 200 人左右,主要分布在大营、塔岭两镇;回族人口近 1000 人,主要分布在庄河市区和青堆、明阳两镇;朝鲜族人口 300 人左右,主要分布在桂云花乡。庄河辖区内太平岭、桂云花乡为少数民族乡,塔岭镇、吴炉镇享受少数民族乡待遇。庄河这 4 个民族乡镇共有中学 6 所,小学 48 所,医院 4 所,敬老院 4 所,有乡镇工商企业 2500 余家。

3. 经济概况

特色农业:庄河市的农业资源十分丰富,是国家商品粮生产基地。以黄海大道经济带建设和海上庄河建设为重点，大力发展优质高效农业。在黄海大道两侧各 1000 米区域内，集中连片建设精品农业项目逐步建成绿洲开发区、"三高"农业示范区、农业产业化示范区和特色农业示范区，使其成为庄河市重要的高效农业产业带、精品农业展示带、城乡商贸流通带和农业观光旅游带。

高新技术产业：庄河市的淡水资源充沛，发展工业十分有利。目前，华丰木业家具出口居全国第一位，大宇电子硅塑封二极管产量居世界第三位。围绕新兴产业，积极引进资金、技术和人才，培育和发展高新技术产业逐步形成。以华丰为龙头的家具工业，以宏大为龙头的化纤工业，以大宇为龙头的电子通信设备制造工业，以善岛为龙头的食品加工和冷藏工业，以海德利为龙头的塑钢制品工业，以亨通为龙头的造纸工业，以大郑胶印机为龙头的专用设备制造工业，以生物农药为龙头的高科技工业体系等。

4. 交通运输

庄河地区交通比较发达，201 国道、大庄高速公路、北三市大通道横穿东西，203 国道、庄林线、张庄线纵贯南北，城庄铁路连接东北铁路网，正在修建中的庄河万吨级港口将成为东北地区通向世界的又一重要口岸，庄河目前的九大旅游区全部分布在交通干线附近，进出各旅游区均十分便利。庄河市内交通近年来得到了长足发展。庄河市就近火车站——大连火车站，位于大连市中山区的青泥洼桥，始建于 1935 年，经过了站舍、站场、站线全面改造、扩建后，新站房于 2003 年 8 月 1 日正式启用。改建后的新站舍由南站房、高架候车室和北站房三部分组成，站房面积 24000 平方米，候车室宽敞明亮，最高可同时聚集 6000 名旅客，服务设施功能齐全。庄河港位于辽宁省庄河市南部的黄海之滨，距庄河市 11 千米，西距大连 184 千米，东距丹东 180 千米，距韩国仁川港 270 海里，距日本长崎港 560 海里，距日本北九州港 610 海里，是我国黄、渤海岸距日本、韩国最近的港口，是东北亚航运中心的重要组成部分。

5. 风景名胜

庄河自然条件优越，四季分明，气候宜人，环境优美，风光秀丽。得天独厚的地理环境，造就了庄河丰富的旅游资源。南部沿海有黑岛旅游区、蛤蜊岛游览区、海洋乐园海滨度假村；中部有城山古城游览区，龙山湖旅游度假区；北部以冰峪旅游度假区为龙头，有仙人洞自然保护区、天门山风景区、步云山温泉游览区、桂云峰生态山庄，构成了庄河纵横相连、点面结合、相互补充、互为呼应、种类齐全、功能完备的旅游资源网络，是庄河旅游业发展的潜在优势。

（二）鞍子山镇基本情况

鞍子山乡位于庄河市东部，乡政府距庄河市区 33 千米，北与岫岩县毗邻，南濒黄海。201 国道、丹大高速公路、滨海路、丹大城际铁路穿越境内，交通便捷。全乡总面积 271 平方千米。山林面积 9553 公顷,其中柞蚕场 5600 公顷,速生丰产林 1333 公顷,杂林 2333 公顷,干杂果林 267 公顷。鞍子山乡耕地面积 7270 公顷,占总面积的 27%,其中水田面积 2667 公顷,保护地面积 430 公顷。

(三)长岭镇基本情况

长岭镇位于大连市庄河市西北部,是庄河市西北部地区的工业、商业、文化交流中心和重要的交通枢纽。全镇总面积 153.6 平方千米,人口 2.9 万人。镇辖 7 个村,长岭镇人民政府所在地在长岭村。这里交通发达,305 国道和大连市东西大通道两条交通干线呈 X 形状从镇内经过贯通东西南。这里距庄河 31 千米,距大连 150 千米,距盖州 90 千米,距营口 120 千米,距丹东 170 千米。

(四)徐岭镇基本情况

徐岭镇位于辽宁省庄河市城郊北部,南与市区相连,东以寡妇河为界与兰店乡、吴炉镇相望,北与大营镇、太平岭乡接壤,西与光明山镇相邻。徐岭镇政府所在地为庄河市区。徐岭镇总面积 96.9 平方千米,其中耕地面积 4955 公顷,占总面积的 51.1%。徐岭镇辖 10 个行政村,104 个村民小组。

第二部分　老边区新农村建设发展现状

一、生产发展方面

(一)农业生产规模扩大,产出水平提高

由表 1 可以看出,经过十年的发展,农业生产规模明显扩大。目前从事大田种植的农户,水田和旱地的户均耕地面积分别为 3.09 亩和 6.11 亩,而十年前大田种植农户户均耕地面积 8.16 亩。种植大棚的农户有 10 户,暖棚的平均种植面积分别达到 2.72 亩,而十年前大棚种植仅有 2 户,且大棚种植面积相对较少。果园种植的农户有 3 户,平均种植面积为 15.67 亩,而十年前果园种植有 6 户,平均种植面积仅为 3.58 亩。从亩均净收益上看,十年间,各项农业生产所带来的亩均净收益均在显著提升。

(二)农产品储藏、加工与销售

(1)绝大多数农户直接销售其农产品,不进行储藏与加工,产品附加值低。农产品储藏、加工时农业产业化经营的重要环节,是调节农产品供求关系、使农产品增值的主要手段。2015 年,77.78% 的农户对主要农产品不储藏也不加工,其余 22.22% 的农户中大部分是储藏,等待作物价值提升,加工很少。2006 年,

84.21%的农户对主要农产品不储藏也不加工，其余15.79%的农户中大部分是储藏，等待作物价值提升，加工很少。通过询问农户不对农产品进行储藏加工的原因，发现一方面是农户认为没有必要，另一方面是由于缺少资本、技术，没有设备条件，无法进行加工或者储藏。

表1 农户农业生产变化情况

	2015 年			2006 年		
	种植户数（水田/旱地）	平均种植面积（水田/旱地）（亩）	亩均净收益（水田/旱地）（元）	种植户数	平均种植面积（亩）	亩均净收益（元）
大田种植	47/71	3.09/6.11	947.02/831.27	72	8.16	415.34
冷棚种植	0	0	0	1	1	7000
暖棚种植	10	2.72	13050	1	0.7	5000
果园种植	3	15.67	1316.67	6	3.58	766.67

数据来源：调研问卷所得。

（2）2015 年，有70.73%的农户选择了通过商贩进行销售，有3.66%的农户选择直接到市场销售，通过合作社、企业订单销售的农户比例较小，而没有农户通过网上销售。2006 年，有66.20%的农户选择直接到市场销售，选择其他销售方式的比例较低。虽然，网络已经成为农户销售农产品的方式之一，但2015年的调查发现，通过网络销售农产品的比例很低，大部分农户不知道电子商务。

（三）化肥、农药等生产资料价格趋于合理，农户对其满意度提升明显

2006 年，85.53%的农户认为化肥、农药等生产资料的价格偏高；11.84%的农户认为化肥、农药等生产资料的价格合理；2.64%的农户不清楚化肥、农药等生产资料的价格是否合理。而对于化肥、农药等生产资料质量的满意程度，7.79%的农户不满意，33.77%的农户不太满意，28.57%的农户满意，25.97%的农户比较满意，3.9%的农户很满意。

2015 年调研中，53.42%的农户认为化肥、农药等生产资料的价格偏高；1.37%的农户认为化肥、农药等生产资料的价格偏低；39.73%的农户认为化肥、农药等生产资料的价格合理；5.48%的农户不清楚化肥、农药等生产资料的价格是否合理。而对于化肥、农药等生产资料质量的满意程度，1.37%的农户不满意，8.22%的农户不太满意，26.03%的农户满意，53.42%的农户比较满意，10.96%的农户很满意。十年间，认为化肥、农药等生产资料的价格合理和对化肥、农药等生产资料质量满意的比例明显提高。

（四）电视是农户获取农业新技术的主要渠道

对农业先进技术的采用是体现农业生产发展的重要指标。在 2015 年调研中，通过电视获取农业新技术和新知识的农户占 56.16%，其次是参加培训和向其他农户学习的比例，通过其他方式获取新技术的比例较低。2006 年的调研中，通过电视获取农业新技术和新知识的农户占 65.28%，其次是参加培训和报纸杂志的比例，通过其他方式获取新技术的比例较低。这说明虽然获取新技术的途径有很多，但农户还是习惯性地选择电视，通过其他途径的比例较低。

（五）农田水利设施改善明显，农户满意度提高

2006 年，认为近 3 年本村道路和农田水利等基础设施得到改善的农户有 69 户，占比 85.19%；认为没有改善的有 8 户，占比 9.88%；其他农户不清楚。2015 年，认为近 3 年本村道路和农田水利等基础设施得到改善的农户有 61 户，占比 74.39%；认为没有改善的有 18 户，占比 21.95%；其他农户不清楚。

另外，农户对本村道路和农田水利等基础设施的满意度在提高，2006 年，农户的选择比较满意、很满意，占比仅为 18.51%。2015 年的调研结果显示，农户对本村道路和农田水利等基础设施的满意度主要集中在比较满意和很满意两个选项上，选择不满意和不太满意的比例下降到 36.59%。

（六）农户增加生产投资的意愿不强

2015 年调研中，当问及今后两年是否有增加生产投资的意愿时，65.28% 的农户表示没有这个意愿，仅有 34.72% 的农户愿意增加农业生产投资，如扩大养殖规模、发展多项种植业等。2006 年调研中，52.56% 的农户表示没有这个意愿，有 47.44% 的农户愿意增加农业生产投资。农户增加生产投资的意愿不强。

2015 年调研中，当询问生产资金的主要来源时，几乎所有的农户均选择"家中自有资金"，选择亲朋好友借款、农户贷款、政府补贴等的比例很低。2006 年调研中，有 92.59% 的农户均选择"家中自有资金"，选择亲朋好友借款、农户贷款、政府补贴等的比例很低。

二、生活宽裕方面

（一）农户收入与消费水平

调查结果显示，2014 年，样本农户的家庭平均收入为 50512.5 元，其中农户家庭收入在 30000 元以上的占到总数的 63.41%；十年前，样本农户的家庭平均收入仅为 19527.5 元，农户家庭收入在 30000 元以内的占到 90.12%，说明农户的家庭收入有了显著的提高，见表 2。

表2　家庭收入情况　　　　　　　　　　单位：元，%

范围	2014 年	2006 年
0 ~ 10000	10.98	44.44
10000 ~ 30000	25.61	45.68
30000 ~ 50000	24.39	3.70
50000 ~ 100000	30.49	2.47
100000 ~ 200000	8.54	3.70

　　2014 年，样本农户的家庭平均生活性支出为 23518.3 元，其中，农户家庭生活性支出在 10000 元以上的占到 69.51%；2006 年，样本农户的家庭平均生活性支出为 8928.4 元，其中，农户家庭年生活性消费支出 10000 元以内占到 79.01%。可见，10 年间，农户的收入和生活性支出都得到了快速的增长，农户的生活水平明显提高，但收入的增长显著快于生活性支出的增长，总体看，农户的经济状况明显改善，生活水平显著提高，见表3。

表3　生活性支出情况　　　　　　　　　　单位：元，%

范围	2014 年	2006 年
0 ~ 10000	30.49	79.01
10000 ~ 30000	52.44	19.75
30000 ~ 50000	9.76	1.23
50000 ~ 100000	6.10	0
100000 ~ 200000	1.22	0

　　（二）农民消费水平提高，消费层次再上新台阶

　　家庭拥有耐用消费品数量增多、层次提高，消费水平再上新台阶。10 年前少数家庭普遍拥有的电视、电话，如今已经基本普及。过去只有 64.20% 家庭拥有的电冰箱，如今 90.24% 的家庭拥有。过去富裕家庭才拥有的空调、热水器，如今已经开始慢慢进入平常家庭。10 年前连城里都很少拥有的电脑，如今 37.80% 的农村家庭拥有电脑，其中 32.93% 的家庭能上网。10 年前只有城市富裕家庭才拥有的小汽车，如今 28.05% 的农村家庭拥有了小汽车。2015 年，有 24.39% 的家庭近 3 年有过家庭成员外出旅游，平均旅游支出 3010.7 元；而 2006 年仅有 11.11% 的家庭近 3 年有过家庭成员外出旅游，平均旅游支出 1000 元。总体上看，10 年间，农村生活富裕，消费层次再上新台阶。

表4 家中拥有耐用消费品的调查　　　　　单位:%

家中拥有的耐用消费品	2015 年	2006 年
摩托车（代步用）	75.61	48.15
电视	97.56	95.06
空调	14.63	4.94
洗衣机	71.95	48.15
热水器	40.23	17.28
电冰箱	90.24	64.20
电话	96.34	95.06
电脑	37.80	3.75
有电脑且能上网	32.93	0
小汽车	28.05	0

表5 家庭成员是否有外出旅游的调查　　　　　单位:%

近 3 年家庭成员是否有过外出旅游	2015 年	2006 年
是	24.39	11.11
否	75.61	88.89

（三）生活条件明显改善

经济条件的改善，生活条件也随之改善。尽管冬季农村普遍还是采用自家土炕进行取暖，但 2015 年，已有 4.88% 的农户用上了公共供暖，有 3.66% 的农户用空调进行取暖；2006 年仅 1.23% 的样本农户采用空调供暖，有 90.12% 的农户采用自家土炕进行取暖，见表 6。家庭生活饮用水来源变化更大，2015 年，有 34.15% 的农户喝上公共自来水，喝自家井水的农户在减少，而 2006 年，能喝上公共自来水的农户仅占 14.81%，82.72% 的农户喝自家井水，见表 7。

表6 对家庭取暖方式的调查　　　　　单位:%

家庭取暖方式	2015 年	2006 年
公共供暖	4.88	0.00
自家土炕	89.02	90.12
土暖气	21.95	25.93
空调	3.66	1.23

表7　对家庭生活用水来源的调查　　　　　　　　单位:%

家庭生活用水来源	2015 年	2006 年
公共自来水	34.15	14.81
自己家里的井水	64.63	82.72
到外面挑的井水	1.22	0.00
其他	0.00	2.47

对现在家庭生活状况的满意度方面,2006 年,样本农户选择比较满意和很满意的比例分别为22.22%和3.70%;2015 年,选择比较满意和很满意的比例增加到28.05%和24.39%,提升明显,见表8。

表8　对现在家庭生活状况的满意度　　　　　　　单位:%

对现在家庭生活状况的满意度	2015 年	2006 年
不满意	7.32	12.35
不太满意	3.66	17.28
一般	36.59	44.44
比较满意	28.05	22.22
很满意	24.39	3.70

（四）养老方式多元化、看病报销便捷化

通过询问目前生活方面最忧虑的问题,发现家里有人生病、养老问题和孩子教育费用太高是农村家庭一直以来最忧虑的三件大事。目前,新型农村合作医疗在农村已经基本普及,有95.00%的农户反映新型农村合作医疗报销方便,新型农村合作医疗在保障农民获得基本卫生服务、缓解农民因病致贫和因病返贫方面发挥了重要的作用。过去农村养老只能靠儿女,如今国家出台了新型农村社会养老保险,农村养老有了新途径,84.15%被访者参加了新型农村社会养老保险,虽然86.59%的被访者认为新型农村社会养老保险还不能解决养老问题,但新型农村社会养老保险是继取消农业税、农业直补、新型农村合作医疗等一系列惠农政策之后的又一项重大的惠农政策,随着这一政策的逐步推广完善,必将给养老带来新的天地。

（五）生活宽裕面临的新挑战

当询问农户,家里有钱后最想做什么时,被访者往往露出很迷茫的神情,2015 年,25.00%的农户愿意进行储蓄,21.25%的农户选择在城市买楼,有20.00%的农户选择投资。而2006 年,有40.00%的农户选择投资,26.25%的农户愿意进行储蓄，有21.25%的农户选择文化教育。对比十年前后，发现选择投资、文化教育、储蓄的村民有所下降；购买高档消费品、盖房子、旅游的比例明显上升（见表9）。但是，总体上农民的消费理念仍旧落后，消费的观念与城市仍有很大差距。

表9　对家里有钱后最想做什么的调查　　　　　　　　单位:%

	2015 年	2006 年
盖房子	14.63	8.75
买高档耐用品	11.11	3.75
投资	20.00	40.00
文化教育	6.25	21.25
看病	8.75	3.75
储蓄	25.00	26.25
旅游	11.25	8.75
在城市买楼	21.25	0

三、乡风文明

（一）文化生活丰富多彩，休闲娱乐方式多样化

虽然新农村建设在不断地推进，但村民获取信息的渠道依然以电视为主，相比十年前，农民利用网络获取信息的比例上升了4.82个百分点，通过广播获取信息的比例下降了9.89个百分点，通过村里的公告、通知、广告的比例下降了30.88个百分点，利用报刊获取信息的农民下降了24.72个百分点，见表10。

表10　农户获取信息的渠道　　　　　　　　单位:%

渠道	2015 年	2006 年
报刊	2.44	27.16
电视	80.49	93.83
网络	9.76	4.94
广播	1.22	11.11
与人交谈	4.88	34.57
村里公告、通知、广告	1.22	32.10

通过询问农户平时的休闲娱乐活动，发现十年后，看电视、听广播依然是主要的休闲娱乐项目，但是农村村民参加健身活动的人越来越多，2006年仅有

2.47%的村民选择参加健身活动作为平时休闲娱乐活动，2015年该比例增加到了25.61%，见表11。

表11　平时的休闲娱乐活动　　　　　　　　　　　　单位:%

平时休闲娱乐活动	2015 年	2006 年
看电视、听广播	69.51	83.95
打麻将或打牌	23.17	35.80
参加健身活动	25.61	2.47
参加乡村组织的文娱活动	21.95	9.88
闲聊串门	9.76	35.80
其他	6.67	8.64

（二）农村社会氛围良好

十年间，农村的社会风气改善了很多，对农村社会风气很满意的比例由2006年的2.47%增加到2015年的33.33%。十年间，邻里关系和谐程度得到了很大的提高，对邻里关系评价很满意的比例由2006年的12.35%增加到2015年的41.03%。村里的治安状况也得到了很大的改善，对村里治安状况评价很满意的比例2006年的2.47%增加到2015年的40.51%（见表12、表13、表14）。总之，农村的社会氛围越来越好。

表12　对本村社会风气的满意度　　　　　　　　　　单位:%

村里的社会风气是否满意	2015 年	2006 年
不满意	1.28	6.17
不太满意	6.41	6.17
一般	23.08	46.91
比较满意	35.90	38.27
很满意	33.33	2.47

表13　本村邻里关系是否和谐　　　　　　　　　　　单位:%

村里的邻里关系是否和谐	2015 年	2006 年
不和谐	0	0
不太和谐	1.28	2.47
和谐	15.38	45.68
比较和谐	42.31	39.51
很和谐	41.03	12.35

表14　对本村治安状况的满意度　　　　　　　　　单位:%

对本村的治安状况满意度	2015 年	2006 年
不满意	1.27	1.23
不太满意	1.27	4.94
满意	26.58	59.26
比较满意	30.38	32.10
很满意	40.51	2.47

通过对农村封建迷信进行调研，发现目前农村相信封建迷信的村民越来越少，相信并找过大仙或神灵的比例由 2006 年的 4.94% 下降到 2015 年的 3.66%，不相信，没有找过大仙或者神灵的比例由 2006 年的 82.72% 增加到 2015 年的 93.90%。有宗教信仰的比例从 2006 年的 7.41% 下降到 2015 年的 6.10%，见表 15、表 16。

表15　对农村封建迷信的调查　　　　　　　　　单位:%

是否相信大仙或神灵，是否曾找大仙或神灵来解决问题	2015 年	2006 年
相信，找过	3.66	4.94
不相信，没找过	93.90	82.72
相信，没找过	1.22	0.00
不相信，找过	1.22	12.35

表16　对家庭成员是否有宗教信仰的调查　　　　　　　单位:%

您家成员是否有宗教信仰	2015 年	2006 年
否	93.90	92.59
是	6.10	7.41

(三) 乡风文明面临的新挑战

1. 农村随礼现象严重

目前，农村的随礼现象日趋严重，红白喜事操办司空见惯，村民为了回收礼金，小事大办，造成资源的极大浪费，通过询问农户对本村随礼现象的看法，发现 2015 年有 34.15% 的村民认为村里随礼现象严重，9.76% 的村民认为比较严重，认为很严重的占 4.88%，而 2006 年，三者比例分别为 18.52%、13.58%、4.94% (见表 17)。调查发现，多数村民对随礼现象很反感，却更多表现为无奈。

表17　对本村随礼礼金看法的调查　　　　　　　单位:%

对村里随礼的礼金看法	2015 年	2006 年
不严重	30.49	29.63
不太严重	20.73	33.33
严重	34.15	18.52
比较严重	9.76	13.58
很严重	4.88	4.94

2. 赌博现象稍有回升

调查发现，农村的赌博现象似有回升迹象，2006 年，仅有 3.70% 的村民认为本村赌博现象严重，有 2.47% 的村民认为本村赌博现象很严重，而 2015 年，有 11.54% 的村民认为目前本村赌博现象严重，有 6.41% 的村民认为本村赌博现象很严重，见表 18。

表18　对本村赌博现象的调查　　　　　　　单位:%

村里赌博现象是否严重	2015 年	2006 年
不严重	57.69	75.31
不太严重	24.36	18.52
严重	11.54	3.70
比较严重	0.00	0.00
很严重	6.41	2.47

（四）居民对生活居住环境满意度提高

农村的村容越整洁，农户对村里的生活满意度越高，农户感觉会越幸福。通过询问农户对村里生活环境的满意度发现，2006 年农村居民对所居住环境满意的比例为 74.03%（其中包括满意、比较满意及很满意三者之和），而 2015 年三者之和为 91.46%，远大于 2006 年的生活居住环境满意度。可见，随着经济的发展，十年间农村的村容村貌得到了极大的改善，农村居民对于本村居住环境满意程度有了很大的提高。

（五）农村公共卫生及设施得到了明显的改善

（1）生活污水处理。农村生活污水随意倾倒现象已经减少，但是仍然有很大的改进空间，村统一规划下水道的比例依然较低。在对家庭生活污水的处理方式中，2015 年，随意倾倒占 24.39%，自挖下水井占 34.15%，街边排水渠占 32.93%，统一规划下水道占 4.88%。在被问及村里建设下水道有无必要时，有

78.05%的农户认为有必要建设下水道。2006年，随意倾倒占38.46%，自挖下水井占19.23%，街边排水渠占24.36%，统一规划下水道占2.56%。同时，有67.90%的农户认为有必要建设下水道。

（2）生活垃圾处理。10年间，农户对生活垃圾进行统一处理的比例达到了很大的提高，随意倾倒垃圾的现象明显较少。调查发现，2015年，有85.37%的农户将生活垃圾倒在村指定的垃圾倾倒地点统一处理，仅有1.22%的农户会将生活垃圾倒在无人处理的垃圾倾倒点，有2.44%的农户选择在自己家固定的倾倒点处理生活垃圾。2006年，仅有28.40%的农户将生活垃圾倒在村指定的垃圾倾倒地点统一处理，有7.41%的农户会将生活垃圾倒在无人处理的垃圾倾倒点，有25.93%的农户选择在自己家固定的倾倒点处理生活垃圾。

（3）乡村街道现状。农村经过10年的发展，乡村街道的状况明显改善，居民的满意度很高。调查发现，2015年，有75.31%的乡村街道有道路清洁人员和环卫工人，农户对本村的街路状况感到满意的比例达到了75.61%，街道卫生令人满意。2006年，仅有22.22%的乡村街道有道路清洁人员和环卫工人，农户对本村的街路状况感到满意的比例仅有45.68%。

（4）乡村集市卫生状况。10年间，乡村集市的卫生状况有了一定的改善，但是有待进一步提高。在对乡村集市卫生状况的调查中，2015年，有74.15%的农户对乡村集市卫生状况表示满意，仅有15.85%的农户对乡村集市卫生状况不满意。2006年，有58.75%的农户对乡村集市卫生状况表示满意，有41.25%的农户对乡村集市卫生状况不满意。

（5）有害废弃物处理。对农药瓶子等废弃有害物品的处理方面依然存在问题，需要进行统一规划。对于农药瓶子等废弃有害物品的处理调查中，2015年，有12.20%的农户把农业瓶子交给村里统一处理，有46.34%的农户选择扔到垃圾堆里，有20.73%的农户会随用随扔，有20.73%的农户以其他方式对农业瓶子等废弃有害物品进行处理，包括掩埋、焚烧或是卖到废品回收站等。2006年，仅有3.75%的农户把农药瓶子交给村里统一处理，有16.25%的农户选择扔到垃圾堆里，有42.50%的农户会随用随扔，有37.50%的农户以其他方式对农药瓶子等废弃有害物品进行处理。

（六）居民对村庄进行整体规划的呼声很高

全面建成小康社会最艰巨、最繁重的任务在农村。而村庄规划是社会主义新农村建设的核心内容之一，是立足于现实条件缩小城乡差别、促进农村全面发展、提高人民生活水平的必由之路。居民对村里住房是否要统一规划的呼声一直很高，其中2006年认为比较必要和很必要的占到39.51%，2015年认为比较必要和很必要的占到69.51%。

表 19 农户对村民代表认同情况统计 单位:%

代表村民意愿	能	还可以	不能	不好说
2015 年	71.95	15.85	6.10	6.10
2006 年	67.09	20.25	6.33	6.33
村务是否公开	公开	有些事公开	不公开	不知道
2015 年	84.15	4.88	3.66	7.32
2006 年	81.25	11.25	1.25	6.25
监督经济活动	能	还可以	不能	不好说
2015 年	69.51	10.98	8.54	10.98
2006 年	66.67	19.75	9.88	3.70

从表 19 中可以看出,农户认为村民代表能够代表村民意愿的比例由 2006 年的 67.09% 增加到 2015 年的 71.95%,村民对村民代表的认可度明显增加。同时,村务能够公开的比例也由 2006 年的 81.25% 增加到 2015 年的 84.15%。认为村民代表能对村里的经济活动进行有效监督的比例也由 2006 年的 66.67% 增加到 2015 年的 69.51%。可见,经过了十年的发展,新农村建设成果显著,村里的民主管理状况较好。

四、结论与思考

通过上述对辽宁省大连庄河市新农村建设现状进行分析,发现:在农业生产发展方面,农产品销售渠道、农资的质量和价格、农业生产基础设施等几个方面都得到了很大改善,但农户增加生产投资的意愿不强,获取农业信息的途径并没有很大变化;在生活宽裕方面,农民的收入与支出水平、生活条件及满意度有所提高,实行的新农保制度却解决不了农民的养老问题;在乡风文明方面,农村文化生活丰富多彩,休闲娱乐方式多样化,农村社会氛围良好,但农村随礼现象依然严重,赌博现象有所回升;在村容整洁方面,居民对生活居住环境满意度提高,农村公共卫生及设施得到了明显的改善,居民对村庄进行整体规划的呼声很高,但废弃有害物品的处理仍然是一个亟待解决的问题;在民主管理方面,村务公开情况良好、村里的民主管理状况较好。结合以上分析,新农村建设至今已使部分农村有了焕然一新的面貌,但依然存在很多不足,在接下来的发展道路中仍需积极探索,努力解决。

辽宁省普兰店市新农村建设发展情况调查报告

——来自城子坦镇、安波镇、同益乡的调查

第一部分　调查基本情况

一、调查背景

2005 年 10 月，中国共产党十六届五中全会通过《十一五规划纲要建议》，提出要按照"生产发展、生活宽裕、乡风文明、村容整洁、管理民主"的要求，扎实推进社会主义新农村建设。生产发展，是新农村建设的中心环节，是实现其他目标的物质基础。建设社会主义新农村好比修建一幢大厦，经济就是这幢大厦的基础。如果基础不牢固，大厦就无从建起。如果经济不发展，再美好的蓝图也无法变成现实。同时，新农村建设还包括政治、文化和社会等方面的建设，最终实现把农村建设成为经济繁荣、设施完善、环境优美、文明和谐的社会主义新农村的目标。

为掌握辽宁省现今的新农村建设发展现状，沈阳农业大学经济管理学院成立调查组，分别对辽宁省各个地区进行了实地调查，一方面了解新农村建设的进展状况，另一方面发现在建设过程中的问题，以求提出合理的对策建议对新农村建设的发展提供有益帮助。

二、调查方法介绍

为确保本次调查的科学性，真正了解辽宁省新农村建设发展现状和问题，课题组在辽宁省分别对辽北、辽中、辽西、辽南地区进行调研。每个地区选择不同

特点的 3 个县，每个县选择 3 个乡，每个乡选择 3 个村，对每个村的新农村发展情况进行全面调查，分别对村民、村长、乡镇领导进行了访问、调研。调查采取随机入户问卷调查的方式，针对不同主体设计了不同的调查问卷。

三、调查地点概况

辽宁省大连市普兰店市是被选择的县区之一，为了调查全面，我们选取了 3 个不同特点的乡镇，分别是城子坦镇、安波镇、同益乡。历时 3 天，收集村民问卷 82 份，村集体问卷 9 份，乡镇问卷 3 份。

（一）普兰店市基本概括

1. 自然地理

普兰店市位于大连市地理中心，距大连市区 50 千米，距大窑湾港 50 千米。全市总面积 2896 平方千米，其中市区面积 39 平方千米，耕地面积 610 平方千米，海岸线 65 千米。全市辖 1 个（省级）经济开发区、3 个街道办事处、14 个镇、3 个乡。共 164 个村、35 个社区居民委，2584 个村（居）民小组。总人口 83 万人，其中城镇人口 38 万人，从业劳动力 39.8 万人。普兰店历史悠久，资源丰富，尤以海参、对虾等海产品，河沙、花岗岩、地下温泉等地矿资源闻名。

普兰店地势北高南低，西高东低。地形大体分为三部分：北部低山区（占全市总面积 15.8%）、东北及中部丘陵区（占全市总面积 30.5%）、南部沿海丘陵平原区（占全市总面积 53.7%）。海岸线总长 65 千米。陆地东西 63 千米，南北纵长 74 千米，境内总面积 2915.28 平方千米，其中陆地面积 82065 公顷，海涂面积 7532.8 公顷。全市耕地面积 95747.51 公顷，园地 41576.56 公顷，林地 819806.7 公顷。

普兰店市属南温带湿润季风气候区，无严寒之冬，无酷暑之夏，却又四季分明。全年平均气温 8.4℃ ~ 9.4℃，年平均降水量 635 ~ 920.8 毫米，年无霜期 174 ~ 188 天，日照平均每天 7 小时。

2. 经济社会发展

普兰店市 2010 年，全市实现地区生产总值 420 亿元，增长 20%；完成全社会固定资产投资 401.8 亿元，增 63.3%；完成地方财政一般预算收入 21.6 亿元、增长 53.8%，实现税收 14.8 亿元，非税比例由去年的 39% 下降到 31%，可比口径收入 19 亿元、增长 35.4%，完成基金收入 23.5 亿元，消化财政历史欠账 3.72 亿元，偿还贷款本息 2.83 亿元，投入民生工程资金 3.1 亿元；实现社会消费品零售总额 82 亿元，增长 18%；实际利用外资 2.03 亿美元，增长 45%；农民人均纯收入 10450 元，增长 16%。

图1 辽宁省普兰店市地图

　　普兰店市具有良好的区位、资源、产业、环境优势，在此基础上，普市不断强化"工业强市"理念，不断加大招商引资力度，外向型经济对全市经济总量的拉动效能显著。2005年以来，随着大连海湾工业区、皮杨工业区及大连太平工业区基础设施建设的不断推进，国内外客商纷至沓来。据不完全统计，目前普市在谈内外资项目总数近300项。2016年拟进驻大连海湾工业区的项目25个，总投资129亿元，其中中信汽车零部、日本汽车配件等7个已签约项目投资16.7亿元。皮杨工业区已有在谈项目超过50个，总投资达80亿元，目前有10家企业准备入驻，计划投资15亿元。大连太平工业区已签订协议的产业项目34项，项目投资5.6亿元，其中包括大连卓艺厨卫家具制造有限公司等8项外资项目。

　　（二）城子坦镇概况

　　城子坦镇位于辽宁省大连普兰店市城区东部55千米处的碧流河畔。东以碧流河为界与庄河市明阳镇毗邻，南濒黄海与长海县隔海相望，西靠皮口街道，北依星台镇与墨盘乡，是普兰店市三大古镇之一。全街道总面积 248.42 平方千米，其中耕地面积 6295.4 公顷。海岸线长 24.3 千米，有浅海滩涂 3000 多公顷。全街道 5 个社区居委会、5 个村居委会，有 245 个村民小组，总户数 20537 户。城子坦街道坚持以工业经济为龙头，农业、商饮服务业和海产品养殖业齐头并进。全街道现有各类企业 91 家，其中，规模企业 15 家，合资企业 6 家，外资独资企业 3 家。以大森为龙头的服装加工业已成为城子坦街道的工业主导产业，现共有服装加工企业 20 家，从业人员近 5000 人。

（三）安波镇概况

安波镇位于普兰店市北部，东靠碧流河，西靠复州河。镇政府驻安波社区。辖 1 个社区、8 个行政村。城松公路、兴安公路过境。辖区面积 305.84 平方千米，山林 26.5 万亩，耕地 5 万亩，人口 4.4 万人。随着旅游产业的兴起、壮大，安波加快农业结构调整，突出发展设施农业、观光农业和生态农业，推进新农村建设；投巨资建设完成安波净水厂、污水处理厂等公共设施项目建设，不断完善城镇功能；积极做好安波河生态治理、城区绿化和老城区改造等工作，加强生态环境建设。"以旅游带动发展，用发展促进旅游"的发展理念，使安波镇经济、社会实现了质的飞跃。

（四）同益乡概况

同益乡位于普兰店市北部。辖同益、和平、庆阳、西韭、嵩房、张家、瓦房 7 个行政村。城（坦）松（树）公路贯穿东西，是大连市低收入乡镇之一。土地面积 136 平方千米，耕地面积 764 公顷，属丘陵地带。同益乡用工业化理念谋划农业发展，全面推进农业结构调整，大力发展水果、畜牧、保护地和林业等优势产业，农业和农村经济加快发展。充分发挥大连益寿畜牧养殖基地、大连安泉畜禽饲养有限公司等龙头企业的优势和示范辐射带动作用，实施养殖与防疫并举，大力发展畜牧业生产。

第二部分　普兰店市新农村建设发展现状

新农村建设包括经济、政治、文化和社会等方面的建设，为全面了解普兰店市新农村建设的发展情况，我们对普兰店市部分乡镇地区进行了相关了解，共收回有效问卷 94 份。其中对农户调查问卷 82 份，对村集体组织调查问卷 9 份，对乡镇组织调查问卷 3 份。从整体情况看，普兰店市新农村建设初有成效，但还需要更大的建设力度。

辽宁省新农村十周年调研报告

一、生产发展方面

（一）农户以种植业为主，主要经营旱田，少数兼有养殖

与 2006 年调研所用问卷相比，本次问卷我们对种植业进行了细分，由原来的大田、冷棚、暖棚、果园、其他改为水田、旱田、冷棚、暖棚、果园、林地和其他七种形式进行调查，两次调研具体调查结果如下。

由表 1 和表 2 可知，农户主要经营田地，其中旱田所占比重较大，2014 年所占比重为 90.24%；水田所占比例为 18.29%。经营田地的户数与 10 年前相比，变化不大。对于冷棚和暖棚的种植，与 10 年前相比，均有所下降。果园所占比例维持均衡。10 年间农户的种植结构没有发生太大变化。

表 1 2005 年普兰店市种植户情况

	大田	冷棚	暖棚	果园	其他
有效样本（份）	81	81	81	81	81
户数	69	5	15	16	0
占比（%）	85.19	6.17	18.52	19.75	0

表 2 2014 年普兰店市种植户情况

	水田	旱田	冷棚	暖棚	果园	林地	其他
有效样本（份）	82	82	82	82	82	82	82
户数	15	74	0	8	16	0	0
占比（%）	18.29	90.24	0	9.76	19.51	0	0

调查的 82 户农户旱田总面积为 391.6 亩，户均面积 4.77 亩，2014 年旱田种植户平均亩投入 402 元，平均亩产值 1227 元，平均亩收入 825 元。可见新农村建设已经取得一定成效。

（二）农户生产条件有所改善

在新农村建设过程中，各地区为农户生产提供了更便利的服务与条件。农户可以通过农业技术方面的培训来获取新技术新知识；还可以参加合作社，规模经营，降低生产成本，提高收入，解放劳动力；道路与农田水利等基础设施都得到改善，如滴灌等灌溉设施等；每家农户基本都参加了农业保险，生产风险得到了保障。

2015 年的调查显示，在 82 份有效问卷中，农业生产的保障及条件改善状况有了明显提升，近 55% 的农户能够接受到技术培训，约 38% 的农户能够采用新

技术，在加入合作社方面，虽然被访者都听说过合作社但是在这 82 户中仅有 6 户参加了合作社，见表3。

表 3　农业生产条件改善状况

	接受技术培训	加入合作社	采用新技术	参与农业保险	水利设施的改善
有效样本（份）	82	82	82	82	82
户数	45	6	31	59	61
占比（%）	54.88	7.32	37.8	71.95	74.39

二、生活宽裕方面

（一）农户收入大幅提高

从图 2 中可以看出，2005 年农民年收入主要在 1 万元以下，5 万元以上的不到5%；然而十年后的2014 年农民的年收入增加，主要集中在 1 万 ~5 万元，收入在 5 万 ~10 万元的户数也达到了25.61%，有 8.54%的农户年收入达到了 10 万元以上。2014 年，被调查地区农户户均年收入7.9 万元，与十年前农户户均收入1.9 万元相比，增长了3.2 倍，可见，农户收入明显提高，该地区农户始终以农业生产为主，由于农业机械化程度提高以及交通条件改善，农户家中外出务工人员增加，非农经营收入也有所提高。

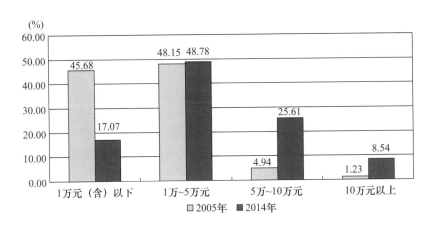

图 2　2005 年和 2014 年农民收入对比

（二）农户的生活条件有所提高

该地区农户生活水平明显提高，现在大多数农户家中有电视、洗衣机、电冰箱、手机、电脑等日常家用电器，较十年前增加很多。绝大多数的农户购买生活用品时比较注重质量和实用程度。从表4中可以看出，与2005年相比，2014年农户在做饭使用柴的比重明显下降；取暖方式仍以自家土炕和土暖气为主，几乎没有发生变化；生活用水方面，使用自来水和自家井水的占绝大多数，其中使用自来水比重增加了约23%。2014年，95.12%的农户参加新农合，绝大多数的农户觉得报销很方便，部分农户因为在异地看病不能报销以及使用部分药品保险比例较小等原因感到不方便；60.98%的农户参加了新农保，还有少数农户参加了社会养老保险，但在参加新农保的农户中多数农户认为新农保的补贴并不能解决养老问题。

表4　农户生活情况统计分析　　　　　　　　　单位:%

做饭用	柴	液化气	煤	电
比例（2014 年）	81.71	28.05	9.76	73.17
比例（2005 年）	91.36	69.41	27.16	60.49
取暖方式	公共取暖	自家土炕	土暖气	空调
比例（2014 年）	1.22	78.05	50	0
比例（2005 年）	1.23	80.25	40.74	0
生活用水	自来水	自家井水	外面井水	其他
比例（2014 年）	37.8	62.19	0	0
比例（2005 年）	14.81	82.72	1.23	1.23
参加新农合（2014 年）	95.12			
参加新农保（2014 年）	60.98			

当问到您是否对当前的家庭生活状态满意，10.98%的农户认为很满意，59.76%的农户认为比较满意，只有部分农户认为不太满意或不满意。这一数据与2005年相比，满意度明显增加，见表5。

表5　农户对家庭生活状况的满意程度　　　　　　　　　单位:%

	很满意	满意	比较满意	不太满意	不满意
比例（2005 年）	3.7	24.69	40.74	25.93	4.94
	很满意	比较满意	一般	不太满意	不满意
比例（2014 年）	10.98	59.76	17.07	8.54	3.66

三、乡风文明与村容整洁方面

通过调查，农户获取信息的主要渠道为电视、网络，几乎无人相信大仙或神灵，说明农户迷信程度极低，更相信科学。

从图3可直观地看出，2014年农户在闲暇时间大部分选择看电视，比例达到91.46%，其次是闲聊、参加健身活动，分别为20.73%、12.19%。在调研过程中，我们观察到每个村子里都有一些体育活动场所、阅览室，部分还有露天电影、棋牌室。对比十年前，村民的娱乐活动、文化生活比较丰富，农民群众的思想文化、道德水平不断提高，崇尚文明、崇尚科学，形成家庭和睦、民风淳朴、互助合作、稳定和谐的良好社会氛围，教育、文化、卫生、体育事业蓬勃发展。

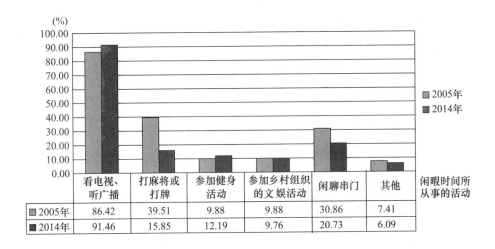

	看电视、听广播	打麻将或打牌	参加健身活动	参加乡村组织的文娱活动	闲聊串门	其他
2005年	86.42	39.51	9.88	9.88	30.86	7.41
2014年	91.46	15.85	12.19	9.76	20.73	6.09

图3　2005年和2014年农户闲暇时间所从事活动的对比

此外，在调查中发现村民的生活垃圾、污水大多随处倾倒，虽然较10年前已有改善，但卫生状况、街路状况还有待进一步改善，村民对村容整洁的满意度明显提高。

四、民主管理方面

调查乡镇的各村均有村民代表大会，多数农户认为村民代表能代表村民意愿，并且认为村民代表能有效监督约束村里的经济活动，村民对村干部的选举程序都比较了解，参加村干部选举也都认为是自己的权利，并非被强迫或是跟风行为；有建议和意见时，也可及时通过各种渠道进行反映，村民对村内民主管理方面普遍感到满意。

当地广大基层干部群众对新农村建设十分拥护，热情高涨，问卷调查表明，当问及当前村里最急需解决的问题是什么，还有哪些问题需要上级政府解决时，大部分农户提到村庄道路和农业基础设施的建设，认为新农村建设非常重要；农民很愿意参加改善生产和生活环境的基础设施建设义务活动。

第三部分 辽宁省普兰店市新农村建设的问题及建议

一、存在的问题

对比两次调研的分析结果可知，辽宁省普兰店市新农村建设总的形势较好，并取得了很大的成效，但同时也存在一些不容忽视而又一时难以解决的问题。

一是农民受教育程度低。农民作为建设社会主义新农村的主体，其受教育程度低下导致农民素质低下，从而将影响到社会主义新农村建设的进程。在调查过程中，就整体来说，农村文化水平低，综合素质不高。

二是资金缺乏。主要表现为两个方面：一方面是集体经济薄弱，新农村基础设施建设过程中的资金主要依赖于上级的财政拨款，但目前县乡镇财政大部分都比较困难；另一方面是村中及乡镇债务沉重。

三是产业结构和发展方式单一。农业增收既面临着农业内部受资源约束，增收潜力不大的压力，又面临着农业外部就业竞争加剧的巨大压力；产业结构调整缓慢，新型农业发展滞后，缺乏龙头企业带动，农业现代化水平低，抵御自然灾害风险能力弱，探索发展的新兴产业弱、散、小，发展后劲不足。

二、建议

开展多种形式的教育培训。在农村真正普及九年义务教育的基础上，不断提高义务教育的水平。增加省级财政对农村尤其是山区教育的投入，改造校舍、更新教学设备。改革农村中小学教学内容和方法，加强农业知识、实用技术教育，提高农村学生的实践能力，为以后的就业打好基础。在农村成人教育和职业技术教育上，要提高农村中等职业教育的比重，扩大职业教育办学规模，在职业中学设置实用的专业课程，使职业中学毕业的学生系统地掌握实用技术。同时，应开展多种形式的农业技术培训，以使得农村劳动力能掌握现代农业所需技能。

加大农村投入力度，强化政府服务功能。统筹各方力量，形成工作合力，准确有效地加大对农村教育、卫生、交通、电力、通信、农田水利等基础设施和生态环境建设的投入力度，不断改善农民的生产生活条件，从根本上解决农村生产生活基础设施严重滞后的瓶颈制约。

发挥多种形式农业适度规模经营的引领作用。坚持以农户家庭经营为基础，支持新型农业经营主体和新型农业服务主体成为建设现代农业的骨干力量，充分发挥多种形式适度规模经营在农业机械和科技成果应用、绿色发展、市场开拓等方面的引领功能。完善财税、信贷保险、用地用电、项目支持等政策，加快形成培育新型农业经营主体的政策体系，进一步发挥财政资金引导作用，撬动规模化经营主体增加生产性投入。适应新型农业经营主体和服务主体发展需要，允许将集中连片整治后新增加的部分耕地，按规定用于完善农田配套设施。探索开展粮食生产规模经营主体营销贷款改革试点。积极培育家庭农场、专业大户、农民合作社、农业产业化龙头企业等新型农业经营主体。支持多种类型的新型农业服务主体开展代耕代种、联耕联种、土地托管等专业化规模化服务。加强气象为农服务体系建设；实施农业社会化服务支撑工程，扩大政府购买农业公益性服务机制创新试点；加快发展农业生产性服务业；完善工商资本租赁农地准入、监管和风险防范机制；健全县乡农村经营管理体系，加强对土地流转和规模经营的管理服务。

（王晓瑞、谭晓婷、江金启）

辽宁省营口市老边区新农村建设情况调查报告

——来自边城镇、柳树镇、路南镇的调查

第一部分　调查基本情况

一、调查背景

建设社会主义新农村是中央在新的发展阶段为彻底解决"三农"问题做出的战略性举措，对于全面建设小康社会和统筹城乡发展具有重大的意义。2006年是新农村建设的起步之年，为了解当时新农村建设的进程及在新农村建设中存在的亟须解决的问题，沈阳农业大学经贸学院紧紧围绕"生产发展、生活宽裕、乡风文明、村容整洁、管理民主"五大目标提出调研方案，并在2006年8月组织了新农村建设"百村千户"调研活动，并对调研结果进行了总结汇报。

截至2015年8月，距离"百村千户"调研活动已经过去10年。在这10年间，辽宁省各级政府认真贯彻落实中央和省委关于发展现代农业和社会主义新农村建设的一系列决策部署，积极探索，扎实推进，为新农村建设做了大量工作。那么，在十年的新农村建设过后，当前的新农村是什么样子？在新农村建设中解决了什么问题？农民和村干部对新农村建设成果有何感想？针对这些问题，2015年8月，沈阳农业大学经贸学院经过对2006年问卷设计的相对调整，围绕五大目标继续开展了"百村千户"调研。本文仅对辽宁省营口市边城镇的调研结果进行分析。

二、调查方法

为了确保本次调查的真实性和科学性，真正地了解目前辽宁省发展现代农业

和社会主义新农村的现状，首先把辽宁全省分为辽中、辽东、辽北、辽南、辽西5个区域，然后根据经济发展状况（富裕、中等、贫困）在每个区域抽取3个县，每个县又抽取3个乡，每个乡抽取3个村，每个村抽取9户（富裕、中等、贫困农户各3户）。调研方式采取入户问卷调查、深度访谈、小组座谈、调查员现场观察等方式。

三、调查地点概况

本次调研是在营口市老边区，为辽南组之一。根据各个县的经济发展状况，本次调研抽取了柳树镇、边城镇和路南镇作为调研对象。在调研问卷设计上分农户、村集体、基层政府3个层次，共获得有效农户问卷83份、村表9份、乡表3份。

（一）老边区基本概况

1. 自然地理

老边区是辽宁省营口市管辖的一个行政区，位于渤海湾东北岸，辽河入海口处，地处营口市城乡结合部位，东、北与大石桥市毗邻，南与盖州市接壤，西邻站前区和辽东湾。下设四镇两街，总面积305平方千米，总人口20万人，海岸线长30.5千米，有适宜各种贝类养殖的滩涂16万亩。

全区地形南窄北宽，面积305平方千米。老边区属滨海平原，平均海拔2~7米。境内有大平山、小孤山和五棺山，其中最高的五棺山海拔176.7米。老边区属暖温带季风大陆性气候，光照充足，温度宜人，雨量适中，年平均日照2898小时，年均气温9℃，年均降水量673毫米。

老边区地处渤海湾东北部，海岸线长24.4千米，浅海40万亩，滩涂20万亩。境内主要河道35条，其中，流经区内的大辽河、奉士河、淤泥河、大旱河等河流形成了供给全区淡水的主要水系。地下水位一般在0.5~0.8米。

境内低洼的地势和适宜的气候为水稻生产创造了优越的条件。老边区现已成为全国水稻标准化栽培示范区。境内有磁铁矿。铁矿石储量9475.7万吨。矿藏分布于边城镇于家洼子、王家、郑家路，南镇江家、老爷庙、赵家平房、新立和柳树镇后山村一带，面积达82.5平方千米。

2. 人口民族

老边区共有近20万人。有汉、满、朝鲜、回、蒙古、锡伯、苗、达斡尔、鄂伦春、彝、壮、布依、藏、维吾尔、侗、白、哈尼、黎18个民族。全区共有教徒6620人，其中佛教徒1600人，天主教徒12人，伊斯兰教320人，基督教4688人。

3. 经济发展

老边区拥有规模以上企业125家，三资企业70多家，有数十家企业通过了

ISO9000 质量体系认证。全区已形成冶金、化工、食品、纺织、服装、机械加工等门类齐全的十大主导产业，主要工业产品 1200 多种，冶金制造、化工医药、纺织服装和机电汽保四大支柱产业发展势头尤为强劲，冶金和化工行业在营口地区处于领先地位。高效载体催化剂、蓄电池隔板、汽车保养设备、橡胶制品、载重挂车等产品有较强的市场竞争力，其产品销往 20 多个国家和地区，产量、销量、科技含量处于东北、全国乃至世界领先水平。

4. 交通状况

老边区依托一市两港，交通四通八达，具有得天独厚的地理优势，驱车 30 分钟即可到达东北最近的出海口——鲅鱼圈港，距营口港仅有 2 千米，长大铁路、沈大高速公路、鞍营公路、庄林公路从境内穿过，驱车一个多小时可分别到达沈阳、大连的机场。

5. 旅游景点

望儿山：是辽南名山，以美丽的母爱传说得名，是以母爱为主题而命名的天下独有之山，辽宁省省级风景名胜区，营口市一级旅游景区。

营口西炮台遗址：位于营口市西部辽河入海口东岸，距市中心 3 千米。其犹如守边老将屹立于渤海之滨，昼夜守卫祖国海疆。

楞严禅寺：位于营口市中心区，属省级文物保护单位。1931 年建成，占地 2 万多平方米，规模宏大，三进四层。与哈尔滨的极乐寺、长春的般若寺、沈阳的慈恩寺齐名。

（二）柳树镇情况

柳树镇位于营口市东部，老边区南部，地处北纬 40°30′，东经 122°25′。东西最宽 5 千米，南北最长 14 千米，总面积 60.4 平方千米。共有 17 个行政村。镇政府驻东柳村，距营口市中心 15 千米，距区政府驻地老边 9 千米。地势平坦，平均海拔 4 米。

（三）边城镇情况

边城镇隶属于营口市老边区，位于营口市区东北部，总面积 49.799 平方千米，总人口 2.5 万人（2009 年）。辖 16 个行政村。镇政府驻老边村。边城镇人口构成以外来移民为主。双河村为朝鲜族聚居村落。

（四）路南镇情况

路南镇因位于营大公路以南而得名，路南镇有 3.4 万亩耕地。多情的黑土地，奔腾不息的大辽河，养育了一代又一代路南人，而党的富民政策，更使路南人的生活如芝麻开花节节高。镇域地势平坦，为滨海及河套堆积平原。平均海拔 3.44 米。有营柳河、路南河、引俸河、民兴河、盐场外围河 5 条河流。总面积为 68.31 平方千米，总人口数为 19353 人（2012 年）。路南镇东接柳树镇和示范场，南邻沿海街道、营口盐场，西连营口市站前区，北靠边城镇、大石桥市水源镇。南北约 13 千米，东西约 12 千米。

第二部分　老边区新农村建设发展现状

一、生产发展方面

（一）农户种植业生产多以水田和旱田作物为主，少数农户发展养殖业

根据调查，在样本农户中，有 35 户农户主要以旱田作物为主，其中进行土地流转的农户有 7 户；31 户农户主要以水田作物为主，其中进行土地流转的农户有 5 户；3 户农户主要以暖棚为主；发展养殖业的有 7 户农户。从表 1 可以看出，柳树镇多以旱田为主，而边城镇和路南镇则是水田与旱田均有种植；边城镇有暖棚种植，而路南镇和柳树镇没有暖棚种植；柳树镇和路南镇有养殖户，而边城镇没有养殖户。

表 1　各个村拥有种植业与养殖业生产的户数统计

镇	村	水田（户）	旱田（户）	暖棚（户）	养殖业（户）
柳树	西岗子	0	9	0	0
	东岗子	0	7	0	0
	太平山	0	8	0	4
边城	郑家	0	0	0	0
	前石	8	5	1	0
	金屯	7	1	2	0
路南	城子	8	0	0	1
	赵平	3	4	0	2
	老爷庙	5	1	0	0

数据来源：作者调查。

（二）农产品储藏、加工与销售

（1）绝大多数农户直接销售其农产品，不进行储藏与加工，产品附加值低。农产品储藏、加工是农业产业化经营的重要环节，是调节农产品供求关系、使农产品增值的主要手段。被调查农户中，89.16% 的农户不储藏也不加工，其余

10.84%的农户中大部分是储藏，等待作物价值提升，加工很少。农户不对农产品进行储藏加工的原因，一种是认为没有必要，另一种是由于缺少资本、技术，没有设备条件，无法进行加工或者储藏。

（2）农产品销售中通过商贩销售占主导地位，通过合作社、订单或直接市场销售所占比例很小。在销售环节中，有60.24%的农户选择了通过商贩进行销售，有16.87%的农户选择直接到市场销售，通过合作社、企业订单销售的农户比例较小，而没有农户通过网上销售。现如今，网络也成为农户销售农产品的方式之一，因此在本次调查中，加入了对电子商务的调查，经过统计，仅有6.02%的农户知道电子商务，说明农户并不能很好地将网络运用到生产销售中。由于通过商贩来销售农产品是农户主要销售渠道，因此，农民的谈判议价能力、对市场行情信息的把握能力、对农产品销售的组织能力以及对商贩的了解程度等成为一个重要影响因素。调查发现，48.81%的农户参加了某种专业协会或组织，说明有将近一半的农户了解到农民专业协会的重要性。

（三）电视是农户获取农业新技术的主渠道

先进技术的采用是体现农业生产发展的重要指标。如图1所示，通过电视获取农业新技术和新知识的农户占60.66%，其次是参加培训和向其他农户学习，仅有4.92%的农户选择通过网络获取，这说明虽然现在网络已经普及，农户还是习惯性地选择电视。

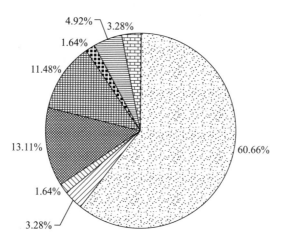

图1　农户获取农业新技术的渠道

数据来源：作者调查。

（四）农业投入情况

根据调查，样本农户 2014 年水田平均每户亩投入 932.26 元，旱田每户亩投入 439.71 元，暖棚平均每户亩投入 5000 元，养殖业平均每户总投入 346666.67 元。

1. 农资情况：价格合理，质量尚佳

（1）农户购买农资都是在实体店，没有在网店进行购买的，而且有 59.02% 的农户在本村中就有购买生产资料的地方，有 49.18% 的农户会选择在本村中购买生产资料。

（2）农资价格比较合理，而且农户对农资质量也比较满意。67.21% 的农户认为农资的价格较合理，有 26.23% 的农户认为农资的价格偏高。有 50.82% 的农户认为农资的质量比较满意，有 31.15% 的农户对农资的质量很满意，有 91.80% 的农户在近 3 年里未买到过假冒伪劣的农资。

2. 农业生产资金不足

（1）投资。在问及今后两年是否有增加生产投资的意愿时，68.85% 的农户表示没有这个意愿，仅有 31.15% 的农户愿意增加农业生产投资，如扩大养殖规模、发展多项种植业等。调查发现，在生产资金主要来源方面，几乎所有的农户均选择"家中自有资金"。

（2）资金。在问到什么是农业生产中的最大困难时，资金、自然灾害、产品销售分别被农民排在第一位、第二位和第三位，少数农民选择了技术和市场信息。

（五）农业生产基础设施

对于农业生产基础设施状况，有 92.77% 的农户认为本村的基础设施在近 3 年有所改善，且投资者多为政府，主要改善的有道路、农田水利等设施。对目前农业生产基础设施状况的评价，如图 2 所示，有 53.01% 的农户感觉很满意，有 34.94% 的农户感觉比较满意。说明在新农村建设中，农业生产基础设施得到很好的改善。

（六）农户在生产发展方面的期望

（1）资金支持。这是农户反映最为集中的一点。无论从农户对农产品的加工或贮藏，还是农户今后两年扩大生产投资的意愿，以及农户在农业生产中面临的困难，资金不足都是主要的因素。

（2）技术培训。主要希望政府加大对农业新技术的示范、推广和对农户的指导工作力度。此外，部分农户还提到了修缮水利工程、协助农户办小额信贷等方面的要求。

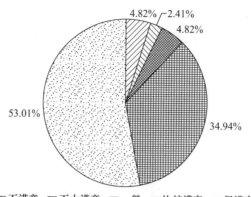

4.82% — 2.41%
4.82%

53.01%

34.94%

☒不满意 ☐不太满意 ☒一般 ☒比较满意 ☒很满意

图 2　农户对当前基础设施的满意状况

数据来源：作者调查。

二、生活宽裕方面

（一）农户收入与消费水平

（1）工资性收入成为农户主要收入来源。根据调查，样本农户 2014 年家庭人均年总收入为 34350.55 元。在收入的主要来源中，15.66% 的农户收入主要来源于种植业，45.78% 的农户收入主要来源于工资性收入，7.23% 的农户收入主要来源于养殖业，27.71% 的农户收入主要来源于非农经营性收入。可见，工资性收入已经成为农户家庭收入的主要来源。

（2）农户拥有耐用消费品数量不断增加。农户耐用消费品的拥有数量为每户 5.7 件。如表 2 所示，在农户家庭耐用消费品普及率上，电视成为每家每户的必备品，手机的普及率达到 93.98%，接下来是电冰箱，其普及率达到 89.16%，有 48.19% 的农户安装了电脑，且每户电脑都可以上网，对于空调、小汽车等消费品，农户拥有比例不高。这说明农村消费水平有了较大的提高，不过还有继续提升的空间。

表 2　农户家庭耐用消费品的普及率

耐用消费品	摩托车	电视	空调	洗衣机	热水器	电冰箱	手机	电脑	小汽车
拥有耐用消费品的农户数（户）	27	83	18	67	33	74	78	40	17
普及率（%）	32.53	100	21.69	80.72	39.76	89.16	93.98	48.19	20.48

数据来源：作者调查。

（3）农户生活质量。在新农村建设的过程中，农民的生活质量得到了很大的提升。农户在购买生活用品时，如图3所示，有12%的农户注重商品的价格和品牌，有31%的农户注重商品的质量，有28%的农户注重商品的实用情况。在问及家庭成员近三年是否有过外出旅游时，有26.51%的农户有过外出旅游的经历，且平均每年旅游支出费用300～10000元不等。说明在新农村建设的带领下，农民越来越注重生活的品质。

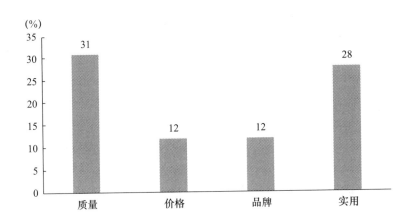

图3　农户购买生活用品时最注重的事物

数据来源：作者调查。

（二）高等教育投入对农民生活的影响

普九达标后，大部分农户在小学与初中的教育支出相对减少，而且随着农户生活越来越富裕，大多数农户供子女上学的困难程度降低不少，38.16%的农户觉得供子女上学没有困难，40.79%的农户觉得工子女上学有些困难，14.47%的农户觉得供子女上学非常困难。

（三）农户对当前生活的满意度及最忧虑的事情

农户在现在的家庭生活环境中，有超过六成的农户家中使用液化气或者电进行做饭；有超过六成农户的取暖方式是自家土炕或者土暖气；农户家庭的生活用水来源均是公共自来水。

对于目前的家庭生活状况，超过75%的农户表示比较满意或很满意，他们认为现在的生活比以前有了很大的改善，仅有7.32%的农户对现在的生活表示不满意或者不太满意。

农户目前在生活方面最忧虑的事情，排第一位的是担心家里有人生病，排第二位的是养老问题。

（四）农村合作医疗制度效果

在医疗方面，有超过95%的农户参加了新农合，且有82.38%的农户觉得使用新农合报销方便。参加新农保的农户有44.58%，且在监测新农保的农户中，仅有37.83%的农户觉得新农保能解决养老问题。

（五）农户对生活宽裕方面的期望

（1）为农户提供优质、便宜的医疗服务，有75.90%的农户选择了希望政府提供优质、便宜的医疗服务。

（2）对考上大学的农村孩子实行更多的学费减免和优惠政策，有37.35%的农户希望政府为大学生实行学费减免。

三、乡风文明方面

（一）农民信息获取情况

目前，农民获取各类信息的渠道有报刊、电视、网络、广播、与人交谈、村里公告、通知、广播等形式。如图4所示，80.72%的农户获取信息主要来自于电视，其他的信息渠道所占比例相对较低。这说明农民获取信息的方式比较传统，一些新兴有效的方式还没有得到广泛应用。

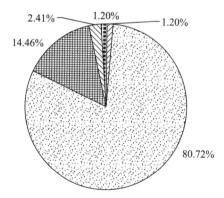

图4 农户获取信息的渠道

数据来源：作者调查。

（二）农村文化生活

（1）休闲方式。如图5所示，在闲暇时间大部分农户会选择看电视，其次会选择参加健身活动，打麻将或打牌已经开始慢慢从农户的闲暇活动中淡出。

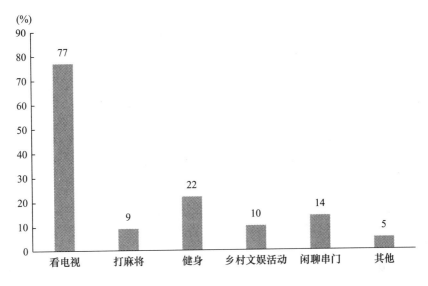

图5　农户的休闲方式

数据来源：作者调查。

（2）健身或文化活动场所。在被调查样本中，每个村都有健身或文化活动场所，其中，阅览室和体育活动场所为每个村庄所必备，但戏剧场所、露天电影和非赌博性棋牌室等场所很少见。

（三）农村社会风气

在被调查样本中，受访者对当前村里的社会风气、治安状况的满意度较高。其中，有90.37%的农户认为本村的赌博现象不严重，有91.57%的农户对本村的社会风气感到满意，有93.98%的农户认为村里的邻里关系和谐，有83.13%的农户对本村的治安状况感到满意。对于礼金，有36.14%的农户认为村里随礼的礼金不严重，有38.55%的农户认为礼金一般，有25.30%的农户认为礼金较严重。有近1/3的农户家庭平均每年用于随礼的支出为10000元，有近1/3的农户家庭平均每年用于随礼的支出为5000～9000元，有近1/3的农户家庭平均每年的礼金支出为1000～4000元。整体来讲，农村社会风气良好，邻里关系和谐，治安状况令人满意。

四、村容整洁

（一）农村公共卫生及设施管理

（1）生活污水处理。现在农村生活污水随意倾倒现象已经减少。在对家庭生活污水的处理方式中，随意倾倒占6.02%，自挖下水井占42.17%，街边排水渠占 26.51%，统一规划下水道占 25.30%。在被问及村里建设下水道有无必要时，有 90.36% 的农户认为有必要建设下水道。

（2）生活垃圾处理。调查发现，有 95.18% 的农户将生活垃圾倒在村指定的垃圾倾倒地点统一处理，仅有 1.21% 的农户会将生活垃圾倒在无人处理的垃圾倾倒点，有 3.61% 的农户选择在自己家固定的倾倒点处理生活垃圾。现在，每个村都会对生活垃圾进行统一处理。

（3）乡村街道现状。调查发现，每个村庄都有道路清洁人员和环卫工人，街道卫生令人满意。有 86.75% 的农户对本村的街路状况感到满意，每个村庄都有安装路灯。

（4）乡村集市卫生状况。在对乡村集市卫生状况的调查中，有 74.68% 的农户对此表示满意，有 21.51% 的农户认为乡村集市卫生状况一般。说明乡村集市的卫生状况有待继续提高。

（5）有害废弃物处理。对于农药瓶子等废弃有害物品的处理，有 22.37% 的农户会交给村里统一处理，有 39.47% 的农户选择扔到垃圾堆里，有 23.68% 的农户会随用随扔，有 14.47% 的农户以其他方式对农业瓶子等废弃有害物品进行处理，包括掩埋、焚烧或是卖到废品回收站等。总的来说，对农药瓶子等废弃有害物品的处理方面存在问题，需要进行统一规划。

（二）农民在村容整洁方面的期望

（1）统一规划街道及住宅。有 80% 以上的农户认为有必要对村里的住房进行统一规划。

（2）加强农村公共卫生及设施管理。村民普遍希望增加垃圾箱，并对垃圾进行分类处理，尽量绿化美化农村环境。

（3）希望政府投资资金改善农村基础设施。

五、民主管理

（一）村民对民主管理的认可度和意见反映渠道

调查发现，近 3 年村里的重大村务都是通过村民大会或者村民代表大会表决，有 96.39% 的村民认为可以代表村民的意愿，村民代表得到了村民的信任与认可。在意见反映方面，每个村都设有专门的渠道可以让村民进行建议和意见反映，有 85.54% 的农户了解反映渠道，有 14.56% 的农户不了解反映渠道，认为村里没有可以反映建议和意见的渠道。

（二）村务公开情况

在被调查样本中，每个村的村务都实行公开，有 89.16% 的农户认为村民代表对村里的经济活动能够进行有效的监督和约束。

（三）村委会选举

农户对村委会干部的选举程序比较了解。根据调查显示，有95.18%的农户了解村委会干部的选举程序。在被问及参加村委会选举的原因时，有86.75%的农户认为参加村委会选举是自己的权利，有6.02%的农户是因为村里要求必须参加，有2.41%的农户是跟风。在村委会最近一次选举当选的村干部，有73.12%的村干部是依靠群众基础当选，有26.88%的村干部是依靠个人能力当选。

（四）"一事一议"筹资筹劳制度

有过半农户听说过"一事一议"筹资筹劳制度，并且对该制度较为满意。根据调查显示，有57.83%的农户听说过"一事一议"筹资筹劳制度，其中，有95.56%的农户参加过"一事一议"筹资筹劳制度，而且参加过这个制度的农户均对该制度表示满意。

（五）村民对民主管理的期望

（1）村民对目前民主的现状表示认可，对村干部的工作也表示满意。但是村民对新制度的了解程度较低，应加大对新制度的宣传力度，让村民更好地了解实事。

（2）村民希望政府加强村财务管理，建立和完善监督机制。

六、结论及思考

根据上述对辽宁省营口市老边区新农村建设现状及农民对新农村建设期望的分析，我们认为新农村建设工作有待继续发展。在农业生产发展方面，广大农户希望在资金、技术等方面继续得到改善；在生活宽裕方面，医疗保障问题及高等教育学费问题是农户较为担心的问题；在乡风文明方面，文化基础设施有待继续增加，不断提高农民素质；在村容整洁方面，继续加强农村公共卫生及设施管理，统一规划农村街道及住宅；在民主管理方面，村民满意度较高，但村民缺乏对"一事一议"筹资筹劳制度的了解。

综上所述，从农民的角度看，我们对新农村建设有如下思考：

（1）加强农村基础设施建设，改善社会主义新农村建设的物质条件。

（2）积极稳妥地推进农村改革，为新农村建设提供强大动力。

（3）加强农村医疗卫生文化社会事业发展。

（4）培养新型农民，不断提高农民素质。

（5）加强农村基层组织建设。

（刘华、周密、王振华）

基础设施与农民土地流转行为决策

一、引言

土地不仅是农民生存和发展的基础保障，而且还是国家的宝贵资源，相关土地政策又是农村社会稳定的基础。党的十一届三中全会以来，在农村确立了家庭联产承包责任制，但随着国家工业化和城市化的推进以及农村劳动力的转移，以家庭为单位的农业耕作模式已经无法适应城镇化、市场化和规模化的现代化农业发展要求。20 世纪 80 年代末期以来，农村大量劳动力外出务工从事非农业劳动越来越多，同时农村闲置的土地越来越多。2003 年开始实施的《中华人民共和国农村土地承包法》规定农村的土地承包经营权可以流转，2012 年在全国设立了 33 个县作为试点单位。党的十八届三中全会再次鼓励农村土地承包经营权流转。随后全国各地展开一系列的土地流转实践，但土地流转规模较小，效益较低。

随着农村土地流转开展及土地流转过程中存在的问题，学术界对土地流转问题开展了一系列的研究。一方面，专家学者研究了通过行政手段对土地流转的作用（王景新，2001；宁全红，2010；杨萍，2015）、土地流转的经验（钱忠好，2004；常金海，2005；马喜珍，2013）和土地所有权和使用权（张红宇，2002；党国英，2005；孙忠才，2007；金俭，2013）等土地所有制问题；另一方面，专家学者从社会经济发展水平差异（张翠娥，2005；陈美球，2008；李庚，2012；张雪靓，2013）、粮食价格（赵晓秋，2009；杨华，2011）、社区环境（陈成文，2008；乐章，2010）和社会保障（张笑寒，2003；许恒周，2011；闰小欢，2013）等对土地流转决策、绩效和行为的影响。同时也有相关文献对农村基础设施进行了研究。学者从农村基础设施供给效率（Gunatilaka，1999；马林靖，2008；陈银娥，2012；何平均，2014）、农村基础设施对经济增长的贡献（Galderon, et al.，2004；石爱虎，1996；王明昊，2008；吴文中，2011；郑世林，2014）、财政补贴对农村基础设施的影响（WelleniusFoster，2004；李志远，2007；杨立社，2010）、农村基础设施投资问题（陈文科，2002；帅传敏，2008；

王永华，2010；李婵娟，2013；石保强，2015）和农村基础设施结构优化（骆永民，2008；李志军，2011；周宁、李伟等，2015）等方面对农村基础设施进行了研究。

已有文献对土地流转影响因素的研究中，主要影响土地流转的农民自身探讨，缺乏从农村基本环境角度研究土地流转的相关文献，从农村基础设施角度分析其对土地流转影响的文献就更少了；同时研究农村基础设施的文献也很少分析其对土地流转的影响。因此从农村基础设施角度分析其对土地流转影响具有重要的现实意义。

二、数据描述

本文研究数据来源于 2015 年 7 月和 8 月沈阳农业大学经济管理学院主持的"百村千户"调研。此次调研的内容主要涉及到农民的家庭基本情况、土地流转状况、农村基础设施建设情况和农民收入消费状况等方面的内容。在数据获取时，根据辽宁省①人口分布状况，根据辽宁省各市县的经济发展水平从各市县以配额抽样的方式抽县单位，然后根据该县农民收入水平以配额抽样的方式抽村单位，最后再由调查者采用随机抽样的方式从该村中随机抽样调研。调研方式是由经济管理学院研究生利用 2015 年暑假时间到农民家庭内采用一对一的方式向被调查者解释调研内容，然后再由调查者逐一根据被调查者口述的内容实时填写调查问卷。此次调研一共访问 41 个乡镇、125 个村和 1233 户农民。调研数据样本主要来源于辽宁省沈阳市、大连市、铁岭市、丹东市、营口市、朝阳市、锦州市、抚顺市、阜新市和鞍山市十个城市。从调研的地点看，主要选择的 10 个城市经济发展水平在国内分别处于上游水平、中游水平和下游水平，虽然调研的乡镇、村和农民个体数量较少，却能反映出辽宁省农民群体的土地流转与其影响因素之间的关系，甚至在一定程度上也能反映全国农民群体的土地流转与影响因素之间的关系。

样本数据中农民基本特征包括家庭总人数、年龄、受教育程度和是否具有外出务工经历等方面；根据调研数据发现农村家庭总人数平均值为 3.39 人，最多家庭人口为 9 人，最少家庭人口为 1 人；被调查农民平均年龄为 55.48 岁，最大年龄为 81 岁，最小年龄为 21 岁；本年度具有外出务工经历的占 26.85%。

考察农民土地流转状况的问题是"转入土地亩数"和"转出土地亩数"。由

---

① 2013 年辽宁省总人口为 4390 万人，其中城市人口为 2222 万人，农村人口为 2168 万人；农民工总量约为 425 万人，其中本省农民工约为 335 万人，外省农民工约为 90 万人，本省外市流动的农民工约为 73 万人，本市流动的农民工约为 261 万人，是中国农民工较为典型的地区，因此选择辽宁省为主要调研对象。

于调研数据内产生土地流转的农民数量较少，因此将产生土地流转的赋值为1，没有产生土地流转行为的赋值为0。考察农村基础设施的问题是"近三年，本村道路和农田水利等基础设施是否有所改善？"选项分别为"是"和"否"，分别赋值为"是=1"，"否=0"，人均耕地面积为家庭经营耕地面积与家庭总人口之比，如表1所示。

表1 样本基本特征统计

变量	平均值	标准差	最小值	最大值
家庭总人数（人）	3.3916	1.1864	1	9
年龄（岁）	55.4874	10.1980	21	81
受教育程度（年）	8.1425	2.6187	0	16
外出务工（是=1，否=0）	0.2685	0.4433	0	1
农业收入	8.3972	3.4827	0	14.9911
购买农资地区（本村=1，其他=0）	0.3723	0.4836	0	1
购买农资地区（本乡=1，其他=0）	0.3804	0.4857	0	1
基础设施（是=1，否=0）	0.8070	0.4070	0	4
人均耕地面积（亩）	5.5348	8.7173	0	86.6667

三、实证分析

（一）变量选取与模型建立

本文通过分析基础设施和农民规模回报率对土地流转行为的影响，因此选择农民是否进行了土地流转作为因变量。影响农民土地流转行为的因素非常复杂，从总体上可以分为两部分，一部分是农民自身的内部因素，另一部分是外部因素。内部因素指影响农民家庭本身所具有的特征，根据调研数据情况主要包括以下几个变量：年龄、文化程度、是否外出务工和农业收入占总收入比重四个变量；外部因素指农民家庭以外的一些影响农民土地流转行为的因素，根据调研数据，主要包括购买农资地区、村庄基础设施是否修缮和人均耕地面积三个变量。

由于农民土地流转行为为两分类变量，因此可以建立Logistic回归模型进行研究，通过分析农民特征变量与土地流转行为之间的相关关系，得到农民土地流转行为的主要因素以及各变量对土地流转行为的贡献程度。

具体模型为：$Y = \sum_{i=1}^{7} \alpha_i x_i + \varepsilon$

式中，Y表示农民土地流转行为；x_i表示影响农民土地流转行为的因素。

（二）模型估计及解释

运用 Stata12.0 软件实证分析，根据伪 R^2 和 F 检验可以看出，模型拟合度较好。

从模型的回归结果看，基础设施建设和人均耕地面积对农民土地流转行为有显著的影响。

表2　基础设施对农民土地流转行为的影响

变量	系数	标准误
年龄	0.0050 ***	0.0007
文化程度	-0.0002	0.0032
是否外出务工	0.0006	0.0299
农业收入	0.0029	0.0040
购买农资地区（本村=1，其他=0）	-0.0741 **	0.0372
购买农资地区（本乡=1，其他=0）	-0.0631 *	0.0374
人均耕地面积	0.0003 *	0.0002
村庄基础设施是否修缮	0.0765 **	0.0322
Number of obs	1228	
F (8, 1220)	71.21	
Prob > F	0.0000	
AdjR - squared	0.3138	

注：Stata12.0 软件输出。*、** 和 *** 分别代表了 10%、5% 和 1% 的显著性水平。

村庄基础设施修缮对农民土地流转行为的影响为正，且通过了 5% 显著性水平检验；具体而言，基础设施改善 1% 促进 7.26% 的农民进行土地流转。可能的解释是，农村基础设施越完善的地区，其土地生产率就越高，农民越偏好于流转土地，同时反映出农村地区基础设施薄弱。

人均耕地面积对农民土地流转行为的影响为正，且通过了 10% 显著性水平检验；具体而言人均耕地面积提高 1% 就会促进 0.03% 的农民进行土地流转。可能的解释是人均耕地越多的农民越以农业生产为主，并且农民在农业上的投资也就越多，由于本次调研数据的土地生产规模低于适度规模耕地面积①，在农业生产过程中希望流转其他农民的土地，从而达到适度规模经营。

——————————

① 农业适度规模数据借鉴白南生（1998）、史清华（2001）、钱贵霞（2004）、张忠明（2008）和秦明周（2012）劳均耕地面积适度规模为 10 亩。

购买农资地区对农民土地流转行为的影响为负，对本村和本乡的影响分别通过了5%和10%的水平检验。具体而言，能否在本村或者在本乡购买到农资对农民土地流转行为的影响为负。可能的解释是根据调研发现随着农村交通设施以及农民家庭交通工具的便捷，在县城、乡镇或者本村购买农资也十分方便，因此更希望到县乡镇去购买农资。

农业收入占家庭收入的比重对农民土地流转行为的影响为正，但没有通过显著性水平检验。具体而言，农业收入占家庭收入比重的提高促进农民土地流转。可能的解释是，农业收入越多，说明农民对农业的投入也越多，出现了沉没成本，愿意参与土地流转。

是否外出务工对农民土地流转行为的影响为正，但没有通过显著性水平检验。具体而言，有外出务工经历的农民流转土地的行为更积极；可能的解释是，具有外出务工经历的农民把在其他地区学习的生产经验运用到实际生产过程中，只有流转土地才能实现经验与实际的结合。

文化程度对农民土地流转行为的影响为负，但没有通过显著性水平检验；具体而言，受教育程度越高的农民参与土地流转行为的概率就越低。可能的解释是，文化程度越高的农民越偏好于外出务工，越不希望从事农业生产。

年龄对农民土地流转行为的影响为正，且通过了1%显著性水平检验；具体而言，年龄越大的农民流转土地的概率就越高，越年轻的农民流转土地的概率就越低。可能的解释是，越年轻的农民越不愿意从事农业生产，反而年龄越大的农民越愿意从事农业生产，这与农村普遍存在的现象是一致的。

四、结论

本文从基础设施建设的角度出发分析其对农村土地流转行为的影响。根据相关理论，运用沈阳农业大学经济管理学院的"百村千户"调研数据分析了农村基础设施建设对农民土地流转行为的影响。结果表明，基础设施建设越完善的农村其农民土地流转行为越强烈，而基础设施建设越落后的农村其土地流转行为越缺乏；人均耕地面积越多的农村其土地流转行为越强烈，而人均耕地越少的农村其土地流转行为越缺乏；能在本村或者本乡购买农资的农民其土地流转行为越不强烈，而不能在本村或者本乡购买农资的农民其土地流转行为越强烈。本文的结论表明，农村基础设施建设能够促进农村土地流转，原因是农村基础设施建设能够提高土地的回报率，进而促进土地流转。

上述研究结果提供了以下政策启示：农村土地流转不仅受到农民自身因素的影响，还受到其农村基础设施建设状况的影响。农村基础设施越完善的地区其土地回报率就越高，农村基础设施越落后的地区其土地回报率就相对较低；土地回报率越高的地区农民越愿意流转土地，而土地回报率越低的地区农民越不愿意流转土地。因此推进农村土地流转不仅需要培训农民提高素质，更重要的是需要完善农村基础设施建设。随着农村基础设施的完善，农民会积极主动地流转他人的土地。

（孙学涛、张超、王振华、谭晓婷）

技术示范、预期风险降低与种粮大户保护性耕作技术行为决策

一、引言

随着传统耕作技术对土壤及环境等方面造成的负面影响越来越大，政府及学者逐渐开始关注保护性耕作技术。保护性耕作技术与传统技术不同，主要是通过对土壤少耕、免耕，增加秸秆或绿色植物覆盖，采用多样化的轮作体系，达到保护土壤和环境、提高收益的目的。保护性耕作可以通过降低物质和能量的投入有效降低成本，同时还可以保持或增加作物产量，并对环境产生许多潜在的收益，因此在世界范围内的推广速度很快。中国的保护性耕作技术起步较晚。2002年，政府初设专项资金支持保护性耕作的试验和示范，并于2005年开始推动保护性耕作的示范和推广。辽宁省是中国的粮食主产区，随着黑土层的不断侵蚀，保护性耕作技术越来越受重视，目前主要推行秸秆还田、深松整地和免耕播种三大核心技术。

农户是保护性耕作技术采用的行为决策主体，分析农户采用保护性耕作技术的行为决策机制、寻找其影响因素对政府引导农户采用保护性耕作技术，进而促进土壤质量的修复和提升有重要的意义。在辽宁省，随着土地不断流转，种粮大户、家庭农场、农民专业合作社等新型农业经营主体的数量不断提升。新型农业经营主体有着不同于普通农户的特征，在新技术采用方面也可能存在与普通农户不同的决策机制。已有学者研究普通农户采用保护性耕作技术的影响因素，从农户追求收益最大化的角度出发，选择个人禀赋特征、家庭禀赋特征、政策环境等方面进行了讨论，个别学者也尝试分析技术示范对保护性耕作技术推广中的作用，但已有文献的研究结论并不一致，而关注新型农业经营主体保护性耕作技术的文献更少。

本研究将以种粮大户为例，重点考察东北地区新型农业经营主体的保护性耕作技术采用行为决策问题。在分析的过程中，从技术示范的角度切入，具体分析

技术示范对种粮大户保护性耕作技术采用行为决策的影响。

二、文献综述

学者们对农业技术采用行为的研究积累了大量的成果。在理论和建模方面的相关研究都假定农户是理性的，追求自身收益最大化。对农户等主体而言，如果新技术的采用所带来的边际收益大于边际成本，则行为决策主体会采用新技术，反之则不会。孔祥智等对 Atanu Saha 等的理论模型进行了简单的修正，认为新技术的采用与否不取决于边际成本与边际收益的比较，而是取决于新、旧技术所带来的净收益（边际收益减去边际成本）的比较，如果新技术带来的净收益更大，就会采用新技术。当然，农户在做决策时考虑的收益是期望收益。如果考虑非农就业，则农户的最大化收益便不仅仅局限于农业经营方面，体现在农业方面，其追求的可能是省时、省工和省钱，以便从事非农工作，因此其收益函数需要改写。而对大户而言，从事非农就业的概率较低，仍然追求农业收入的最大化。

在经验分析方面，学者主要从个人特征、家庭特征、政府行为、外部环境等方面量化相关指标分析各变量对农户保护性耕作技术采用的影响，重要的变量包括年龄、受教育程度、培训、社会资本、土地规模、非农就业收入等，但即使在相关的代表性文献中，结论也并不一致。有研究表明，年龄越大，采用新技术的概率越大，原因是随着经验的积累，年龄大的农户会成为谨慎的新技术追随者。但更多的研究表明年龄对技术的采用没有影响，或影响为负。对人力资本水平而言，Atanu Saha 等、林毅夫、孔祥智等的研究发现受教育程度对农户的新技术采用有正向影响，这也符合人们的预期：受教育程度越高的农户对新技术的接受和掌握能力就越高，因此会采用新技术；但宋军等的研究表明受教育程度的提高并不能显著促进农户的新技术采用，这也得到了郭霞的经验支持。在土地规模方面，林毅夫、Atanu Saha 等认为经营规模越大，新技术采用的可能性越大，但 Madhu Khanna、孔祥智等的研究发现上述结论并不成立。其他变量的研究结论不再赘述。总之，在相关的经验研究方面，已有文献的结论差异很大。

具体到保护性耕作技术的采用方面，孔祥智等、王金霞等、朱萌等进行了讨论，得到了一些有意义的结论，但已有文献并未讨论技术示范对农户保护性耕作技术采用行为的影响。已有文献在研究结论方面存在差异的原因可能是：首先，样本的选择问题。包括两个方面：第一，已有研究的样本大多既包括普通农户又包括种粮大户，而在农业经营方面，已有文献指出普通农户可能追求的是省时省力，以便通过获得非农收入追求收益最大化，而种粮大户却追求的是种粮收入的最大化，样本的异质性会影响研究结论的可信度；第二，已有的部分研究中，样本的种植作物包括水稻、玉米、小麦等多种作物，甚至单个样本中也兼种两种或两种以上作物，不同作物间的可比性值得商榷。其次，指标的量化问题。在已有的研究中，关于保护性耕作技术的量化方面，已有研究并未统一。保护性耕作技术涵盖范围较广，只有细化了技术分类，相关研究结论才能被接受。

本研究拟从上述两个方面入手，以保护性耕作技术中的少耕、免耕技术为例，基于辽宁省水稻种植大户的调研数据，采用计量模型分析种粮大户保护性耕作技术采用行为决策问题，重点分析技术示范在其中的作用，尝试为已有文献做出补充。

三、理论分析与模型建立

本研究假定种粮大户是理性的，不从事非农就业，其收入全部来源于农业经营，即追求种粮收入的最大化。本研究假定种粮大户面临的要素市场和产品市场都是完全竞争市场，且信息完全，因此种粮大户是价格接受者，在种粮大户进行保护性耕作技术采用行为决策的过程中，农户追求的是收益 π 的最大化。静态条件下的决策函数是：

$$\pi_i = p \cdot q(X) \cdot g(dem, Z) - C_i \tag{1}$$

式中，π 代表种粮大户的收益，p 代表农产品价格，$q(X)$ 是农户的生产函数，C_i 代表生产成本，$C_i = \sum r_j x_j$，x、r 分别代表要素的投入数量和投入价格。$g(dem, Z)$ 为主观风险函数，也有文献称之为技术采用决策或信息转换变量函数，由农户个人特征、家庭特征、政策变量等因素决定。假定一项技术没有任何风险，则 $g(dem, Z)$ 为1，式(1)则转变为普通的利润函数模型。需要说明的是，农户大都属于风险厌恶型，相信"眼见为实"，因此新技术的示范可以有效降低农户的风险预期，进而有效提高农户的技术采用概率，本研究在已有文献的基础上，加入了技术示范指标，即 dem，Z 代表其他变量组合。

在比较静态分析的框架下，种粮大户是否采用保护性耕作技术，需要比较新、旧两种技术的净收益情况：如果种粮大户沿用目前已有的旧技术，不采用保护性耕作技术，则其净收益为 π_{i0}，$\pi_{i0} = p \cdot q_{i0}(X) - C_{i0}$，即产品收入减去成本；如果种粮大户采用保护性耕作技术，则其期望净收益为 π_{i1}，$\pi_{i1} = p \cdot q_{i1}(X) \cdot g(dem, Z) - C_{i1}$。种粮大户的决策函数是：

$$\triangle \pi_i = [p \cdot q_{i1}(X) \cdot g(dem, Z) - C_{i1}] - [p \cdot q_{i0}(X) - C_{i0}] \tag{2}$$

由于本研究已假定种粮大户面临的要素和产品市场完全竞争、信息完全，种粮大户是价格接受者，则式(2)中，只有主观风险函数 $g(dem, Z)$ 是不确定的，因此种粮大户保护性耕作行为采用决策主要由影响主观风险函数 $g(dem, Z)$ 的因素决定，即由是否存在技术示范、个人特征、家庭特征等因素决定。

综上，本研究提出的假说是：技术示范会通过影响种粮农户的主观风险判断进而影响其预期净收益，最终影响种粮大户的保护性耕作技术采用决策。

由此建立的 Logit 模型为：

$$Y = \beta_0 + \beta_1 dem + \beta_2 age + \beta_3 edu + \beta_4 sc + \beta_5 esp + \beta_6 tra + \beta_7 fpc + \beta_8 ls + u \qquad (3)$$

式中，Y 代表种粮大户是否采用保护性耕作技术，量化方法是采用为 1，未采用为 0；dem 为技术示范指标，外生的量化方法是村里存在技术示范户为 1，反之为 0；age 为户主年龄；edu 代表受教育年限；sc 代表社会资本，当过村干部为 1，未当过村干部为 0；esp 代表农业生产经验，用从事农业生产的年限量化；tra 代表是否参加过技术培训，参加过为 1，未参加过为 0；fpc 代表是否参加合作社等农民协会；ls 代表土地经营规模。

四、数据

本研究的数据来源于 2015 年的辽宁省"百村千户"调研数据。样本涵盖了普通农户和种粮大户，调查内容包括家庭基本情况、非农就业情况、耕地状况、土地流转信息、投入产出状况等。样本的获取采用分层随机抽样法：首先把辽宁省分为辽中、辽东、辽北、辽南、辽西 5 个区域，然后根据经济发展状况（富裕、中等、贫困）在每个区域抽取 3 个县，每个县又抽取 3 个乡镇，每个乡镇抽取 3 个村，每个村抽取 9 户（富裕、中等、贫困农户各 3 户）。共调研了 15 个县（区）、45 个乡镇、135 个村、1215 户农户，调研方式采取入户问卷调查、深度访谈、小组座谈、调查员现场观察等方式。为解决样本的异质性问题，本研究细分样本，选择其中的 276 个种粮大户进行分析。在计量分析的过程中，首先选择水稻种植大户作为样本，在稳健性讨论部分再一次选择玉米种植大户进行分析。

根据本研究的调研，在辽宁省的水稻种植大户中，有 50.96% 的农户采用了保护性耕作技术，具体而言是采用了少耕技术。种粮大户的平均耕地规模是 12.11 公顷，样本经营规模最大的是 413.33 公顷。目前，辽宁省已建立部级保护性耕作示范县（区）26 个，在农村进行保护性耕作技术的示范和推广。具体的示范推广模式是围绕保护性耕作技术选择具有一定文化程度、农业生产经验丰富的农户作为科技示范户，然后按照 10% 的比例选聘农技员，并为各示范户提供培训、实地考察及观摩交流的机会，指导示范户掌握相关保护性更多技术，使其成为农民身边的"乡土专家"，发挥科技示范作用。

在变量的量化方面，种粮大户保护性耕作技术决策变量采用的是 0 - 1 变量，即采用了保护性耕作技术为 1，未采用则为 0；对"是否获得技术示范"这一核心解释变量，由于农户技术示范的获得与否会受到自身人力资本水平、社会资本水平、家庭特征等相关变量影响，具有较强的内生性，因此本研究以村里是否有技术示范户这一外生性较强的指标作为技术示范的量化指标，调研发现有39.42%的农户村里存在技术示范户。其他变量的量化较为简单，不赘述。相关数据的描述性统计分析结果见表1。

表1　指标数据的描述性统计分析

变量名称	均值/频率 （=1）	标准差	最小值	最大值
Y	0.509	0.502	0	1
dem	0.394	0.491	0	1
age	47.990	9.379	26	66
edu	7.730	2.390	0	14
sc	0.153	0.362	0	1
sxp	26.596	10.817	3	48
tra	0.395	0.498	0	1
fpc	0.288	0.455	0	1
ls	12.111	40.021	3.333	413.333

数据来源：作者对调研数据的整理和测算。

五、模型估计结果

本研究借助 Stata12.0 软件对构建的 Logitech 模型进行估计，模型结果见表2。

表2　Logitech 模型估计结果

变量	系数	标准误	Z 统计量
dem	1.297***	0.478	2.71
age	−0.102**	0.049	−2.07
edu	0.001	0.099	0.01
sc	0.561	0.637	0.88
sxp	0.073*	0.041	1.76
tra	0.928*	0.487	1.9
fpc	−0.245	0.526	−0.47
ls	−0.001	0.001	−0.49
_cons	3.101*	1.817	1.71
卡方统计量 LR chi^2 （10）	40.72		
卡方检验 Prob > chi^2	0.000		
对数似然值 Log likelihood	−49.603		
伪判定系数值 Pseudo R^2	0.291		

注：***、**和*分别代表显著性水平为0.01、0.05和0.1。

模型整体的估计结果较好。从模型的估计结果看，技术示范指标对水稻种植大户的保护性耕作技术采用有显著的正向影响（1%的显著性水平下），证实了本研究的假说：在其他变量不变的前提下，技术示范会显著提高种粮大户采用保护性耕作技术的概率。根据本研究的理论解释，种粮大户会追求自身收益的最大化，而与普通农户不同的是，种粮大户的收益主要来自农业经营收入，因此其追求的是种粮收益的最大化。种粮收益取决于预期收益与成本之差，预期收益由预期风险和实际收益相乘得到，而技术示范会通过降低种粮大户的预期风险进而提高预期收益，最终影响其行为决策。

其他因素也会影响种粮大户的保护性耕作技术采用行为决策。从其他控制变量看，年龄会显著影响农户的行为决策（5%的显著性水平下），系数为负，说明这种影响是负向的：在其他变量不变的情况下，种粮大户的年龄越大，采用保护性耕作技术的概率越低。这与郭霞的研究结论一致，但与孔祥智等的结论不一样。本研究在随后的稳健性检验中进一步检验了该结论，发现该结论比较稳健。而与该变量不同的是，种地年限变量对种粮大户的行为决策影响显著为正（10%的显著性水平下），说明随着经验的积累，种粮大户对保护性耕作技术的采用概率会上升，但是该结论的稳健性较差，本研究不展开讨论。

技术培训是很多学者关注的变量，本研究的结果表明技术培训也会提升种粮大户对保护性耕作技术采用的概率，结论也比较稳健。农户的受教育程度较低，而技术培训是提高其人力资本水平的重要途径。根据调研发现，相比于普通农户，种粮大户对技术的需求意愿更加强烈，参与技术培训的意愿也更高。技术培训会让农户切实接触并掌握相关农业生产技术，因此会提升其技术采用的概率。

对文献中有争议的经营规模变量，本研究的结论是不显著，与 Madhu Khanna、孔祥智等的研究发现一致。需要说明的是，本研究采用的是种粮大户的样本，后文的稳健性检验也采用种粮大户的样本，因此样本的经营规模都较大，虽然结论稳健性较强，但是结论的局限性也较强。

六、稳健性检验

根据已有文献的经验，稳健性检验一般从3个方面展开：首先是更换指标的量化办法进行再回归，其次是变换模型和估计方法进行进一步检验，最后是细分或扩大样本寻找新的经验支持。考虑到本研究核心变量采用的量化指标是村里是否有技术示范户，外生性较强，因此着重从后两个方面进行结论的稳健性检验：首先，本研究将采用 Probit 模型对本研究的假说进行进一步的检验；其次，本研究将采用同一次调研过程中获得的玉米种植大户样本进一步验证相关结论是否在新的样本中也成立。本次调研获得的玉米种植大户样本为101个，虽然从数量上看样本量较少，但考虑到是种粮大户的样本，且排除了兼业农户的样本，因此样本量是可以接受的。考虑到是关于结论的稳健性讨论，因此不给出数据的详细描述统计分析。

表3 稳健性检验

	Probit 模型估计结果		玉米种植大户的 Logit 模型估计结果	
变量	系数	Z 统计量	系数	Z 统计量
Y	0.803 ***	2.77	0.959 **	2.31
dem	− 0.062 **	− 2.14	− 0.202 ***	− 2.88
age	0.002	0.04	− 0.115	− 0.84
edu	0.312	0.84	0.104	0.16
sc	0.045 *	1.82	0.474	0.93
sxp	0.579 **	1.97	0.099 *	1.67
tra	− 0.135	− 0.42	− 0.404	− 0.62
fpc	− 0.001	− 0.51	− 0.001	− 0.61
_ cons	1.872 *	1.73	0.959 **	2.31
卡方统计量 LR chi^2 (10)	1 694	卡方统计量 LR chi^2 (10)		20.31
卡方检验 Prob > chi^2	0.003	卡方检验 Prob > chi^2		0.009
对数似然值 Log likelihood	− 61.496	对数似然值 Log likelihood		− 51.752
伪判定系数值 Pseudo R^2	0.121	伪判定系数值 Pseudo R^2		0.164

注：*** 、** 和 * 分别代表显著性水平为 0.01、0.05 和 0.1。

从 Probit 模型的估计结果看，是否获得技术示范指标对水稻种植大户的保护性耕作技术（少耕技术）采用具有显著的正向影响，其他变量的估计结果也与基准模型的估计结果相似。在采用同一次调研中玉米种植大户样本进行重新回归后发现本研究的相关结论对玉米种植大户同样成立。其他变量的估计结果也较为相似，本研究不赘述。

七、结论与讨论

保护性耕作技术对保证土壤肥力、促进我国"藏粮于地"战略的顺利实施有重要意义。种粮大户作为新型农业经营主体的代表是未来我国农业经营的重要组成部分，研究种粮大户的保护性耕作技术采用行为决策影响因素有重要意义。本研究提出的假说是：对农户而言，通过示范降低其风险预期，提高其预期收益，进而会提升农户采用保护性耕作技术的概率。本研究基于在东北地区辽宁省的调研数据，采用计量模型验证技术示范对种粮大户采用保护性耕作技术的影响，研究证实了本研究的假说，更换模型、方法和样本也表明本研究的结论是稳健的。需要指出的是，受限于调研数据，本研究并未深入分析农户对保护性耕作技术中的秸秆还田等技术的采用决策影响因素，也未分析家庭农场、农民合作社等其他新型农业经营主体的保护性耕作技术采用行为决策的影响因素，这是本研究的不足，也是未来的研究方向。

本研究结论的政策启示是在推动种粮大户采用保护性耕作技术的过程中，通过技术推广、示范有重要的作用，是一个可以利用的重要抓手。大部分农户属于风险厌恶型，对保护性耕作等新技术一般持有谨慎态度，相信"眼见为实"。在此背景下，政府应该通过技术示范让农户亲眼看到保护性耕作技术所带来的好处及技术自身的稳定性，进而降低其预期风险，提高预期收益，最终提升其采用保护性耕作技术的概率。

（王振华、李明文、王昱、张广胜）

"一事一议"财政奖补制度实施的区域差异及其决定

——基于辽宁省的调查

在发展中国家，寻求最有效的社区治理方式已经成为农村发展的关键（张晓波等，2003）。自2006年取消农业税以来，村集体财政收入减少，仅依靠"一事一议"筹资筹劳机制没能从根本上改变农村社区公共产品供给状况。随着2011年全国推广实施的"一事一议"财政奖补制度，弥补了"一事一议"制度安排的不足，大量奖补资金以项目的形式下拨到各个村集体，使得村集体在税收收入减少的情况下能够维持村级公共产品供给。该制度将农民需求偏好和政府决策偏好有机结合起来，充分地展示了村级公共产品的供需情况，得到了广泛的认可和好评（余丽燕，2015）。不过，采用项目制资金发放的"一事一议"财政奖补制度的运行机制如何，是否能发挥财政的二次分配效应？为回答这个问题，我们需要回答以下三个问题：①各村之间在获得"一事一议"财政奖补资金上是否存在竞争效应？②如果存在竞争，县级或市级政府是否存在协调机制？③如果存在协调机制，更倾向于为哪类村庄提供财政奖补资助？回答以上问题，有利于我们清晰地看到目前财政奖补的政策倾向性以及"一事一议"财政奖补制度的内在运行机制。相应的政策含义将对完善"一事一议"财政奖补制度、促进新农村建设具有重要的现实意义。

对于"一事一议"制度的研究，国内学者近些年进行了许多有益的探索和讨论。尽管有学者认为"一事一议"制度交易成本高、不确定性大等不利于公共品的供给应该取消该制度（李琴等，2005），但更多学者认为该制度在农村公共产品供给中发挥了重要的作用，应加以完善而不是废止（林万龙，2007；Zhang et al.，2010）。比如，周密等（2009、2010）实证分析结果表明，在满足"熟人社会"和村民选举中能够真实表达偏好的条件下，"一事一议"制度对增加村级公共投资项目具有显著的影响，且对生活性公共产品的投资影响更显著。针对提供的公共产品是否为农民最需要的，罗仁福等（2016）的研究证实，"一事一议"制度确实有助于村集体实施村民最需要的公共投资项目。不过，以往的研究中忽略了村庄之间的相互影响，即可能存在的空间溢出效应。尽管陈硕等（2015）对此进行了研究，且他们的研究结果表明"一事一议"制度存在显著的空间溢出效应。但是，据笔者掌握的文献，还未有文献针对"一事一议"财政奖补制度的空间效应进行研究。由于"一事一议"财政奖补制度不同于"一事一议"制度，后者只是村民内部的筹资筹劳过程，而前者不仅与村民内部的筹资筹劳有关，还与上级政府的财政资助有关。而对此进行空间溢出效应分析，更有利于揭示"一事一议"财政奖补制度的运行机制。

目前，针对"一事一议"财政奖补制度的文献主要围绕以下几个方面：

（1）分析"一事一议"财政奖补制度的绩效。相关的研究结论包括：提升了村民和村干部参与公共产品供给的积极性，同时提高了公共产品的供给效率（陈杰等，2013；彭长生，2011）；此外，何文盛等（2015）构建了"一事一议"财政奖补制度绩效评价的指标体系，并实证分析了其主要影响因素。

（2）分析"一事一议"财政奖补制度的运行机制。相关的研究结论包括：有学者认为"一事一议"财政奖补制度完善了农村公益事业的投入机制（项继权等，2014）；但还有学者认为在"一事一议"财政奖补制度运行中存在政策宣传不到位、奖补资金供给机制错位（杜辉，2012），对农民的激励不足、实施成本过高（常伟等，2010）等问题。

（3）完善"一事一议"财政奖补的对策建议。相关的研究结论包括：优化政策实施策略（罗敏，2012；曹海林等，2014），建立健全村级公益设施管护机制（梁昊，2013）等。

尽管已有文献针对"一事一议"制度进行了严谨细致的计量模型分析，但是既有的针对"一事一议"财政奖补制度的研究往往以定性研究居多，鲜有文献从定量角度进行研究，进行严谨计量模型分析的文献就更少了。仅有孤篇进行计量模型分析的可能原因在于，"一事一议"财政奖补制度2011年才在全国范围内推广，各地区的施行时间较短，难以获得大规模的抽样调查数据。然而，幸运的是，本研究恰好利用辽宁省大规模的抽样调查数据对此进行了较为严谨的计量模型分析。

相比以往的研究，本文有以下的创新之处：

首先，初次实证分析了"一事一议"财政奖补制度的运行机制，特别关注了"一事一议"财政奖补资助村庄的空间相关性。与以往研究不同，我们考察了"一事一议"财政奖补制度的供给方面，因而具有以下两个特点：可以更好地揭示出各村在获得"一事一议"财政奖补方面的竞争效应；并可以根据上级政府的协调机制揭示出哪类村庄更多地得到了"一事一议"财政奖补机会。

其次，对于经济发达地区、不发达地区的"一事一议"财政奖补资金的竞争程度的比较研究还相对匮乏。随着新型城镇化建设，经济发达地区的村庄通过土地置换、中心区辐射等方式获得了更多的村集体收入，缓解了村级公共产品供给压力。但是为了争夺更多资源，加快本村的经济发展，各村之间在财政奖补申请方面的竞争变得越来越激烈。本文根据辽宁省经济发展特点，将沈阳市和大连市作为经济发达地区，其余样本城市作为经济不发达地区，比较分析"一事一议"财政奖补制度的运行机制特点，发现在经济发达地区的各村的"一事一议"财政奖补竞争程度要低于经济不发达地区的竞争程度，这说明了经济发达地区的县级政府更有财力进行内部协调机制。

最后，将分区制的空间计量模型应用于村级政府之间的竞争效应也是本文的主要贡献之一。国内已有的关于"一事一议"制度空间效应的文献中使用的均为线性空间计量模型（空间自相关模型和空间误差模型）。然而，实际中这种假设往往是不准确的，相同县的村往往受到上级政府的统一部署导致竞争效应减缓。同样，经济发达地区的县级政府往往更有财力进行内部协调，使得经济发达地区各村之间的竞争效应减缓。因此，本文采用了 Elhorst 和 Freret（2009）提出的分区制的空间计量模型，为县内外邻村、经济发达和经济不发达地区同县邻村分别设定不同的空间自相关系数，并分别对上述非对称效应逐一地进行了分析和验证。

一、"一事一议"财政奖补制度的实施背景

2006 年 1 月 1 日起我国全面取消农业税，减轻了农民负担，但也导致了以往农村公益性事业主要收入来源的丧失。为了保证农村公共产品的有效供给，政府出台"一事一议"筹资筹劳政策。该政策是以村民的意愿为基础，通过民主决策确定农民在村内公益事业投入的筹资筹劳制度，旨在引导农民参与农村公益事业建设，推动社会主义新农村建设。"一事一议"筹资筹劳在实际执行时确实取得了一定的成效，但也存在农民参与积极性不高的问题，导致"有事难议、议而不决、决而不行"，有些地区村级公益的供给状况非但没有好转，反而进一步恶化（黄坚，2006）。

为避免加重农民负担，在不突破筹资筹劳上限的条件下，中央政府出台了"一事一议"财政奖补政策，以期为新农村建设提供必要的资金保障，促进村级公共产品有效供给。该政策的实施分为两个阶段，第一阶段是 2008～2010 年逐步推广阶段，第二阶段是 2011 年以后的全面推广阶段。在第一阶段中，2008 年中国政府选取了北部黑龙江、中部河北和南部云南三个省作为试点，2009 年推广到 17 个省，2010 年进一步推广到 27 个省。2011 年开始则进入第二阶段全面

推广阶段。所谓"一事一议"财政奖补政策是对农民通过"一事一议"筹资筹劳开展的村内道路、农田水利、村容村貌改造以及村民通过民主程序议定需要兴办且符合本省有关规定的其他公益事业建设项目,国家按规定给予财政奖补。其实质是对农村社区公益事业建设实行"民办公助"。它所覆盖的范围主要包括以村民"一事一议"筹资筹劳为基础、目前支农资金没有覆盖的村内水渠(灌溉区支渠以下的斗渠、毛渠)、堰塘、桥涵、机电井、小型提灌或排灌站等小型水利设施,村内道路(行政村到自然村或居民点)和环卫设施、植树造林等村级公益事业建设。"一事一议"财政奖补项目实行村级申报、乡镇初审、县级审批的管理制度,各省份结合当地实际制定具体的实施办法。

辽宁省 2009 年 6 月开始试行"一事一议"财政奖补制度。最初选择本溪市本溪县、辽阳市灯塔市、朝阳市凌源市 3 个地区进行试点,政府按照 30% 的比例予以奖补,所需资金由省和试点县所在市各承担 50%。在 2010 年村级公益事业建设"一事一议"财政奖补试点全面启动后,财政奖补比例提高到农民筹资筹劳总额的 50%。所需财政奖补资金省以上财政承担 70%,市、县财政承担 30%;对 15 个辽宁省定点扶贫开发工作重点县,省以上财政的奖补比例提高到 80%,市、县财政承担 20%。在本次调查的辽宁省 10 市 13 区县 125 村中,2012~2014 年的"一事一议"开展及财政奖补获得情况如下:开展"一事一议"制度的村庄达到 65%,获得财政奖补资助的村庄达到 41%。在实施"一事一议"制度的村庄中,近 3 年平均获得资助 2.2 项,1/3 地区平均每年都获得 1 项及以上奖补。

二、模型与方法

(一) 空间计量模型

SAR 模型主要用于研究相邻地区的行为直接对整个系统内其他地区的行为产生的影响,其空间依赖性在因变量的滞后项上体现,数学表达式为:

$$y_i = \rho \sum_{j=1}^{N} W_{ij} y_i + X_i \beta + \varepsilon_i \qquad (1)$$

式中,ρ 为"一事一议"财政奖补的空间滞后效应系数,度量了相邻区域观测值对本区域观测值的影响程度;W_{ij} 为经过行标准化处理后的空间权重矩阵 W 的矩阵元素;y_i 为被解释变量,指的是区域的观测值;$\sum_{j=1}^{N} W_{ij} y_i$ 则为空间滞后被解释变量,指的是除区域外其他相邻区域观测值的加权平均值;X_i 为外生解释变量;β 为解释变量 X_i 的回归系数;ε_i 为残差项。

此外,空间依赖性还可能通过误差项来体现。空间误差模型(SEM)简记如下:

$$y_i = X_i \beta + u_i$$

$$u_i = \lambda \sum_{j=1}^{N} M_{ij}u_i + \varepsilon_i \tag{2}$$

式中，M_{ij}为经过行标准化处理后的空间权重矩阵的矩阵元素，λ为空间误差系数，度量了相邻区域由于被解释变量的误差冲击对本区域观测值的影响程度。$\sum_{j=1}^{N} M_{ij}u_i$为空间滞后误差变量，指的是除区域外其他相邻区域观测值误差冲击的加权平均值；ε_i为残差项；其他参数的含义与式（1）相同。

在空间误差模型中，尽管随机扰动项存在自相关，但由于不存在内生性，因此 OLS 估计是一致的；但由于忽略了扰动项的自相关而损失了效率，最有效的方法是进行 MLE 估计（陈强，2014）。

此外，空间滞后效应和空间误差效应也可能同时发生。更为一般的空间计量模型是将两者结合起来。考虑以下模型：

$$y_i = \rho \sum_{j=1}^{N} W_{ij}y_i + X_t\beta + u_i$$

$$u_i = \lambda \sum_{j=1}^{N} M_{ij}u_i + \varepsilon_i \tag{3}$$

式中，$\varepsilon_i \sim N(0, \sigma^2 I_n)$，$W_{ij}$和$M_{ij}$分别为被解释变量$y_i$和随机扰动项$u_i$的空间权重矩阵。显然 SAR 模型和 SEM 模型都是该模型的特例，分别对应于$\rho = 0$和$\lambda = 0$的情形。

本研究分析的是邻村获得财政奖补对本村获得财政奖补是否具有影响。事实上，一个地区是否实施某项政策，不仅受到本地区社会经济特征的影响，还显著地受到其他地区的影响（Persson and Tabellini, 2006）。这意味着，一个村是否实施"一事一议"财政奖补政策，也受到其他地区是否实施或获得财政奖补的影响。这种空间相关性主要来自两个方面：第一，考察地区是否获得"一事一议"财政奖补受到相邻村是否获得财政奖补的影响，即可能存在的空间滞后效应；第二，考察地区是否获得"一事一议"财政奖补还受到相邻村某些不可观测的随机冲击的影响，即可能存在的空间误差效应。

在以下的估计中，本文将分别估计"一事一议"财政奖补制度的空间溢出效应。首先，考察在既定财政奖补资金的条件下，同县内不同村之间在获得财政奖补方面是否存在竞争关系；其次，不同村之间若存在竞争关系，县级政府或地级市政府是否对辖区内村庄进行协调，以降低辖区内的空间竞争程度；最后，若存在上级政府的协调作用，经济发达地区与经济落后地区对财政奖补制度的敏感性如何。

（二）同县内村庄间财政奖补竞争的模型设定

现有文献认为，同一行政区的所辖下级政府相互竞争且治理传统相似（Murrel et al. ,1996）。因此，那些属于相同县的村庄更有可能在政策实施上存在学习或竞争（陈硕等，2015）。不过村庄是否能够获得"一事一议"财政奖补制度取决于两方面：首先，村集体需要筹集一定数量的资金，并申请"一事一议"财政奖补；其次，上级政府需要根据财政预算给予一定的补助。这意味着，同县内不同村庄既可能存在村庄之间的学习效应，即看到邻村获得"一事一议"财政奖补，本村也申请"一事一议"财政奖补；同时，在同县内不同村获得财政奖补时互相之间存在竞争关系。因此，本部分将分别分析是否存在学习效应和竞争效应。

（1）学习效应。由于本文研究的样本量为125，其相应的空间滞后矩阵为 125×125 阶矩阵，该矩阵第行表示第 i 个村和样本中其他村庄之间的空间关系。该矩阵对角线上的元素取值为0，在其他与之对应的 n-1 个村庄中，如果和该村同属于一个县且申请了"一事一议"财政奖补的村庄数为 θ，则这些村庄所对应的列元素取值为 1/θ，其他村庄所对应的列元素则取值为0。这种对行进行标准化处理的过程可以保证每一行中元素取值之和为1。

（2）竞争效应。本文通过设置不同的空间权重矩阵，分析邻村获得"一事一议"财政奖补对本村是否获得"一事一议"财政奖补的影响。具体设置如下，如果和该村同属于一个县且获得了"一事一议"财政奖补的村庄数为 θ，则这些村庄所对应的列元素取值为 1/θ，其他村庄所对应的列元素则取值为0。如果空间溢出效应为负，说明同县内不同村之间存在竞争效应，反之，则说明同村之间不存在竞争效应。

（三）县级政府间财政奖补竞争的模型设定

为了研究县之间针对辖区内各村"一事一议"财政奖补而主动进行的奖补竞争，我们以 SAR 模型为基准模型，而 SEM 模型通过误差项之间的关联来体现空间相关性，不能充分体现县级政府之间的主动竞争。在式（1）中，被解释变量为县级政府辖区内各村是否获得"一事一议"财政奖补资金，解释变量包括村庄人口数、人均纯收入、老年人口所占村庄人口比重、是否开展"一事一议"等。根据已有文献的研究结论，村庄人口数越多，召集成员参加"一事一议"的成本越高，难以形成议事；人均纯收入越高，村民越有能力提供"一事一议"筹资筹劳资金，也越有可能获得上级财政奖补。不过，从另外一方面看，人均纯收入越高的村，经济发展程度也越好，越有能力自己提供村级公共产品而不依靠上级政府的补贴，因此，实际效果需要进行严谨的计量模型验证。老年人口所占村庄人口比重是本文的一个特色变量，老年人口占比越大，说明村庄外出迁移的人口越多，造成议事成本增加，难以获得财政奖补。另外，老年人口比重越大，村民路径依赖性就越强，不愿意为改变村庄基础设施支付成本，因此，老年人口比重越大的村越不容易开展"一事一议",也越难以获得上级财政奖补。是否开展"一事一议"制度对获得财政奖补应具有显著的正影响,因为只有开展财政奖补后,才有机会获得财政奖补,但这也取决于地方政府的支持力度和是否有倾向性,如果支持力度大,开展"一事一议"的村庄就可能获得更多的财政奖补资金,相应的资助范围也增加,但如果财政奖补资金的发放具有一定倾向性则这种正向影响的效果就会弱化。

在此基础上,我们进一步针对县内邻村和县外邻村在获得财政奖补的竞争上是否存在非对称效应,采用了两区制的空间自回归模型,分别设置了竞争反应系数,具体模型如下:

$$y_i = \rho_1 \sum_{j=1}^{N} \widetilde{W}_{ij,1} y_i + \rho_2 \sum_{j=1}^{N} \widetilde{W}_{ij,2} y_i + X_i \beta + \varepsilon_i \tag{4}$$

式中,ρ_1 和 ρ_2 分别代表了县内邻村和县外邻村的反应系数。$\widetilde{W}_{ij,1}$ 和 $\widetilde{W}_{ij,2}$ 分别为空间权重矩阵 $\widetilde{W}_1$ 和 $\widetilde{W}_2$ 的矩阵元素。$\widetilde{W}_1 = MW$, $\widetilde{W}_2 = (I - M)W$,其中 I 为单位对角矩阵,W 为经过标准化处理后的其他村是否获得财政奖补的空间权重矩阵,其对角元素 M_i 的含义如下:

$$M_i = \begin{cases} 1, & \text{区域 } i \text{ 和区域 } j \text{ 相邻,并且两者位于不同县} \\ 0, & \text{其他} \end{cases}$$

式中,对于相邻的界定,本文将距离 50 千米以内的村庄视为相邻,以此考察财政奖补政策的实施是否存在空间。同时本文也考察了将距离 20 千米以内的村视为邻县,但由于本文抽样的特点,两者几乎不存在差异。

本文待验证的假说为,县级政府对各村财政奖补竞争可能存在协调作用,同样各县之间可能存在竞争。为验证此结论,本文拟采用上述两区制空间自回归模型进行分析。其理论基础在于,假定所有村庄之间均存在财政奖补上的竞争,那么村与村之间的竞争反应系数应是一致的;但是,如果在同县内村与村之间的竞争反应系数如果小于不同县邻村之间的竞争反应系数,则说明可能存在县内的协调机制,导致县内各村之间的竞争有所缓和。反之,则不支持县内各村之间存在协调机制。

(四)"一事一议"财政奖补资金的分配更倾向于哪些村庄

既然县级政府在各村财政奖补方面存在协调机制,那么哪些村或者哪些类型村获得了更多的财政奖补机会呢?本文待验证的另一个假说为,经济发达地区与经济不发达地区之间在获得财政奖补资金机会上存在差异。其原因在于:①经济发达地区可能有财力解决自身发展需要的村级公共产品,不需要上级财政奖补,而经济不发达地区则不得不靠上级财政奖补建设村级基础设施;②上级政府在拨付财政奖补资金时,更加注重对经济不发达地区的扶持,财政奖补资金更多的是发挥"雪中送炭"作用，而不是"锦上添花"作用。本文拟分别采用以下两种方式来验证经济发达程度与财政奖补获得之间的关系。

第一，根据经济发展程度构建空间权重矩阵，测算经济发达地区和经济不发达地区获得财政奖补分别对本村获得财政奖补的影响，验证政府在分配财政奖补资金时的"雪中送炭"或"锦上添花"作用。如果经济发达村获得财政奖补对本村是否获得财政奖补没有显著影响，这说明，上级财政并不会因为资助了经济发达村而忽略对本村的资助。反之，如果经济不发达村获得财政奖补会降低本村获得财政奖补的概率，那么说明上级政府会因为对经济不发达进行了奖补而降低了对本村进行奖补的概率。因此，如果经济发达村获得财政奖补不影响本村获得财政奖补，而经济不发达村获得财政奖补会显著降低本村获得财政奖补的概率，则说明上级财政奖补存在"雪中送炭"作用，而不存在"锦上添花"作用。

第二，通过采用两区制的空间自回归模型，分别设置两类地区的竞争反应系数，验证两者之间是否存在显著差异。类似于式（4），我们构建如下两区制的空间自回归模型：

$$y_i = \rho_1 \sum_{j=1}^{N} \widetilde{W}_{ij,1} y_i + \rho_2 \sum_{j=1}^{N} \widetilde{W}_{ij,2} y_i + X_i \beta + \varepsilon_i \qquad (5)$$

式中，ρ_1 和 ρ_2 分别代表了经济发达地区和经济不发达地区的反应系数。$\widetilde{W}_{ij,1}$ 和 $\widetilde{W}_{ij,2}$ 分别为空间权重矩阵 $\widetilde{W}_1$ 和 $\widetilde{W}_2$ 的矩阵元素。$\widetilde{W}_1 = MW$，$\widetilde{W}_2 = (I - M)W$，其中 I 为单位对角矩阵，W 为经过标准化处理后的其他村是否获得财政奖补的空间权重矩阵，其对角元素 M_i 的含义如下：

$$M_i = \begin{cases} 1, & 区域 i 为经济发达地区 \\ 0, & 其他 \end{cases}$$

式中，经济发达地区的确定是基于以下的考虑，根据辽宁省各市的经济发展程度，沈阳和大连地区的经济发展水平远高于其他 12 个城市，且两者均为副省级城市，财政资金较为充裕，因此，本文将隶属这两个地区的村庄视为经济发达地区，而将其他地区视为经济不发达地区。同样，令 $\widetilde{W}_1$ 和 $\widetilde{W}_2$ 的所有对角线元素等于 0，其他设定与基准模型相同。

三、数据处理及描述性分析

（一）数据来源及处理方法

本文分析的数据为 2015 年沈阳农业大学经济管理学院在辽宁省东部、西部、南部、北部和中部的 15 个县、45 个乡镇、135 个村和 1215 个农户中开展的关于新农村建设与现代农业发展的暑期社会实践调研活动。本文所用数据为 125 个村表数据和 1214 个户表数据。在调查的 135 个村中，有效样本为 125 个，调查的1215 个农户中有效农户为 1214 个。

此外，由于在村表数据中缺少对村人均纯收入的调查，我们根据户表中的相关数据估算出村人均纯收入，其计算公式为：村人均纯收入 =（家庭总收入 – 家庭生产性支出）/家庭人口数。其中，样本地区人均纯收入均值为 12187 元，中位数人均纯收入为 10333 元。如果将人均纯收入小于 50 元和高于 40000 元的异常值去除掉后，样本地区人均纯收入均值为 12187 元，中位数人均纯收入为 10333 元，与辽宁省统计局公布的 2014 年农村常住居民人均可支配收入 11191 元较为接近，这说明我们的抽样是科学合理的。

（二）"一事一议"财政奖补制度实施的地区差异及特征

表 1 报告了辽宁省五个区域"一事一议"财政奖补制度的实施比例、资助比例和资助强度。从三年平均资助项目数来看，辽中和辽北地区较高；从实施比例上看，辽北地区最高，其次为辽东地区；从"一事一议"财政奖补的资助比例上看，辽东地区最高；从"一事一议"财政奖补的资助金额上看辽中地区最高，其次为辽南和辽北。以上结果表明，无论在"一事一议"财政奖补项目的实施上看，还是在资助比例和资助额度上看，都存在比较显著的地区差异。但是，考虑到财政奖补的资助额度会根据项目的不同而存在差异，不同村之间难以进行比较，本研究选择"一事一议"财政奖补的资助比例作为衡量地区差异的主要变量。

表 1　"一事一议"实施比例、资助比例、资助强度的区域差异

区域	样本城市	样本量	资助项目（个）	实施比例	资助比例	资助额度（万元）
辽东	丹东	26	1.61	0.69	0.78	65.29
辽西	锦州、阜新	27	1.94	0.59	0.5	25.43
辽南	大连、营口	27	2.33	0.44	0.58	91.88
辽北	铁岭	18	2.62	0.89	0.62	53.83
辽中	沈阳、抚顺	27	2.71	0.52	0.64	164.11

（三）村人均纯收入、村庄老龄化程度与"一事一议"财政奖补获得

样本村人均纯收入与"一事一议"财政奖补获得情况如表 2 所示。就村人均纯收入来看，获得过"一事一议"财政奖补村的人均纯收入和未获得过"一事一议"财政奖补村的人均纯收入分别为 30145.37 元和 14146.42 元，前者比后者高 15998.95 元。就地域差异看，辽中地区获得"一事一议"财政奖补村的人均纯收入比未获得过"一事一议"财政奖补村的人均纯收入高 44892.59 元，两者之间的村人均纯收入差距最大；而两者之间村人均纯收入差距最小的地区为辽东地区，两者仅相差 4550.84 元；其余地区获得过"一事一议"财政奖补村的人均纯收入比未获得过"一事一议"财政奖补村的人均纯收入大约高 10000 元。这说

明，"一事一议" 财政奖补的获得与地区经济发展之间呈现显著正相关。

表2　样本村人均纯收入与"一事一议"财政奖补获得

人均纯收入（元）	辽东	辽西	辽南	辽北	辽中	合计
未获得奖补	16427.03	11186.87	13653.73	14721.37	16041.87	14146.42
获得奖补	20977.87	20233.55	26748.1	25577.21	60934.46	30145.37

进一步，分析村庄老龄化程度与"一事一议"财政奖补获得之间的关系。村庄老龄化程度是利用村庄中60岁以上的常住人口数占总常住人口数的比重来衡量的。不同样本地区获得"一事一议"财政奖补与否的老龄化程度也存在差异，如表3所示。总体上看，获得"一事一议"财政奖补村60岁以上常住人口占总常住人口比重为25.26%，而未获得过"一事一议"财政奖补村该比例达到36.93%。这说明，劳动力老龄化程度与是否获得"一事一议"财政奖补之间呈现负相关关系。就区域差异看，辽东、辽中、辽北地区获得"一事一议"财政奖补村的劳动力化程度与未获得过"一事一议"财政奖补村的老龄化程度之间没有较大差异，但是辽西和辽南两地该比例的差异较大。这说明，地方政府在样本村资助选择上存在区域差异。

表3　样本村老龄化程度与"一事一议"财政奖补获得

老龄化程度（%）	辽东	辽西	辽南	辽北	辽中	合计
未获得奖补	25.67	55.94	36.5	28.75	28.5	36.93
获得奖补	24.36	31.2	20.86	23.2	27.11	25.26

四、"一事一议"财政奖补获得的决定因素及溢出效应

（一）地区差异与"一事一议"财政奖补获得的实证结果

基于方程（1）、（2）和（3），对"一事一议"财政奖补制度申请的空间计量模型回归结果见表4的模型1、模型2和模型3。在回归过程中，考虑到存在的孤岛效应，我们去掉了一个县中仅有1个村获得了"一事一议"财政奖补的样本县，最后得到了包含116个村13个区县的样本。从模型的回归结果上看，无论采用空间自回归模型（SAR）还是采用空间误差模型（SEM），"一事一议"财政奖补项目的实施都存在显著的正影响，即验证了前文我们假定的学习效应。这说明，本村获得"一事一议"财政奖补资助对邻村申请"一事一议"财政奖补项目具有正的溢出效应。同时，为了进一步进行稳健性检验，我们采用了带空

间自回归误差项的空间自回归模型（SARAR）进行了分析。结果显示，仅存在显著的空间滞后效应，且为正影响。这说明同县内邻村获得"一事一议"财政奖补资助，会使得本村申请财政奖补的概率上升62%左右。而且，比较模型1与模型3的空间滞后效应系数，我们发现这种影响程度较为稳定。

表4   "一事一议"财政奖补申请与获取的空间效应分析

VARIABLES	模型1 是否申请 奖补 ap	模型2 是否申请 奖补 ap	模型3 是否申请 奖补 ap	模型4 是否获得 奖补 as	模型5 是否获得 奖补 as	模型6 是否获得 奖补 as
是否开展 "一事一议"				0.129 ***	0.128 ***	0.175 ***
				(0.0296)	(0.0275)	(0.0372)
村户数的对数	0.259	0.196	0.230	− 0.0114	− 0.0202	0.0789
	(0.159)	(0.158)	(0.147)	(0.0598)	(0.0604)	(0.119)
村60岁以上 人口比重	− 0.00396	− 0.00482	− 0.00323	− 0.00469 ***	− 0.00561 ***	− 0.00959 ***
	(0.00732)	(0.00783)	(0.00682)	(0.00169)	(0.00197)	(0.00215)
村人均 纯收入对数	0.0399	0.111	0.0682	0.177 ***	0.170 ***	0.309 ***
	(0.208)	(0.191)	(0.212)	(0.0538)	(0.0590)	(0.0586)
常数项	− 2.021	− 1.141	− 2.026	− 0.565	− 1.176 *	− 1.643
	(1.968)	(2.036)	(1.856)	(0.595)	(0.674)	(1.253)
空间滞后效应	0.624 ***		0.622 ***	− 0.687 ***		− 0.841 ***
	(0.239)		(0.185)	(0.114)		(0.120)
空间误差效应		0.295 **	− 0.291		0.0302	1.110 ***
		(0.116)	(0.244)		(0.0683)	(0.124)
Observations	116	116	116	116	116	116

在验证了学习效应以后，本文继续验证是否存在竞争效应。正如上述分析结果显示，邻村获得了"一事一议"财政奖补资金补助后，会诱发本村申请"一事一议"财政奖补，那么是否会导致不同村之间存在竞争效应呢？即"一事一议"财政奖补资金是择优资助，还是平均分配呢？对此，本文基于方程（1）、（2）和（3），对"一事一议"财政奖补获得的空间效应进行了分析，空间计量模型回归结果见表4的模型4、模型5和模型6。模型4回归结果显示，空间滞后效应为显著负影响，即邻村获得"一事一议"财政奖补资助后，会使得本村获得"一事一议"财政奖补资金的概率下降68.7%。这说明，不同村之间在获得"一事一议"财政奖补资金上存在竞争效应。同时，模型5的回归结果并不显

著，即模型不存在空间误差效应。不过，为了进行稳健性检验，本文仍采用了带空间自回归误差项的空间自回归模型（SARAR）进行分析，结果如模型 6 所示。从中，我们可以看出，空间滞后效应为显著的负影响，即邻村获得财政奖补后，会使得本村获得"一事一议"财政奖补资金的概率下降 84.1%。因此，无论采用哪类空间计量回归模型，都验证了"一事一议"财政奖补制度的获得上存在竞争效应。

（二）县级政府协调机制的实证分析

正如在第三部分中叙述的县级政府间财政奖补竞争的模型设定，本部分将对此进行实证验证。本文的研究设计是基于以下思路，如果邻村在同县内的"一事一议"财政奖补竞争效应小于不同县邻村的竞争效应，那么说明县级政府在本村内可能存在协调机制，降低了由于某个村获得了"一事一议"财政奖补而降低它的邻村获得"一事一议"财政奖补的概率。这也说明，县级政府可能会降低每项"一事一议"财政奖补项目的资助额度，而扩大资助比率，从而降低同县内各村之间的竞争程度。具体回归结果如下。

模型 2 分析了县外邻村的竞争效应。为便于比较，我们将表 4 中的模型 4 结果放在了表 5 的模型 1 中，显示了县内邻村之间的竞争效应。为比较县外邻村之间的竞争效应，本文将模型 2 中的空间权重矩阵设置为距离 50 千米以内的村，获得"一事一议"财政奖补资助的村庄总数为 θ，则这些村庄所对应的列元素取值为 1/θ，其他村庄所对应的列元素则取值为 0。这区别于之前空间权重矩阵的设置，此处计算获得"一事一议"财政奖补资助的村庄总数不再以行政区划县为边界，而是基于实际空间距离小于 50 千米为边界。这样可以考察无论是否同在一个行政管辖下，邻村之间是否存在竞争效应。对比模型 1 与模型 2 的空间滞后效应结果，我们发现县内邻村获得"一事一议"财政奖补会使得本村获得"一事一议"财政奖补的概率下降 68.7%，而县外邻村获得财政奖补则会使本村获得"一事一议"财政奖补的概率下降 72.6%。这说明，县外邻村之间的竞争程度要高于县内邻村的竞争程度。

进一步，本文在模型 2 的基础上，结合不同等级的行政区划，分析了县外市内邻村与县外市外邻村之间的竞争效应。模型 3 分析了县外市内邻村之间是否存在竞争效应，空间滞后效应系数显示，同市内不同县邻村获得"一事一议"财政奖补使得本村获得"一事一议"财政奖补的概率下降 73.3%。这比模型 2 的空间滞后效应略有增强。更进一步分析，是否市级层面也存在协调机制呢？模型 4 的回归结果显示，空间滞后效应的系数影响并不显著，即市内之间不存在各区域之间的协调机制。

为进一步验证，邻村之间的竞争程度是否与同属于共同的县有关，本文采用了两区制空间计量模型对此进行了实证验证。具体做法是，将 SAR 模型的空间滞后因变量分成两个区制：区制 1 表示与本村位于相同县的邻村中获得"一事一议"财政奖补概率的加权平均，区制 2 表示与本村位于不同县的邻村中获得"一事一议"财政奖补概率的加权平均。区制 1 与区制 2 的竞争反应系数分别反映了村与县内邻村和它与县外邻村在获得"一事一议"财政奖补资助的竞争程度。回归结果如模型 5 所示。结果显示：本村与位于相同县邻村的"一事一议"财政奖补资助的竞争反应系数为 0.073，而它与县外邻村的"一事一议"财政奖补资助的竞争反应系数为 0.633。为比较两者之间是否存在显著差异，我们对县内邻村"一事一议"财政奖补资助的竞争反应系数是否显著小于县外邻村的"一事一议"财政奖补资助的竞争反应系数进行了检验。从表 5 中给出的非对称效应 t 检验的统计量和相应的 p 值可以看出，在 10% 的显著性水平下，县内邻村"一事一议"财政奖补资助的竞争反应系数是否显著小于县外邻村的"一事一议"财政奖补资助的竞争反应系数。这意味着，县级政府对县内各村"一事一议"财政奖补资助的竞争确实可能存在协调作用。具体而言，村相对于县是第一层次的地方政府，一个县往往会拥有一个共同的农村经济发展目标，因而在"一事一议"财政奖补资助的竞争过程中，竞争的程度往往会受到共同目标的约束，但是与县外邻村则可以在更宽松的政治环境中进行"一事一议"财政奖补资助的竞争。

表5 县级政府对辖区内各村"一事一议"财政奖补的协调机制分析

VARIABLES	模型 1	模型 2	模型 3	模型 4	模型 5
	县内邻村	县外邻村	县外市内邻村	县外市外邻村	是否存在县内协调
是否开展"一事一议"	0.129***	0.128***	0.133***	0.124***	0.131***
	(0.0296)	(0.0294)	(0.0286)	(0.0300)	(0.024)
村户数的对数	-0.0114	-0.0101	-0.0514	-0.0312	-0.077
	(0.0598)	(0.0595)	(0.0540)	(0.0565)	(0.047)
村 60 岁以上人口比重	-0.005***	-0.005***	-0.004***	-0.004**	-0.005***
	(0.00169)	(0.00168)	(0.00158)	(0.00168)	(0.002)
村人均纯收入对数	0.177***	0.178***	0.179***	0.157***	0.103***
	(0.0538)	(0.0532)	(0.0533)	(0.0555)	(0.0036)
常数项	-0.565	-0.545	-0.261	-0.143	0.130
	(0.595)	(0.598)	(0.645)	(0.812)	(0.137)
空间滞后效应	-0.687***	-0.726***	-0.733***	-0.0184	
	(0.114)	(0.0997)	(0.142)	(0.0130)	

续表

VARIABLES	模型 1	模型 2	模型 3	模型 4	模型 5
	县内邻村	县外邻村	县外市内邻村	县外市外邻村	是否存在县内协调
位于相同地级市的邻县竞争反应系数					-0.073
					(0.116)
位于不同地级市的邻县竞争反应系数					-0.633*
					(0.357)
原假设为 p1 = p2 的 t 统计量					1.4815*
T 统计量的 p 值					0.0705
Observations	116	116	125	125	125

（三）地区经济发展程度敏感性比较

相比于经济不发达地区，经济发达地区的人均纯收入水平高，有较充足的资金用于村级公共产品的供给，因而可能更注重经济发展而不是与其他村进行"一事一议"财政奖补资金的竞争。同时，上级政府在进行财政奖补资金分配的时候，可能更加注重财政的二次分配效应，注重对贫困或经济不发达地区的资助，而降低对经济发达地区的资助可能性。基于这种可能性，本文对样本地区经济发达村获得"一事一议"财政奖补的空间效应和经济不发达地区获得"一事一议"财政奖补的空间效应进行了对比分析。此外，根据辽宁省各地区经济发展水平的差异，沈阳和大连的经济发展程度要高于其他 12 各市，因此我们将位于沈阳和大连的村界定为经济发达地区的村，而将位于其他样本地区的村界定为经济不发达地区的村。与上面的分析相似，假定位于经济发达地区的村和位于经济不发达地区的村所对应的"一事一议"财政奖补资金竞争的反应系数不同，我们将 SAR 模型的空间滞后因变量分成两个区制，区制 1 和区制 2 的"一事一议"财政奖补资金竞争反应系数分别反映了位于经济发达地区的村和位于经济不发达地区的村对邻村获得"一事一议"财政奖补资助的敏感程度。

基于竞争效应的分析，同县内不同经济发展程度的村获得"一事一议"财政奖补带来的空间效应存在差异。基于竞争效应的空间权重矩阵设置思路，为分析经济发达村获得"一事一议"财政奖补对本村获得"一事一议"财政奖补的空间溢出效应，本部分的空间权重矩阵设置为，同县内人均纯收入高于本村，且获得"一事一议"财政奖补资助的村庄总数为 θ，则这些村庄所对应的列元素取值为 $1/\theta$，其他村庄所对应的列元素则取值为 0。这衡量了县级政府在资助经济发达村的时候,是否起到了"锦上添花"或"树立标杆"的作用。同样,将经济不发达村获得"一事一议"财政奖补对本村获得"一事一议"财政奖补的空间权重矩阵设置为,同县内人均纯收入低于本村,且获得"一事一议"财政奖补资助的村庄总数为 θ,则这些村庄所对应的列元素取值为 1/θ,其他村庄所对应的列元素则取值为 0。这衡量了县级政府在资助经济不发达村的时候,是否考虑到了"雪中送炭"或"扶持贫困"的作用。表 6 中模型 1 的空间滞后效应系数表明,同县内人均纯收入高于本村的村获得"一事一议"财政奖补并不存在显著的空间溢出效应。模型 2 的空间滞后效应系数表明,同县内人均纯收入水平低于本村的村获得"一事一议"财政奖补资助会使得本村获得"一事一议"财政奖补资助的概率下降 54.5%。

表 6 经济发展程度与"一事一议"财政奖补获得的空间效应

VARIABLES	模型 1	模型 2	模型 3
	经济发达村获得奖补的空间效应	经济不发达村获得奖补的空间效应	经济发展程度对财政奖补获取的影响
是否开展"一事一议"	0.123 ***	0.109 ***	0.128 ***
	(0.0302)	(0.0290)	(0.023)
村户数的对数	-0.00950	-0.00174	-0.007
	(0.0633)	(0.0580)	(0.054)
村 60 岁以上人口比重	-0.00521 ***	-0.00970 ***	-0.05 ***
	(0.00171)	(0.00155)	(0.002)
村人均纯收入对数	0.156 ***	0.213 ***	0.186 ***
	(0.0545)	(0.0507)	(0.055)
常数项	-1.084 *	-0.990 *	-0.1930
	(0.651)	(0.553)	(0.078)
空间滞后效应	0.0866	-0.545 ***	
	(0.0886)	(0.0862)	
位于经济不发达地区的邻县竞争反应系数 ρ_1			-0.311 **
			(0.140)
位于经济发达地区的邻县竞争反应系数 ρ_2			0.364 *
			(0.221)
原假设为 $\rho_1 = \rho_2$ 的 t 统计量			-2.49 ***
T 统计量的 p 值			0.007
Observations	116	116	125

经济发展程度对"一事一议"财政奖补资助的竞争反应系数影响机制存在差异。表6中模型3的结果显示,位于经济发达地区村的"一事一议"财政奖补竞争反应系数为0.364,而位于经济不发达地区村的"一事一议"财政奖补反应系数为-0.311。同样,对位于经济不发达地区村的"一事一议"财政奖补竞争反应系数是否显著小于经济发达地区村的"一事一议"财政奖补竞争反应系数进行检验的结果显示,在1%的显著性水平下,位于经济不发达地区村的"一事一议"财政奖补竞争反应系数要显著小于经济发达地区的"一事一议"财政奖补竞争反应系数。这说明,对于"一事一议"财政奖补的资助,位于经济不发达地区的村比位于经济发展地区的村对邻村获得"一事一议"财政奖补更加敏感,说明前者在与邻村的竞争过程中表现为强烈的竞争效应,而后者之间则可能存在强烈的学习效应。

五、结论与启示

本文利用2015年辽宁省15个县、45个乡镇、135个村和1215个农户的田野调查数据,构建了空间计量模型和两区制的空间自回归模型,对村政府之间的"一事一议"财政奖补资金获取的竞争问题进行了定量研究。研究发现如下结果:邻村获得"一事一议"财政奖补会增加本村申请"一事一议"财政奖补的概率,这导致了各村之间在"一事一议"财政奖补资金的获得上存在竞争效应,且县级政府在分配"一事一议"财政奖补资金的过程中存在协调机制,更加注重对经济不发达地区的"一事一议"财政奖补资助。此外,我们发现县级政府对经济不发达村的资助会显著降低邻村获得"一事一议"财政奖补的概率,而对经济发达村的资助并不会显著影响邻村获得"一事一议"财政奖补的概率。进一步的两区制空间自回归模型显示,在经济不发达地区县内各村之间的"一事一议"财政奖补竞争效应要小于经济发达地区县内各村的"一事一议"财政奖补竞争效应。因此,我们认为本文的研究发现了较为稳健的县内村级政府之间"一事一议"财政奖补资金起到"雪中送炭"作用的证据,但在经济发达地区"一事一议"财政奖补资金则起到"锦上添花"作用的证据。

"一事一议"财政奖补制度的初衷是满足各村级政府村级公共产品建设的资金需求。但是另一方面也带来了不同村之间的"一事一议"财政奖补资金获取的竞争,从而导致地区间经济发展差距的扩大。更多的实证研究将有助于我们更好地评价"一事一议"财政奖补制度对村级公共产品供给和经济发展的全面影响,但如果给定地方和中央对"一事一议"财政奖补资金的资助偏好,本文的研究结果则可以帮助政府部分更好地制定相关政策。为了减少不利于地区经济发展的"一事一议"财政奖补竞争这种短期行为,本文给出以下政策建议:首先,应充分利于省、市和县级政府对其下辖地方政府的管理和协调作用，以减少辖区内的"一事一议"财政奖补资金的竞争。其次，应该帮助地方政府培育新的制度竞争机制，如在经济较发达地区，应更加注重"一事一议"财政奖补资金的平均分配，发挥财政资金的乘数效应，促进区域经济集聚；而对于经济不发达地区，应加大"一事一议"财政奖补资金的投入力度，在扶持经济落后村的同时，还需要加强对经济较发达村的资助。

辽宁省北镇市新农村建设发展情况调查报告

——来自鲍家乡、中安镇、广宁乡的调查

第一部分 调查基本情况

一、调查背景

2005 年 10 月，中国共产党十六届五中全会通过《十一五规划纲要建议》，提出要按照"生产发展、生活宽裕、乡风文明、村容整洁、管理民主"的要求，扎实推进社会主义新农村建设。生产发展，是新农村建设的中心环节，是实现其他目标的物质基础。建设社会主义新农村好比修建一幢大厦，经济就是这幢大厦的基础。如果基础不牢固，大厦就无从建起。如果经济不发展，再美好的蓝图也无法变成现实。同时，新农村建设还包括政治、文化和社会等方面的建设，最终实现把农村建设成为经济繁荣、设施完善、环境优美、文明和谐的社会主义新农村的目标。

因此，为了掌握辽宁省现今的新农村建设发展现状，沈阳农业大学经济管理学院分别对辽宁省各个地区进行了实地调查，一方面了解新农村建设的进展状况，另一方面发现在建设过程中的问题，以求提出合理的对策建议对新农村建设的发展提供有益帮助。

二、调查方法介绍

为确保本次调查的科学性，真正了解辽宁省新农村建设发展现状和问题，课题组在辽宁省分别对辽北、辽中、辽西、辽南地区进行调研。每个地区选择不同特点的3个县，每个县选择3个乡，每个乡选择3个村，对每个村的新农村发展情况进行全面调查，分别对村民、村长、乡镇领导进行了访问、调研。调查采取随机入户问卷调查的方式，针对不同主体设计了不同的调查问卷。

三、调查地点概况

辽宁省北镇市是被选择的县区之一，为了调查全面，我们选取了3个不同特点的乡镇，分别是广宁乡、鲍家乡、中安镇，从8月31日到9月1日，历时两天，收集村民问卷82份，村集体问卷9份，乡镇问卷3份。

（一）北镇市基本概括

1. 自然地理

北镇市位于锦州市东部，医巫闾山东麓，东接黑山县，西邻义县，南与盘锦市毗邻，北与阜新市搭界，东南与台安县相望，西北与凌海市相通，南北长53.9千米，东西宽约53.1千米，面积1782平方千米。北镇市地形可划分为山区、平原、洼区三种地形。医巫闾山绵亘于西、北两侧，西北部山区环抱北镇大平原，形成自西北向东南的山区、平原、洼区的走势，而且各占1/3。

北镇市全境处于北半球中纬度地带，属温带半湿润季风大陆性气候，医巫闾山形成一道天然屏障，特别是夏季，从太平洋刮来的东南风，带来湿暖空气，遇到闾山屏障，升空与凉空气相遇，形成降雨。所以北镇市降雨量高于闾山以北的阜新、朝阳及内蒙古地区。年降水量可达到604.8毫米。北镇市四季分明：夏季短而湿热多雨，冬季长而干燥寒冷，春季少雨多风，秋季天晴气朗。

北镇市境内的河流，属辽河流域绕阳河水系，主要河流有9条。较大的河流有饶阳河、东沙河、羊肠河。除上述三条较大河流外，稍短河流有西沙河、无虑河（黑鱼沟河）、沙子河、鸭子河、大沟河、兴隆泡河等。河道总长306千米，总流域面积为1682.38平方千米。

2. 经济社会发展

2013年，北镇市实现生产总值148.4亿元，比2012年增长8%。其中：第一产业增加值实现50.5亿元，比2012年增长5%；第二产业增加值实现52.4亿元，比2012年增长10.4%；第三产业增加值实现45.5亿元，比2012年增长8.2%。北镇市农业形成了以医巫闾山为线7个乡镇的林果经济带，以102国道为线10个乡镇的高效种植业经济带，以沈山铁路为线7个乡镇的粮食、养殖业经济带，北镇市被省和国家命名为"中国平原绿化先进县"、"生态农业重点县"、"粮食生产基地县"、"花生生产基地县"、"生猪生产重点县"、"高效农业先进县"、"小麦生产重点县"，水果总产量和猪牛羊肉总产量分别进入中国百强县（市）行列。

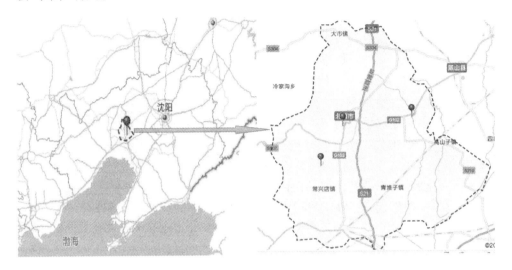

图1　辽宁省北镇市示意

2013年，北镇市实现高新技术产值47.7亿元，增加值14.3亿元，2013全年专利授权10件，成功举办了2013年科技周活动，参加了锦州农展会。

北镇市地处连接东北和关内的交通要道，102国道横贯北镇市东西，距京沈高速、盘锦至海城至营口至大连高速公路仅15千米。截至2008年，北镇市有乡级以上公路32条，520千米，其中国家级公路2条66千米，省级公路3条75千米，县公路4条85千米，乡级公路23条290千米。截至2013年末，北镇市公路总里程1479千米，其中国道66千米。省道107千米，县道141千米，乡道414千米，村路751千米。阜盘高速建成通车。

（二）广宁乡概况

广宁乡是由原广宁乡与汪家坟乡合并而成，是北镇的第三大乡镇。地处城郊接合部，位于北镇名山医巫闾山脚下，全乡紧紧环抱北镇古城，有着丰富的历史文化资源。国道102线从乡中穿过，交通便利。境内土地肥沃，全乡土地总面积113.9平方千米，其中耕地面积5516公顷，林地面积1500公顷，园地面积2082公顷。总人口3.6万人，其中农业人口3.5万人。农业劳动力2.1万人。所辖18个行政村。

广宁乡在市场经济大潮中勇于拼搏，充分利用自然条件，以市场商贸开发、旅游开发为主导和工业园区项目开发建设为依托，以蔬菜、水果、养殖三大农业产业化发展为重点，及沿 102 线 5 千米环城经济带四位一体协调发展的经济带，使广宁乡跻身北宁的四强乡镇行列，闯出了一条具有本地特色小康之路，使农村经济实现了跨越式发展。

（三）鲍家乡概况

鲍家乡位于辽宁省北镇市，依驻地得名，据传明末有鲍姓人等三户，从河北省迁至沙子河南岸定居，逐步形成村落。原名沙河堡，后因鲍姓户多，故改今名鲍家乡。1946 年称乡公所，1984 年为鲍家满族乡。它是以水果产业和畜牧养殖业为主导的农业经济型乡镇，葡萄产业历史悠久，素有"辽西葡萄第一乡"的美誉。鲍家乡位于北镇市西南边缘，医巫闾山东侧。东接谬屯乡，西南隔医巫闾山与义县东场乡为邻，南界常兴店镇，西北连罗罗堡镇。距北镇市区 13 千米，北镇至闾阳、元觉寺村五粮公路从境内交叉通过。村村通有柏油路，交通十分便利。全乡地势西高东低，西部为山区，中部为丘陵，东部为平原。面积 57.8 平方千米，其中耕地面积 1496 公顷，林地面积 584 公顷，园地面积 846 公顷。合乡并镇后全乡辖 8 个行政村，总人口 12775 人，其中农业人口 12497 人，农业劳动力 7540 人。民族有满、汉、回、朝鲜等族，以满族居多。

大力发展区域型经济，推进农业产业化进程，实施农副产品品牌战略。全乡充分发挥自身优势，围绕葡萄产业，坚持一手抓产业规模，一手抓果质的提档升级。2004 年，鲍家乡新增加了 200 公顷优质葡萄园区。在优质葡萄园区建设上，全乡以葡萄协会为依托，大力改善生产条件和推广农业科技，向生产的深度和广度进军。全乡葡萄生产已形成区域化布局、规模化生产，形成了以元觉寺村为主、周边村为辅的优质无公害葡萄生产基地，并由原来的单一品种巨峰发展为多样品种——玫瑰香、无核白鸡心、甲斐露、奥山红宝石、晚红等十余个品种，并相继在市食品博览会上获得优秀奖项。为了增加产品的价值，全乡共建有 200 多个大中型鲜储库。

（四）中安镇概况

中安镇位于富源县境北部，是县委、政府机关驻地，为富源县政治、经济、文化中心。东与贵州平关为邻；西与沾益县白水镇相连；南依墨红镇、大河镇；北抵后所镇，历为交通枢纽和军事要地，古有滇黔锁钥之称。土地总面积 495.02 平方千米，其中城区面积 16.5 平方千米。中安镇辖 5 个社区居民委员会，17 个村民委员会，39 个行政村，总户数 3.15 万户，总人口 11.8 万人，其中农业人口 8.27 万人，非农业人口 45.06 万人，占总人口的 38.2%；少数民族人口 6168 人，占总人口的 5.2%；人口密度为每平方千米 238.3 人；有耕地 5.36 万亩，人均占有耕地 0.65 亩，境内最高海拔 2650 米，最低海拔 1800 米。

第二部分　北镇市新农村建设发展现状

新农村建设包括经济、政治、文化和社会等方面的建设，为全面了解北镇市新农村建设的发展情况，我们对北镇市部分乡镇地区进行了相关了解，共收回有效问卷94份。其中对农户调查问卷82份，对村集体组织调查问卷9份，对乡镇组织调查问卷3份。从整体情况看，北镇市新农村建设初有成效，但还需要更大的建设力度。

一、生产发展方面

我们对广宁乡、鲍家乡、中安镇3个乡镇，随机调查了82位村民，受访人均在25岁以上，对新农村建设有一定了解。

(一) 农户以种植业为主，主要经营旱田，少数兼有养殖

问卷中将种植业细分为水田、旱田、冷棚、暖棚、果园、林地和其他，在82份问卷中，农户主要经营旱田，其中旱田的比例占71.95%，水田的比例占2.44%，与10年前相比变化不明显；冷棚的比例占14.63%，暖棚所占比例为6.10%，10年前冷棚比例是现在一半，暖棚是现在的3倍，变化可能由于种植品种造成；果园所占比例26.83%，与10年前相比增加了6%；均无林地。从表1中可看出旱田所占比例最大，其次为果园、冷棚。十年之间种植结构基本无变化。

表1　农户种植类型分析

	水田	旱田	冷棚	暖棚	果园	林地	其他
有效样本 (份)	82	82	82	82	82	82	82
户数 (户)	2	59	12	5	22	0	1
占比 (%)	2.44	71.95	14.63	6.10	26.83	0	1.22
十年前比例 (%)	78.05		7.31	19.51	20.73	0	2.43

82户农户经营旱田总面积501亩，户均面积6亩，10年前的调研数据大田总面积440亩，户均面积5亩，种植面积在扩大。其中有25户参与了土地流转，比例为30.49%。2014年旱田种植户平均亩投入604元，平均亩产值1469元，平均亩收入865元。十年前的平均亩投入571元，平均亩产值1053元，平均亩收入482元，收入增幅55.72%，可见新农村建设已经取得一定成效。

在 82 户被调查者中，有 8 户兼有养殖，品种基本为鸡、牛、猪、羊，养殖总投入 18.5 万元，总产出 12.5 万元，亏损 6 万元。可以看出北镇市主要以种植业为主，养殖业发展较差，经营零散，未形成规模，与十年前相差不多。

（二）农户生产条件普遍改善

在新农村建设过程中，各地区为农户生产提供了更便利的服务与条件。农户可以通过农业技术方面的培训来获取新技术新知识；还可以参加合作社，规模经营，降低生产成本，提高收入，解放劳动力；另外，道路与农田水利等基础设施都得到改善，如滴灌等灌溉设施等；每家农户基本都参加了农业保险，生产风险得到了保障。

表 2 中对比了十年前后的变化，前一列为 2014 年的数据，可以看出有 21.95% 的农户参加过农业技术方面的培训，培训平均每年 3 次，大多由政府组织；而十年前的比例更大，产生这种变化的原因可能是现在学习新技术的方式更多样。2014 年有 14 户参加农民专业合作社，如大北农合作社、鑫宝专业合作社等，比十年前增加约 12%；本次调研中 51.22% 的农户表明有意愿参与合作社，但由于没有合适的农民专业合作社或对合作社不够了解而未参与。

表 2 农户生产发展情况统计分析

	参加培训		参加合作社		采用新技术		参加农业保险	
有效样本（份）	82		82		82		82	
户数（户）	18	27	14	4	30	43	31	—
占比（%）	21.95	32.92	17.07	4.88	36.5	52.43	37.8	—

有 36.59% 的农户采用了新技术措施，其中选择良种比例 33.33%，优质化肥比例 50%，农药比例 33.33%，农业机械设施比例 53.33%，耕作方式、田间管理、储蓄加工比例均为 10%，灌溉方式的比例为 20%，无公害生产技术比例 16.67%。可以明显看出，农户采用的新技术措施主要是农业机械设施，其次是化肥农药。虽然十年前的比例更高，但绝大多数都是良种农药等的改善，机械、耕作方式所占比例极小，说明现在农村机械化已经有所提高。

有 31 户参与了农业保险，还有 8 户不清楚是否参加，每亩地平均保费 43 元，其中最高 550 元，最低 5 元；农户期望得到赔付额均值为 650 元，其中最高 1500 元，最低 200 元。十年前农户对农业保险了解甚少。

此外，绝大多数农户销售渠道单一，不了解电子商务，生产中主要面临风险为自然灾害，面临的主要困难是自然灾害的防范、资金短缺以及产品销售问题。

二、生活宽裕方面

我们调查了农户2014年的家庭总收入,平均每户年收入为8.6万元,其中收入最多的为229.5万元的种植大户,收入最少的仅有4000元,收入差距较大;年收入中农业收入7万元,占81%,可见农户的主要经济收入源自农业。与十年前的家庭平均年收入1.6万元相比,提高了4.3倍,十年前48.78%的农户主要收入来源种植业,如今北镇市的农户务农比例依旧很大。

家庭平均总支出6万元,其中支出最多108.2万元,最少7000元,总支出中农业支出占50%,生活支出占33%。大多数农户家里都有电视、洗衣机、冰箱等基本家电,少数置有摩托车、小汽车等,生活条件较十年前明显改善。

从表3中可以看出,大多数农户做饭用电,说明农村已越来越趋于现代化,其次是液化气、柴,仅有29.27%的农户烧煤;取暖方式上,绝大多数是土炕与土暖气,少数几户采用公共取暖,无人使用空调;生活用水上,一半农户使用自来水,一半农户使用自家井水。与十年前相比,有明显改善,但水利方面仍待改善。

表3 农户生活情况统计分析 单位:%

做饭用	柴	液化气	煤	电
比例（2014年）	57.32	62.20	29.27	70.73
比例	60.98	60.98	31.71	54.88
取暖方式	公共取暖	自家土炕	土暖气	空调
比例（2014年）	7.32	89.02	26.83	0
比例	2.44	65.85	36.59	0
生活用水	自来水	自家井水	外面井水	其他
比例（2014年）	46.34	52.44	1.20	0
比例	8.54	68.29	0	0
参加新农合	96.34			
参加新农保	79.27			

另外,96.34%的农户都参加了新农合,其中91%的农户觉得新农合方便。79.27%的农户参与了新农保,平均每年交135元,60岁以上农户每月平均可领取75元,但94%的农户表示新农保并不能解决养老问题。

三、乡风文明与村容整洁方面

通过调查,农户获取信息的主要渠道为电视、网络,几乎无人相信"大仙"

或神灵，说明农户迷信程度极低，更相信科学，仅有8.53%的农户有宗教信仰，信仰的均为佛教。

从图2可直观地看出农户在闲暇时间大部分选择看电视，比例达到80.49%，其次是闲聊、健身，分别为23.17%、21.95%。在调研过程中，我们观察到每个村子里都有一些体育活动场所、阅览室，部分村还有露天电影、棋牌室。对比十年前，村民的娱乐活动、文化生活比较丰富，农民群众的思想文化、道德水平不断提高，崇尚文明、崇尚科学，形成家庭和睦、民风淳朴、互助合作、稳定和谐的良好社会氛围，教育、文化、卫生、体育事业蓬勃发展。

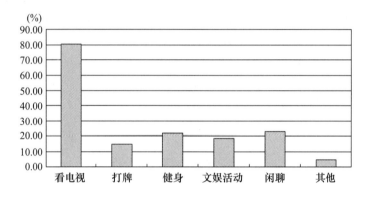

图2 闲暇时间从事活动统计

表4将问卷中五个级别分别赋予1~5的分数，然后统计出选择每个等级的户数，进行加权平均，算出平均得分。

表4 农户对乡风村容满意程度统计

	不满意1	不太满意2	满意3	比较满意4	很满意5	平均得分
休闲场所	1	4	10	15	19	3.96
社会风气	2	4	14	33	29	4.01
邻里关系	0	1	4	35	42	4.43
治安状况	1	2	23	27	29	3.98
生活环境	5	8	16	36	17	3.63
街路状况	14	12	7	24	25	3.41
集市卫生	9	8	33	25	7	3.16

从表4中可以看出各项得分均在3分以上，说明农户对乡风村容整体状况都在满意程度以上，其中得分最高4.43的是邻里关系，其次是社会风气，得分4.01，得分最低的是集市卫生，仅有3.16。在调查中发现村民的生活垃圾、污水大多随处倾倒，虽然较十年前已有改善，但卫生状况、街路状况还有待进一步改善。

此外，广大基层干部群众对新农村建设十分拥护，热情高涨。问卷调查表明，当问及当前村里最急需解决的问题是什么，还有哪些问题需要上级政府解决时，有80%以上的农民提到新农村的规划和村庄道路的建设。被调查者中大多认为有必要统一规划住房，希望村集体和政府改善村内卫生状况，修建排水渠，平整道路，增设路灯等改善村容整洁。

四、民主管理方面

调查乡镇的各村均有村民代表大会，57%的农户认为村民代表能代表村民意愿，61%的农户表示村民代表能有效监督约束村里的经济活动，村民对村干部的选举程序都比较了解，有建议和意见也可及时通过各种渠道进行反映，村务与之前相比公开度更大，村民对目前民主管理现状整体比较满意。

此外，调查员观察发现，村民谈话都比较文明，基本没有乱搭乱建现象，环境较之十年前改善很多。

第三部分　北镇市新农村建设的问题及建议

一、问题

从这次调研的情况看，新农村建设总的形势较好，我们在发展经济和新农村建设工作中的确下了很大的功夫，也取得了很大的成效，但同时也存在一些不容忽视而又一时难以解决的问题。

（一）镇村经济实力薄弱、牵引力不大

村级集体经济实力薄弱，加之近年来镇村加大了对重点产业发展、公益事业建设、基础设施等项目的投入和建设，使得镇村两级债务沉重，发展经济包袱沉重，经济发展难以形成牵引力、向心力。

（二）农民增收门路狭窄，增长点不多

农业增收既面临着农业内部受资源约束，增收潜力不大的压力，又面临着农业外部就业竞争加剧的巨大压力；产业结构调整缓慢，新型农业发展滞后，传统农业只能解决农民的"吃饭"问题，而不能根本上解决他们的"致富"问题。大部分农民把增收的希望寄托在外出打工上。虽然收入相对较高，但受群众观念、农民素质、就业门路所限，盲目性大，流动性强，难以稳定就业，也不是长远之计。

（三）产品不优，没有品牌，没有规模化

在农产品种植过程中，不少农户片面追求数量，而不注重产品质量，更不注重拳头产品和品牌建设，盲目发展、机械效仿和低水平生产现象比较突出，未形成规模化经营，种植零散。

二、建议

建设社会主义新农村的主体是农民，根本是发展农村经济，重点是增加农民收入，难点是构建农民收入持续增长的长效机制。因此，要利用村广播、会议、标语等手段，深入宣传新农村建设的意义、任务、标准、要求、政策，充分调动起群众参与新农村建设的积极性和主动性。

加快农业和农村经济增长方式的转变，加快传统农业向现代农业的转变。不断提高农业综合生产能力，加速发展培育以设施农业、标准农业、绿色农业、农产品加工业为体系的现代农业。积极推进种植、养殖业标准化、规模化、集约化发展，延长产业链条，提高经济效益。提高农民组织化程度，提高农村经济的自主发展能力。

加快农村道路、学校、医院、排水、供电、通信等基础设施和公共设施建设，切实改善城乡居民生产生活条件。加强人居环境治理，解决农民在饮水、行路、用电等方面的困难，做好村庄污水、垃圾治理，改善农村村容村貌和环境卫生。

此外，应进一步强化政府服务功能，不断完善农民新保障，把农村建设成为经济繁荣、设施完善、环境优美、文明和谐的社会主义新农村。

辽宁省朝阳市新农村建设情况调查报告

——来自建平县的调查

第一部分　调查基本情况

一、调查背景

"三农"问题的提出使党和政府逐渐意识到农村的发展对整个国民经济发展的推动作用。而农村发展是"三农"问题中的重中之重，农村建设为农民增加收入，解决农业问题提供客观的有利条件，并且随着经济发展进入"以工补农"的阶段，我国新农村的建设从十年前的幼稚阶段，逐渐走向成熟，国家基于各方面的考虑开始日益重视农村建设的发展，并且切实出台了一系列扶持新农村发展的政策。可以说，这一系列政策的提出为今后"三农"问题的妥善解决将提供非常好的发展政策环境。那么，辽宁省朝阳市建平县是当初新农村建设的示范点之一，作为示范点它的发展起着不可忽视的带动作用。

因此，全面掌握了解新农村建设的主要示范地区，掌握它们发展的现状和存在的问题以求为国家出台新农村发展新一轮政策的出台提供有益帮助，2015年沈阳农业大学经济管理学院成立了新农村调查课题组对本省地区新农村的发展现状进行实地调查。

二、调查方法介绍

为确保本次调查的科学性，真正了解辽宁省新农村发展现状和问题，课题组把辽宁省分为辽南、辽中、辽西、辽东以及辽北五个区域分组进行调研。每个地区抽3个县，3个县抽9个乡镇，9个乡抽27个村。每个村抽9户农民，并且这

9 户农民按收入的差距分三类进行随机抽样调查。

三、调查地点概况

建平县是辽西地区选出的县（区）之一。为了深入调查建平县的新农村建设的现状及成果，抽选了万寿乡、朱碌科乡、榆树林子乡。以这 3 个乡镇作为样本，对建平县的新农村建设状况进行调查。

此次调研时间为 8 月 24 日及 8 月 25 日，共收集问卷 93 份。

（一）朝阳市基本概况

1. 地理环境

朝阳市位于辽宁省西部，东临锦州市，南接葫芦岛市，西南临河北省承德市，东北接北接内蒙古自治区的赤峰市。朝阳面向沿海，背依腹地，地理位置优越。

朝阳居于北温带大陆性季风气候区，尽管东南部受海洋暖湿气影响，但由于北部蒙古高原的干燥冷空气经常侵入，形成了半干燥半湿润易干燥地区，四季分明，雨热同季，日照充足，日温差较大，降水偏少。全年平均气温 5.4℃ ~ 8.7℃；年均日照时数 2850 ~ 2950 小时；年降水量 450 ~ 580 毫米；无霜期 120 ~ 155 天。春秋两季多风易旱，风力一般 2 ~ 3 级，冬季盛行西北风，风力较强。

2. 自然资源

（1）土地资源。朝阳市行政辖区土地总面积为 1969914.36 公顷。按土地利用总体规划用地分类；朝阳市风光农用地 1315366.36 公顷，占土地总面积的 66.8%。其中，耕地面积 476739.75 公顷，占农用地面积的 36.2%，占土地总面积的 24.2%；园地面积 64827.95 公顷，占农用地面积的 4.9%，占土地总面积的 3.3%；林地面积 633677.08 公顷，占农用地面积的 48.2%，占土地总面积的 32.2%；牧草地面积 122742.63 公顷，占农用地面积的 9.3%，占土地总面积的 6.2%；水面面积 17378.95 公顷，占农用地面积的 1.3%，占土地总面积的 5.4%。其中，居民点及工矿用地面积 80529.15 公顷，占建设用地面积的 75.6%，占土地总面积的 4.1%；交通用地面积 23266.88 公顷，占建设用地面积的 21.9%，占土地总面积的 1.2%；水利设施用地面积 2668.51 公顷，占建设用地面积的 2.5%，占土地总面积的 0.1%。未利用土地面积 548083.46 公顷，占土地总面积的 27.8%。

（2）矿产资源。朝阳市矿产资源比较丰富，矿产品种比较齐全，现已发现各类有益矿产 53 种，矿产地 830 多处，其中已探明储量的矿产有 46 种。有些矿种如金、钼、锰、磷、石灰石、膨润土、硅石、珍珠岩、黏土、含钾岩石等为省内优势矿种，硅灰石、紫砂、镍为境内首次发现，铁、煤、油页岩、白云岩、沸石、萤石、玄武岩、辉绿岩、花岗岩等在省内占有主要位置。此外，尚有许多矿种如铜、铬、钨、银、铅、锌、铂、钯、石棉、泥炭、理石、地下热水、矿泉水等具有较好的找矿前景。

3. 经济建设

朝阳市 2013 年生产总值 1002.9 亿元，按可比价格计算，比上年增长 8.9%。其中，第一产业增加值 218.4 亿元，增长 4.9%；第二产业增加值 500 亿元，增长 11.1%；第三产业增加值 284.5 亿元，增长 7.4%。三次产业增加值比重为 21.8：49.8：28.4。全市人均生产总值 33591 元，按可比价格计算，比上年增长 9.1%。

（二）建平县基本概况

1. 自然地理

建平县位于中国辽宁省西部，东部与朝阳县交界，南部与喀喇沁左翼蒙古族自治县、凌源市接壤，西部和北部与赤峰市的宁城、喀喇沁旗等隔老哈河相望。东北与敖汉旗毗邻。

2. 自然资源

建平县有林面积 320 万亩，森林覆盖率达 36%，拥有世界最大的 100 万亩人工沙棘林，同时是被誉为世界生态工程之最的"三北防护林"的重要县份之一，是全国绿化先进县。

建平县境内地下矿产资源现已探明和发现 55 种，其中金属矿产 27 种，非金属矿产 28 种，金属矿主要有铁、金、锰、铌等，非金属矿主要有玄武岩、珍珠岩、白云石、膨润土、集块岩、石灰石、煤炭等。铁矿探明储量为 6021 万吨，年生产铁精粉 80 万吨，在全国县级铁粉产量中名列第 6 位。

3. 人口及经济发展概况

2012 年，建平县年末户籍人口 582019 人。出生人口 4963 人，出生率为 8.51‰；死亡人口 4453 人，死亡率为 7.63‰；自然增长率为 0.88‰。18 岁以下人口 99236 人，占总人口的 17.1%；18～60 岁人口 400651 人，占总人口的 68.8%；60 岁以上人口 82132 人，占总人口的 14.1%。

2012 年地区生产总值实现（GDP）196.9 亿元，按可比价格计算比上年增长 11.8%。其中，第一产业增加值 35 亿元，增长 5.3%；第二产业增加值 106.4 亿元，增长 13%；第三产业增加值 55.5 亿元，增长 12.9%。地区生产总值三次产业构成为 17.8：54.0：28.2。建平县人均地区生产总值达到 39608 元（按常住人口平均），按可比价格计算，比上年增长 13.2%。从建平县的经济发展状况可知，现在该地区的支柱产业已经由第一产业转到第二产业。

第二部分 建平县新农村建设发展现状

农村是农民群体居住的地方，新农村建设的成功有利于农民整体生活水平的提高。社会主义新农村建设是政府提出的战略性政策，包括"生产发展、生活宽裕、乡风文明、村容整洁、民主管理"五个方面。它的落实需要各级政府的努力，在建设社会主义新农村的过程中，政府和农民是一个整体。为了全面地了解新农村的建设现状，我们对建平县选取的3个镇从镇政府、村集体、农户3个方面进行问卷调查，共收回问卷93分，其中农户问卷81份、村集体问卷9份、乡镇问卷3份。且问卷全部有效。无论从数量上还是从质量上，问卷都能发挥到最大效用。以下就从乡镇、村集体、农户3方面对该县新农村建设发展现状做出分析。

一、乡镇调查

（一）万寿乡

1. 基本信息

万寿乡共有7个行政村，在册总人口28000人，其中劳动力17000人，外出打工人数11000人。

本镇总耕地面积54000亩，其中旱田53000亩、水田1000亩。2014年本镇人均收入13100元。本镇的支柱性产业是铁矿。

2. 新农村建设的举措

（1）土地流转，本镇流转土地总面积达到10000亩，其中流入合作社面积9500亩，以用于规模种植大棚、果园以及产业示范园区。流入企业是500亩，主要用于开矿。

（2）政府积极宣传新农村建设，并制定新农村建设的发展规划及政策，另外最主要的是对农民提供惠民的财政支持。

（3）加强修建农村基础设施力度。政府拨款改善农业水利设施，并改善道路。

（4）建立专门的新农村建设相关机构。

3. 取得的成效

（1）水利灌溉、农业电网等农业生产的公共设施都得到改善。

（2）新型医疗合作、农民保险等农村社会保障制度得到完善。

（3）农村土地流转解放了劳动力，带来了当地人均收入的大幅度提升。

4. 存在问题

（1）土地流转签订的流转合同比例刚达到 45%。说明农民的规范意识还未达标，政府对土地流转所要办理的手续宣传不够到位。

（2）政府的财政支持大多数用于修建农田基础设施，而用于农民保障及农村公共活动场所及文化场所的比例很低，说明本镇的新农村建设水平及程度还不是太高。

（二）朱碌科乡

1. 基本信息

朱碌科乡共有 12 个行政村，在册总人口 23500 人，其中劳动力人口 12000人，外出打工劳动力 3000 人。

本镇总耕地面积 90000 亩，其中旱田 50000 亩、水田 30000 亩，大棚 2500亩，果园 500 亩。2014 年本镇人均收入 12000 元。本镇的支柱性产业是杂粮。

2. 新农村建设的举措

（1）积极宣传新农村，并制定新农村建设的发展规划。

（2）对新农村建设提供财政支持。

（3）设立新农村建设办公室，对本镇的新农村建设进行指导规划。

（4）进行土地流转，对土地进行集中，规模种植。

（5）改善农村基础设施，例如道路、农田水利、村里的排水系统等。

3. 成效

（1）流转土地 2000 亩，土地流转给种植大户，解放了劳动力。

（2）本镇的农田水利设施得到了大幅度的改善。

（3）本镇农村的基本设施相对来说得到了很大的改善。

（4）新型医疗合作、农民保险等农村社会保障制度得到了完善。

4. 存在问题

（1）本镇政府并未对本镇因地制宜提出过实际的新农村建设的政策，基本上是按上级政府的指示工作。

（2）本镇土地流转市签订的书面合同比例仅占 10%，说明农民对土地流转的认识不足，政府引导相对来说较差。

（三）榆树林子乡

1. 基本信息

榆树林子乡共有 17 个行政村，在册总人口 35800 人，其中劳动力人口 20000人，外出打工劳动力 5000 人。

本镇总耕地面积 12639 亩，其中旱田 12639 亩、大棚 2800 亩，果园 16000

亩，林地 100000 亩。2014 年本镇人均收入 12000 元。本镇的支柱性产业是铁矿。

2. 新农村建设的措施

（1）土地流转，以解放劳动力，对农业进行规模种植。

（2）因地制宜地提出适应本地发展的新农村建设方案。

（3）对新农村建设做出充足的宣传，并出台相应的财政政策和发展规划。

3. 成效

（1）土地流转 5000 亩，其中流入企业 2800 亩以用于矿山的开采，其余流入种植大户种植设施农业。

（2）提出适应本地区的新农村建设方案，设施农业和南果梨种植业已具有相当大的规模。

（3）农民社会保障系统已相当完善。

（4）农业生产的基础设施得到了很大程度的提高。

4. 存在问题

（1）本镇没有相应的新农村建设的职能机构，无法起到监督和规划的职能。

（2）本镇土地流转时所签的书面合同仅占 80%，说明本镇的农民对土地流转的意识还未达标。政府应该加强宣传。

（3）本镇政府的财政政策主要用于农田基本水利的改善和村里基础设施的改善，很小一部分用于农民的素质提高，说明本镇的新农村建设程度还不是太高。

（四）小结

通过对乡镇的问卷分析，当今建平县的新农村建设成效是斐然的，包括农业生产基础的建设、农民居住环境设施的改善、农村社会保障制度的完善等。但是存在的问题也相当多，如农民的自身素质还有待提高、土地经营的还有待进一步规划等。

二、村集体调查

（一）人口分析

如表 1 所示，9 个村里劳动力所占总人口的比例基本上维持在 50% 左右，说明从事农业劳动的人口降低了，除去老人以外其余的都外出打工。

表 1　各村人口状况

	万寿西	黄土梁子	小平房	北老爷庙	下营子	朱碌科	大西营子	东街	西街
总户数（户）	1049	480	881	505	649	1008	550	70	528
在册总人口（人）	2845	1980	3167	1660	2292	3610	1980	2880	2108

续表

	万寿西	黄土梁子	小平房	北老爷庙	下营子	朱碌科	大西营子	东街	西街
劳动力（人）	1500	1200	1500	800	1100	1948	1000	1300	400
劳动力所占总人口比重（%）	52	60	47	48	47	53	50	46	18

（二）耕地面积分析

如表2所示，9个村里大部分耕地还是旱田，水田及设施农业的比例较小。农民依靠农业收入的来源单一。除了依靠种地收入外，年轻人主要靠外出务工挣钱。

表2　各村耕地面积　　　　　　　　　　　　　　　单位：亩

	万寿西	黄土梁子	小平房	北老爷庙	下营子	朱碌科	大西营子	东街	西街
总耕地面积	1941	3100	5303	7000	4850	7460	5500	6500	4800
集体机动地	291	600	0	0	0	0	0	0	0
旱田	1691	3100	1303	5000	4850	5400	2750	3500	2000
水田	350	0	4000	2000	0	2096	2750	3000	2800
大棚	240	260	300	300	0	136	0	0	0
果园	500	450	5000	0	0	80	500	1000	1200
林地	700	4500	2651	6000	2000	1000	5200	4300	1000

（三）新农村建设采取的措施、成效及存在问题

村集体在新农村建设方面主要依靠对新农村建设的宣传、制定本村的规划方案、通过财力和物力的支持改善本村的整体基础设施。

建设新农村所涉及的资金来源主要是依靠上级政府的投资及村集体的积累，而没有村民募集的资金来源。资金的第一大用途是改善农业生产所需的基础水利及电力设施，改善交通设施，其次是用于改善农村的居住条件，如改善村里的道路、供排水系统等。用来改善农村社会保障制度和农民文化教育的资金少之又少。

（四）小结

村集体是社会主义县农村建设的主要参与者，是与农民利益最直接相关的政府组织。所以在新农村建设中村集体应该完全站在农民角度，全心全意为农民服务。努力改善农村社会基本保障制度，切实保障农民的生活。

三、农户调查

（一）生产方面

1. 经营的土地类型

如表3所示，我们调研组在建平县对农民进行访谈，获得81份有效问卷。根据种植户的从业类型不同分为：旱田、水田、冷棚、暖棚、果园、林地、其他。发现被调查户主要为经营旱田和水田良种类型分别占97%、25%，10年前的调研中81户被访者100%的农户种植的是旱田，可以看出现在农户的经营模式已经相对来说多样化了，但是为了新农村建设及农民增收，现在农民经营土地类型比较单一并且比较分散，经营其他土地类型的农户很少，可以看出他们的收入来源比较单一。

表3　经营土地类型

	旱田	水田	冷棚	暖棚	果园	林地	其他
有效样本（份）	81	81	81	81	81	81	81
户数（户）	79	21	0	1	6	4	0
占比（%）	97	25	0	1	7	4	0

2. 养殖业状况

如表4所示，从81份有效样本里可以看出，从事养殖业的户数仅占22%，可以看出本地区农民除了种植业以外，其他收入来源主要依靠外出打工所得。

表4　养殖状况

	养殖业
有效样本（份）	81
户数（户）	18
占比（%）	22

3. 生产及销售条件的改善情况

如表5所示，在81份有效问卷中，农业生产的保障及条件改善状况有了明显提升，但在接受技术培训方面还有所欠缺，81户只有22户农户接受过技术培训，在加入合作社方面，虽然被访者都听说过合作社，但是在这81户中仅有10户参加了合作社。

表5　农业生产条件改善状况

	接受技术培训	加入合作社	采用新技术	参与农业保险	水利设施的改善
有效样本（份）	81	81	81	81	81
户数（户）	22	10	56	75	68
占比（%）	27	12	69	94	83

4. 农产品销售方式

在农户销售农产品时95%的农户是通过商贩上门收购而出售的。并且90%的农户不对自己的农产品进行储藏，卖掉用于资金周转。

5. 小结

在生产方面，该地区农民的收入来源相对单一，但生产条件相对来说得到了很大程度上的改善，政府要引进适应当地农民的项目，帮助他们增加收入来源。同时政府要加强宣传农民专业合作社，并且适当引导该地区农民加入合作社。

（二）生活宽裕方面

1. 收入方面

如表6所示，在81份样本中2014年总收入在1万元以下的户数有4家占样本总数的4%，1万~5万元的户数有55家占样本总数的67%，收入在10万元以上的农户为8户，而十年前的调查中除了3户收入在10万元以上，其余的调查对象收入全在5万元以下。根据现在所得数据可以看出，相较于十年前的收入，现在农民收入水平有了大幅度上升。这两类收入的人口占71%，占了样本的绝大部分。而且在这写收入群体里面大部分的收入还是来自种植业收入和其他非农收入（大部分是来自于打工收入）。

表6　收入分布（2014年）　　　　　　　　　　　单位：元

	1万以下	1万~5万	5万~10万	10万以上
有效样本（份）	81	81	81	81
户数（户）	4	55	15	7
占比（%）	4	67	18	8

2. 家庭支出方面

如表7所示，81份样本里74%的农户的年支出金额为1万~5万元，样本里农户花费在生产性支出的平均金额平均为1.32万元，而花费在生活支出的金额平均值为2.55万元，生活性支出里平均有3900元用于教育支出。而十年前的调查中显示当时农民的收入除了用于生产性支出外，其余的生活支出每年都在5000

元以下。这说明现在农民已不像以前那样把钱大部分花销在生产性支出上了，已经注重自己家庭的生活质量了。

表 7　总支出分布（2014 年）　单位：元

	1 万以下	1 万 ~ 5 万	5 万 ~ 10 万	10 万以上
有效样本（份）	81	81	81	81
户数（户）	4	60	9	8
占比（%）	4	74	11	9

3. 生活必需品方面

在样本中，日常的电视、洗衣机、热水器、电冰箱，代步摩托车都有。

4. 生活用品方面

在 81 份样本调查中，买生活用品最注重的两个方面是质量和实用性。

5. 其他方面

81 份样本调查中，现在农民无论是生火做饭还是取暖用的依旧是柴、煤、液化气和电。农村没有公共供暖，只有自己家烧土炕。但据调查可知，在调查的农户中饮水都是村集体的公共自来水，而据十年前的调查，当时村民生活用水都是自己家打的小机井。从这方面可知现在农村基础设施比较完善。

现在农民生活水平提高了，人们开始了其他方面的着想。在进行"生活中最担心的事情"的调查中，现在农户最担心的两件事就是家里有人生病及自己的养老问题。

通过对农户的调查，现在合作医疗及新型农民保险的参保率达到 100%。对新型医疗保险的评价也相当高，但是对新农保的评价就不是太高，他们认为新农保的钱太少不能保证自己今后的养老问题。现在农村基本社会保障制度得到了完善但也有一定的缺陷。

新农村的建设已经有了一定程度的成就。随着农民生活水平的提高，农民更希望政府为农村提供更多的社会服务，通过对本 81 户农户的调查，农民最希望政府做的两件事是"为农民提供优质、便宜的医疗服务"及"为农民提供生活公共设施"。

6. 小结

农民生活宽裕是新农村建设的核心目标，通过调查现在农民的收入仍然比较低且收入来源比较单一，支出高，所以政府应该加大力度扶持农民致富的项目。而针对农村基础建设方面虽然有一定的成效，但还应当继续完善，如兴建公共供暖项目、提高新农保的补贴水平。做到农民老后有所依靠。

（三）乡风文明方面

在获取信息方面，现在的农民主要还是依靠电视，其次是跟别人交流，再次是网络。

在封建迷信方面，所调查的农民100%没有封建迷信及宗教信仰。

随着新农村的建设，各村都建立起了自己的文化娱乐场所，所调查的村都自己的文化娱乐场所，包括图书阅览室、体育活动场所。为本村居民提供文化娱乐活动场所。据十年前的调查数据可知，在被访者81份样本中仅有23户认为本村有公共的娱乐场所并对其满意的。

1. 对本村满意度

根据表8显示，村民对本村文化场所、社会风气、邻里关系及治安状况还是相当满意的。

表8　对本村基本设施的满意程度

项目	文化娱乐场所	社会风气	邻里关系	治安状况
满意（户数）	79	78	80	79

随着农民生活水平的提高，在人情往来方面根据调查结果显示85%的人认为现在礼金越来越严重，并且根据调查显示现在用于随礼平均每年得随5000块钱。

2. 小结

新农村建设中乡风文明建设方面成果很突出，农民对本村的满意度大大提高，但是随礼的风俗却越来越严重，这一定程度上损害了当地的乡风，政府方面应该加强节俭的教育及宣传，适当节制这方面的支出。

（四）村容整洁方面

1. 对本村村容整洁满意度分析

由调查样本可知，在81户农民中，对本村生活环境满意的户数占91%，对本地集市卫生状况满意的户数所占的比重次之占80%，而对本村街路状况满意的户数只占71%，所以村集体和上级政府应该继续加强改善当地村里的街路状况。

表9　村容各项目的满意度

项目	生活环境	街路状况	集市卫生状况
总样本	81	81	81
满意（户数）	74	58	65
比例（%）	91	71	80

据 81 户村民的调查，在处理生活污水时，当地村民采用最多的处理方式是随意倾倒，其次是自家挖的下水井，最后使用不多的是街边的排水渠。根据这些调查可知，现如今村里的排污系统很不健全。在处理自己的生活垃圾的时候，被访村民最常采用的方式是村里指定的垃圾倾倒点，这部分占全部调查样本的50%，其次是采用随意倾倒的方式，该部分占全部样本的27%，其余23%则采用无人处理的垃圾倾倒点和村民自己家的倾倒点。十年前的样本数据里100%的农户采取了随意倾倒和无人处理的垃圾倾倒点这两种方式。可见处理村民垃圾的措施有些成效，但垃圾处理点的建设覆盖面还不全面。

在建设下水道有无必要方面，81 户被访者中有 56 户希望建设统一下水道占总数的69%，而在调查处理有没有必要进行住房统一规划时有 70 户认为有必要对他们的住房进行统一规划，这部分村民占总调查样本的86%。随着村民意识及本身素质的提高，对自己的居住环境提出越来越高的要求。

2. 小结

在村容整洁方面，现在居民还是相当满意的，但有些方面需要政府加强财政支持。第一，进一步修建村里的统一垃圾回收点；第二，投资兴建下水道；第三，有条件的政府可以对当地农村住房进行统一规划。

（五）民主管理方面

1. 民主管理各项满意度调查

根据表 10 可知，现在的民主管理效果比较显著。90% 的被访者还是相当满意本村的民主管理现状的。十年前的调查中有 23 户农民认为本村的事务不经过村民代表大会表决，占样本的28%，现在调查这一部分仅占11%，比十年前降低了17%，可见现在的民主管理建设成效显著。但有一项"群众有意见或建议是否有渠道进行反映"被访者对该项的满意度仅占65%，还未覆盖完全。而认为村代表能完全代表民意的村民仅占总样本数的67%。说明现在村级的干部选举虽然有成效但还不完善。

表 10　民主管理各项满意度

项目	村里事务是否通过村代表表决	村代表能否代表村民意愿	村务是否公开	您是否能对村集体的经济活动进行监督	有意见或建议是否能有渠道反映	是否了解村委会干部选举程序	对本村民主管理是否满意
总样本	81	81	81	81	81	81	81
"是"（户数）	72	55	70	60	53	69	73
比例（%）	89	67	86	74	65	85	90

在调查村民选举时，83%的被访者认为，选举村委会干部是自己的权利，这部分数据跟十年前调查数据相当，所以去参加村委会选举，另外17%的被访者认为是村里要求必须去，自己也去。片面说明现在农民对自己的权利认识还不够全面。而当选的村干部，被访者认为都是靠群众基础和个人能力当选的，并没有施政纲领的要求。

被访的81户村民仅有33%的人听说并参加过"一事一议"筹资筹劳制度，说明现在农民当家做主的意识还不够。十年前的调查问卷里没涉及这类问题。从当时问卷设计可知，当时农民的意识没有现在意识高。涉及村民对本村民主管理现状是否满意的问题时，本次调查90%对本村民主管理现状还是满意的，而十年前这部分数据是88%，说明现在的民主管理还是深入人心的。

2. 小结

民主管理方面的成就斐然，大部分村民对本村的管理是满意的，但还有不足，政府应该加强改善力度。第一，完善村级干部选举制度，做到村民代表能完全代表村民意愿。第二，加强宣传民主管理的各项事务，尤其是"一事一议"的制度，加强农民当家做主的意识。

辽宁省农民合作社基本情况调查

——基于辽宁省 1215 户农户和 277 个合作社的调查数据

2005 年 10 月，中国共产党十六届五中全会提出要按照"生产发展、生活宽裕、乡风文明、村容整洁、管理民主"的要求，扎实推进社会主义新农村建设。为全面掌握了解 10 年来新农村建设的发展现状和存在的问题，2015 年 7 ~ 8 月，辽宁省农村经济委员会信息中心联合沈阳农业大学经济管理学院成立新农村建设的调查课题组对辽宁省全省进行抽样实地调查。

一、调查方法

为确保本次调查的科学性，真正了解辽宁省新农村建设的发展现状和问题，课题组在全省分为 5 个地区（辽中地区、辽东地区、辽西地区、辽北地区、辽南地区），每个地区抽取 3 个市，每个市抽取 1 个县、每个县抽取 3 个镇、每个镇抽取 3 个村（分为贫困、中等、富裕）、每个村抽取 9 个居民户进行调研，对选取的每个乡镇、村、农户进行三级调研。全省选取了 15 个县、45 个乡镇、135 个村、1215 个农户进行调研，对每个县（区）的新农村建设情况进行全面的问卷调查和访问调查。

针对农民合作社发展情况，对农户和合作社进行了问卷调查。2005 年《农民专业合作社法》还没有颁布，辽宁省各地合作社较少，而且发展不规范。但是，10 年后的今天，辽宁省合作社虽然有了较大的发展，但仍然存在着较多的问题。

二、样本调查结果

（一）农户调查结果

1. 农户参加农民合作社情况

在调查的 1215 户农户中，有 71% 的农户了解过合作社，但其中已经参加合作社的仅占 15.68%。说明农户对合作社的了解程度较高，但由于无人领办、合作社发展不规范、社员及农户对合作社的满意度低等各种原因，导致农户参加合作社的比例非常低。

大多数农户有参加合作社的意愿，希望合作社能为自己带来各方面的好处，在未参加合作社的农户中，有 51.64% 的农户表示有意愿加入合作社。

2. 农户参加农民合作社的原因

农户参加合作社的原因主要是参加合作社为农户带来了实实在在的好处，在调查中，参加合作社的农户均表示参加合作社为自己带来了一些好处，从图 1 可看出，农户参加合作社最主要的原因是享受到了合作社提供的技术服务，这也是在家庭承包经营制度下农户缺少社会化服务的重要补充。另外，虽然大多数合作社的收益分配制度并不规范，但合作社在某种程度上增加了农户的收入，主要原因应该是生产资料价格下降和农产品价格提高。但是，农户土地流转给合作社解放劳动力的效果并不明显。

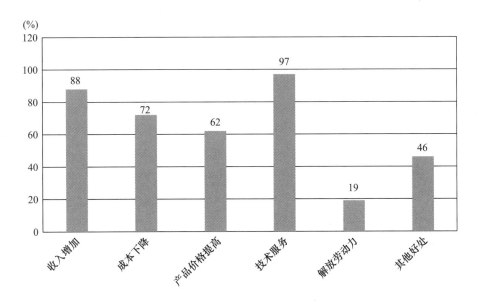

图 1　农户选择合作社带来好处的频数

3. 农民合作社领办人情况

从图 2 中可直观看出，合作社的领办人主要是种植大户、村两委和普通农户。说明从目前看，合作社仍停留在村里种植大户和普通农户领办阶段，这些人是农村中的能人，有资金、技术、市场等方面的一定优势，这是合作社发展的初级阶段，在某种程度上促进了合作社的发展，但从长期看，会制约合作社规范快速发展。最近，村两委领办合作社发展较快，在调查中也充分地反映出来，这种领办形式对合作社发展有一定的促进作用。企业领办合作社较少，工商企业带动合作社的发展需要进一步提高。

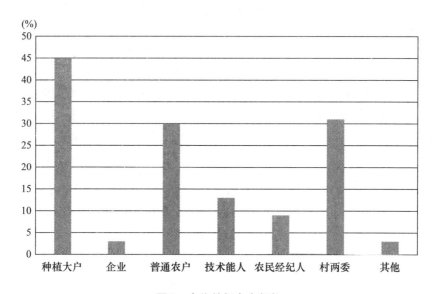

图2　合作社领办人频数

（二）农民合作社调查结果

调研地区主要是铁岭、丹东、大连、营口、沈阳、抚顺、鞍山、朝阳、阜新、锦州10个市区。在对样本村调查中，我们了解了样本村277个合作社发展的基本情况。

1. 样本地区农民合作社带动情况

调查所涉及到的样本地区合作社数量，不同的地区差异较大，沈阳地区合作社较多，有62个，而抚顺和朝阳地区只有6个，可能的原因是经济发达地区的合作社数量较多，经济相对落后地区的合作社数量较少。农户参加比例普遍较低，从全省样本地区数据看，只有不到1/3，提高合作社规范性、吸引农户参与，认识目前面对的最重要的问题。带动农户数不仅包括合作社社员，也包括与合作社有一定联系的非社员，但是，从调查的情况看，277个合作社只带动了14263户，平均每个合作社带动农户50户，说明合作社带动农户的能力较弱。如表1所示。

表1 样本地区农民合作社带动情况

地区	铁岭	丹东	抚顺	大连	营口	鞍山	朝阳	阜新	锦州	沈阳	总计
合作社数量（个）	26	50	6	35	31	20	6	9	23	62	277
农户参加比例（%）	33	14.36	26.67	22.75	26	40	50	26.42	23.57	30.2	29.30
带动农户数（户）	2495	1333	281	1900	760	1030	1410	2359	686	2009	14263

2. 样本地区农民合作社土地流转情况

农户土地向合作社流转，解放了农业劳动力，既解决了农村劳动力转移与承包土地之间的矛盾，能够以灵活的方式促进农户非农就业，又优化了土地资源的综合配置，进一步提高农业生产经营的规模化发展。但是，从样本地区调查看，土地向合作社流转数量较少，277个合作社总体数据说明，合作社流入土地数量只占农户流出土地数量的28.45%，不足1/3，大多数土地还是在农户之间流转。如表2所示。

表2 样本地区合作社土地流转情况

地区	铁岭	丹东	抚顺	大连	营口	鞍山	朝阳	阜新	锦州	沈阳	总计
合作社数量（个）	26	50	6	35	31	20	6	9	23	62	277
农户流出土地数量（公顷）	1664	2479	464.1	800.7	156.7	642.1	1330	382	167.5	1175.2	9261.3
合作社流入土地数量（公顷）	1141	520	34.1	57.3	74.7	92	0	233.3	86.7	396.3	2635.4
占比（%）	68.5	21.0	7.4	7.2	47.7	14.3	0	61.1	51.7	33.7	28.45

3. 样本地区合作社自办农产品加工企业情况

农民合作社自办农产品加工企业是合作社增收的重要途径，社员可以分享农产品产后加工的附加值，但由于资金、技术等因素的约束，调研中发现合作社自办企业数量较少。277个合作社自办加工企业只有19个，平均只有6.86%的合作社有农产品加工企业，这在一定程度上影响了合作社的发展壮大和社员收入的增加，如表3所示。

表3 样本地区合作社自办农产品加工企业情况

地区	铁岭	丹东	抚顺	大连	营口	鞍山	朝阳	阜新	锦州	沈阳	总计
合作社数量（个）	26	50	6	35	31	20	6	9	23	62	277
自办企业（个）	1	2	6	2	2	0	1	0	1	4	19
占比（%）	3.85	4.0	100	5.7	6.5	0	16.67	0	4.35	6.45	6.86

三、辽宁省农民合作社存在的问题

（一）农户参加农民合作社的比例较低，合作社带动能力不强

《农民专业合作社法》实施10年来，农户对合作社已经不陌生了，大多数农户对合作社比较了解，农户参加意愿也比较强烈。但由于合作社的规范性较差，带动农户增收的能力有限，使合作社社员的满意度不高，影响着非社员的参与热情，农户参加农民合作社的比例仍然较低，合作社带动能力不强。

（二）合作社领办人主要还是能人领办

农村的大户能人，因为他们具有丰富的农业生产经验，因此，在合作社中可以对其余社员进行农业生产技术辅导，并且由于他们已在当地群众中拥有一定的威望，可以很好地组织大家生产。但是，农村的这些能人，往往学历层次偏低，对很多合作社规范经营知识掌握不够，他们中不少人也只不过是技术性农民，对于国家政策和市场的把握还很欠缺，严重制约合作社的发展。

（三）农民合作社土地流转比例不高，解放劳动力效果不明显

土地向合作社流转，合作社统一经营或者合作社为农户代耕，可以解放劳动力，促进农业剩余劳动力向非农产业转移。但是，由于土地向合作社流转数量不多，使得解放劳动力效果不明显，合作社规模经营也难以实现。

（四）农民合作社自办农产品加工企业较少

一般认为，合作社进入加工领域是多数农产品销售型合作社发展到一定阶段的必然选择。如果合作社自己办农产品加工企业，自己办农产品流通企业，形成的利润当然都属于农民共享的。农民合作社自办农产品加工企业较少在一定程度上制约了农民收入的增加。

四、促进辽宁省农民合作社发展的对策建议

（一）规范合作社发展，提高农户参与程度

农户对合作社的认知程度是影响农户参与的重要因素，当农户对合作社了解程度较低、社员对于合作社管理及运行机制了解甚少时，社员的满意度很难提高。合作社的规范发展也影响着农户的参与度。比如，定期召开社员大会或社员代表大会、明确合作社内部治理结构和规章制度、让社员充分表达意见、账目公开，并通过喜闻乐见的形式开展合作社知识的教育培训活动，决策合理、民主和透明等。另外，政府要加大支持力度，积极宣传并加强对合作社的政策扶持，以吸引更多的农户入社。

（二）发展多种类型的农民合作社领办人

合作社的发起人显著地影响社员对合作社的满意度，合作社发起人的水平和

能力直接影响合作社的内部管理、规范化的运营制度。

农民专业合作社可以由各种各样的人或者单位领办，他们可以是农村种养殖能手，可以是农产品基地负责人，或者公司、经销商、供销合作社，也可以是村两委，这些领办者领办的合作社各具特点，从某种程度上看，领办人的性质决定了合作社的发展。

由企业领办的合作社，合作社的管理能够达到企业管理的模式，做到标准化生产，有效地保证了农产品的质量，可以保证产有所销。这种模式虽然在一定程度上解决农产品销售难问题，但由于企业和农户毕竟是各自独立的利益主体，企业难以自觉地让农民分享其利润，绝大多数企业与农民只是一种"买断"关系，一旦出现市场波动，就会导致双方利益受损。

供销合作社积累了丰富的合作社知识和实践经验，可以传授农民合作经济知识，并帮助农民创办合作社，指导他们进行科学、规范的经营和管理。另外，供销合作社有一套完整的组织体系，有涉及流通、加工、销售领域的诸多企业，有完善的经营网络。供销合作社领办专业合作社不同于个人，只能提供有限的资源；不同于企业，把营利作为最终目的。因此，供销合作社拥有很多其他领办人无法比拟的优势。

村两委领办的合作社是合作社与村委会实行"一套人马、两块牌子"。弥补村委会在经济职能方面的不足，完善职能，不会出现农民专业合作社与村委会的对立。有利于融洽干群关系。村两委班子是我国农村社会治理结构中最基层、最关键的环节。村"两委"班子直接领办合作社后，干群成了一个利益共同体，为群众谋利益这句话就更多地落在了实处，基层组织的凝聚力和战斗力从而进一步增强，基层政权更加稳固。

（三）推动土地向合作社流转，促进劳动力转移

首先，要建立农村土地流转市场，保证流转过程的安全性，程序的规范化。为合作社土地流转、规模经营搭建合理交易和服务平台，以政府引导和法律的保护为前提，保障农民、合作社等各方权益。

其次，制定合作社流转土地的配套政策，促进合作社土地规模经营。充分发挥政府的引导推动作用，在土地流转扶持政策向合作社等新型经营主体倾斜的基础上，尽快出台配套措施，使合作社能够高效率地发展。

最后，规范农户与合作社土地流转合同，保障双方受益。合同的建立是双方的承诺，必须充分体现土地流转合同的责任和意义，保证起到应有的法律作用，特别要保护农户的权益。

（四）加强合作社农产品加工能力，促进三产融合

农民自愿组建合作社的目的，不仅是解决自产农产品的销售难问题，更重要

的是通过降低生产交易成本，延长产业链，增加附加值，将加工流通环节的利润
拿回来，实现农民收入的持续增长。合作社正是通过以农业为基础的各产业间的
合作、联合，实现农业生产和农产品粗加工等第一产业，向食品加工等第二产业
以及流通、销售等第三产业延伸的"六次产业"的升级，有效实现产供销一体
化发展的"积"、"和"效应，提高农业的经济效益，农民合作社成为"三产"
融合的重要载体。合作社办加工企业是发展方向，政府部门应适当鼓励和引导。
政府部门应通过完善和改进财政、金融、税收积极鼓励合作社在社内进行初加工
环节的经营拓展，使得初加工收益能够更好地被留存和分配给合作社及其普通
社员。

（李忠旭、王雪宁）

辽宁省新农村乡风文明建设调查报告

乡风文明是指农民群众的思想、文化、道德水平不断提高，在农村形成崇尚文明、崇尚科学的社会风气，农村的教育、文化、卫生、体育等事业发展逐步适应农民生活水平不断提高的需求。乡风文明是新农村建设的重要内容之一，与新农村建设的其他内容密切相关，共同构成社会主义新农村的美好愿景。

一、新农村乡风文明建设的重要性

中共十五大以来，我国国民经济持续快速健康发展，人民生活总体上达到小康水平，经济社会发展态势良好。但仍存在农民人均纯收入增长远远落后于城市人均可支配收入增长，以及农村文化、科技、教育、卫生、体育等事业远远落后于城市等问题。根据这样的情况，中共十六大明确提出了解决"三农"问题必须统筹城乡经济社会发展。十六届五中全会通过的《中共中央关于制定国民经济和社会发展第十一个五年规划的建议》中，提出了建设社会主义新农村总要求："生产发展、生活宽裕、乡风文明、村容整洁、管理民主"，第一次提出"乡风文明"这一概念。从社会主义新农村建设的基本内涵看，"生产发展"是建设新农村的物质条件，"生活宽裕"是建设新农村的具体体现，"乡风文明"的主旨是要在农村形成文明健康的精神风貌，"村容整洁"是建设新农村的环境要求；"管理民主"是建设新农村的体制保障。它们相互联系、相互制约，共同构成了社会主义新农村建设的有机整体。所以说，社会主义新农村建设体现了经济建设、政治建设、文化建设、社会建设四位一体的要求，是一个综合概念。"乡风文明"是建设社会主义新农村的一项重要内容，一个不可或缺的组成部分。

2005年12月31日，中共中央、国务院又联合颁布了《关于推进社会主义新农村建设的若干意见》，进一步强调："倡导健康文明新风尚。大力弘扬以爱国主义为核心的民族精神和以改革创新为核心的时代精神，激发农民群众发扬艰苦奋斗、自力更生的传统美德，为建设社会主义新农村提供强大的精神动力和思想保证。加强思想政治工作，深入开展农村形势和政策教育，认真实施公民道德建设工程，积极推动群众性精神文明创建活动，开展和谐家庭、和谐村组、和谐村镇创建活动。引导农民崇尚科学，抵制迷信，移风易俗，破除陋习，树立先进的思想观念和良好的道德风尚，提倡科学健康的生活方式，在农村形成文明向上的社会风貌。"这进一步细化了乡风文明建设的内容，使新农村乡风文明建设更具体、更具有可操作性。

十七届三中全会指出："坚持用社会主义先进文化占领农村阵地，满足农民日益增长的精神文化需求，提高农民思想道德素质。扎实开展社会主义核心价值体系建设，坚持用中国特色社会主义理论体系武装农村党员、教育农民群众，引导农民牢固树立爱国主义、集体主义、社会主义思想。"

"广泛开展文明村镇、文明集市、文明户、志愿服务等群众性精神文明创建活动，倡导农民崇尚科学、诚信守法、抵制迷信、移风易俗，遵守公民基本道德规范，养成健康文明生活方式，形成男女平等、尊老爱幼、邻里和睦、勤劳致富、扶贫济困的社会风尚。"这对乡风文明建设提出了更具体的要求。

新农村建设的基本要求可以归结为农村的三大文明的建设，即物质文明、精神文明和政治文明，其中，乡风文明建设是农村精神文明建设的集中表现。乡风文明建设是新农村建设的思想基础，也是新农村建设的灵魂。良好乡风的建设能够推动和谐公共空间的建设，从而起到调节人际关系、凝聚人心的作用，对推动农村的全面发展有不可估量的价值。把乡风文明建设作为建设社会主义新农村的一项重要内容，并多次提出一些具体要求，深刻反映了中国共产党在着力推进农村经济社会发展过程中对农村文化方面发展的高度重视。

二、辽宁省新农村乡风文明建设情况

继 2006 年在辽宁省范围内进行的新农村调研活动后，时隔十年，2015 年沈阳农业大学经济管理学院又一次组织新农村调研活动，调研范围、区域与 2006 年相同，首先把辽宁全省分为辽中、辽东、辽北、辽南、辽西 5 个区域，然后根据经济发展状况（富裕、中等、贫困）在每个区域抽取 3 个县，每个县又抽取 3 个乡，每个乡抽取 3 个村，每个村抽取 9 户（富裕、中等、贫困农户各 3 户）；采取入户问卷调查、深度访谈、调查员现场观察等方式，获取了 41 个乡镇、125 个村、1229 份农户问卷。

通过与 2006 年的调研数据对比可以看出，辽宁省新农村乡风文明建设方面取得了一定成效，农村的社会风气有所改善，村民对治安和休闲活动场所的满意度也有所提高，但仍然存在一定问题，有待改善。本文将从农民信息获取渠道、农村文化生活、农村社会风气三个方面具体分析辽宁省的乡风文明建设情况。

（一）农民信息获取情况

总体看来，农民获取信息渠道仍比较单一，但网络信息渠道得到一定推广。

从图 1 中可以看出，与十年前相似，农民信息获取的渠道主要有电视、报刊、网络、广播、村里公告、通知、广告等形式。与十年前情况相同的是，通过电视获取信息占的比重最大，但从之前的 94.1% 下降到了 81.61%；相反，通过网络获取信息的农民占比明显增加，由十年前仅仅 2.8% 的比例上升到 6.67%；通过比较传统的方式比如报刊、广播和村里公告、通知、广播等的农民占比与十年前相比均有所降低。可见，农民获取信息渠道仍以电视为主，但新兴的网络渠道在近些年得到了推广，同时侧面反映了农村居民生活条件有所提高，与十年前农村网络条件落后的情况相比，如今农民几乎人手一部可以上网的手机，家里也都安装了网络线路，在平时生活中上网看新闻、聊天或是搜索农业相关信息都十分方便。

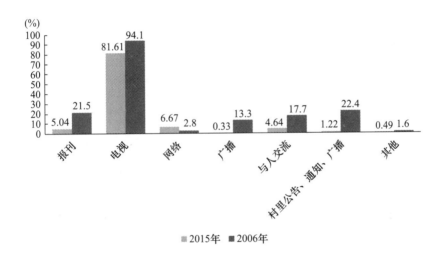

图1 农民获取信息渠道

(二) 农村文化生活情况

1. 休闲方式以看电视、听广播为主，方式趋于多元

如图 2 所示，调查发现，目前农民的休闲方式主要以看电视、听广播为主，被调查农民中有 82.75% 农民以其为主要的休闲活动，较 2006 年相比，该比例虽有所下降但仍保持在 80% 以上。除此之外，农民主要选择闲聊串门和参加健身活动来打发自己的闲暇时间，选择该两项活动的农民分别占调查农民的 28.07% 和 24.57%，闲聊串门的农户占比与 2006 年调研相比无较大变化，但以参加健身活动作为休闲方式的农民比例明显增加，提高了 16.06%，是被调查活动比例变化幅度最大的一项，可见，目前农民对健身运动更加重视。相比而言，打麻将或打牌的农民比例有所减小，仅占样本农户的 17.82%，与 2006 年相比下降

5.18%，参加乡村组织的文娱活动的比例虽照十年前比有所增加，但占比仍然偏低，只占被调查农民的18.31%，并未成为农民的主要休闲生活方式。

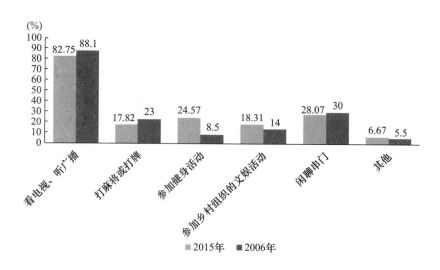

图2　农民休闲方式

随着国家大力发展经济，政府大力提倡新农村建设发展，农村居民的生活水平得到一定提高，生活质量也有所提高，在物质生活水平提高的情况下，农民对于休闲文化活动的要求也有所改变。与十年前相比，农民的休闲方式虽然仍以看电视、听广播为主，但方式开始趋向多元化，大多数农民在休闲方式选择上都有多种选择。同时，农民开始偏爱健康的运动和文娱活动，休闲活动以闲聊串门、打麻将或者打牌为主的农民比例有所降低。

2. 农村固定文化活动场所和设施有待进一步提高

81.8%的农村有健身或文化活动中心，其中，有农村阅览室的村比重只有37.6%，有体育活动室的比重为76.9%，农民喜欢的露天电影、戏剧演出场所在一些地方已很少见。与十年前调研数据相比，随着农民日益增长的文化需求以及新农村建设步伐的加快，农村健康的文化活动场所覆盖范围明显扩大，农民对文化活动场所的满意度明显提高，如图3所示，选择"不满意"的村民占比从2006年的20.00%下降到4.50%，选择"比较满意"和"很满意"的村民比例大幅上升，分别提高了15.68%和20.85%，可见，随着各级政府对农民文化生活的重视，各地区文化场所的建设取得效果明显。近年来，农村地区文化场所的建设多集中在提供文化小广场供农民活动，还有很多农村有健身活动器材等，其他设施设备很少，活动场所的构建还存在不足，无法为农民提供更为丰富的精神文化活动，分析可能的原因是文化站长多忙于乡镇政府的其他行政事务，每年除了固定全县的文化活动外，很少主动开展其他业务工作，且由于政府经费有限，多集中投入到农业生产中，忽视对文化生活的投入，政府也很难挖掘、培育文化能人开展相关方面工作。

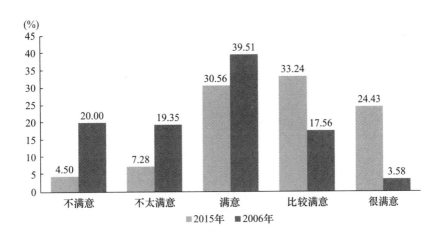

图3　农民对文化活动场所满意程度

各个地区还存在一些村子没有文化活动场所或是活动场所长期闲置，农村村委会内多设有图书阅览室等，但多数是空壳，常年无人问津。通过调研发现，不同地区村民对休闲文化活动场所的满意程度存在差别，如表1大致可以看出，辽中地区村民对文化场所的整体满意度最高，选择"不满意"和"不太满意"的村民仅占9.09%，在全部被调研区域中占比最低。相比较看，辽北地区村民对文化活动场所感到"不满意"的比例有6.85%，"不太满意"的有12.63%，在5个地区中占比最高，而比较满意和很满意的占比与其他地区相比都很低。可见，农村的文化发展区域间是存在差异的，针对辽北地区铁岭等地，农民的文化生活需要得到进一步关注，应加大力度完善其文化活动场所建设，提高村民满意度。

表1　各地区农民对文化活动场所的满意情况　　　　　　　　单位:%

	不满意	不太满意	满意	比较满意	很满意
辽东	3.35	6.03	31.91	34.05	24.57
辽南	4.76	5.72	29.52	33.81	26.19
辽西	4.89	7.61	27.72	23.37	36.41
辽北	6.85	12.63	29.47	32.63	18.42
辽中	3.9	5.19	33.33	39.83	17.75

（三）农村社会风气情况

从表2可以看出，通过对农村赌博现象调查来看回答不严重的农民占67.22%，较2006年有所提高；但是回答不太严重的农民所占比例为19.6%，有较大幅度的下降，9.4%的农民认为赌博现象一般，反映了农村仍存在赌博现象，可能会影响农村社会风气。

表2　农民对赌博现象的看法　　　　　　　　　　单位:%

年份	不严重	不太严重	一般	比较严重	很严重
2015	67.22	19.6	9.4	2.55	1.23
2006	62.64	31.03	2.75	2.25	1.33

受访者对当前社会风气、社会治安满意度较高。96.4%的农民对村里的社会风气表示满意；97.98%的农户对村里的治安状况表示满意；与2006年相比，满意率均有所提升；99.2%的农户认为邻里关系和谐。少数人对村里社会风气、治安状况不满意，原因是农村目前还存在一些不赡养老人、家庭暴力以及随礼礼金过重等现象。从表3中可以看出，认为随礼礼金很严重的农民占14.36%，比较严重的占29.69%，一般的29.12%，不太严重的占14.68%，不严重的占12.25%，礼金平均在每年3068元。与2006年相比，认为礼金严重的农民明显增加。一半以上受访农户认为随礼有负担，这部分支出对生活产生一定影响。另外，12.3%的农民有宗教信仰，6.27%的农民思想观念上还存在封建迷信意识，花钱请所谓的大神算命的情况依然存在。

表3　农民对随礼礼金的看法　　　　　　　　　　单位:%

年份	不严重	不太严重	一般	比较严重	很严重
2015	12.25	14.68	29.12	29.69	14.36
2006	18.31	30.76	20.34	20.34	10.25

从不同地区角度看，各地农民对治安状况的满意情况如表4所示，辽北地区满意状况较好，辽西地区对治安状况表示不太满意的农民占2.46%，明显高于其他地区。被调查者普遍反映村内治安状况很好，打架斗殴现象很少，仅在集市中可能会出现一些小偷小摸现象。

表4　各地区农民对治安状况满意情况　　　　　　　单位:%

	不满意	不太满意	满意	比较满意	很满意
辽东	0.86	1.71	26.61	36.91	33.91
辽南	1.37	0.91	25.57	32.42	39.73
辽西	0.82	2.46	33.2	30.32	33.2
辽北	1	0	35.05	24.23	39.69
辽中	0.4	0.4	32.94	39.84	26.42

三、加强辽宁省新农村乡风文明建设建议

（一）进一步加强领导，加大宣传力度，积极发动群众

新农村建设中的任何一部分内容都需要通过发挥好村两委干部在建设社会主义新农村中的作用，加强乡风文明建设首先村集体以及乡镇政府就要加强认识，明确乡风文明在新农村建设中的重要位置，将健康的社会风气带动给每一位村民。在调研中我们发现，大部分乡镇领导干部在对物质、精神建设上仍然存在着"一手硬、一手软"的问题，存在着认为把经济搞上去了文化建设也就自然得到加强的观念，认为文化建设要难度大不能立竿见影、不出政绩的"无用论"；没有充分认识到文化建设对和谐农村的促进作用。在对41个乡镇政府的调研中发现，将政府提供的物力或财力支持会投入到新农村建设中农民文化素质培训的有29个，但普遍将这部分的投资放到各个领域的第四位，排在农业生产急需的公用基础设施、农民生活条件改善的基础设施、农村可持续发展的公共产品供给等之后。

要让农民了解文化建设的重要性，要放手发动群众，突出农民的主体地位，充分尊重群众的意愿，鼓励群众勇于创新，积极改革，大胆实践，调动他们建设美好家园的积极性和创造性。

（二）搭建平台，促进和谐文明乡风进万家

召开有关和谐文明乡风的动员大会，下发方案，细化标准，充分发挥文化、教育、政法、群团等组织作用，使和谐新风进乡镇、进社区、进村屯、进万户。二是典型引路，形成人人争先的大格局。深入挖掘乡风文明建设的典型人物和典型事迹，通过开展访谈节目活动、事迹报告会、网络论坛等活动，提高全县群众参与活动的积极性和主动性，鼓励用先进个人的事迹教育感染广大农民群众，影响和带动村屯良好风气的形成。严厉打击赌博和封建迷信行为，让健康文明和谐之风走进农村千万家庭。

（三）抓阵地建设，着力改善落后休闲文化条件

按照国家"乡有文化服务站，村有文化活动室"的建设要求，扎实推进文

化阵地建设。一是对现有的落后或荒废已久的文化休闲活动场所进行整修，并尽量投入少、见效快，使现有的农家书屋、活动室和活动广场最大限度地发挥作用。二是争取支持建设阵地。应紧紧抓住国家扩大内需，加大基础设施建设的有利契机，争取政策扶持，有效利用国家政策。三是加大投入夯实基础。新建村级活动场所要提高标准，增强实力，努力实现文化阵地建设的整体升级。

辽宁省彰武县新农村建设
发展情况调查报告

——来自西六家子乡、兴隆山乡、彰武镇的调查

第一部分　调查基本情况

一、调查背景

目前，我国经济、社会发展已经进入工业反哺农业、城市支持农村的新阶段。党的十六届五中全会提出，建设社会主义新农村是我国现代化进程中的重大历史任务，为了进一步了解新农村建设的发展情况，时隔十年，沈阳农业大学经济管理学院再一次对辽宁省的各地区进行实地调查，现对辽西调研组彰武县调查情况进行汇总报告。

二、调查方法介绍

为确保本次调查的科学性，真正了解新农村建设取得的成效以及新农村发展的现状和问题，调研小组选取同十年前相同的 3 个乡镇，每个乡镇 3 个村进行调研。对乡镇、村政府管理者进行访谈、填写问卷，在各个村随机选取 9 户农户进行一对一访谈，填写调查问卷。

彰武县是辽西地区被选取的 3 个县之一，隶属于辽宁省阜新市，8 月 27 日调查西六家子乡、兴隆山乡两个乡镇，8 月 28 日前往彰武镇，调研结束，共收集乡镇问卷 3 份，村问卷 9 份，户卷 82 份。

（一）彰武县基本概况

1. 自然地理

彰武县隶属于辽宁省阜新市，地处辽宁省西北部，科尔沁沙地南部，东连康平、法库两县，南接新民市，西隔绕阳河与阜新蒙古族自治县相邻，北依内蒙古自治区通辽市的库伦旗和科尔沁左翼后旗；全境呈枫叶形，东西长87.5千米，南北宽79千米，总面积3641平方千米。地势北高南低，东西丘陵，北部沙荒，中、南部为平原。大体是"三丘、三沙、四平洼"。海拔最高（西北部）为313.1米，最低（南部）为59.3米。属于东北平原，内蒙古高原与辽河平原的过渡段。

彰武县设8镇16乡、184个行政村、4个街道、16个社区，总人口42万人（2011年），其中农村36万人，城镇6万人，农业人口34万人。总户数12.8万户，其中农村9.5万户，城镇3.3万户县人民政府驻彰武镇。

图1　彰武县行政区划

彰武县属于温和半湿润的季风大陆性气候，四季分明，雨热同季，光照充足，昼夜温差大，春季风大且多，寒冷期长，年平均气温7.2℃，最高温度

37.4℃，最低温度 -30.4℃，平均风速 3.8 米/秒，最大风速 38 米/秒，年均降水量 510.3 毫米，平均相对湿度 61%，平均无霜期 156 天。境内有柳河、绕阳河、养息牧河、秀水河四条河流。支流≥110 平方千米的河流 19 条。柳河发源于内蒙古，从西北入境，流向东南，县内河长 61.4 千米，年均径流量为 0.547 亿立方米；绕阳河为南阜新县界河，县内河长 72.93 千米，年均径流量 0.487 亿立方米；养息牧河流发源于本县，由四个支流河汇集而成，年均径流量为 0.955 亿立方米；秀水河从内蒙古经四合城、大四家子乡流入法库县。年均径流量为 0.16 亿立方米。地下水位 2 米以下。

2. 经济社会发展

2013 年彰武县地区生产总值完成 135 亿元，同 2012 年相比增长 18.3%；公共财政预算收入完成 9.35 亿元，同 2012 年相比增长 12.5%；固定资产投资完成 115 亿元，同 2012 年相比增长 30.8%，增幅阜新市第一。2008 年农业年度增加值达到 19.0 亿元，是 2000 年的 6.8 倍。彰武是国家商品粮生产基地，截至 2010 年，粮豆作物 90 万亩，经济作物 63 万亩。年均粮食综合生产能力 60 万吨。年均产玉米 50 万吨、玉米秸 101 万吨、玉米芯 8 万吨、油料 1.3 万吨、豆油 1.5 万吨、豆粕 5 万吨。2013 年彰武县粮食生产连获丰收，产量达 11.6 亿公斤，连续三年被国务院授予"全国粮食生产先进县"。打造现代农业示范工程，建成节水农业工程 18.2 万亩，万亩连片示范区 5 处，启动了沈阜现代农业示范带工程。实施畜牧强县战略，新建标准化畜禽小区 135 个，畜牧业产值实现 50.4 亿元，连续六年被评为"全国生猪调出大县"。2013 年完成造林 32.1 万亩、围栏封育 15.4 万亩，清理"小开荒"2100 亩，彰通高速绿化工程被评为省级精品工程，彰武县森林覆被率达 36.1%。完成草原沙化治理 10 万亩、水土保持工程 9 万亩、机械化收获 140 万亩。彰武县被确定为"全国农村土地承包经营权确权登记试点县"，被评为"全省造林绿化先进县"，再获省政府农建"大禹杯"，彰武县农产品检测站通过辽宁省首家双认证验收。2013 年，彰武县城镇居民医保、新农保参保率均达 94%，新农合参合率达 99%。

（二）西六家子蒙古族满族乡概况

西六家子乡共有 10 个行政村，面积 146.1 平方千米，其中，耕地面积 9.2 万亩，旱地 7200 亩，水田 2000 亩，大棚 450 亩，果园 3000 亩，林地 7.2 万亩。全乡流转土地规模为 6000 亩，全部为转出土地，分别流入合作社、企业各 3000 亩，流转的土地全部签订流转合同，流转期限为 13 年，用于种植、设施农业。全乡共 1.86 万人，其中劳动力 9300 人，外出打工人口为 1500 人；2014 年，全乡人均收入 9700 元，支柱性产业是玉米。

调研组选取八家子村、四家子村、忙海村为调查对象。八家子村在册 395

户，总人口 1200 人，其中劳动力 600 人。耕地总面积 4900 亩，全部为旱地。四家子村在册 550 户，总人口 1985 人，其中劳动力 770 人。耕地总面积 1.7 万亩，旱地 1 万亩，林地 7000 亩。忙海村在册 450 户，总人口 1540 人，劳动力 950 人。耕地总面积 6550 亩，旱地 6500 亩，水田 50 亩，大棚 45 亩，果园 50 亩，林地 5000 亩。

（三）兴隆山乡概况

兴隆山乡隶属阜新市彰武县，位于县城东北 4 千米，东邻兴隆堡乡，北与福兴地乡接壤，西部和南部与彰武镇为邻。铁路大郑线，公路丹霍线（304 线）。彰康线从乡境内通过，乡村砂石路畅通，交通方便。兴隆山乡所辖 5 个行政村，全乡总面积 10.9 万亩，其中耕地面积 5.6 万亩，大棚 1100 亩，果园 1800 亩，林地面积 1.9 万亩；全乡流转土地规模为 3800 亩，全部签订流转合同，流转期限为 12 年，均为转出，流入企业建冷棚，种植红辣椒。全乡总户数 2670 户，总人口 9800 人，其中农业人口 6600 人。2014 年人均收入 1.1 万元，支柱性产业为种植玉米。

调研组选取兴隆山村、花家村、老虎村为调查对象。兴隆山村在册 450 户，总人口 1548 人，其中劳动力 920 人。耕地总面积 7300 亩，全部为旱地，大棚 13 亩，果园 60 亩，林地 1600 亩。花家村在册 550 户，总人口 1985 人，其中，劳动力 770 人。耕地总面积 7318 亩，全部为旱地，大棚 300 亩，果园 120 亩，林地 1600 亩。老虎村在册 780 户，总人口 2920 人，劳动力 1500 人。耕地总面积 1.1 万亩，全部为旱地，水田 50 亩，大棚 240 亩，果园 260 亩，林地 9000 亩。

（四）彰武镇概况

彰武镇地处县城中心，是彰武县人民政府所在地。彰武镇有 7 个行政村，耕地面积 2.49 万亩，全部为旱地，大棚 500 亩，果园 1000 亩，林地 6200 亩，流转土地规模为 3050 亩，全部转出。全镇总总人口 16235 人，劳动力人口 7840 人，外出务工人员共 9758 人，2014 年人均收入 5000 元，支柱性产业是商业。

调研组选取西郊村、黑坨子村、新三家子村为调查对象。西郊村在册 657 户，总人口 2368 人，劳动力为 1340 人。耕地面积 2008 亩，全部为旱地，大棚 30 亩，林地 537 亩。黑坨子村在册 630 户，总人口 1930 人，劳动力 890 人。耕地 6300 亩，集体机动地 130 亩，旱地 6430 亩，林地 300 亩。新三家子村在册 723 户，2320 人口，其中劳动力为 1800 人。耕地总面积 7264 亩，有 280 亩集体机动地，旱地 6464 亩，水田 800 亩，大棚 67 亩，果园 500 亩，林地 3000 亩。

第二部分 彰武县新农村建设发展现状

一、生产发展方面

（一）农户始终以种植业为主，主要经营种植业，养殖业经营明显减少

调研组在彰武县对随机抽取的农户进行访谈，获得有效问卷82份，问卷将种植业分为种植水田、旱田、冷棚、暖棚、果园、林地及其他七种（见表2）。与十年前对比可以看出，由于当地土地资源条件，农户始终以经营旱田为主，户均18.7亩，同比增长58%，极少数农户经营大棚和林地。旱地平均亩投入455元，较十年前267元，同比增长70%，平均亩产1246元，较十年前487.8元，同比增长155%。可见，农户生产经营成本虽有提高，但远没有收入增加的幅度大。然而，养殖业情况却不同，十年前该地区的调查样本中有42户养殖户，总投入71.11万元，总产出为84.7万元；而本次调研样本中18户养殖，总投入33万元，总产出27.4万元，从事养殖的农户去年多数没有盈利，甚至亏本。可见，该地区农户逐渐放弃养殖业。

表1 2004年彰武县种植户情况

	大田	冷棚	暖棚	果园	其他
有效样本（份）	83	83	83	83	83
户数（户）	80	1	4	7	0
占比（%）	96	1.2	4.8	8.4	0

表2 2014年彰武县种植户情况分析

	水田	旱田	冷棚	暖棚	果园	林地	其他
有效样本（份）	82	82	82	82	82	82	82
户数（户）	2	75	1	2	0	9	0
占比（%）	2.4	91	1.2	2.4	0	11	0

另外，通过本次调研问卷得知，82户被调查农户土地流转规模为279.2亩，其中，转入旱田175亩，平均价格为530元/亩/年，转出旱田104.2亩，平均价格为750元/亩/年。

（二）农户生产条件有所改善

在新农村建设过程中，各地区各级政府对农民生产提供了更便利的服务与条件，农户可以通过农业技术培训来获得农业新技术、新知识；可以参与合作社，进行规模经营，提高农业收入、降低生产资料成本、提高农产品销售价格；行业很多农户采用新技术措施如良种、优质化肥、耕作方式也从传统的耕作方式转变为农业机械化耕作；四家子村农业保险已经普及，去年已经落实到了每一户。

从表3、表4可知，该地区61%的农户参与农业技术培训，问卷数据显示，农户近3年平均参与培训4次并且都是政府组织的免费培训；40%农户参加农业保险，但都集中在一个村，部分地区农业保险还没有得到有效推广；有16%的农户参与合作社，但有57户还没有参与合作社的农户有加入合作社的意愿，还有农户希望明年可以创办合作社。而且参与合作社的农户都认为在收入、成本、技术、解放劳动力上得到了帮助。65%的农户采用农业新技术措施，20%的使用良种，26%农户使用优质化肥，15%的农户使用农药，415的农户采用农机机械化，10%的农户采用新型耕作方式耕作；7%的农户采用灌溉设施。与十年前数据相比，农户参与农业技术培训、采用新技术措施以及参与合作社的比例都有所增长，农业保险的普及率也明显增长，农户的生产条件得到了很好的改善，有更多更好的途径获取农业技术，也有方式减少风险，对农户的生产经营活动有一定帮助。另外，从调查的访谈过程中可知，近几年，政府、村集体对乡村道路和水利基础设施都有所改善，且村民的满意率也有所提高。

表3　2004年农户生产发展情况统计分析

	参加农业技术培训	参加农业保险	采用新技术措施	参与合作社
有效样本（份）	83	83	83	83
是 = 1	39	2	52	9
占比（%）	47	2.3	63	11

表4　2014年农户生产发展情况统计分析

	参加农业技术培训	参加农业保险	采用新技术措施	参与合作社
有效样本（份）	82	82	82	82
是 = 1	50	33	53	13
占比（%）	61	40	65	16

二、生活宽裕方面

（一）农户收入大幅提高，外出务工人员增多

2014年，被调查地区农户户均年收入5.3万元，与十年前相比增长了4.3

倍，其中种植业收入 2.5 万元，占 47%，工资性收入 4400 元，占 8.3%，非农经营收入 1.7 万元，占 32%，粮食直补、赠予平均 980 元，占 1.8%。可见，农户收入明显提高，该地区农户始终以农业生产为主，但如今 17% 的农户家中有常年在外务工人员，非农经营收入也有所提高。被调查地区农户户均年支出 6.47 万元，生产支出 2.35 万元，与十年前相比，增长 3.8 倍，生活支出 3.5 万元，增长了 4.2 倍。

（二）农户的生活条件有所提高

该地区农户生活水平明显提高，现在大多数农户家中有电视、洗衣机、电冰箱、手机、电脑等日常家用电器，较十年前增加很多。农户购买生活用品时比较注重质量和实用程度，从表 5 可以看出，农户在做饭、取暖以及生活用水方式上变化不大，主要用柴、土炕以及自家井水；绝大多数农户参加新农合，68.3% 的农户觉得报销很方便，部分农户因为在异地看病不能报销等原因感到不方便；多数农户参加了新农保，还有少数农户参加了社会养老保险，但在参加新农保的农户中，多数农户认为新农保的补贴并不能解决养老问题。多数农户对自己的家庭生活状况感到满意，不满意的比例比十年前有所增加，可能与农户的对生活条件的要求有所提高有关。

表 5　农户生活情况统计分析　　　　　　　　　　　单位:%

做饭用	柴	液化气	煤	电
比例（2014 年）	92.68	42.68	7.31	58.54
比例（2004 年）	92.77	39.76	13.25	39.76
取暖方式	公共取暖	自家土炕	土暖气	空调
比例（2014 年）	1.2	92.7	22	0
比例（2004 年）	2.4	91.5	32.5	0
生活用水	自来水	自家井水	外面井水	其他
比例（2014 年）	41.5	58.5	0	0
比例（2004 年）	32.5	66	0	1.2
参加新农合	98.8			
参加新农保	63.4			

表 6　农户对家庭生活状况的满意程度　　　　　　　单位:%

	很满意	比较满意	满意	不太满意	不满意
比例（2014 年）	3.7	8.5	31.7	28	28
比例（2004 年）	4.8	28.9	34.9	24.1	7.2

三、乡风文明与村容整洁方面

调查发现，彰武县几乎没有封建迷信情况，有宗教信仰的人也极少，闲暇时间所做的活动主要是看电视、听广播。与十年前相比，如今村内的休闲活动场所，如阅览室、健身活动场所、广场等的修建使农户闲暇时间的健身活动和文娱活动有所增加。通过调查员与农户交流、观察，调查地区农民讲话文明，赌博现象基本消除，乡风文明有一定的提高见图2。

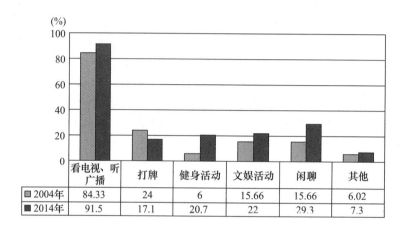

	看电视、听广播	打牌	健身活动	文娱活动	闲聊	其他
2004年	84.33	24	6	15.66	15.66	6.02
2014年	91.5	17.1	20.7	22	29.3	7.3

图2　农户闲暇活动

表7将问卷中五个级别分别赋予1~5的分数，然后统计出选择每个等级的户数，进行加权平均，算出平均得分。

表7　农户对乡风村容满意程度统计

	不满意1	不太满意2	满意3	比较满意4	很满意5	平均得分
休闲场所	5	4	16	20	30	3.88
社会风气	0	1	17	28	36	4.21
邻里关系	0	1	5	35	41	4.42
治安状况	1	1	27	28	25	3.91
生活环境	1	5	12	31	33	4.09
街路状况	9	5	8	30	30	3.82
集市卫生	6	4	18	13	15	3.48

从表7中可以看出各项得分均在3分以上，说明农户对乡风村容整体状况都在满意程度以上，其中得分最高的是邻里关系4.42，其次是社会风气，得分4.21，得分最低的是集市卫生，仅有3.48。在调查中发现，村民的生活垃圾、污水还有很多随处倾倒现象，虽较十年前相比有所改善，但多数农户表示村内没有统一的进行垃圾处理，街路卫生环境有待加强。另外，64.6%的农户认为有必要对住房进行统一规划，希望政府、村集体在垃圾定点处理、道路修整、修建厕所及下水道、建文化站等方面给予支持。

四、民主管理方面

调查乡镇的各村均有村民代表大会，59.8%的农户认为村民代表能代表村民意愿，并且认为村民代表能有效监督约束村里的经济活动，村民对村干部的选举程序都比较了解，参加村干部选举也都认为是自己的权利，并非被强迫或是跟风行为；有建议和意见时，也可及时通过各种渠道进行反映，村民对村内民主管理方面普遍感到满意。

当地广大基层干部群众对新农村建设十分拥护，热情高涨，问卷调查表明，当问及当前村里最急需解决的问题是什么，还有哪些问题需要上级政府解决时，大部分农户提到村庄道路和农业基础设施的建设，认为新农村建设非常重要；农民很乐意参加改善生产和生活环境的基础设施建设义务活动。

第三部分　彰武县新农村建设的问题及建议

一、存在的问题

（一）产业结构和发展方式单一

农业增收既面临着农业内部受资源约束，增收潜力不大的压力，又面临着农业外部就业竞争加剧的巨大压力；产业结构调整缓慢，新型农业发展滞后，缺乏龙头企业带动，农业现代化水平低，抵御自然灾害风险能力弱，探索发展的新兴产业弱、散、小，发展后劲不足。

（二）镇村经济实力薄弱、牵引力不大

村级集体经济实力薄弱，加之近年来镇村加大了对重点产业发展、公益事业建设、基础设施等项目的投入和建设，使得镇村两级政府对本地发展经济包袱沉重，经济发展难以形成牵引力、向心力。

（三）文化生活单调，基层文化建设滞后

农村文化事业底子薄、基础差、人才缺、资金少的状况未从根本上改变。缺乏多种形式的文化活动和体育活动。适合农村的各类科普资料缺乏，虽有阅览室，却形同虚设，农户学习的积极性没有调动起来。

二、建议

扶持种养大户，培植新型农业经营主体。通过对一些市场意识强、科技素质高的种养大户，采取政府扶持支部引导、农户投资的办法，大力发展规模养殖，引进优良品种，采用精细的管理方式，逐步发展壮大起来，使他们不仅是科学种养致富的典型，而且成为农村先进生产力的代表。

加大农村投入力度，强化政府服务功能。统筹各方力量，形成工作合力，准确有效地加大对农村教育、卫生、交通、电力、通信、农田水利等基础设施和生态环境建设的投入力度，不断改善农民的生产生活条件，从根本上解决农村生产生活基础设施严重滞后的瓶颈制约。

进一步加大新型农民培养力度，全面提高农村劳动者素质。实施失地农民培训、农村劳动力转移培训和新型农民科技培训工程。提高村集体领导班子素质，招聘大学生村干部，调动农民学习的积极性，不要单单流于形式，建立起真正的图书阅览室、文化站。

辽宁省海城市新农村
建设十年调查报告

海城市隶属于辽宁省鞍山市，位于辽东半岛腹地。截至 2008 年，海城市下辖 4 个街道，21 个镇。海城农业资源自然分布为"五山一水四分田"，170 万亩山地宜林宜果，名产南果梨被誉为"果中皇后"；148 万亩耕地，年产粮食 66 万吨、蔬菜 80 万吨；设施农业面积达到 32 万亩，是棚菜生产的发源地之一。

此次沈阳农业大学经济管理学院新农村建设十周年的调查中依据之前调查样本选择方法，在海城市选取了接文、中小以及南台 3 镇，每个镇抽查 3 个村；接文镇共抽取了老牛寨、对子峪、王家 3 个村，南台镇抽取了周家炉、烟台港及树林子 3 个村，中小镇抽取了中小村、兴隆村及朱家 3 个村。整个城市共抽取样本户 84 户，取得有效问卷 84 份。整体上看，海城地区的新农村建设显见成效。

一、海城市样本农户家庭情况统计

通过表 1 可以看出，10 年来海城市农村户均人口有了明显的差异：由 2006 年的 3.27 提高到 2015 年的 4.20。究其原因可能是因为两次调查的口径不同：2006 年调查的是家庭常住人口，而在 2015 年调查的是家庭户籍人口。

表 1　辽宁中部地区新农村建设十年家庭结构变动统计

每户人口数	2006 年		2015 年	
	户数（户）	占比（%）	户数（户）	占比（%）
1	2	2	0	0
2	23	28	15	18
3	26	32	20	24

续表

每户人口数	2006 年		2015 年	
	户数（户）	占比（%）	户数（户）	占比（%）
4	17	21	25	30
5	11	13	15	18
6	2	2	7	9
7	1	1	0	0

二、海城市农业生产发展情况调查统计

（一）农田经营规模化统计

2015 年，84 户样本农户总经营土地 1317.8 亩，户均经营 15.69 亩；相比之下 2006 年 83 户样本户共经营各类土地 786.2 亩，户均经营土地 9.47 亩。样本农户的 10 年间种植结构对照如表 2 所示。

表 2　海城市新农村建设 10 年农田经营情况对照

调查年份	大田		大棚		果园	
	户数（户）	户均面积（亩）	户数（户）	户均面积（亩）	户数（户）	户均面积（亩）
2006	57	9.68	19	1.3	20	10.48
2015	78	32	2	8.25	20	9.25

由表 2 可知，84 个样本农户中有 78 户（占 92.86%）种田，户均土地 32 亩。2006 年的新农村调研中，83 个样本农户只有 57（占 68.67%）户种植了大田，亩均土地 9.68 亩。可以看出，户均经营的大田面积较 10 年前增加了近 2 倍，且选择种植大田的农户数较 10 年前增加了 24%。2015 年，仅有 2 户农户种植了暖棚，户均 8.25 亩。这一数字与 10 年前有明显的差异。2006 年海城 83 个样本农户中有 19 户经营了大棚，亩均大棚面积 1.3 亩。也即是说 10 年中，海城市的大棚种植户数大大减少，但是户均经营面积明显增加。

海城市因其南果梨产业远近闻名。近 10 年间种植果园的户数基本不变，户均变种有所减少。调查中发现，农户对于南果梨产业的发展非常看好，产梨区南果梨带动了附近群众就业，有效促进了农民增收。之所以种植面积比较稳定，可能是可以栽种南果梨的山地已经达到饱和。

新农村建设开始十年来，海城市的种植结构发生明显变化。首先是种植大田的农户数以及户均大田种植面积大幅度明显，分别上升了 24.8% 和 200%；其次

大棚的种植户数明显减少，但户均面积有所增加。果园以及其他作物的种植情况未见明显差异。

（二）土地流转总体规模明显

调查中专门就土地经营户的土地流转情况进行了调查，具体情况如表3所示：

表3　2015年海城市土地流转情况对照

流转方式	水田		旱田		果园	
	户数（户）	户均面积（亩）	户数（户）	户均面积（亩）	户数（户）	户均面积（亩）
流入	2	3.85	13	49	2	8
流出	5	2.94	16	4.09	0	

从表3中可以看出，有13家农户户均流入旱田49亩。可以说多数流入土地的旱田经营户经营达到了一定规模，呈现明显的规模化倾向。另外，土地转出的农户数明显少于土地流入的农户数，可能的原因包括将土地流转出去、进入非农业生产行业。

总体上看，2015年海城市调查的84户样本农户共经营土地1317.8亩，参与土地流转（包括土地转入与转出）的土地总面积达到744.8亩，也即56.52%的集体经营的土地流转后投入到农业生产中。可以说，海城市土地流转已经是一种比较普遍的现象。

（三）农户对生产资料价格的认知

通过农户对生产资料价格的认识统计发现，认为农业生产资料价格偏高的农户由10年前的87%下降到2015年的28%，超过2/3的农户认为生产资料价格合理。主要原因包括两个方面：一是近年来农产品价格保持高位稳定，农民收入提高；二是各级政府对农业生产要素进行各种类型的补贴，改善了农业生产资料在农业生产中的昂贵角色。

表4　新农村建设10年农户生产资料价格认知对比统计

	2006年		2015年	
	样本数	占比（%）	样本数	占比（%）
偏高	67	87	19	28
偏低	0	0	1	1
合理	9	12	44	66
不清楚	1	1	3	4

（四）样本农户生产中主要困难对比统计

可以看出，农户眼中前3位的生产困难有着明显的变化。10年前农户在生产中面临的最大困难，依次为资金、技术、自然灾害、生产资料价格。而10年后，有1/3的海城市的样本农户将自然灾害列为生产中最大的困难，其次为资金、产品销售以及技术。相比较而言，农户对自然灾害以及产品销售的关切程度较之前有了明显的增加。

表5　海城市2006年农户生产主要困难统计　　　　　单位:%

总占比	排序1	排序2	排序3	排序4
技术	18	5	2	0
资金	20	6	0	1
产品销售	6	4	0	0
自然灾害	17	5	1	1
基础设施	2	0	2	0
自然条件	9	9	1	0
生产资料价格	9	7	4	0
市场信息	2	2	5	0
其他	12	2	0	0

表6　海城市2015年农户生产主要困难统计　　　　　单位:%

总占比	排序1	排序2	排序3	排序4
技术	6	5	1	2
资金	16	6	1	0
产品销售	14	9	1	0
自然灾害	33	12	2	0
基础设施	1	4	4	0
自然条件	0	2	0	0
生产资料价格	0	0	1	1
市场信息	2	4	1	1
其他	2	4	0	0

而生产资料价格，由于国家近年存在着较高比重的补贴、外加农产品价格补贴等农业支持政策，农户对于农业生产资料价格的担心比10年前明显下降。

表7　新农村建设 10 年农户生产条件满意度对比

	2006 年		2015 年	
	样本数	占比（%）	样本数	占比（%）
不满意	14	18	6	8
不太满意	16	20	9	13
满意	31	39	15	21
比较满意	14	18	30	42
很满意	5	6	12	17
	80	1	72	1

由表 7 可以看出，近年来，农户对农业生产条件不满意和不太满意的比重明显下降，由原来的 38% 下降到 21%。也即经过 10 年的发展，农业生产条件有了明显的改进，但仍有很长的路要走。虽说农业生产条件已经取得了一些改善，满足了某些农户的需求，但仍有超过 1/5 的农户对农业生产条件不甚满意，在实际调查中也找到一些确实需要改进的地方：如有的南果梨生产地区打了机井，但是没有相关部门给供电，原有的水利设施老化没有更新等。

三、生活宽裕方面

（一）样本农户收入明显提高，收入差距拉大

不考虑物价、时间因素，直接从调查所得收入数值上看样本农户的家庭收入在过去 10 年中有较大增长：家庭总收入 2 万元以下家庭的比例由 2006 年的 46% 下降到 2015 年的 17%。家庭年总收入在 2 万 ~ 5 万元的农户占总家庭数的比例由 2006 年的 42% 下降到 2015 年的 37%；家庭年总收入 8 万 ~ 10 万元的农户上升了 13%，收入 15 万元以上的农户上升了 10%。

表8　海城市新农村建设 10 年农户收入对照　　　　　单位:%

收入范围（万元）	2006 年	占总户数比例	2015 年	占总户数比例
<2 万	38	46	14	17
(2 万, 5 万]	35	42	31	37
(5 万, 8 万]	4	5	14	17
(8 万, 10 万]	3	4	3	4
(10 万, 15 万]	2	2	13	15
15 万以上	1	1	9	11
总户数（户）	83		84	

农户年总收入增长明显，农民生活更加宽裕。10 年前，88% 的样本农户年收入均在 5 万元以下，10 年后的今天，高收入农户的比重增加，农户间的收入差距较之前有所增加。2015 年样本农户中最高的年收入达到 80 万元，最低的3000 元。而 2006 年样本农户最高年收入为 20 万元，最低家庭总收入 1000 元。

（二）耐用消费品持有量大幅度增加

可以看出，新农村建设开展 10 年以来，海城市包括洗衣机、热水器、电脑、冰箱、空调在内的耐用消费品的持有比例大幅度增加。洗衣机、电冰箱的拥有率均超过 90%，有超过半数的样本农户拥有电脑，超过 1/3 的电脑已经联网。同时显示出，农民的生活水平提高，生活富裕的情况，也揭示出农民接受新事物、离现代化的生活越来越近。

表9　海城市耐用消费品持有量对照

消费品	2006 年户数（户）	总占比（%）	2015 年户数（户）	总占比（%）
空调	7	8	22	26
洗衣机	54	65	77	92
热水器	10	12	39	46
冰箱	28	34	77	92
电脑	7	8	47	56
电脑上网			32	38

（三）农民生活保障效果明显

2006 年海城市农村合作医疗制度全面开展，所有的样本农户明确表示村里开展了农村合作医疗制度，76 户（占 91.56%）农户认为农村合作医疗制度对于农民生活保障起到了作用。

10 年过去了，95% 的样本农户参加了新农合体系，海城市 84 个样本农户有74% 认为新农村合作医疗报销比较方便。新农村合作医疗保险覆盖了所有调查的样本村，得到了多数农户的好评，大大提高了对农户生命安全的保障。

另外，海城市新农村社会保险项目发展前景也比较乐观，在 84 个样本农户中，57 户（占总样本数的 67.86%）参加了新农保。调查中了解到，不少农户选择购买城市里的"大养老保障"，因为后者的保障强度要大一些。

其中，57 户参加农村社保的农户中 31 户选择每年交 100 元的保险，占参保总人数的 54.39%（由于数据缺失，实际上每年选择交 100 元的农户比例可能更大一些）。

（四）农户生活满意度调查统计

调查数据表明，如表10所示经过10年的发展，对自己生活不满意的农户比例下降了14%，对生活的总体满意程度提升。总体上看，为数不少的农户已经过上了较富裕、物质比较丰富、心里比较满足的生活。新农村建设效果非常显著。

表10　新农村建设10年样本农户现实生活满意度调查统计对比

	2006 年		2015 年	
	样本数	占比（%）	样本数	占比（%）
不满意	6	7	3	4
不太满意	11	13	2	2
满意	39	47	26	31
比较满意	21	25	33	39
很满意	6	7	20	24

四、海城的乡村文明

（一）闲暇时间利用情况

通过对比可以发现，如表11所示，农户闲暇时光的利用有着明显的变化：主要体现在参加健身活动的比例明显增长，参加村里文娱活动的比例也有所增加；同时，打麻将、闲聊串门的比例均有所减少；其他类型的休闲活动比例增加。值得注意的是，农民闲暇时间用来看电视、听广播的比重达到70%，与10年前的86%差异明显。

表11　新农村建设10年海城市农户闲暇时间利用对比分析

活动	2006 年		2015 年	
	样本数	占比（%）	样本数	占比（%）
看电视、听广播	71	86	59	70
打麻将或打牌	15	18	12	14
参加健身活动	9	11	31	37
参加乡村组织的文娱活动	22	27	28	33
闲聊串门	36	43	31	37
其他	2	2	8	10

农民休闲时间的利用政府应予以引导，可以通过开展各式的文化下乡活动，丰富农民的业余生活，不断提高农户的精神素养。

（二）文化活动开展及参与情况

根据调查，2015 年海城市样本农户中有 73 户（占总样本的83%）表示所在的村建有文化活动场所，比 2006 年的 37 户（占总样本的45%）上升了近 1 倍，见表12。

表 12　海城市农村文化活动场所调查统计

	2006 年		2015 年	
	样本数（家）	占比（%）	样本数（家）	占比（%）
阅览室	30	37	24	29
戏剧场所	4	5	4	5
体育活动场所	30	37	69	82
非赌博性棋牌室	11	13	6	7
露天电影	12	15	8	10
	37	45	73	87

仅有不到三成的农户表示村中建有阅览室，1% 的农户了解村中露天电影及戏剧场所的建设情况；还有 7% 的农户表示村中建有非赌博性质的棋牌室，这一比例较 10 年前下降了一半。通过调查发现，村中的体育活动场所利用度较高的主要是村文化广场，农民多在闲暇时在此跳广场舞。对于丰富农户的精神文明生活，促进农户锻炼身体起到积极的作用。农户对于集体的体育文化活动是积极响应并支持的。

（三）封建迷信情况

2015 年海城市 84 个样本农户中共有 10 个（占样本总户数的 11.9%）农户表示家中有成员有宗教信仰。具体宗教信仰情况统计如表 13 所示：

表 13　村民宗教信仰情况统计

	2006 年		2015 年	
	样本数	占比（%）	样本个数	占比（%）
基督教			7	8
佛教			5	6
天主教			0	0
道教			1	1
其他			1	1
总户数	6	7	14	17

可以看出，近10年来农村宗教活动繁衍迅速，有宗教信仰的样本农户达到10户，2015年共有17%的农户信仰宗教，所信奉的宗教主要为基督教和佛教。那么宗教信仰占据一定比例的情况下，农户们是否信仰"大仙"呢？具体统计情况如表14所示：

表14　海城市样本农户神灵信仰及其行为统计　　　　　　　　单位:%

	2006年		2015年	
	样本数	占比	样本数	占比
相信，找过	1	1	2	2
相信，没找过	6	7	0	0
不相信，没找过	78	94	79	95
不相信，找过			2	2

可以看出，新农村建设10年以来，海城市样本农户中信仰神灵的比例由原来的8%下降到2%。而92%的农户（包括占总样本数9%的有宗教信仰的农户）不相信神灵也不存在着参拜神灵的行为。

神灵并不能有效地解决农户的生活及生产需求，在未来的乡村精神文明工作中可以增加对反对封建迷信活动的宣传，增加对困难群众的帮扶。丰富农户的精神世界，农民安居乐业。

（四）村中随礼状况

如表15所示，70%的农户认为村中随礼现象较重，其中统计到礼金数据的81个农户上年平均每户随礼13608.64元。

表15　2015年海城市样本农户随礼认知统计

	不严重	不太严重	严重	比较严重	很严重
样本数	12	13	24	23	12
占比（%）	14	15	29	27	14

请客随礼有着其正面作用，如促进感情交流、储蓄功能等。但是随礼应该有一个适合的度，平均每家每月随礼1134.05元，实际上对于不少农户来讲是不小的负担。但是村中风俗如此，每家每户都不能免俗，因为大家都生活在社会中。有必要在下一阶段农村精神文明建设中予以适应引导，使之更多发挥积极作用，而减少其负面作用。

五、村容整洁情况统计分析

(一) 村容整洁概况

1. 道路清洁及垃圾处理情况

通过对比发现，村中拥有统一垃圾倾倒点的村庄由 2006 年的 50％ 提高到 2015 年的 95％；海城市农村的垃圾处理方式、村中卫生的维持方式较 10 年前有了明显的改善，见表 16。

表 16　村里生活垃圾统一处理情况统计

	2006 年		2015 年	
	样本数	占比（％）	样本数	占比（％）
统一处理	41	50	80	95
不统一处理	35	43	3	4
农户自行处理	6	7	1	1

2. 路灯安装情况

实地农户走访，发现农村的路灯安装使用情况也有较大的改善，拥有且可以使用路灯的村占到总样本村的 70％，有 6％ 的路灯不能正常使用，见表 17。

表 17　海城市样本村路灯安装及使用情况统计

	2006 年		2015 年	
	样本数	占比（％）	样本数	占比（％）
有	25	47	59	70
有，不亮	3	11	5	6
无	54	42	20	24

(二) 农户生活环境满意度统计

如表 18 所示，可以看出新农村建设 10 年以来，农户对农村生活环境的满意度明显提高。其中对生活环境比较满意、很满意的农户总占比由 10 年前的 30％ 增长到现今的 78％；对生活环境不满意、不太满意的农户生存环境占比由 39％ 下降到如今的 7％。

表18　海城市新农村建设10年农户生活环境满意度调查统计

	2006 年		2015 年	
	样本数	占比（%）	样本数	占比（%）
不满意	15	18	2	2
不太满意	17	21	4	5
满意	33	40	13	15
比较满意	15	18	45	54
很满意	2	2	20	24

　　调查中，多数农户对于村里的卫生持乐观、积极的态度，但是农村的公共卫生维护、治理还存在着较长的路要走。农户在村容整洁方面存在的期许主要包括：在村中建立更多的垃圾箱、修建村中道路、修建村中的健身器材等。

六、海城市农村民主管理状况统计分析

（一）村民代表大会权力行使情况

　　如表19所示，村民代表大会行使权力的比例比10年前上升了5%，对村民代表大会权力行使情况不了解的农户占样本农户的5%。可以说村民代表大会的透明程度有待进一步加强。

表19　海城市新农村建设10年村民代表大会行使权力情况对照

	2006 年		2015 年	
	样本数	占比（%）	样本数	占比（%）
是	69	85	76	90
否	6	7	4	5
不知道	6	7	4	5

　　通过10年数据的对比发现，村民对村民代表的支持态度有所减弱，认为村民代表可以代表自己行使权力的村民由10年前的71%下降到2015年的69%。近三成的样本农户对村民代表大会持怀疑或者否定态度。

　　这种现象的发生，将对于农村的民主治理起到一定的负面影响。虽说村一级的政府是中国社会最基层的政府，村干部是级别几乎最小的官，但农村治理的好坏关系到农村生产发展、农民生活稳定。乡村政治、乡村治理中如何使更多的村政府合法、合规地工作，是下一步应该继续努力研究的科学问题。

表20 村民代表能否代表村民行使权力情况统计

	2006 年		2015 年	
	样本数	占比（%）	样本数	占比（%）
能	58	71	58	69
还可以	7	9	11	13
不能	6	7	8	10
不好说	11	13	7	8

如表21所示，与10年前相比，村务公开情况提高了9%。有80%的农户明确表示村里的村务是公开的。而明确表示村务不公开的农户占样本总户数的5%。也就是说，从农户的视角看，有的村村务并不是特别透明。还有13%的农户认为村政府的公务是有选择地公开。按照我国法律规定，各级村政府必须村务公开，接受广大村民的监督。调查中，确实发现有的村级治理不够规范，公开透明度不够的问题。而这也在另一个侧面反映了村级政府治理民主性有待进一步提升的问题。

表21 海城市农户视角的村务公开情况统计

	2006 年		2015 年	
	样本数	占比（%）	样本数	占比（%）
公开	58	71	67	80
有些事公开	10	12	11	13
不知道	7	9	2	2
不公开	7	9	4	5

（二）农户对民主治理的满意度调查

如表22所示，对民主治理不甚满意的农户比例下降了15%；同时更多的农户对民主治理的满意程度明显提升。

表22 新农村建设10年民主治理的农户满意度对比统计

	2006 年		2015 年	
	样本数	占比（%）	样本数	占比（%）
不满意	3	5	2	2
不太满意	10	16	3	4

续表

	2006 年		2015 年	
	样本数	占比（%）	样本数	占比（%）
一般	48	76	7	8
比较满意	0	0	48	57
很满意	2	3	24	29

七、存在的问题

（一）农户对自然灾害的抵御尚显薄弱

海城调研的过程中，尤其是在生产南果梨的村庄，村民对如何抵御自然风险非常担忧。村民们表示，如果南果梨盛果期遭遇冰雹，将直接影响到果品，最终影响到南果梨的质量、价格，直接降低农户的收入。所以，农户对于覆盖南果梨的保险非常期待，支付意愿也非常高。但是，政策性农业保险发展的过程中，地方特色的保险产品总是迟迟不肯出来。

实际上保险公司愿意出台的是可以赚钱的产品，农户需要购买的是可以抵御风险的容易引起损失的保险。如果不考虑政府补贴，广大农户的保费须高于其预期从保险公司得到的收益才有可能去买保险。可是，此时的保险公司基于精算进行费率测算以后，怎么可能出台相关特色的保险产品呢？所以，国家建立专门的农业保险机构，还是有必要的。

（二）农户精神文明生活尚待丰富

调查中得知，样本农户，尤其是女性村民对于广场舞保持着较高的热性。一方面帮助农民们打发了闲暇时光，传播正能量、强健体魄、减少某些社会问题的发生；另一方面从包括广场舞对村民生活的影响来看，农户不是不想参加各种性质的文娱活动，而是缺乏必要的支持。以未来的发展中，越来越多的劳动力退出直接劳动生产、步入老年，这些农村留守农民的精神生活、业余生活如何丰富，是有待进一步研究的问题。

（三）农村治理合规性有待进一步加强

调查中发现，在不少农户眼中的村民治理、村民代表大会并不能或者不完全代表着他们的意图。究其原因：一是村民主治理的宣传、公开透明度不够，导致广大村民对民主治理、村民代表大会行使权力的过程不甚了解；二是某些地区的乡村治理民主性堪忧；调查中发现某些农村违背村民的意愿将村里的集中起来交付给某一人经营等引起村民较大的反感。农村的治理，实际上是通过村级政府对农户、农民进行管理、引导，使之更快更好地发展。但是村级政府管理的合规性有待进一步规范，农村治理有待进一步法制化、规章化。

八、对策建议

（一）农业保险加大力度、扩展广度

当前的农业保险是由中央以及地方政府联合管理的政策性农业保险，主要的大田作物因存在着政府补贴，商业保险公司将之视为重要的利润来源，这几年在各保险公司中成为你争我夺的香饽饽。但是，农业保险所起的作用有限。保险公司愿意开展业务的地区是其能够取得利润的地方，而非农户需要保险的地方。因此，建立国家及地方政府规划新的农业保险政策体系，改变其绩效考核方法，逐步改变农业保险的补贴方式，将补贴资金用到实处。

同时，对于规模经营农户，增加其保障力度（农户愿意支付较高的保险保费），将更多的特色农产品纳入到农业保险框架下来。形成地区性的或者全国性的农业保险核算体系。行使体系内农业保险结余资金的调度管理，使补贴资金及农户的保费均用于分担农户风险，而保险公司则得到适度的保险利润。

（二）民主管理继续深入

随着城镇化水平的进一步提高，农村的民主治理状况显现出新的问题。有不少村民对于当前的民主治理不满意，但农村缺乏具有治理能力的人才。多数有知识的农民进城打工，村里剩下的老弱病残。为数不多留在农村的农民组织能力薄弱，城市化进城中新的村民管理组织建立较慢，始终未找到合适的民主管理的新办法。

如何在留守村民逐步减少、行政村管理范围逐步增大，且民主管理的内容越来越多并不断更新的情况下，更好地进行民主管理是下一步农村管理的难题。

（三）合理引导农民的精神文明生活

调查中发现，广大农户期待着丰富的精神文明生活。但是在缺乏组织的情况下，经济不太发达的农村新的精神文明生活难以建立起来。比如，众多农户拥护广场舞，参与程度、农户的积极性均是超乎想象的高涨，且是农户自动参与的，不需要村干部鼓励。

引导、创造更多的适合农户的精神文明生活，不但有利于提高村民的素质，在团结群众、更好地利用村民的业余时间、改善村内生活环境等均可起到不可估量的作用。

辽中县新农村建设十年调查报告

辽中县（2016年1月撤县改区）隶属辽宁省沈阳市，位于辽宁省中部。截至2013年，全县下辖17个乡镇1个省级经济开发区。辽中县耕地面积130万亩，盛产水稻、玉米、大豆。

此次沈阳农业大学经济管理学院新农村建设十周年的调查中依据之前调查样本选择方法，在辽中县开展的调查中共涉及养士堡、刘二堡及冷子堡3个镇。其中养士堡镇调查了养前、养后及夏堡3个村的26个农户。刘二堡镇实地走访了皮家堡、后岗子以及木耳岗3个村的30位农户。冷子堡镇选择黄土坎村、东古城子村以及社甲村3个村的27位农户进行了走访调研。整个辽中县的调研总共获得有效问卷83份。

一、辽中县样本农户家庭情况统计

辽中县户均人口3.49人。其中12户家庭人数每户仅2人，占总样本数的14.5；4户家庭人口数达到6人，占总样本数的7%。

所有样本农户中，共有52个农民外出打工，平均每户家庭0.6265人，也即每3户家庭有2名农民在外务工，平均务工时间为每年8.81个月。

在务工地点的分布上，52个务工的农民中，有30名（占57.7%）农民在本村内务工；5名在本乡镇的其他村务工（占9.6%），7名在本县内务工；6名在本市内务工；3名在本省务工；仅有1名农民在外省务工。从务工地点上看，辽中县的务工农户多数在离家较近的地点务工，全年2/3的时间均在务工。

对辽中县3乡、9村共调查了83户农户，取得有效问卷83份。整体上看，辽中地区的新农村建设显见成效。

二、辽中县农业生产发展情况调查统计

（一）农田经营规模化初显

83户样本农户总经营土地4520.8亩，户均经营54.47亩。样本农户的种植

结构如下。

由表 1 可知，83 个样本农户中有 72 户（占 86.7%）种田，户均土地 55.28 亩。2006 年的新农村调研中，同样是 83 个样本农户中有 63 户种植了大田，亩均土地 29.39 亩。可以看出，户均经营的大田面积较 10 年前增加了近 1 倍，且选择种植大田的农户数较 10 年前增加了 10.8%。83 户农户中有 42 户经营了大棚（其中 40 户经营暖棚），占总体样本农户的 50%，户均大棚面积 5.59 亩。这一数字与 10 年前有明显的差异。2006 年，辽中县的 83 个样本农户中仅有 9 户经营了大棚，亩均大棚面积 3.4 亩。辽中县的样本农户中，仅有 1 家种植有 3 亩果园；2006 年有 1 家农户种植了 10 亩果园。除此之外，有零星农户种植其他作物（2015 年的调查中有 1 家，2006 年的农户中有 3 家）。

表 1　辽中县新农村建设 10 年农田经营情况对照

调查年份	大田		大棚		果园		其他	
	户数（户）	户均面积（亩）	户数（户）	户均面积（亩）	户数（户）	户均面积（亩）	户数（户）	总面积（亩）
2006	63	29.39	9	3.4	1	3	1	10
2015	72	55.28	42	5.59	1	10	3	35

新农村建设开始 10 年来，辽中县的种植结构发生明显变化。首先是种植大田的农户数，以及户均大田种植面积上升明显，分别上升了 10.8% 和 88%；其次大棚的种植户数、户均大棚种植面积分别上升了 37.35% 和 64.4%。果园以及其他作物的种植情况未见明显差异。

（二）土地流转总体规模明显

调查中专门就大田种植户的土地流转情况进行了调查，具体情况如表 2 所示：

表 2　2015 年辽中县土地流转情况对照

流入/流出	大田		大棚	
	流入户数（户）	户均面积（亩）	流入户数（户）	户均面积（亩）
流入	27	110.55	20	8.49
流出	14	14.29	0	

83 个样本农户中有 50 户存在着土地流转行为，占总农户数的 60.24%。其中 37 个农户流入土地进行农业生产，14 个农户存在着土地流出行为，1 户农户

既进行了土地流入,也进行了土地流出。

土地流入总面积3069.9亩,土地流出总面积200.1亩。在样本农户经营的土地总面积中,72.22%的土地通过土地流入的方式获得,可以说辽中县土地流转已经是一种比较普遍的现象,但在土地的流入与流出面积上存在明显的差异。由土地流入面积明显大于土地流出面积可以推测,农户流入的土地主要为样本外的农户,或者为外乡、外村,很重要的一个来源可能是入城务工的农民工(这个问题可以在以后的研究中再深入调查)。

对流转土地的经营情况进行分析发现,除1户农户流转入2.5亩经营果园外,其余所有农户流入土地均进行大田种植以及大棚经营,土地并未出现非农化现象。通过土地流转,农户扩大了大田种植面积以及大棚的经营面积,大田流入呈现明显的规模化倾向。

(三)农户对生产资料价格的认知

10年前96%的样本农户认为生产资料价格偏高,随着近年来政府各种补贴政策的不断实施,农户对生产资料的认知有了明显的变化。

由表3可以看出,认为生产资料价格合理的农户比例明显上升,达到总样本数的55%。说明生产资料价格方面采取的措施得到广大农户的认可,但是仍有47%的农户认为生产资料价格偏高。尤其是近年来随着农民工转移步伐的加快,劳动力成本逐步上升,成为农业成本中增长最快的部分之一。

表3　新农村建设10年农户生产资料价格认知对比统计

	2006 年		2015 年	
	样本数	占比（%）	样本数	占比（%）
偏高	72	96	35	47
偏低	0	0	1	1
合理	3	4	41	55
不清楚	0	0	5	7

(四)样本农户生产中主要困难对比统计

由表4、表5可以看出农户眼中前3位的生产困难有着明显的变化。比如10年前农户生产中主要的困难是资金、生产资料价格、技术以及产品销售;2015年农户生产最大的障碍是自然灾害、资金、技术及产品销售。通过10年的发展,辽中县1/3的农户将自然灾害视为生产中最大的困难;其次是资金(16%),生产技术(10%)和产品销售(10%)。而生产资料价格,由于国家近年存在着较高比重的补贴、外加农产品价格补贴等农业支持政策,农户对于农业生产资料价格的担心比起10年前明显下降。

表4 辽中县2006年农户生产主要困难统计　　　　　　单位:%

总占比	排序1	排序2	排序3	排序4
技术	16	7	8	2
资金	23	14	4	0
产品销售	16	10	2	0
自然灾害	13	2	4	1
基础设施	0	0	0	0
自然条件	0	4	1	1
生产资料价格	20	12	8	1
市场信息	5	5	1	1
其他	2	0	0	0

表5 辽中县2015年农户生产主要困难统计　　　　　　单位:%

总占比	排序1	排序2	排序3	排序4
技术	10	7	1	0
资金	16	7	0	0
产品销售	10	6	5	0
自然灾害	33	19	2	1
基础设施	5	7	4	0
自然条件	4	4	1	1
生产资料价格	7	2	4	0
市场信息	7	5	0	1
其他	5	8	0	0

农户农业生产基本条件满意度调查，如表6所示。

表6 新农村建设10年农户生产条件满意度对比

	2006年		2015年	
	样本数	占比（％）	样本数	占比（％）
不满意	7	9	5	6
不太满意	13	16	14	17

	2006 年		2015 年	
	样本数	占比（%）	样本数	占比（%）
满意	36	45	14	17
比较满意	19	24	39	47
很满意	5	6	11	13
	80		83	

由表 6 可以看出，近年来，农户对农业生产条件不满意的比重下降了 2%，但农户的满意程度明显上升。近年来随着各级政府农业基础设施改造工作的不断深入进行，农村农业生产条件已经取得了一些改善，满足了某些农户的需求，但仍有超过 1/5 的农户对农业生产条件不甚满意，在实际调查中也找到一些确实需要改进的地方：如有的生产地区打了机井但是没有相关部门给供电、原有的水利设施老化没有更新等。

三、生活宽裕方面

（一）农户收入大幅提高

如表 7 所示，不考虑物价因素，仅从数字上看样本农户的家庭收入在过去十年中有较大增长：家庭总收入 4 万元以下家庭的比例由 2006 年的 84% 下降到 2015 年的 16%。家庭年总收入在 4 万~15 万元的农户占总家庭数的比例由 2006 年的 16% 增长到 2015 年的 57%；家庭年总收入 15 万元以上的农户由 0 增长到 10 年后的 29%。单从数量上看，农户年总收入增长明显，农民生活更加宽裕。

表7　辽中县新农村建设 10 年农户收入对照　　　　单位：元,%

收入范围	2006 年	占总户数比例	2015 年	占总户数比例
<1 万	11	13	3	4
(1 万，2 万]	27	33	3	4
(2 万，3 万]	18	22	3	4
(3 万，4 万]	13	16	3	4
(4 万，5 万]	4	5	1	1
(5 万，8 万]	4	5	23	28
(8 万，10 万]	3	4	9	11
(10 万，15 万]	2	2	14	17

收入范围	2006 年	占总户数比例	2015 年	占总户数比例
(15 万, 20 万]	0	0	5	6
(20 万, 25 万]	1	1	5	6
(25 万, 50 万]	0	0	6	7
50 万以上	0	0	8	10
总户数	83		83	

（二）耐用消费品持有量大幅度增加

由表8可以看出，新农村建设开展10年以来辽中县除空调以外的洗衣机、热水器、电脑、冰箱等耐用消费品的持有比例大幅度增加。其中，热水器、电脑、冰箱的增长幅度达到100%以上。辽中农村地区洗衣机已经基本普及，电冰箱的拥有量也达到89%，超过半数的家庭拥有电脑，显示出农民的生活水平提高，生活富裕的情况，也揭示出农民接受新事物、离现代化的生活越来越近。

表8　辽中县耐用消费品持有量对照　　　　　　　单位:%

消费品	2006 年户数	总占比	2015 年户数	总占比
空调	7	8	10	12
洗衣机	54	65	77	93
热水器	10	12	31	37
电脑	7	8	43	52
冰箱	28	34	74	89

（三）农民生活保障覆盖面较广

2006 年，辽中县仅有 16 户农户表示知道村里开展了农村合作医疗制度，占总户数的 19.28%；其中仅有 1 户农户认为农村合作医疗制度对于农民生活保障起到了作用。

10 年过去了，新农合在农村的覆盖率大大提高。在辽中县 83 个样本农户均参加了新农村合作医疗保险，参合率达到 100%；所有被调查农户中有 78.31% 认为新农村合作医疗报销比较方便。新农村合作医疗保险在辽中县基本全覆盖，在广大农村得到了多数农户的好评，大大保障了农户的生命安全。

另外，辽中县新农村社会保险项目发展前景也比较乐观，在 83 个样本农户中 63 户（占总样本数的 75.90%）参加了新农保。其中 54 户 60 岁以下的参保农户多数选择每年交 100 元的保险，占参保总人数的 85.71%。14 户样本户家中有 60 岁以上老人，其中 10 户（占 71.43%）每月领取保障金 130 元，1 户每月领取 70 元。

四、辽中的乡村文明

（一）闲暇时间利用情况

如表 9 所示，通过对比可以发现，农户闲暇时光的利用有着明显的变化：主要体现在参加健身活动的比例明显增长。参加其他活动的比例也较多，但因数据调查问题，无法做出详尽的分析。

表 9　新农村建设 10 年辽中县农户闲暇时间利用对比分析

活动	2006 年		2015 年	
	样本数	占比（%）	样本数	占比（%）
看电视、听广播	71	86	72	87
打麻将或打牌	15	18	14	17
参加健身活动	9	11	21	25
参加乡村组织的文娱活动	22	27	21	25
闲聊串门	36	43	40	48
其他	2	2	8	10

值得注意的是，农民闲暇时间用来看电视、听广播的比重达到 87%，与 10 年前的 86% 差异并不大。电视广播是农户获取外界信息的重要来源，可以通过电视广播对农村科技、农业政策等进行宣传，不仅有利于农业的发展，对于改善乡村文明也可以起到一定的作用。

结合广场舞参加情况以及村民的满意度情况，也许可以给上述的变化一个更好的解释。10 年前，新农村建设活动刚刚开始时，广场舞并未开始，所以下面的数据仅仅是 2015 年的情况。

（二）文化活动参与情况

根据调查，样本农户中有 78 户均表示所在的村建有文化活动场所。

如表 10 所示，93% 的农户均知道村中建有体育活动场所，有超过一半（52%）的农户表示村中建有阅览室。20% 的农户了解村中露天电话及戏剧场所的建设情况，还有 12% 的农户表示村中建有非赌博性质的棋牌室。

表10   辽中县农村文化活动场所调查统计   单位：%

	体育活动场所	阅览室	露天电影、戏剧	非赌博性棋牌室	其他
样本数	77	43	17	10	0
占比	93	52	20	12	0

由表11可以看出，仅有4%的农户对村中体育活动场所不太满意。通过调查发现村中的体育活动场所利用度较高的主要是村文化广场，农民多在闲暇时在此跳广场舞。对于丰富农户的精神文明生活，促进农户锻炼身体起到积极的作用。

表11   2015年辽中县农户对村体育活动场所满意度情况   单位：%

	不满意	不太满意	满意	比较满意	很满意
样本数	0	3	23	41	15
占比	0	4	28	50	18

（三）封建迷信情况

83个样本农户中共有15个（占样本总户数的18.07%）农户表示家中有成员有宗教信仰。具体宗教信仰情况统计如表12所示。

表12   村民宗教信仰情况统计

	2006年		2015年	
	样本数	占比（%）	样本数	占比（%）
基督教			2	2
佛教			13	16
天主教			0	0
道教			0	0
合计	6	7	15	18

可以看出近10年来农村宗教活动繁衍迅速，有宗教信仰的样本农户增加了1倍多，超过了总样本数的1/6。那么宗教信仰占据一定比例的情况下，农户们是否信仰"大仙"呢？具体统计情况如表13所示：

表13　辽中县样本农户神灵信仰及其行为统计

	2006 年		2015 年	
	样本数	占比（%）	样本数	占比（%）
相信，找过	1	1	1	1
相信，没找过	6	7	2	2
不相信，没找过	75	91	76	92
不相信，找过			4	5

可以看出，新农村建设十年以来，辽中县所有农户中信仰神灵的比例由原来的8%下降到3%。对比可以看出，没有宗教信仰的样本农户中有4户不相信神灵但却存在着参拜神灵的行为。而92%的农户（包括12户有宗教信仰的农户）不相信神灵也不存在着参拜神灵的行为。

神灵并不能有效地解决农户的生活及生产需求，在未来的乡村精神文明工作中可以增加对反对封建迷信活动的宣传，增加对困难群众的帮扶。丰富农户的精神世界，农民安居乐业。

（四）村中随礼状况

如表14所示，76%的农户认为村中随礼现象较重，其中统计到礼金数据的82个农户上年平均每户随礼10628.05元。随礼存在着一定的正向功能如储蓄、沟通感情等，但数量过多的随礼对某些家庭形成一定的负担。并且为了收回成本不少农户会进行名目众多的收礼活动，也会引起不必要的浪费。

表14　2015年辽中县样本农户随礼认知

	不严重	不太严重	严重	比较严重	很严重
样本数	6	14	30	30	3
占比（%）	7	17	36	36	4

五、村容整洁方面

（一）村容整洁概况

1. 道路清洁及垃圾处理情况

通过对比发现，村中拥有统一垃圾倾倒点的村庄由2006年的64%提高到2015年的96%（见表15）。辽中县农村的垃圾处理方式、村中卫生的维持方式较10年前有了明显的改善。

表15 村里生活垃圾统一处理情况

	2006 年		2015 年	
	样本数	占比（%）	样本数	占比（%）
统一处理	53	64	80	96
不统一处理	16	19	2	2
农户自行处理	14	17	1	1

村中拥有环卫工人的比重占样本村的90%，对于解决村中道路垃圾倾倒问题起到一定的作用，见表16。

表16 村中环卫工人拥有情况

	2006 年		2015 年	
	样本数	占比（%）	样本数	占比（%）
有	55	66	75	90
没有	28	34	8	10
不清楚	0	0	0	0

2. 路灯安装情况

如表17所示，通过实地农户走访，发现农村的路灯安装使用情况也有较大的改善，拥有且可以使用路灯的村占到总样本村的67%，有10%的路灯不能正常使用。

表17 辽中县新样本村路灯安装及使用情况

	2006 年		2015 年	
	样本数	占比（%）	样本数	占比（%）
有	39	47	56	67
有，不亮	9	11	8	10
无	35	42	19	23

（二）农户生活环境满意度统计

由表18可以看出，新农村建设十年以来，农户对农村生活环境的满意度明显提高。其中对生活环境比较满意、很满意的农户总占比由10年前的28%增长到现今的81%；对生活环境不满意、不太满意的农户生存环境占比由9%下降到如今的6%。

表 18　辽中县新农村建设十年农户生活环境满意度调查

| | 2006 年 | | 2015 年 | |
	样本数	占比（％）	样本数	占比（％）
不满意	1	1	0	0
不太满意	7	8	5	6
满意	52	63	11	13
比较满意	14	17	49	59
很满意	9	11	18	22

农户在村容整洁方面存在的期许主要包括在村中建立更多的垃圾箱、修建村中道路、修建村中的健身器材等。

六、民主管理方面

（一）村民代表大会权力行使情况

如表 19 所示，村民代表大会行使权力的比例比 10 年前降低了 7％，对村民代表大会权力行使情况不了解的农户占样本农户的 7％。可以说，村民代表大会的透明程度有待进一步加强。

表 19　辽中县新农村建设十年村民代表大会行使权力情况对照

| | 2006 年 | | 2015 年 | |
	样本数	占比（％）	样本数	占比（％）
是	80	96	74	89
否	2	2	3	4
不知道	1	1	6	7

如表 20 所示，通过 10 年数据的对比发现，村民对村民代表的支持态度有所减弱，认为村民代表可以代表自己行使权力的村民由 10 年前的 76％下降到 2015 年的 54％；仅有一半多的农户认为自己可能通过村民代表行使权力。这种现象的发生，将对于农村的民主治理起到一定的负面影响。

表 20　村民代表能否代表村民行使权力情况

| | 2006 年 | | 2015 年 | |
	样本数	占比（％）	样本数	占比（％）
能	63	76	45	54
还可以	9	11	18	22

续表

	2006 年		2015 年	
	样本数	占比（%）	样本数	占比（%）
不能	6	7	11	13
不好说	5	6	9	11

　　如表 21 所示，与 10 年前相比，村务公开情况也不太乐观。仅有 76% 的农户明确表示村里的村务是公开的，比 10 年前下降了 11%。而明确表示村务不公开的农户占样本总户数的 10%。也就是说从农户的视角来看，有的村村务并不是特别透明。

表21　辽中县农户视角的村务公开情况统计

	2006 年		2015 年	
	样本数	占比（%）	样本数	占比（%）
公开	72	87	63	76
有些事公开	6	7	8	10
不知道	2	2	4	5
不公开	3	4	8	10

（二）农户对民主治理的满意度调查

　　如表 22 所示，2015 年的调查中仅有部分农户回答了满意度的问题，使得数据统计的结果可能不甚准确。仅从数据上看，对民主治理不甚满意的农户比例下降了 7%；同时更多的农户对民主治理的满意程度明显提升。

表22　村民主治理满意度对比统计

	2006 年		2015 年	
	样本数	占比（%）	样本数	占比（%）
不满意	10	12	1	3
不太满意	3	4	2	6
一般	49	59	6	18
比较满意	11	13	15	45
很满意	10	12	9	27

七、存在的问题

（一）农户对自然灾害的抵御尚显薄弱

调研中发现1/3的样本农户对自然灾害比较担忧，但现有的农业保险政策难以完全转移农户生产中的风险，或者不少类别的农业生产并未有农业保险予以覆盖。这是农业发展中亟须解决的重要问题。

（二）宗教信仰抬头

我国的公民均具有宗教信仰的自由，农村地区比较流行的基督教、佛教等可以丰富农民的精神世界。但调查中发现，占比不少的宗教信仰者并不相信神灵，而有些普通民众则存在着封建迷信的求拜迷信行为。政府应对宗教信仰、封建迷信进行有效疏导，使其在农村正确发挥作用。

（三）农村治理民主性不够

调查中发现，在不少农户认为村民治理、村民代表大会并不能或者不完全代表着他们的意图。究其原因：一是村民主治理的宣传性不够，导致广大村民对民主治理、村民代表大会行使权力的过程不甚了解；二是某些地区的乡村治理民主性堪忧，调查中发现某些农村违背村民的意愿将村里的企业集中起来交付给某一人经营等引起村民较大的反感。

八、对策建议

（一）农业保险加大力度、扩展广度

当前的农业保险是由中央以及地方政府联合管理的政策性农业保险，主要的大田作物因存在着政府补贴，商业保险公司将之视为重要的利润来源，这几年在各保险公司中成为你争我夺的香饽饽。但是，农业保险所起的作用有限。保险公司愿意开展业务的地区是其能够取得利润的地方，而非农户需要保险的地方。因此，建立国家及地方政府规划新的农业保险政策体系，改变其绩效考核方法，逐步改变农业保险的补贴方式，将补贴资金用到实处。

同时对于规模经营农户，增加其保障力度（农户愿意支付较高的保险保费），将更多的特色农产品纳入到农业保险框架下来。形成地区性的或者全国性的农业保险核算体系。行使体系内农业保险结余资金的调度管理，使补贴资金及农户的保费均用于分担农户风险，而保险公司则得到适度的保险利润。

（二）民主管理继续深入

随着城镇化水平的进一步提高，农村的民主治理状况显现出新的问题。有不少村民对于当前的民主治理不满意，但农村缺乏具有治理能力的人才。多数有知识的农民进城打工，村里只剩下老弱病残。为数不多留在农村的农民组织能力薄

弱，城市化进程中新的村民管理组织建立较慢，始终未找到合适的民主管理的新办法。

如何在留守村民逐步减少、行政村管理范围逐步增大，且民主管理的内容越来越多并不断更新的情况下，更好地进行民主管理是下一步农村管理的难题。

（三）合理引导农民的精神文明生活

调查中发现，广大农户期待着丰富的精神文明生活。但在缺乏组织的情况下，经济不太发达的农村新的精神文明生活难以建立起来。比如，众多农户拥护广场舞，参与程度、农户的积极性均是超乎想象的高涨，且是农户自动参与的，不需要村干部来鼓励。

引导、创造更多的适合农户的精神文明生活，不但有利于提高村民的素质，在团结群众、更好地利用村民的业余时间、改善村内生活环境等均可起到不可估量的作用。

农户农业保险 WTP WTA
及其差异性分析
——基于辽宁省农户的实证分析

一、引言

农户农业保险需求是影响农业保险发展的关键问题之一。在辽宁实地调查的过程中，问及农业保险问题时，农户关注的一个较集中的焦点问题是：赔得太少了，绝产才赔 280 元/亩。此时不免产生一个问题：农户期望得到多少赔付？愿意为此付多少钱？在 2015 年夏天沈阳农业大学的新农村建设十年的建设中，我们调研了这个问题。

与其他从 WTA 以及 WTP 两个角度进行的研究相比，本文研究的对象是作为准公共物品的农业保险（服务），农户支付一定的保险费（与 WTP 相关）得到一定程度的保障，理想的情况是农户支付 WTP 数量的保费得到期望的 WTA 程度的保障。与环境类公共品的区别在于农业保险中保险公司是否以 WTA 进行赔付是有一定概率的，也即是受到自然以及价格等（由保险合同决定）的影响。因此农业保险研究中的 WTA 与 WTP 的差异与环境及生态研究中的差异存在着明显差异。实际上，由于政策性农业保险仅保障物化成本，且不少地方实施 30% 的免赔额，对于大多数小规模农户一般年份农业保险根本不启动赔付，即使赔付也是每亩十几二十元，与农户期望的赔付（WTA）相比，实在缺乏吸引力（作者 2015 年辽宁省、吉林省调查所得）。

根据条件价值评估理论，WTP 与 WTA 间存在一定程度的差异，这种差异在农业保险实践中表现如何？有什么样的政策含义？本研究的出发点在于，绝产时农户的赔付意愿有何特征，受到哪些因素影响？支付意愿有什么特征，又受哪些因素影响？如果说农户的支付意愿是农户在衡量其能在得到农业保险保障的基础上给出的价格，那么农户的支付意愿受偿付意愿影响吗？

基于此，本研究以辽宁省大田作物种植户为对象，在对辽宁省玉米种植户进行实地问卷调查的基础上，探究农户对农业保险的 WTP、WTA、两者差异情况及其影响因素，寻找其政策含义，以期为业界及相关政府部门提供参考。

二、相关文献综述

国内外涉及通过 CVM 法的研究多集中在包括环境生态补偿在内的公共品非使用价值的研究，通过对 WTA 与 WTP 及其差值研究资源非市场价值、生态补偿价值等，以调查对象对公共物品的支付及补偿意愿作为制定相关政策的依据。

不少研究中计算了 WTA 与 WTP 的差异，并从经济学的角度以希克斯需求为出发点探讨两者差异的原因、收入效应以及替代效应（Income and Substitution Effects）（如 Hanemann，1991 等），Hanemann（1991）以效用理论为基础研究环境作为一种公共物品，发现调查样本的 WTA 与 WTP 的差异主要是由替代效应引起的。如徐大伟（2015）：以我国西部地区怒江流域为研究对象，通过对怒江流域上游地区生态补偿支付意愿的实地调查，运用条件价值评估法对怒江流域水土保持生态补偿的支付意愿和受偿意愿进行了分析测算，并探究了 WTP 与 WTA 不对称原因。

刘军弟、霍学喜（2013）以 CVM 法为基础，从希克斯需求理论出发，讨论了社会福利最大化条件下，分析了农户的受偿意愿、影响因素并基于此测算了政府对节水灌溉的补贴标准；徐大伟（2013）基于 CVM 法对辽河中游地区居民生态补偿意愿的 WTA 与 WTP 的差异进行了分析，发现两者不对称的主要原因是样本对象的收入水平和年龄。徐大伟（2015）以我国西部地区怒江流域为研究对象，通过对怒江流域上游地区生态补偿支付意愿的实地调查，运用 CVM 对怒江流域水土保持生态补偿的支付意愿（WTP）和受偿意愿（WTA）进行了分析测算，并探究了 WTP 与 WTA 不对称的原因。

国外对于支付意愿、受偿意愿的研究不少，但是包括美国在内的西方国家与农业保险相关的研究不多。究其原因，可能是其农业保险体系已经建立得较完善，国家进行农业保险补贴已是一种固化的制度，农场主的参保意识很强，农业保险政策已经比较完善。

Ming Wang 和 Chuan Liao（2012）基于 CVM 方法，通过宏观以及微观农户的有关数据，研究了中国人对于自然灾害的风险意识、对于保险的接受情况以及支付意愿；结论认为贫穷以及欠发达地区的居民虽然支付能力更有限，但不一定更不愿意购买保险；面临着多种风险的居民认为风险更不重要，认为政府应当承担灾害损失，更不愿意接受灾害保险。

近年来 CVM 方法在农业保险领域已有不少研究：有学者用 CVM 测算农户的支付意愿，如宁满秀等（2005），孙香玉（2008），曾小波等（2009），西爱琴

（2014）等。宁满秀等（2006）以新疆玛纳斯河流域为例，以 CVM 法为基础，通过 COX 比例风险模型分析了农户对农业保险的支付意愿及其影响因素，在此基础上测算政府保费补贴水平；研究发现农户对棉花保费的支付水平主要受棉花生产波动性高低、自然灾害给棉农带来的经济损失程度、棉花播种面积、农户对农业保险重要性的认知度等因素的影响。周美琴（2012）等对湖南省 566 户农户的调查表明，依据设定的 280～560 的保费水平，农户愿意支付的水稻与棉花的保险费占设定保额（280，560）的 2.6%～30%，对相关政策的不理解以及担心得不到赔偿是限制农户购买农业保险的主要原因。建议结合农民需求和支付意愿，设计合理丰富的保险产品。西爱琴（2012）以四川 409 户生猪养殖户为例，运用条件价值评估（CVM）法，获取养殖户对能繁母猪保险的支付意愿及受偿意愿，并运用相关分析方法对影响农户支付意愿和受偿意愿的因素进行实证研究。西爱琴等（2014）以苹果种植房为例研究了政府参与的情况下农户对政策性农业保险的认知及支付意愿，从调查结果的平均值来看，WTP 为 98.33 元/亩，期望得到的赔偿 WTA 为 3492.10 元/亩，比例关系约 1∶35.5。

我国针对农业保险支付意愿的研究较多，多数的研究目的是通过 CVM 方法调查分析农户单位面积支付意愿、特征的基础上，调查分析影响农户支付意愿的因素。Bobcock（2015）的研究发现将作物保险作为一种投资工具模拟农户的最优保障水平所得出的结果与农户实际决策非常相像；Calvin 和 Smith（1999），Goodwin（1993）等的研究也表示农户将作物保险更多的是作为一种收入支持工具而非风险分散工具，因此有必要将农户的偿付意愿考虑到其农业保险制定决策中来。

我国从农户对农业保险需求角度展开的研究已经取得较多成果，研究农户需要什么样的保险产品，对现有的保险产品、保障机制、保额是否满意等；对于农户期望从农业保险得到的多大程度的保障、对于农户 WTP 与 WTA 的差异情况缺乏精确的定量研究。

利用 CVM 法进行相关意愿研究的过程上，不少文献（Arrow et al.，1993；Cummings et al.，1986）推荐利用 WTP 而不是 WTA 指标进行相关研究；但是在有关农户的一些研究中，当涉及到有关收入损失之后得到的补偿问题时，WTA 也许比 WTP 更有意思[1]。考虑到我国当前农业保险的实际，农户的 WTA 也是更值得关注的问题。农户通过付出一定的保险费购买农业保险，用以在面临风险时得到一定程度的补偿。目前国内外学者在使用 CVM 法进行调查时主要关注点多集中在 WTP 值，没有充分考虑到 WTA 值。如果只是单纯地追求 WTP 的技术改

---

① Isabel Vanslembrouck, Guido Van Huylenbroeck, Wim Verbeke. Determinants of the Willingness of Belgian Farmers to Participate in Agrienvironmental［J］. Journal of Agricultural Economics, 2002 (11)：489 – 511.

进，其本质上还是在分析农户的支付行为；本研究中将选取 WTA 与 WTP 的差异为分析对象，研究样本农户 WTA 与 WTP 存在差异的根本原因。

三、数据来源及研究方法

（一）数据来源及样本介绍

本文使用沈阳农业大学经济管理学院 2015 年 7～8 月新农村建设十周年开展的辽宁省"百村千户"调研数据。调查在辽宁省东、西、南、北及中部分层选择城市、县、乡、村并在村中随机选择农户进行入户调查。采取分层抽样及随机抽样相结合的方式，共筛选出与农户人情消费支出的有效样本涉及辽宁省 10 个市区 15 个县 42 个乡 115 个村的 650 个农户。问卷内容包括被访者家庭基本情况以及新农村建设在生产发展、生活宽裕、乡风文明、村容整洁、民主管理五个方面的内容，问卷详细调查了农户农业保险参与情况、最大支付意愿以及偿付意愿。

在调查过程中，许多农户均意识到农业保险机制的重要性，但是对于农业保险制度本身存在着不少不满意的因素，其中突出因素之一是发生风险时赔的太少，"绝产了，才赔 280 元"是许多农户明确反映的问题。因此，调查中对于农户的偿付意愿进行了调查，同时调查了传统的支付意愿。调查问卷在设计问题时，采用的是单边界方式，没有设置上限。每个农户根据自身农业生产经营状况、面临的风险及家族经济情况的不同对农业保险的支付及受偿心理会有较大差异。

利用 CVM 调查农户对农业保险的支付意愿，关键是如何引导出他们对农业保险价值的真实估价。CVM 方法共有重复投标博弈法（Iterative Biding Game）、开放式问卷法（Open Ended，OE）、支付卡法（Payment Card，PC）与二分选择法（Dichotomous Choices，DC）四种调查方法。本文中利用开放式问卷法调查农户对农业生产的支付意愿及赔付意愿，该方法易于操作，且被调查的农户者对评估对象的价值有一定程度的了解。调查过程中的被调查农户一般为户主或者其配偶，对自家的农业生产、经营各方面均比较了解，调查得到的数据效果较好。具体询问如下：

如果绝收，每亩（玉米或水稻）期望得到的赔付额为：_____元。您每亩地（玉米或水稻）愿意支付的最高保费是_____元。

（二）辽宁省政策性农业保险政策及其实施基本情况

辽宁省政策性农业保险中，2015 年玉米保费根据地区的不同而存在差异，对于高风险的锦、铁、阜、朝、葫地区保费为 6.16 元/亩，沈鞍抚本丹营辽盘地区保费为 5.6 元/亩。同时对于不同生长期保险辽宁省保险条款中给以玉米的每亩最高赔偿金额存在明显差异，每年 8 月 16 日至保险终期玉米损失在 80% 以上时每亩的最高赔偿金额为 280 元/亩，见表 1。

表 1　辽宁省玉米、水稻保费及其变动情况 　　　　　　　　单位：元

品种	沈鞍抚本丹营辽盘		锦铁阜朝葫	
	2014 年	2015 年	2014 年	2015 年
玉米	5	5.6	5.4	6.16
水稻	6.4	6.4	6.4	6.4

通过对辽宁省各地区农户的种植结构的调查，本文中选择大田作物中仅种植玉米的农户作为研究对象。

（三）描述性统计分析

1. 农业生产经营的主要风险情况

问卷中调查了样本农户农业生产经营中的主要风险，结果如表 2 所示。

表 2　农业生产经营面临的主要风险统计

	自然灾害	产品价格波动	农资价格上涨	劳动力成本上升	地租上涨
样本数	501	186	100	66	18
占比（%）	77	29	15	10	3

通过调查发现：农户在生产过程中面临的主要风险包括：自然灾害、价格波动以及生产成本三个方面。所有样本农户中 77% 的农户认为自然灾害是其农业生产经营中的主要风险，其次是产品价格波动，占样本总数的 29%。农资价格、劳动力成本以及地租分别排第 3、4、5 位，这 3 个因素均属于农业生产成本方面的问题，其中担心农资价格上涨的农户占总样本的 15%。

2. 未参保农户对农业保险的认知情况

所有 650 个样本农户中共有 191 人未参保农业保险，对其没有购买农业保险的主要原因进行调查，结果如表 3 所示。

表 3　未参保农户对农业保险的认知情况统计分析 　　　　　　单位:%

没有必要	保险太贵	买了也白买	理赔麻烦	险种不合适	不了解	其他
57	45	25	13	11	29	33
29.84	23.56	13.09	6.81	5.76	15.18	17.28

选择其他的 40 人中，有 20 人是因为村里没组织或者错过了时间而没有购买；6 人因为地太少，7 人因为没听说过农业保险。也有农户存在侥幸心理，没有保险意识。

统计分析发现不购买农业保险的原因中排名前 3 名的主要是：没有必要、太贵、不了解农业保险。通过这些没购买农业保险的原因分析发现，主要是农业保险的宣传工作不到位，农户对于农业保险的实质没有正确的认识。

3. 对 WTA 及 WTP 的描述性统计分析

调查 WTA 的问题是：如果您的作物（此处经数据筛选，只有种植玉米的农户）如果绝产，您希望得到的农业保险的赔付为？对 WTP 的问题是：如果绝产时能得到 WTA 数值的赔偿，您每亩地最多能支付多少保险费？

统计发现偿付意愿小于等于 450 元/亩的农户占 32.19%，赔付额为 500 元的农户有 72 户，占总有效样本数的 17.69%。通过统计发现平均每亩农户种植玉米 13.03 亩，户均玉米种植成本 523.48 亩。

现有的最高保额 280 元/亩不能有效满足农户的偿付意愿。经统计调查结果显示农户的偿付意愿与辽宁省现行政策性保险的最大支付意愿的差距值得关注。玉米种植户的偿付意愿在 13 ~ 2000 元，而现行辽宁省政策性农业保险中绝产时农户可以得到的最高赔付额为 280 元/亩，此条件下偿付意愿可以得到满足的农户总数为 66 人，占样本总农户数的 10.15%，占 WTA 有效样本数 407 的 16.22%。也即 84.78% 的样本农户的偿付意愿得不到满足，对农户的投保积极性产生负向影响。

对农户的支付意愿与农户所在地区玉米保费进行比较发现，高风险区支付意愿大于 6.16 元的农户共 128 位，高风险区共有有效样本数据 193 人，支付意愿大于等于保费总水平的比例为 66.32%；低风险区支付意愿大于等于 5.6 元的农户共 170 户，低风险区有效样本农户 227 人，支付意愿大于等于当地保险水平的样本比例为 74.89%。从对样本农户 WTP 与 WTA 的描述性统计分析的加权平均结果看，高风险区农户的支付意愿明显低于低风险区；但是低风险区农户的偿付期望更高。

表4 农户 WTP 与 WTA 描述性统计分析

	变量	样本数	算术平均	标准差	加权平均	标准差	最小值	最大值
全部地区	WTP	420	18.88	36.16	18.87	32.01	3	330
	WTA	407	636.55	349.18	667.68	350.74	13	1600
高风险区	WTP	193	16.41	29.10	19.79	32.50	3	330
	WTA	195	659	356.19	632.50	332.08	25	1600
低风险区	WTP	227	20.98	41.17	17.97	31.57	3.5	300
	WTA	212	615.90	342.14	704.67	366.54	13	1600

从图 1 可以看出，农户对于农业保险的支付意愿及偿付意愿存在着明显的差异。

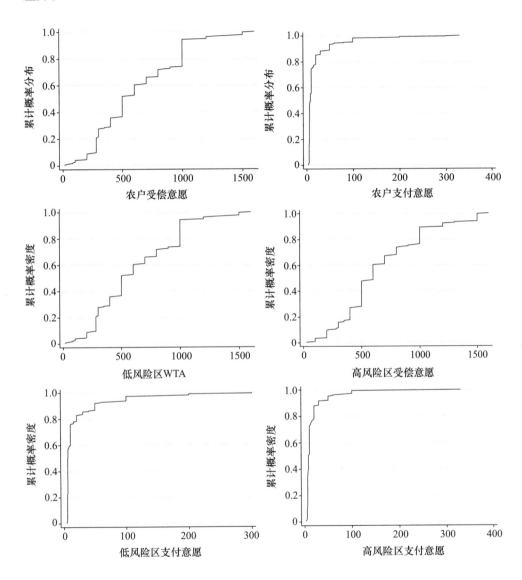

图 1　农户农业保险支付意愿与偿付意愿分布

根据 WTP 的调查数据，可以看出支出意愿在 8 元以下的农户有 207 户，占总户数的近 50%。从农户的农业保险支付意愿上来看，低风险区农户中有 50.22% 的农户支付意愿不大于 6 元。而高风险地区，支付意愿大于 6 元以下的农户仅占总样本数的12.95%，明显偏低，高风险区超过50%的农户支付意愿在6～12元。相比之下，低风险区农户26%的农户支付意愿在6～12元。支付意愿在[12，39]元的农户占比，低风险区为9.25%，高风险区为18.65%，见表5、表6。

表5　样本农户WTP分布统计

分组	全样本		低风险区		高风险区	
	频率	累计概率	频率	累计概率	频率	累计概率
3	139	33.1	114	50.22	25	12.95
6	94	55.48	21	59.47	73	50.78
9	81	74.76	38	76.21	43	73.06
12	4	75.71	0	76.21	4	75.13
15	7	77.38	4	77.97	3	76.68
18	33	85.24	11	82.82	22	88.08
24	1	85.48	1	83.26	0	88.08
30	12	88.33	5	85.46	7	91.71
39	2	88.81	2	86.34	0	91.71
48	20	93.57	13	92.07	7	95.34
57	1	93.81	1	92.51	0	95.34
60	3	94.52	1	92.95	2	96.37
78	2	95	1	93.39	1	96.89
99	14	98.33	9	97.36	5	99.48
159	1	98.57	1	97.8	0	99.48
198	3	99.29	3	99.12	0	99.48
300	2	99.76	2	100	0	99.48
330	1	100	0	100	1	100
总计	420		227		193	

表6　农户农业保险偿付意愿统计分析

分组	全样本		低风险区		高风险区	
	频率	累计概率	频率	累计概率	频率	累计概率
15	3	0.74	2	0.94	1	0.51
30	1	0.98	1	1.42	0	0.51
75	2	1.47	2	2.36	0	0.51
90	10	3.93	4	4.25	6	3.59

续表

分组	全样本		低风险区		高风险区	
	频率	累计概率	频率	累计概率	频率	累计概率
180	1	4.18	1	4.72	0	3.59
195	21	9.34	9	8.96	12	9.74
210	1	9.58	0	8.96	1	10.26
240	1	9.83	1	9.43	0	10.26
270	26	16.22	24	20.75	2	11.28
285	1	16.46	1	21.23	0	11.28
300	23	22.11	14	27.83	9	15.9
345	5	23.34	2	28.77	3	17.44
390	34	31.7	15	35.85	19	27.18
450	2	32.19	1	36.32	1	27.69
495	72	49.88	33	51.89	39	47.69
540	2	50.37	1	52.36	1	48.21
600	41	60.44	17	60.38	24	60.51
645	1	60.69	1	60.85	0	60.51
690	24	66.58	11	66.04	13	67.18
750	1	66.83	0	66.04	1	67.69
795	24	72.73	12	71.7	12	73.85
840	2	73.22	1	72.17	1	74.36
900	5	74.45	3	73.58	2	75.38
960	1	74.69	0	73.58	1	75.9
990	70	91.89	44	94.34	26	89.23
1200	10	94.35	4	96.23	6	92.31
1290	3	95.09	1	96.7	2	93.33
1395	1	95.33	1	97.17	0	93.33
1500	17	99.51	5	99.53	12	99.49
1590	2	100	1	100	1	100
总计	407		212		195	

四、实证分析

(一) 模型构建

本文利用 Tobit 模型估计出样本农户是否愿意为农业保险服务支付保险费、愿意支付保费的大小及其影响因素；该模型无法区分是否愿意支付与支付额间存

·329·

在的关系。我们的研究中，多数的农户均已参加农业保险，甚至有的村集体代替农户参加了农业保险。同时调查结果显示，农户不购买保险但不一定没有支付意愿以及偿付意愿。对有受偿意愿但没有购买农业保险的原因进行分析，可以发现没买保险的农户并不是没有支付意愿，也并非完全是因为保险太贵，而是对于当前的保险不满意、不适合所以没买。基于此，本研究仅分析农户的支付及偿付意愿，对于其是否参加保险，是否愿意参加保险等没有考虑。

农户对政策性农业保险的支付意愿（WTP）、偿付意愿（WTA）及两者的差异 WTADWTP 均为正数，本文利用 Tobit 模型对上述 3 个因变量与相关因素之间的关系进行回归和检验（Greene，1990），分析农户对于农业保险的期许、心理评估及其两者差异的影响因素，目的是从保费、保额及政府补贴角度找出下一步农业保险体制政策改进的方向。

根据 Tobin（1958），$y_i^* > 0$ 时 y_i 可观测，而 $y_i^* \leq 0$ 时 y_i 不可观测，所以 y_i 可以定义如下：

$$y_i = \begin{cases} y_i^* + \beta x_i + \mu_i & \text{如果 } y_i^* > 0 \\ 0 & \text{如果 } y_i^* \leq 0 \end{cases} \tag{1}$$

基于这一模型，以玉米种植户数据为依据进行分析。借鉴前人研究结果的基础上，本研究中影响农户农业保险需求主要考虑的因素：户主年龄，性别，受教育程度，是否有投保经历，是否参加合作医疗，是否参加新农保，遭受灾害是否得到赔偿，灾害频率，灾害程度，生产成本，家庭纯收入，种植面积，非农收入占比，农户对风险的认知以及自然灾害对农业生产造成的损失。值得指出的是，本文在衡量影响农户农业保险支付意愿的因素时，考虑农户对农业保险的偿付意愿这一指标，一定程度上反映农户对其预期保险额给出的心理估价；从理性上讲，农户对农业保险偿付金额的预期越高，其支付意愿越高；反之，对农业保险偿付意愿越低，则愿意支付的农业保险价格越低。本研究中变量及其选择依据如表 7 所示。

表 7　变量选择及描述性统计分析

变量名	变量选择	变量说明及赋值	均值	方差
WTP	支付意愿	有效问卷中调查的支付意愿，可以为 0	18.88	36.16
WTA	受偿意愿	有效问卷中调查的受偿意愿，可以为 0	636.55	349.18
WTADWTP	受偿及支付意愿差异	WTA 与 WTP 的比值	72.29	60.41
EDU	户主受教育年限	户主实际受教育年限	8.11	2.64
AGE	年龄	户主年龄	55.34	10.26
AGRINO	务农人口数	务农的人口数	1.92	1.00

续表

变量名	变量选择	变量说明及赋值	均值	方差
INCOM	家庭年收入	家庭 2014 年毛收入值	7.10	15.94
PRATIO	种植业收入占比	种植业收入占总收入的比重	0.47	0.35
COST	亩均成本	亩均投入值	476.83	199.21
ACRE	玉米种植面积	2014 年玉米种植面积	13.03	22.38
RISK	自然灾害的程度	年均自然灾害带来的年均损失程度	35.32	20.59
DIST	地区虚拟变量 1	高风险 1，低风险 2		
Couty	地区虚拟变量 2	区县代码		

通过表 7 可以看出，样本农户农业保险支付意愿的简单平均值为 18.88 元，远远高于现有的政策性保险中玉米的单位面积保费：5.4 元及 6.16 元。农户通过农业保险期望得到的赔付额与其支付的保费之比为 72.29，此比例与一般的公共物品的偿付意愿及支付意愿的比值有着显著的差异。再一次说明，农业保险具有准公共物品的某些性质，但是其最高偿付额是否发生存在一定的风险。样本户主的年龄为 55.34 岁，说明在调查的农村，从事农业生产的农户老龄化现象非常明显。每个样本农户中平均有 1.92 个劳动力从事农业生产。家庭种植业收入占比平均值为 47%，亩均玉米投入为 476.83 元，是绝产时最高赔付额 280 元的 1.7 倍。户均种植玉米面积 13 亩，年均因灾损失率为 35.32%。

表 8　样本数据的 pearson 相关系数

	1	2	3	4	5	6	7	8	9	10	11
WTP	1										
WTA	0.15	1.00									
WTADWTP	-0.35	0.61	1.00								
EDU	-0.04	-0.05	-0.07	1.00							
AGE	0.07	-0.03	-0.05	-0.26	1.00						
AGRINO	-0.08	0.06	0.04	-0.17	0.17	1.00					
INCOME	0.14	0.00	-0.09	0.04	-0.19	-0.03	1.00				
PRATIO	-0.03	0.11	0.12	-0.06	0.07	0.29	-0.12	1.00			
COST	0.03	0.18	0.09	0.00	-0.08	0.09	0.11	0.08	1.00		
ACRE	0.00	0.07	0.05	0.07	-0.11	0.07	0.12	0.22	0.10	1.00	
RISK	-0.03	-0.01	0.05	0.05	0.00	0.10	-0.07	0.04	-0.07	-0.01	1.00

为了排除多重共线性问题，我们考察了变量间的相关系数，相关系数远低于经验文献 0.70 的多重共线性阈值（张建军，2013），最大值为 0.22。所有的解释变量都与被解释变量显著相关；此外，解释变量内部也存在着较显著的相关关系，但相关系数不大，表明文中采用的变量间不存在严重的多重共线性。

（二）实证分析结果

表9　基于 TOBIT 的农户偿付意愿、支付意愿及其差异影响因素分析

因变量	偿付意愿		支付意愿		WTA/WTP	
自变量	系数	t 值	Coefficient	t – Rario	Coefficient	t – Rario
WTA			0.02 ***	3.67		
EDU	− 3.92	− 0.56	− 0.86	− 1.13	− 1.41	− 1.13
AGE	− 1.88	− 1.04	0.46 **	2.30	− 0.59 *	− 1.83
AGRINO	9.94	0.53	− 3.71 *	− 1.80	− 1.14	− 0.34
INCOME	0.50	0.35	0.47 ***	3.00	− 0.31	− 1.22
PRATIO	124.97 **	− 2.26	− 0.32	0.05	24.17 **	− 2.47
COST	0.22 **	2.43	0.003	0.32	0.01	0.48
ACRE	0.84	0.82	− 0.07	− 0.62	0.21	1.12
RISK	0.62	0.69	− 0.02	− 0.23	0.28 *	1.78
County	− 17.70 ***	− 4.03	0.60	1.20	− 3.41 ***	− 4.34
_ cons	805.13 ***	5.34	− 12.15	− 0.71	141.22 ***	5.24
统计诊断						
LR chi^2	37.35		30.55		37.70	
Log lik.	− 2763.93		− 1905.92		− 2109.46	
Pseudo R^2	0.0067		0.0080		0.0089	
N	383		381		395	

＊ Statistical significance at the 10% level. ＊＊ Statistical significance at the 5% level. ＊＊＊ Statistical significance at the 1% level.

1. 偿付意愿：谁期望得到更多的赔付

通过因素分析可以看出，农户偿付意愿的收入弹性系数为 0.50，表示农户收入越多，希望得到的赔付越多，但是此系数并不显著。这与 David S. Brookshire 和 Don L. Coursey（1987）研究中的结果相反，他们研究发现当收入增加时样本户对于公共物品的偿付意愿的系数为负值。

种植业收入占比越高的农户单位面积玉米偿付意愿显著增加，种植业收入占

比每增加1%，偿付意愿增加1.25元。成本越高的农户，单位面积玉米偿付意愿越高，可以认为农户投保农业保险时，除了家庭经济特征约束外，较多考虑的是成本因素；投入的成本越多，希望得到的保障越大。自然灾害程度越高的农户，其受偿意愿越高，但是其系数并不显著。

样本户主的年龄越大，其偿付意愿越小。这种结果有两种解释：一种是年龄越大的农户其生产成本越小，遭受自然灾害时产生损失的可能性越小，所以期望得到的保障越小；另一种原因是年龄越大的农户越了解农业生产过程，更愿意从农业保险中得到"贴合生产及保险实际"的赔付。

2. 谁愿意支付更多的保费

农户支付意愿的收入弹性系数为0.48，表示农户收入越多其愿意支付的保费显著增多；由此可以认为，当保险公司提供多种保障方案时，收入较低的农户更愿意以较少的支出购买低的保障。

种植业收入占比越高的农户，支付意愿越低，但是统计上并不显著。自然灾害程度越高的农户，支付意愿越小，但是其系数统计上不显著。

WTA 对 WTP 的影响系数在1%的显著性水平下大于0，可以认为农户在购买保险或者为农业保险定价的过程中是理性的，愿意为更高额的保障支付更多的保费。

农业人口越多的农户，其支付意愿越大。也即农业程度越高的农户更愿意以较高的代价购得农业保险，其农业保险需求越强烈。

在控制其他变量不变的情况下，样本农户户主年龄越大，农户愿意支付的保费越多。

3. 什么样的农户更期望小支出换回大回报

从收入效应上来看，收入越高的农户其 WTA 与 WTP 的差异越小。也即越是低收入的农户越期望通过农业保险得到更高的赔付；不过收入对于 WTA 与 WTP 差异的影响并不显著。与收入效应类似，种植业收入在总收入中占比越大的农户，其 WTA 与 WTP 的差异显著增加，种植业收入占比越高的农户越希望通过农业保险得到更高的保障。自然灾害越高的农户，其 WTA 与 WTP 的差异越大，系数在10%水平下显著；如前所述，自然风险越高的农户其 WTP 及 WTA 并未见显著差异，但两者系数相反；可以认为自然灾害越高的农户，越是通过较少的支出换来更多的赔付。

控制其他变量不变的情况下，户主年龄越大，其 WTA 与 WTP 的差异显著减少；结合前文（2）中的回归结果，可以认为年龄越大的农户更愿意以"合理"的价格获得"过得去"的回报。可能是因为较大年龄的农户其种植面积更小（pwcorr 相关系数为负）。

五、结论与建议

（一）结论

本研究在对辽宁省玉米种植户问卷调查的基础上，从支付意愿、偿付意愿以及两者的差异三个方面研究了农户的农业保险需求。得到以下结论：

1. 偿付意愿方面

现有的政策性农业保险不能满足绝大多数农户的偿付意愿，这对农户的参保意愿将产生负面影响。种植业收入占比越高、亩均成本越高的农户单位面积玉米偿付意愿越高。

2. 支付意愿

农户支付意愿的收入弹性系数为0.48，表示农户收入越多其愿意支付的保费显著增多；农户的偿付意愿越高，其支付意愿也越高；在控制其他变量不变的情况下，样本农户户主年龄越大、农户从事农业生产的人口越多支付意愿越高。

3. 这样的农户更期望小支出换回大回报

自然风险越高的、户主年龄越小的、种植业收入在总收入中占比越大的农户其 WTA 与 WTP 差异越大，农户越期望通过农业保险得到更高的赔付。

（二）建议

可以针对农户的支付意愿及偿付意愿两个方面，对农业保险体制进行改进，通过满足农户的保险需求，来提高农业保险保障范围。

（1）以高于当前保费水平的价格为农户提供多种更高保障水平农业保险产品；允许农户在多种农业保险产品中进行选择，农户愿意为其选择更高的保障水平、支付更高的保费。

（2）风险越高的地区农户的保险需求越强烈；建议在高风险区以较高的保费提供保险产品适当提高保费水平。同时考虑农户的支付能力，对于高风险地区的农业保险补贴也应当采取适当的倾斜措施，适当提高补贴比例。

农户人情消费的非正规风险分担：机制与辽宁省经验证据

一、引言

理想状况下家庭能够使用正式的和非正式的保险方式进行风险分担，实际上在没有正式保险的传统社会里，如我国古代社会人们依赖非正式风险分担机制同样可以较好地应对常见风险（陈玉宇，2006）。非正式支持是我国农户风险分担策略中非常重要的一种方式，中国农户喜欢将"预防性储蓄"形式贮存于社会网络之中……这使家庭在灾害与风险冲击下更易获得亲友圈的帮助（邰秀军，2009）。乡土社会是礼治社会，因为传统可以有效地应付生活问题，所以我国的乡土社会的秩序可以礼来维持（费孝通，乡土中国－礼治秩序，1998）。礼、人情等作为重要的非正式支持方式，当农村新的保障制度逐步建立起来时，人情消费还是老样子吗？

发展中国家的农户人均收入较低、经常发生变动的情况下，其消费可能有效的平滑（Townsend，1994；Jacoby and Skoufias，1997）在正规保险、保障系统不健全的情况下，农户依靠其亲友及社会网络将风险进行非正规分担（Fafchamps，1997，2003），有证据证明礼物、转移支付（remittances）可以部分地起到风险分散的目的（Ravallion and Dearden，1988；Platteau and Abraham，1987），同时非正规信贷也起到保险替代作用（Rosenzweig，1988；Townsend，1994；Udry，1994）。人情消费在农户的生活中是一种重要的支出方式，黄玉琴（2002）的研究中指出一般人情费都占到家庭纯收入的25% ~ 35%。农民的生活消费中人情消费具有必然性和必要性，人情往来、人情消费最终目的是获得社会支持、社会保障（黄光国，1996；秦苏芳，2010）。

但陈传波（2007）等的研究表明农户风险分担主要在亲友网中，能够在困难时得到更多的借贷，其个别风险主要是通过借贷而非转移来分担。既然农户面临个别风险时主要依靠非正规借贷①，那么农户间礼尚往来的占比较大的人情消费，仅是为了交流感情吗？能否在农户间有效分散部分个人风险？能否起到一定的保障与保险作用？随着农村正式保障制度的逐步建立，作为非正式支持人情消费会有所变化吗？

在假设农户人均人情消费能够为农户提供某些保障的前提下，本研究分析人情消费提供的是哪类保障，且随着农村现代化、农村保障机制的不断建立，人情消费的保障机制发生什么样的变化；同时检验人情消费在农户在遭遇自然灾害时能否提供保险。意在分析面对不同的冲击，以及不同的保障机制参与情况，农户的人情消费支出有无变化？

本文主要关注的两个问题是：首先，人情消费支撑的社会网络能否帮助农户抵御外部的冲击？其次，如果人情消费具有非正式保险的作用，随着农村多种正式保障机制的深入推进，人们的人情消费支出有什么变化？本研究的核心在于揭示当农村多种金融机制快速正规化发展的过程中，农户人情消费如何变化？正式金融机制的建立，对于人情消费有挤出效应吗？中国农村的金融体系正在快速转型期，农户参与各种机制的行为存在着明显的差异，这为我们研究不同机制之间是否互相作用以及如何发生作用提供了绝好的时机。本研究运用辽宁省的数据说明人情消费在农村正式保障制度确立过程中的变动情况。

研究表明，随着农户逐步参与新农合、新农保等正规农村金融制度，农户的人情消费投入呈现出明显减少的趋势。可以认为，当正规的农村金融制度建立时，将逐步取代由社会网络所扮演的非正规金融制度的角色。

研究的所有样本均来自沈阳农业大学经济管理学院于 2015 年 7 ~ 8 月在辽宁省东、西、南、北及中部分层选择城市、县、乡、村并在村中随机选择农户进行入户调查。研究发现：首先在辽宁省农村基于人情消费的建立的社会网络并不能有效分散外界自然灾害冲击；同时随着农户得以接触到新农合、农业保险、合作社等金融保障、合作体制，农户对于人情消费的支出显著减少；本研究再次证明了中国农村市场化发展进程中，非正式制度的作用将随着正式制度的完善而逐渐减弱，传统的非正式制度正在失去其作为居民的保障机制的作用（陆铭，2010；杨汝岱，2011）。本研究对于改善农村的愈演愈烈的随礼现象，在维持温情脉脉关系网中引导农户的人情消费行为提供参考实证依据，同时为城市人情消费的研究提供参考借鉴。

文章第二部分是文献综述，第三部分是数据来源及描述性统计分析，第四部分是模型选择与计量结果，最后一部分是结论与讨论。

---

① 为了减少农户进行民间借贷而产生的人情消费支出，实证研究中首先去除掉具有民间借贷行为的农户；得出基本结论之后，再用全样本进行稳健性检验。

二、文献综述

在中国社会里，别人有喜事，我赠送礼物；别人有急难，我给予实质的济助，这时候，我便是"做人情"给对方。对方接受了我的礼物或济助，便欠了我的"人情"。此处所谓"人情"，指的是一种可以用来交易的"资源"。促使中国人对别人"做人情"的主要动机之一，是他对别人回报的预期（黄光国，1988）。

正是由人情消费支出后的要求回报的预期，导致人情消费不同于一般的市场消费。任映红（2012）等总结了人情消费的正面及负面效应：负面效应包括加重农民经济和精神负担、容易形成狭隘封闭的圈子而有损道德建设、交易色彩浓郁有损社会公正、规则意识淡薄而有违法治精神；正面经济社会功能是获得社会资源的重要途径，人情交往有经济协作功能、社会福利与民间互助功能、娱乐团聚和社会评价功能、行为约束和社会稳定功能等。陈云、顾海英等（2005）采用博弈论方法对农村人情来往行为进行经济学分析，揭示无形、无价的人情转化成可衡量的货币形式——礼金，进而演变成为农民负担的过程。本研究从人情消费的风险功能入手，试图找出引导其更理性的措施。

与本研究相关的有关人情消费的文献主要分为以下几类：

（一）从社会学角度开展的有关"人情"的研究

尚会鹏（1996）对西村人际关系的实地考察，通过对该村婚礼上四份"礼单"的分析，指出村落中的随礼现象具有普遍性、等价性和互助性三个特点，同时随礼现象出现了普遍化、高额化和货币化的倾向。

社会学中关于"人情"已经有了不少研究，社会心理学对"人情"的研究可以分为两个方面：社会交换理论（Blua，1964）和社会支持理论（Vaux，A.，1988）。同时，针对我国农户的人情消费行为，我国学者也发现类似的两个方面：一是物的交换，二是通过交换抒发感情（阎云翔，1996；杨念群，1997）。费孝通（1996）给出非常透彻的解释：亲密社群的团结性就倚赖于各分子间都相互拖欠着未了的人情……（拖欠着未了的人情）维持着人和人之间的互助合作。亲密社群中既无法不互欠人情，也最怕"算账"。"算账""清算"等于绝交之谓，因为如果相互不欠人情，也就无须往来了。

有关社会交换理论的研究中，彭庆恩（1996）中国人的消费中的"人情消费"是一种消费形式的投入，是在"差序格局"中的"自己人"概念保证下的"往还性资源互换的礼仪消费"。但是，我们还不能把这种比较传统的消费看成是一种"关系资本"或"社会资本"，因为，这种消费基本上是为了满足自己的生活需要和心理需要而维持的社会网络交往运行的过程。这就使它的"基本行为过程"并不真正具有"生产性"。人情来往原本是社会群体内互助互济的一种形式，是值得传承的千年传统（陈云等，2004；晏兴成、王小章，2010；顾伟列，2001；朱晓莹，2003；陈代福，2014），尚会鹏（1996）认为人情就是一种债务，借债是要还的，是习俗指挥着人情中的人们按照等价原则行事。

有关人情消费社会支持的研究中，黄光国（1996）指出农民的生活消费中人情消费具有必然性和必要性，提出尽管普通的农民缺乏特殊的资源，但是通过资源互通的人情往来加强网络的联系，进而获得社会支持。杨宜音（1998）认为"人情消费"是保持、建立和扩大社会关系，从而获得社会支持的重要手段。人情网络给了农户一种社会性的安全保障的感受，减少了生活资源不足给他们带来的心理压力和焦虑。秦苏芳（2010）以辽宁省开原市某村庄为例，微观地分析了随礼风的盛行原因，分析得出随礼风愈演愈烈的根源就在于农民抵抗风险能力的薄弱，最后引申出结论：农民实质上需要的是强有力的社会保障体系。张丽琴（2010）依据一位东北农民 K 在 1989～2009 年随礼账册的统计分析发现大多数农民对随礼并不排斥，甚至存在显著的心理需求；提出随礼在促进农民互助互济、增强农民归属感、弥补政府服务不足以及维持农民关系和谐等方面具有积极意义。

（二）从经济学角度对非正规风险分担机制的研究

在一个完备市场中，当面临外生冲击时家庭要通过正规及非正规方式进行风险分担和消费平滑，陈玉宇（2006）用广东省家庭收支数据检验了中国城镇家庭在面临外生经济冲击时能否对消费进行风险分担以达到完全保险，大部分的计量检验都拒绝了城镇家庭消费可以完全保险的假设。

Marcel Fafchamps（2001）以菲律宾农村为基础说明了礼物及非正规借贷如何分担以及在多大程度上分担了农户面临的外界冲击，发现外界冲击对于礼物以及非正规信贷均有显著的影响，但对于牲畜及人物的销售影响不大。在农村互助保险并未有效起到保障作用时，农户主要通过亲朋网络得到基本的帮助。

易行健等（2012）提出我国农村居民还通过礼金的互赠来实现横截面上的风险分担，进而减缓收支不确定性的冲击，有效减少预防性储蓄需求。

马小勇、白永秀（2009）的研究指出在尚未建立健全的农村社会保障制度的背景下，中国农户很大程度上依靠社会网络内的风险统筹和以金融市场为基础的跨时期消费平滑等自发机制来应对风险，缓解消费波动。

Fafchamps（2007）以菲律宾农村为研究对象，发现也许与亲缘相关的村民间的地缘是决定相互保险的主要因素。研究中的社会网络对于礼物与非正规贷款有着较强的影响，网络成员间的礼物交换随着外界冲击以及健康程度的不同而发生变化。

马小勇（2006）调查显示，中国农户采取多元化的方式来规避风险，主要措施包括三种形式，即社会网络内风险统筹、跨时期收入转移和生产经营中规避风险，正规风险规避机制则作用甚微。与无偿援助相比，亲友、社区成员之间借贷行为在风险规避中所起作用更为重要。

原有的研究农户通过建立、维护社会网络用于家族风险分担以及支持正规及非正规融资等方面的影响，其中人情消费的目的可以归结为以下两类：抵御（分散）风险（非预期支出）和平滑消费（Fafchamps，2003；Fafchamps，Guberrt，2007），此时人情消费起到非正式保险机制的作用，用以抵御外部冲击。陆铭等（2010）发现包括互助在内的三种社会资本并不能帮助家族抵御自然灾害和平滑消费；其他形式的社会资本可能对其他形式的负向冲击（如病重）起作用。

既有的文献较少说明人情消费作为一种非正式的投资能否分担风险，如果人情消费是作为一种非正式的风险分担机制，且随着农村正式保险、保障机制的建立，风险是如何被分担的，并没有详细的说明。本文试图用辽宁省的数据进行经验说明。

三、数据来源及描述性统计分析

（一）数据来源

本文使用沈阳农业大学经济管理学院 2015 年 7 ~ 8 月新农村建设十周年开展的辽宁省"百村千户"调研数据。调查在辽宁省东、西、南、北及中部分层选择城市、县、乡、村并在村中随机选择农户进行入户调查。采取分层抽样及随机抽样相结合的方式，共筛选出与农户人情消费支出的有效样本涉及辽宁省 15 个县 42 个乡 109 个村的 471 个农户。问卷内容包括被访者家庭基本情况以及新农村建设五个方面的信息——生产发展、生活宽裕、乡风文明、村容整洁、民主管理，问卷详细调查了农户的家庭人情消费状况及社会保障、保险参与情况，这提供了一个对人情消费家庭保障功能的契机。为了更清楚地解释人情消费的保障机制，在分析人情消费支出保障功能的过程中将具有非正规融资行为的农户从样本中去除。经统计 471 个样本中进行了人情消费的农户有 466 个，占总样本数的 99%。

通过统计分析，辽宁省农村户均随礼支出 8531.65 元，占家庭总收入比重平均值为 27.79%，人均随礼支出 2610.32 元。对全样本农户"生活方面最忧虑的是什么（最多选三项排序）?"问题的调查结果如表 1 所示，可见近三成的人认为人情消费给农户日常生活带来明显的压力。

表1　辽宁省农户生活中最忧虑的问题　　　　　　　单位:%

	家人生病	教育费用太高	养老问题	子女婚嫁费用	人情往来	其他
样本数	385	153	283	82	180	39
总占比	59.23	23.54	43.54	12.62	27.69	6.00

农户内心不想随礼，又不得不去随礼的背后的原因是寻求保障，本研究的目的是通过证据寻找随着正式保障制度的建立，人情消费的变动情况。

（二）变量选择

1. 被解释变量

家庭人均人情消费（gift_per）。中国农村居民维系亲友及其他社会网络关系的一种普遍方式是直接体现为人情消费的礼金往来。相对于发生概率较小、数额相对较大的礼金收入，礼金的支出是一个较为稳定的现金流（易行健等，2012），将问卷中得到的农户2014年人情消费总额除以家庭人口数得到人均人情消费数额。

2. 解释变量

（1）户主特征变量。户主特征变量包括户主年龄age，是指2015年的周岁。考虑到人力资本水平是其收入水平，进而是人情消费的重要表征，文中引入户主受教育年限edu变量。

（2）家庭特征变量。家庭人情消费可能具有成本分摊的规模经济特征，文中用家庭规模量fam_size[①]表示家庭常住人口。家庭可支配收入是影响其消费的重要因素，由此引入农户收入变量income。家庭土地经营面积land。随着新型农业经营主体的不断兴起，合作社在组织农业生产的过程中起着越来越重要的作用，且合作社是耦合生产及人的合作，由此引入变量是否加入合作社coops（1是，0否）。

（3）社会保障体制变量。社会保障能够为农户遭遇的外部冲击提供风险分散，本文中涉及的农户保险体制变量主要包括3个0-1变量：是否购买了农业保险（agri_insu）、是否参加了新农村养老保险（pens_insu）、是否参加了新农村合作医疗保险（medi_insu）的虚拟变量（1是，0否）。

（4）信贷情况。正规金融在农户解决资金短缺问题的过程中起着重要的作用，正规的资金来源可能需要一定的费用来维持，所以引入变量是否申请过贷款bankdebt。

---

① 因为与亲友及其他社会网络之间的互动直接体现在礼金的收支上"礼尚往来"，基于这一社会契约，我们可以预期，一个家庭拥有的社会网络规模越大，在其他条件不变的情况下，该家庭每年需要赠送礼品的亲友数量就越多（章元、陆铭，2009）。

（5）农户所受外界冲击情况：自然灾害以及生病两种冲击自然灾害冲击（shock1）直接利用问卷调查所得的自然灾害引起的农业生产损失程度数据，而非自然灾害引起的损失情况。农户生病与否用去年是否住院来衡量（shock2：1是，0否）。

（6）县区区域虚拟变量，根据农户所在县区生成虚拟变量 dist。

（三）描述性统计分析

相关变量的定义与统计性描述如表2所示。

表2 变量定义及统计性描述

变量名称	变量解释	无非正规融资行为样本			全样本		
		样本数	均值	标准差	样本数	均值	标准差
gift_per	人均人情消费（千元）	450	2.61	2.80	623	2.61	2.70
income	家庭总收入（千元）	471	61.39	100.57	650	71.02	159.41
age	户主年龄	471	55.75	10.27	650	55.34	10.26
edu	户主受教育年限	470	8.17	2.65	649	8.11	2.64
fam_size	家庭规模	450	3.40	1.21	623	3.43	1.18
land	经营规模	471	12.59	20.14	650	13.03	22.38
coops	是否加入合作社	364	0.15	0.36	513	0.15	0.35
agri_insu	是否参加农业保险	448	0.70	0.46	623	0.69	0.46
pens_insu	是否参加新农保	465	0.73	0.45	643	0.74	0.44
medi_insu	是否参加新农合	469	0.97	0.18	648	0.97	0.18
bankdebt	是否申请过贷款	240	0.36	0.48	405	0.38	0.48
shock1（%）	自然灾害程度	429	35.03	20.72	601	35.32	20.59
shock2（%）	1年内是否住院	471	0.30	0.46	650	0.32	0.47

表3列出基于没有非正规信贷行为的样本数据的变量的均值、标准差和相关系数。为了排除多重共线性问题，我们考察了变量间的相关系数，相关系数远低于经验文献0.70的多重共线性阈值（张建军，2013），最大值为0.26。所有的解释变量都与被解释变量显著相关；此外，解释变量内部也存在着较显著的相关关系，但是相关系数不大，表明文中采用的变量间不存在严重的多重共线性。不限制农户的非正规信贷行为，以全样本数据为基础进行 pearson 相关数据检验也有类似的结果，最大值为0.20。

表3 不含非正规融资样本数据的 pearson 相关系数

变量	1	2	3	4	5	6	7	8	9	10	11	12	13
gift_ per	1.00												
age	0.12	1.00											
edu	-0.17	-0.20	1.00										
fam_ size	0.18	0.13	-0.23	1.00									
land	-0.15	0.19	-0.10	-0.07	1.00								
income	0.06	0.26	-0.16	0.11	0.16	1.00							
coops	0.20	0.21	-0.20	0.22	-0.04	0.19	1.00						
agr_ insu	-0.10	-0.04	0.05	0.05	0.01	-0.02	0.09	1.00					
pens_ insu	-0.10	0.00	0.09	-0.04	0.03	0.03	0.01	0.07	1.00				
med_ insu	-0.05	-0.02	0.03	0.07	0.02	0.01	-0.02	0.04	0.05	1.00			
bankdebt	0.04	0.18	-0.04	-0.01	0.18	0.04	-0.02	-0.07	-0.04	0.10	1.00		
Shock1	-0.12	-0.07	0.00	-0.02	-0.04	0.01	-0.01	0.11	0.05	0.02	-0.03	1.00	
Shock2	-0.08	-0.02	0.15	-0.04	0.03	0.08	0.03	-0.01	-0.04	0.07	-0.07	0.03	1.00

四、模型选择与计量结果

（一）计量模型选择

在缺乏正规保险及保障机制的农村地区，农户面临的风险除了自保之外会在包括亲友在内的社会网络中进行分担，分担风险的方式包括非正规借贷以及包括礼物互赠在内的转移支付（Fafchamps，1994），人情消费是农户间转移支付的重要形式。根据 Fafchamps（1994，1997）、Townsend（1994）、Udry（1994）和陈传波（2007）的研究框架，本文分析人情消费的风险分担机制，基于完全平滑消费的检验模型，假设农户没有非正规融资，引入农户遭受外部冲击的代理变量，得出方程（1）：

$$g_{ij} = \alpha + \beta Z_{ij} + \gamma X_{ij} + \delta W_{ij} + \lambda V_i + \varepsilon_{ij} \qquad (1)$$

式中，g_{ij} 表示地区 j 第 i 户人均人情消费数量，其中的人情消费为调查中得到的家庭人情支出减去人情收入的净值除以家庭总人数得到家庭人均人情消费。Z_{ij} 为 j 地 i 农户的受自然灾害冲击的情况以及遭受病痛住院情况，文中利用调查所得农户遭遇的自然灾害程度以及去年是否住院来衡量；如果灾后农户能通过人情消费完全获得消费保险，则 β 在统计上与 0 无异；否则若人情消费不能提供完全消费保险，则 β 显著为负（陆铭等，2010）。W_{ij} 表示 j 地第 i 农户参与不同的保障机制情况，主要包括农业保险、新农保、新农合，对应的变量分别为"是否参加了农业保险"、"是否参加了新农保"、"是否参加了新农合"，均为 0 - 1 变量。X_{ij} 表示 j 地第 i 农户的户主个体特征及其家庭特征，包括家庭收入、户主年龄、受教育年限、土地经营面积等。同时为了研究农民专业合作社作为一种新兴的农户集体组织是否对农户人均人情消费支出，方程中加入了"是否参加了合作社"；农户特征变量中包括"是否申请了银行贷款"变量，用以衡量人情消费与正式信贷机制的关系。

（二）实证分析结果

对以上模型的一个重要担心是：农户人情消费的数量是否直接取决于其收入水平？虽然前面的多重共线性已经初步排除了这一问题，但是为了进一步检验上述分析结果的稳健性，首先检验了农户家族收入对人均人情消费支出的影响如模型①，从回归结果来看，收入对于人均人情消费额具有正向影响，但并不显著。可以理解富裕家庭人均人情消费额可能更多，但是不同的富裕阶层间进行人情往来也是基于对等原则的，并不完全是"劫富济贫"。研究结论与邰秀军等（2009）的结论相符：人情消费并非完全市场化的行为，在中国这个人情社会即便那些濒于潦倒的穷人也会花费较大的时间与金钱去精心经营自己的社会网络，将自己的有限财富贮存在无限延伸的社会网络之中。

通过对计量模型进行回归，表 4 给出了估计结果。在模型②中加入其他的户主及家庭特征变量。模型③中继续加入是否加入合作社变量，在回归模型④中加入社会保障机制变量，模型⑤中加入正规信贷情况变量，模型⑥中继续加入受外界冲击变量。所有回归中均控制了县区区域变量。设定回归模型⑥为基准回归。为了防止样本数据中去除参与民间融资农户可能带来的影响，回归模型⑦利用全样本测量了各变量对人均人情消费额的影响。

通过对回归结果分析可以发现：

（1）农户参与农村社会保障中的政策性农业保险、新农村养老保险均会明显引起人均人情消费支出的减少，农业保险以及新农村养老保险制度的对于非正规的风险分散方式产生替代作用。但是农户是否参加新农合对于其人情消费支出并未产生明显影响。这与吴鸾鸾、姚洋（2014）等的研究并不冲突，吴鸾鸾（2014）的研究指出新农合对于私人风险分担渠道具有挤出效应，已开展新农合的村庄中居民会减少对于生活性借款的依赖。

（2）农户通过正规银行机构贷款并未引起人情消费的减少反而引起其数量显著增加。可以考虑的原因包括但不限于：我国的农村正规金融机构并不能完全满足农户贷款的需求，在农村正规贷款存在信贷配给的情况下，具有较强社会网络的农户才有可能得到贷款，而这需要投入较多人情消费支出建立、维持。

（3）人情消费无法有效分散农户个人遭受的外部冲击。研究分析了因自然灾害以及病痛两种部冲击对农户人情消费产生的影响。从回归方程的系数上看，在没有非正规借贷发生的情况下，自然灾害冲击的系数显著为负，其增加明显引起人情消费额的减少；若允许非正规借贷发生，则自然灾害对人情消费额的影响不再明显。可以认为在限制非正规融资的情况下，当遭受自然灾害时单靠人情消费显著无法提供完全保险。对比允许非正规借贷发生的方程，发现自然灾害、生病两种冲击的系数并不显著异于 0，可以认为人情往来作为非正规风险分担方式无法为农户提供有效的个人消费保险。

（4）农户年龄、是否加入合作社对人均消费支出产生显著影响。户主的年龄对人均人情消费数量的影响显著为负，可能是随着户主年龄的增加，其对于进行人情消费期望得到回报的想法越少，进行支出时支出总额也就越小；或者随时年龄的增加，其人情消费多是由于历年积累下来的、随行就市的人情往来，消费的价格水平已经设定，随着时间推移水涨船高的可能性减少。

加入合作社的农户，户均人情消费额显著增加。合作社的所有权特征以及集体决策机制使得合作社更加注重所有社员在决策制定和利益分配上的共同参与、交流，人际关系是内部交易的基础（梁巧等，2014）。参与一个新的生产性组织使得农户的社会网络增加，进而引起人情消费数量的增加。

户主受教育年限对人情消费的影响为正，但在基准方程中此变量不显著。

表 4　人均人情消费额及其相关因素：OLS 回归

变量	去除具有民间融资的样本农户						全样本
	模型①	模型②	模型③	模型④	模型⑤	模型⑥	模型⑦
Income	0.003 **	0.0029 **	0.003 **	0.003 *	0.001	0.001	0.001
age		− 0.035 ***	− 25.08 *	− 0.022	− 0.030 *	− 0.030 *	− 0.035 **
edu		0.137 ***	0.096	0.105 *	0.117 *	0.103	0.101 **
fam_ size		− 0.441 ***	− 0.527 ***	− 0.503 ***	− 0.447 ***	− 0.424 ***	− 0.445 ***
land		0.010	0.010	0.011	0.003	0.005	0.007
coops			998.79 **	1085.44 **	1056.49 **	1.072 **	1.034 ***
agr_ insu				− 0.550 *	− 0.776 **	− 0.766 **	− 0.624 **
pens_ insu				− 0.283	− 0.896 **	− 0.840 **	− 0.855 **
med_ insu				− 1.009	− 0.400	− 0.559	0.392
Bankdebt					0.619 *	0.595 *	0.696 ***
Shock1						− 0.018 **	− 0.007
Shock2						− 0.022	0.107
dist	− 0.018	− 0.033	− 0.013	− 0.014	0.002	0.011	− 0.002

续表

变量	去除具有民间融资的样本农户						全样本
	模型①	模型②	模型③	模型④	模型⑤	模型⑥	模型⑦
_ cons	2.547 ***	4.906 ***	4.748 ***	6.022 ***	5.777 ***	6.461 ***	5.562 ***
样本数	450	449	344	334	447	172	295
R^2	**0.015**	0.09	0.12	0.13	0.09	0.28	0.23
P 值	**(0.031)**	(0.000)	(0.000)	(0.000)	(0.000)	(0.000)	(0.000)

* Statistical significance at the 10% level. ** Statistical significance at the 5% level. *** Statistical significance at the 1% level.

五、结论与讨论

（一）结论与建议

由于正式保障制度的缺失，农户原先多通过人情往来建立的社会网络获得安全保障，同时通过社会网络支持进行正规及非正规融资。本文以沈阳农业大学经济管理学院新农村建设十周年"百村千户"专项社会调研数据为基础，考量了在新的社会保障机制下农户人情消费的变动情况。得出以下结论：

（1）农户参保农业保险以及新农村养老保险后，人均人情消费额明显减少，对人情消费支出产生一定的替代效应。参加新农合的农户其人情消费量并未有显著变化。进一步证明了正式保障制度的建立，对于非正式保障制度产生一定的替代、挤出作用。

（2）农村正规信贷制度的逐步加强并未产生出类似的效果。由于农村信贷约束的存在，正规信贷制度的并未显著减少反而增加了农户人情消费支出。

（3）限制非正规融资的情况下，人情消费无法有效分散农户的自然灾害以及农户家庭成员疾病带来的个体冲击。在不限制正规融资的情况下得出同样证实了这个结论。（或者仅写成：人情消费无法有效分散农户的自然灾害以及农户家庭成员疾病带来的个体冲击。）

建议在农村地区针对农户关注的疾病、养老、教育等建立更广泛、深入的保障制度，同时提供更健全的正规及非正规的融资机制，这些措施对于改善农村的愈演愈烈的随礼现象，在引导农户进行更理性的人情消费行为提供政策参考。

（二）进一步讨论

研究中的数据存在着一定的限制。本文所使用的仅为截面数据，不能对农户随时间推移而产生的人情支出的变动情况。另外，农户人情消费行为可能涉及更多的社会学方面的内容，本文所选择的揭示变量并没有深刻地刻画这一点。所有的数据均来自农户的问卷调查，一般的农户调查中存在着收入缩水以及支出夸大的可能性。下一步的研究可以通过选择更多的社会关系变量来反映农户的人情消费行为不同方面的特征，分析是否是因为正式制度的缺失、不完备或者不完全有效才使得人情消费的数量随着正式制度的建立减少的同时，消费总量上并无明显的减少趋势。

与此同时，市民具备更好的社会保障、保险网络，可是市民的人情消费量也是重要的开支，且愈演愈烈。如果说农村是因为正式保障制度的缺失而多利用人情消费维持的社会网络提供安全保障，那么一个有意思的问题是：在城市，正式制度的建立是否能够减少通过非正式制度寻求保障？

基于农民视角的新农村建设：
现状及思考
——对沈阳市浑南新区 81 个农户的调查

建设社会主义新农村是中央在新的发展阶段为彻底解决"三农"问题做出的战略性举措，对于全面建设小康社会和统筹城乡发展具有重大的意义。2006年既是"十一五"的第一年，也是新农村建设的起步之年，当年新农村建设现状及进程如何？农民和村干部眼中的新农村是什么样子？各级政府在新农村建设中应起到什么作用？新农村建设中存在哪些亟须解决的问题？针对这些问题，沈阳农业大学经贸学院在 2006 年 8 月组织了新农村建设"百村千户"调研活动。为了了解当下农民生产发展现状，同十年前的情况进行对比研究。2015 年 7 月，沈阳农业大学经济管理学院再次组织调研活动。调研方案紧紧围绕中央提出的五大目标，在调研问卷设计上分农户、村集体、基层政府 3 个层面，每个层面围绕五大目标分为五大部分。样本的获取采用分层随机抽样法，先从浑南新区现有的14 个街道中抽取了王滨、祝家和李相 3 个街道（经济区），然后又从李相街道（经济区）抽取了 3 个村，王滨和祝家街道分别抽取了 2 个和 4 个村，从每个村随机抽取了 9 个农户。共调研了 3 个街道、9 个村、81 个农户，最终获得有效农户问卷 81 份、村表 9 份、乡表 3 份。调研方式采取入户问卷调查、深度访谈、小组座谈、调查员现场观察等方式。本文就是此次调研农户问卷的结果分析。

一、样本分布

表 1　样本分布

地理分布			人口分布	
王滨	富家	户主性别	男	79
			女	2
	荒地沟	户主户口性质	农	76
			非农	55

续表

地理分布		人口分布		
祝家	佟家峪	户主文化程度	小学及以下	14
	伙牛		初中	42
	高八寨		高中	19
	下楼子		大学及以上	6
李相	李相	户主职业	务农	69
	老塘峪		其他	12
	王士兰	家庭成员数	1~2 人	14
			3~4 人	56
			5~6 人	11

二、结果分析

（一）生产发展：农民的评价和期盼

1. 种植业收入仍是农户主要收入来源，非生产行业后来居上

根据调查，样本农户 2015 年户均年收入为 50871.6 元，按平均每户 3 口人来算，相比 2006 年人均年收入 6395.3 元的数据看，增长了近 1.65 倍，农户的收入水平大大提升。但与十年前相同的是，在收入的主要来源中，65% 的农户收入仍主要来源于种植业，24.7% 主要来源于工资性收入，9% 主要来源于非生产性收入，而只有 1.3% 主要来源于养殖业收入。同 2006 年的数据相比，具有明显变化的是养殖业收入和非生产性收入，前者大大增加而后者却大幅下跌。可见，尽管依旧是种植业收入在农户收入中占有重要作用且将长期处于此状态，但非生产性行业的潜力也不容小觑。

2. 农产品的储藏、加工与销售

（1）同十年前一样，绝大多数农户直接销售其农产品，不进行储藏与加工，产品附加值低。农产品储藏、加工是农业产业化经营的重要环节，是调整农产品供求关系、使农产品增值的主要手段。被调查农户中，79% 的农户不储藏也不加工农产品，其余 21% 的农户中绝大部分是储藏，加工很少。原因主要有两个：一种是认为没有必要；另一种是由于缺少资金、技术、土地，没有设备，无法进行加工或贮藏。

（2）农产品销售中通过商贩销售仍占主导地位，通过协会、经纪人及订单销售所占比例依旧非常小。在销售环节，有 89% 的农户选择了通过商贩来销售，选择直接到市场销售的占 8%，而通过协会、经纪人、企业订单销售的农户比例

非常小。由于通过商贩销售农产品是农户主要销售渠道，因此，农民的谈判议价能力、对市场行情信息的把握能力、对农产品销售的组织能力以及对商贩了解程度等成为一个重要影响因素。

3. 电视是农户获取农业新技术的主渠道

先进技术的采用是体现农业生产发展的重要指标。据调查，通过电视获取农业新技术和新知识的农户最多，占54.3%。虽然与十年前60%的数据相比略有下降，但我国农村电视普及和技术知识培训对于农民掌握新技术、新知识、对于发展现代农业生产依然具有重要的作用。其次是各种培训班，这些培训班紧密联系农业生产实际，具体、生动、实用，在农业产业结构调整过程中使农民直接受益，因此深受农民欢迎。

4. 农业投入情况

（1）农业生产资金状况有所改善。与十年前农户的生产资金大多来源于亲朋好友借款不同，近85.2%的农户可以使用家中自有资金进行农业生产，不必举债进行。但在有过资金缺口的农户中，选择向银行申请贷款且成功的概率为26%。这一方面是因为农户没有向银行贷款的意识，另一方面则是小农没有足够的抵押担保，银行不愿意将钱贷给他们。尽管目前的资金状况有所改善，但在问到什么是农业生产中的最大困难时，自然灾害和资金、技术分布排在了第一、二、三位，少数农民选择了农产品销售和市场信息。可见，在农民眼中，资金和技术依旧是制约农业生产发展的最重要因素。种种现实条件的制约也使得农民增加生产投资的意愿大大下降。

（2）农业劳动力：老龄化相当严重，文化程度偏低。在全部受访者中，30～50岁的劳动力占34.4%，50岁以上的占到61.7%，30岁以下的劳动力几乎没有。显然，农业劳动力年龄老化相当严重。69.1%的劳动力文化程度为初中毕业，受教育程度在高中及以上的劳动力仅占30.9%。初中毕业已成了农村教育的分水岭，初中毕业的学生大部分留在农村，继续读书的则大部分流向城市。农村劳动力文化程度偏低导致他们接受新知识、采用新技术、应变市场变化的能力低下。

5. 农业生产基础设施有所改善但仍需大力投入

如图1所示，有82.7%的农户认为，近3年本村道路和农田水利等基础设施有所改善，且改善大多缘于政府的投入，主要集中在道路方面。即使这样，依旧有26%的农户对当前的道路和农田水利等基础设施不满意或不太满意，并且希望在基础设施中加大投入力度，建设更好更完善的基础设施。

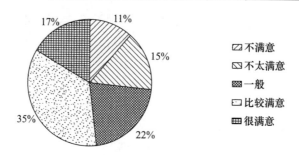

图例：
不满意　不太满意　一般　比较满意　很满意

图1　农民对道路和农田等基础设施满意度

6. 农户在生产发展方面的期望

（1）资金支持。这是农户反映最为集中的一点。无论从农户对农产品的加工或贮藏，还是农户今后两年扩大生产投资的意愿，以及农户在农业生产中面临的最大困难，资金不足都是最主要的因素。

（2）科技服务。农民主要希望政府加大对农业新技术的示范、推广和对农户的指导工作力度。

（3）信息服务。普通农户出于其文化水平和信息渠道所限，很难及时掌握各类市场信息。因此，农户希望政府加强信息服务，使农民及时掌握信息。

（4）销售渠道开拓。农户希望政府或者专业组织出面统一组织销售，保护农产品销售的价格，使农民的利益不致受损。

（5）农业保险服务及其他。为抵御自然和市场风险，确保农民收入平稳增加，加快发展农业保险已是新农村建设的必然要求。

此外，部分农户还提到了改进农业生产基础设施、引进龙头企业、协助农户办小额信贷、兴办企业解决农民就业问题等方面的要求。

（二）生活宽裕：现实与梦想

1. 农户收入与消费水平不高

（1）近年农民收入增长较城镇居民收入增长较慢，城乡收入差距持续拉大。生产的唯一目的是消费。农民能否过上宽裕的生活主要取决于收入的多少。近年来，尽管农民收入不断增加，但增幅明显小于城镇居民收入的增长，城乡收入差距不断扩大。取消农业税后，农资价格的上涨导致生产性支出节节攀升，部分抵消了惠农政策的增收效应。目前辽宁省城乡收入比已达2.56:1。

（2）农户拥有耐用消费品数量不断增加，农村消费市场潜力巨大。农户耐用消费品的拥有数量为每户5件。在农户家庭耐用消费品普及率上，电视机的普及率最高，调查样本户达到100%，而且各地区差异不大；普及率居于第二位的是电话，达到98%。对于电脑、空调等中高档消费品，农户拥有比例不到50%。

这说明农村消费水平与城市相比还有很大的差距，同时也说明农村市场潜力巨大。

2. 新农合制度效果显现，深度、广度尚需加强

在医疗方面，所有的样本村都推行了新农合。64.6%的农户反映使用新农合比较方便，尤其是家庭成员不幸遭遇重病时。但依旧存在报销困难、使用不便等问题。

3. 超过六成的农户对当前生活满意，农户最忧虑的事情是家人生病和教育费用高

对于目前的家庭生活情况，超过六成的农户表示满意或比较满意。尤其是年龄较大（一般是 55 岁以上）的农民，他们认为与以前相比现在的生活条件有了很大的改善，对现在的生活比较满意。剩下四成的农户中大部分也都是选择的一般。此外，有教育支出压力和医疗支出压力的农户对现在生活满意度较低。

4. 农户对生活宽裕方面的期望

（1）便宜、优质的医疗服务。有 81.5%的农户希望政府能提供更便宜、优质的医疗服务，这部分农户对医疗费用过高表示强烈不满。

（2）大学的学费实行减免。有 67.9%的农户对减免大学生学费有较高的期望，希望政府能对此采取实际行动。

（三）乡风文明：任重道远

1. 农民信息获取情况：获取信息渠道比较单一，主要是电视

目前，农民信息获取的渠道有电视、报刊、网络、广播、村里公告、通知、广告等形式。其中通过电视获取信息占的比重最大，占被调查农民的 82%，其他的信息渠道比重相对较低，如网络仅占 4%。相比十年前并没有本质上的变化，这说明农民获取信息的方式还比较传统，一些新兴有效的方式还没有得到广泛应用。

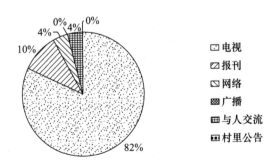

图 2　农民获取信息的主要渠道

2. 农村文化生活方面

（1）休闲方式单一，主要是看电视，其次是闲聊及打麻将。调查中发现主要以看电视、串门闲聊和打麻将（打牌）打发自己的闲暇时间的农民占调查农民的63.0%。参加健身活动和县乡组织的文娱活动的比例偏低，只占被调查农民的14.8%。

（2）农村固定文化活动场所缺乏，设施不足。有农村图书室、阅览室、体育活动室的村比重只有8.6%，农民喜欢的露天电影、地方戏演出在一些地方已很少见。大约50%的农村缺乏相对固定的文化活动场所，且设施设备不足，无法满足农民日益增长的文化需求。

3. 农村社会风气

受访者对当前社会风气、社会治安满意度较高。91.4%的农户认为邻里关系和谐。75.3%的农户对现在村里的社会风气表示满意，只有少数人对村里社会风气不满意，原因是农村目前还存在一些不赡养老人、家庭暴力以及赌博现象。极少数农民思想观念上还存在封建迷信意识。对于农村社会治安状况，98.8%的农户表示满意。不满意的主要是农村中的偷盗现象。一半以上受访农户认为随礼负担较重。

（四）村容整洁：树立农村新形象仍需努力

1. 农村公共卫生及设施管理

（1）生活污水处理缺乏统一规划。农村生活污水随意倾倒现象仍很严重。在对家庭生活污水的处理方式方面，自挖下水井直接排入地下的占32.09%，随意倾倒的占34.57%，街边排水渠的占28.39%，统一规划下水道的占4.95%。

（2）生活垃圾统一处理有很大进步。调查发现，农民将生活垃圾倾倒在村指定的垃圾倾倒地点的比例由10年前31.3%增加到83.95%。此项工作开展得相对较为成功，但仍有个别农户将垃圾倒在无人处理的垃圾倾倒点或者随意倾倒。乡村街道仍需加大宣传力度，提高普及率。

表2　调查员对村容村貌的观察　　　　　　　　　　单位:%

项目	是	否
乱搭建现象是否严重	13.6	86.4
住户室内外是否整洁	69.1	30.9
谈话是否文明	91.4	8.6
村内街路是否整洁	72.8	27.2
村内是否有路灯	66.7	33.3

（3）乡村集市卫生状况有所改善，但仍旧不能令人满意。乡村集市的卫生本应由专门的人员负责，但由于管理不到位等诸多原因，有些地区蔬菜瓜果皮等垃圾遍布，致使空气非常污浊。在对乡村集市卫生状况的调查中，28.39%的农民对此表示不满意或不太满意。尽管相比十年前60.7%的比例降低了不少，但对现状表示满意或比较满意的农户也仅占到了35.80%。

（4）有害废弃物没能得到安全处理。对于农药瓶子等废弃有害物品的处理方面存在的问题比较严重。由村里统一处理农药瓶子等废弃有害物品的只有11.1%，30.9%的农户把有害物品直接扔到垃圾堆，49.4%的农户随用随扔，8.6%的农户以其他方式处理农药瓶子等废弃有害物品，包括自家土埋、焚烧或是卖到废品收购站等。

2. 农民在村容整洁方面的期望

一是加强农村公共卫生及设施管理，统一建立生活污水排放系统。村民普遍希望在农村公共卫生及设施管理方面可以建垃圾站，安装垃圾箱，统一处理生活垃圾，并为村里安排环卫人员，尽量做到及时彻底清理垃圾，统一处理生活污水以及建设公厕，绿化美化农村环境。村民普遍希望建排水沟。

二是统一规划街道及住宅。50%以上的村民认为有必要对村里的住房进行统一规划。

三是希望政府投入资金改善农村基础设施、制定新农村建设规划。加强环境绿化，建设美丽乡村。

（五）管理民主：成效明显，问题不少

（1）村务公开情况较好。村务公开的主要形式是公开栏，以板报形式为主，形式较为单一。调查得知65%以上的村民认为村民或通过村民代表可以有效地对村经济活动进行监督。

表3 村民（代表）能否有效监督村经济活动评价　　　　　　单位：%

选项	总体	王滨	祝家	李相
能	65.5	50	72.2	66.7
一般	8.6	5.6	5.6	14.8
不能	13.6	11.2	13.9	14.8
说不清	12.3	22.2	8.3	3.7

（2）村民对村民主管理认可度较高，民意反映渠道作用较显著。在意见反映方面，60.5%的村民表示村里设有意见和建议反映渠道且能起到作用。同十年前相比有显著进步，但仍有27.2%村民表示村里没有反映渠道。大部分村重大事

务都是由村民或村民代表会议加以表决。村民代表基本能够得到村民的信任，七成村民认可村民代表。

三、结论及思考

根据上述对浑南新区新农村建设现状及农民对新农村建设期望的分析，我们认为新农村建设工作仍任重道远。在农业生产发展方面，广大农户迫切希望在资金、技术、信息、销售渠道、农业保险等方面全方位得到改善；在生活宽裕方面，社会保障问题及高等教育学费成为农户最担心的问题；在乡风文明方面，主要问题是文化基础设施极度缺乏，农民素质不高；在村容整洁方面存在问题相对比较严重，公共卫生设施供给主体缺失，街道住宅缺乏规划；在民主管理方面，村民满意度较高，但仍存在形式主义、监督不力等问题，少数地方存在不同程度的贿选问题。

结合上述分析，从农民的角度看，我们对新农村建设有如下思考：

一是加强农业基础设施建设，发展现代农业，为新农村建设提供产业支撑。

二是改革国民收入分配格局，统筹城乡发展。

三是尊重广大农民的意愿，积极引导他们在新农村建设中发挥主体作用。

四是重视新农村建设规划，要结合农村实际，稳步推进新农村建设。

五是新农村建设需要各种社会力量广泛参与。

参考文献

［1］ Atanu Saha, H Alan Love and Robeit Schwar. Adoption of Emerging Tech-nologies under Output Uncertainty ［J］. Amer. J. Agr. Econ. , 1994, 76 （11）: 836 – 846.

［2］ Barrett C B, T Reardon P. Webb Non – farm Income Diversification and Household Livelihood Strategies in Rural Africa: Concepts, Dynamics, and Policy Im-plications ［J］. Food Policy, 2001 （26）: 315 – 331.

［3］ Bobcock. Using Prospect Theory to Explain Anomalous Crop Insurance Cover-age Choice ［J］. American Journal of Economics, 2015 （9）.

［4］ Bromley D W, J Chavas. On Risk, Transactions, and Economic Develop-ment in the Semiarid Tropics ［J］. Economic Development and Cultural Change, 1989, 37 （4）: 719 – 736.

［5］ Chen Y H. The Diversification of Farmer Income Its Main Factors in Zhejiang ［D］. Zhe Jiang University, 2002.

［6］ Cheng M W, Shi Q H, Jin Yanhong, Income level, Structure and Its Cau-ses ［J］. The Journal of Quantitative & Technical Economics, 2014 （5）: 3 – 18.

［7］ Christopher Udry. Risk and Insurance in a Rural Credit Market: An Empiri-cal Investigation in Northern Nigeria ［J］. The Review of Economic Studies, 1994 （3）: 495 – 526.

［8］ David S. Brookshire, Don L. Coursey. Measuring the Value of a Public Good: An Empirical Comparison of Elicitation Procedures ［J］. The American Economic Review, 1987 （77）: 553 – 568.

［9］ Duan W, Liu Q Q, Lei S, et al. Income Diversification, Forest Depen-dence, and Forestry Sustainable Development: A Case Study of 756 Rural Households in 4 Provinces of Western China ［J］. Journal of Agro – Forestry Economics and Manage-ment, 2015, 14 （6）: 606 – 612.

［10］ Elhorst J P, Fréret S. Evidence of Political Yardstick Competition in France Using a Two – regime Spatial Durbin Model with Fixed Effects ［J］. Journal of Regional Science, 2009 (49) .

［11］ Ellis F. Rural Household and Diversify in Developing Countries ［M］ . Oxford: Oxford University Press, 2000.

［12］ Gao M T, Yao Y. Which Is the Main Reason for Income Inequality in Rural China: Physical Assets or Human Capital? ［J］. Economic Research Journal, 2006 (12): 71 –79.

［13］ Guangsheng Zhang, Mi Zhou. Voluntary Provision of Village Level Public Goods: From the View of "One Case One Meeting" System ［J］. China Agricultural Economic Review,2010, 2 (4) .

［14］ Guirkinger C, Boucher S. Credit Constraints and Productivity in Peruvian Agriculture ［J］. Agricultural Economics, 2008, 39 (3): 295 –308.

［15］ Hanemann M, Loomis J, Kanninen B. Statistical Efficiency of Double – Bounded Dichotomous Choice Contingent Valuation ［J］. American Journal of Agricultural Economics, 1991, 73 (4) : 1255 –1263.

［16］ Ian J Bateman, Emily Diamand, Ian H Langford, Andrwe Jones. Household Willingness to Pay and Farers' Willingness to Accept Compensation for Establishing a Recreational Woodland ［J］. Journal of Environmental Planning and Management, 1996 (39 –1): 21 –43.

［17］ Isabel Vanslembrouck, Guido Van Huylenbroeck, Wim Verbeke. Determinants of the Willingness of Belgian Farmers to Participate in Agrienvironmental ［J］. Journal of Agricultural Economics, 2002 (11) .

［18］ Jacoby H, Skoufias E Risk, Financial Markets, and Human Capital in a Developing Country ［J］. Review of Economic Studies, 1997 (7): 7, 14.

［19］ J M Browker, H F Macdonald. An Economic Analysis of Localized Pollution: Rendering Emissions in a Residential Setting ［J］. Canadian Journal of Agricultural Economics, 1993 (41): 45 –59.

［20］ Madhu Khanna. Sequential Adoption of Site – specfic Technologies and Its Implication for Nitrogen Productivity: A Double Selectivity Model ［J］. Amer. J. Agr. Econ. , 2001, 83 (1): 35 –51.

［21］ Marcel Fafchamps, Flore Guberb. The Formation of Risk Sharing Networks ［J］. Journal of Development Economics, 2007 (2): 326 –350.

［22］ Marcel Fafchamps, Susan Lund. Risk – sharing networks in rural Philippines [J]. Journal of Development Economics, 2003 (71): 261 – 287.

[23] Martin Ravallion, Lorraine Dearden. Social Security in a "Moral Economy": An Empirical Analysis for Java [J]. The Review of Economics and Statistics, 1988 (79): 36 – 44.

[24] Meert H G, Huylenbroeck T, Vernimmen, et al. Farm household survival strategies and diversification on marginal farms [J]. Journal of Rural Studies, 2005, 21 (1): 81 – 97.

[25] Michael Ahlheim, Wolfgang Buchholz. WTP or WTA – Is that the Question? Reflections on the Difference between "Willingness to Pay" and "Willingness to Accept" [R]. 1998.

[26] Murrell P, Dunn K, Turner K G. The Culture of Policymaking in the Transition from Socialism: Price Policy in Mongolia [J]. Economic Development and Cultural Change. 1996.

[27] Natalia N Borisova, Allen C Goodman. Measuring the Value of Time for Methadone Maintenance Clients: Willingness to Pay, Willingness to Accept and the Wage Rate [J]. Health Economics, 2003 (18): 112 – 134.

[28] Netting P. Smallholders, Householders: Farm Families and the Ecology of Intensive, Sustainable Agriculture [M]. Stanford: Stanford University Press, 1993.

[29] Persson T, Tabellini G. Democratic Capital: The Nexus of Political and Economic Change [J]. CEPR Discussion Paper, No. 5654. 2006.

[30] Platteau J., Abraham A. An Inquiry into Quasi – Credit Contracts: The Role of Reciprocal Credit and Interlinked Deals in Small – scale Fishing Communities [J]. 41 Dev. Stud., 23 (4): 461 – 490, July 1987.

[31] Robert M Townsend. Risk and Insurance in Village India [J]. Econometrica, 1994 (62 – 3).

[32] Scoones I, et al. Hazards and Opportunities – Farming Livelihoods in Dry land Africa: Lessons from Zimbabwe [M]. London Zed Books, 1995.

[33] Stephen G, Perz. Are Agricultural Production and Forest Conservation Compatible? Agricultural Diversity, Agricultural Incomes and Primary Forest Cover among Small Farm Colonists in the Amazon [J]. World Development, 2004, 32 (6): 957 – 977.

[34] Strauss J, Thomas D. Health, Nutrition and Economic Development [J]. Journal of Economic Literature, 1998, 36 (2): 766 – 817.

[35] Sun Xiangyu. Crop Insurance Knowledge, Trust on Government and Demand

for crop insurance an empirical study of peasant households willingness to pay in Huai'an, Jiangsu Province. [J]. Journal of Nanjing Agricultural University (Social Science Edition), 2008 (3): 48 –55.

[36] Wan J H, Wang A J, Liu Z, et al. Drought resilience in view of income diversity of peasant household: A case study on Xinghe County, Inner Mongolia [J]. Journal of Natural Disasters, 2008 (1): 122 –126.

[37] Wang Ming, Liao Chuan, Yang Saini, Zhao Weiting, et al. Are People Willing to Buy Natural Disaster Insurance in China? Risk Awareness, Insurance Acceptance, and Willingness to Pay [J]. Risk Analysis, 2012 (10).

[38] Winters P B, Davis G, Carletto, et al. Assets, Activities and Rural Income Generation: Evidence from A Multicountry Analysis [J]. World Development, 2009, 37 (9): 1435 –1452.

[39] Yunxiang Yan. The Flow of Gifts: Reciprocity and Social Networks in a Chinese Village [M]. Stanford University Press, 1996.

[40] Zhen L., Zoebisch M A and Chen G B. Sustainability of Farmers' Soil Fertility Management Practices: A Case in the North China Plain [J]. Journal of Environmental Management, 2006, 79 (4): 409 –419.

[41] 艾晓多. 城郊型新农村建设研究[D]. 中央民族大学博士学位论文, 2011.

[42] 白永秀. 社会主义新农村建设的载体及路径选择[J]. 学术月刊, 2007 (6).

[43] 财政部关于印发《村级公益事业建设"一事一议"财政奖补项目管理暂行办法》的通知[J]. 中华人民共和国国务院公报, 2012 (16).

[44] 曹海林, 许庞. "一事一议"财政奖补政策效应分析——基于苏皖二镇的实地调查[J]. 农村经济, 2014 (12).

[45] 常伟, 苏振华. "一事一议"为何效果不佳: 基于机制设计视角[J]. 兰州学刊, 2010 (5).

[46] 陈传波. 农户多样化选择行为实证分析[J]. 农业技术经济, 2007 (1).

[47] 陈代福. 乡土社会的礼物交换及其当代变迁——以鄂西南地区龙山村为例[J]. 长江大学学报 (社会科学版), 2014 (12).

[48] 陈果. 内江市东兴区新农村建设中存在的问题及对策研究[D]. 四川农业大学博士学位论文, 2013.

[49] 陈杰, 刘伟平, 余丽燕. "一事一议"财政奖补制度绩效及评价研

究——以福建省为例[J].福建论坛（人文社会科学版），2013（9）.

[50] 陈丽洁.新时期新农村建设现存问题及对策初探[J].农民致富之友，2014（3）.

[51] 陈硕，朱琳.基层地区差异与政策实施——以农村地区"一事一议"为例[J].中国农村经济，2015（2）.

[52] 陈锡文.加快社会主义新农村建设[J].中国经贸导刊，2011（1）.

[53] 陈锡文.建设新农村不应搞"样板"[EB/OL].新华网，http：www.xinhuanet.com，2006－03－08.

[54] 陈锡文.适应经济发展新常态、加快转变农业发展方式——学习贯彻习近平总书记在中央经济工作会议上的重要讲话精神[J].求是，2015（6）.

[55] 陈玉宇，行伟波.消费平滑、风险分担与完全保险——基于城镇家庭收支调查的实证研究[J].经济学季刊，2006（10）.

[56] 陈昱，陈银蓉，马文博.基于 Logistic 模型的水库移民安置区居民土地流转意愿分析——四川、湖南、湖北移民安置区的调查[J].资源科学，2011（6）.

[57] 陈跃华.浙江省农户收入多样化及其影响因素的实证研究[D].浙江大学博士学位论文，2002.

[58] 陈云，史清华，顾海英.礼金成重负——农村人情礼往行为的经济学分析[J].消费经济，2005（12）.

[59] 程名望，史清华.农户收入水平、结构及其影响因素——基于全国农村固定观察点微观数据的实证分析[J].数量经济技术经济研究，2014（5）.

[60] 崔明，覃志豪，唐冲，耿杰，王娜.我国新农村建设类型划分与模式研究[J].城市规划，2006，30（12）.

[61] 崔永福，王俊凤.保定市新农村建设调查分析与对策研究[J].经济研究导刊，2013（10）.

[62] 段伟，刘倩情，雷硕等.收入多样化、森林依赖度和林业可持续发展——以西部四省756户农户数据为例[J].农林经济管理学报，2015，14（6）.

[63] 方杰，曹邦英，卿锦威.基于农业循环经济的社会主义新农村生态环境建设探讨[J].生态经济，2009（2）.

[64] 方行明，屈锋，尹勇.新农村建设中的农村能源问题——四川省农村沼气建设的启示[J].中国农村经济，2006（9）.

[65] 费孝通.乡土中国[M].北京：人民出版社，2008.

[66] 高梦滔，姚洋.农户收入差距的微观基础：物质资本还是人力资本？[J].经济研究，2006（12）.

［67］高旺盛．论保护性耕作技术的基本原理与发展趋势［J］.中国农业科学，2007（12）．

［68］郭霞．基于农户生产技术选择的农业技术推广体系研究［D］.南京农业大学博士学位论文，2008.

［69］郭霄哲．社会主义新农村乡风文明建设面临的问题与对策探讨［J］.农民致富之友，2015（10）．

［70］国务院农村综合改革工作小组　财政部　农业部关于开展村级公益事业建设"一事一议"财政奖补试点工作的通知［J］.农村财务会计，2008（4）．

［71］韩国新村运动对我国建设新农村的启示．"社会主义新农村"解读［J］.学习月刊，2006（1）．

［72］韩俊．建立和完善社会主义新农村建设的投入保障机制［J］.宏观经济研究，2006（3）．

［73］何军．代际差异视角下农民工城市融入的影响因素分析——基于分位数回归方法［J］.中国农村经济，2011（6）．

［74］何文盛，姜雅婷，王焱．村级公益事业建设"一事一议"财政奖补政策绩效评价——以甘肃省6县（区）为例［J］.中国农村观察，2015（3）．

［75］何兴强．健康风险与城镇居民家族消费［J］.经济研究，2014（5）．

［76］贺聪志，李玉勤．社会主义新农村建设研究综述［J］.农业经济问题，2006（10）．

［77］贺雪峰．村社本位、积极分子：建设社会主义新农村视角研究二题［J］.河南社会科学，2006（3）．

［78］贺雪峰．让农民分享现代化的好处［EB/OL］.中国社会科学院农村发展研究所网站，http：rdi. cass. cn，2006－03－10.

［79］洪名勇，关海霞．农户土地流转行为及影响因素分析［J］.经济问题，2012（8）．

［80］黄光国．人情与面子：中国人的权力游戏［M］.台湾：巨流图书公司，2011.

［81］黄季．农业技术的采用和扩散，农业技术进步测定的理论方法［M］.北京：中国农业科技出版社，1994.

［82］黄坚．论"一事一议"的制度困境及其重构［J］.农村经济，2006（11）．

［83］黄延信，张海阳，李伟毅，刘强．农村土地流转状况调查与思考［J］.农业经济问题，2011（5）．

［84］黄玉琴．礼物、生命仪礼和人情圈——以徐家村为例［J］.社会学研

究，2002（4）.

[85] 简新华，何志扬. 中国工业反哺农业的实现机制和路径选择[J]. 南京大学学报（哲学·人文科学·社会科学版），2006（9）.

[86] 蒋琼. 新农村建设中农民满意度及需求调查与分析——基于湖南洪江市新农村问卷调查[J]. 山东省农业管理干部学院学报，2009，25（5）.

[87] 孔祥智，方松海，庞晓鹏，马九杰. 西部地区农户禀赋对农业技术采纳的影响分析[J]. 经济研究，2004（12）.

[88] 孔英丽. 乡村旅游对农村生态影响的两面性及其应对[J]. 农村经济，2014（5）.

[89] 乐章. 农民土地流转意愿及解释——基于十省份千户农民调查数据的实证分析[J]. 农业经济问题，2010（2）.

[90] 雷波，张丽，夏婷婷等. 基于层次分析法的重庆市新农村生态环境质量评价模型[J]. 北京工业大学学报，2011（9）.

[91] 冷智花，付畅俭，许先普. 家庭收入结构、收入差距与土地流转——基于中国家庭追踪调查（CFPS）数据的微观分析[J]. 经济评论，2015（5）.

[92] 李立清，李明贤. 社会主义新农村建设评价指标体系研究[J]. 经济学家，2007（1）.

[93] 李旻，张广胜，周静等. 新农村建设：十年成就及新挑战——基于辽宁省"百村千户"的调查[J]. 农业科学，2015.

[94] 李琴，熊启泉，孙良媛. 利益主体博弈与农村公共品供给的困境[J]. 农业经济问题，2005（4）.

[95] 李小云. 从建设社会主义新农村的角度谈新时期农村妇女发展[J]. 妇女研究论丛，2006（3）.

[96] 李征. 北京市新农村信息化现状与发展对策研究——以北京市首批新农村试点村为例[D]. 中国农业科学院博士学位论文，2009.

[97] 梁昊. "一事一议"财政奖补项目后续管护机制研究[J]. 财政研究，2013（6）.

[98] 梁义成，李树苗，李聪. 基于多元概率单位模型的农户多样化生计策略分析[J]. 统计与决策，2011（15）.

[99] 辽宁省人民政府办公厅转发省农委等部门关于开展村级公益事业"一事一议"财政奖补试点工作意见的通知[J]. 辽宁省人民政府公报，2009（12）.

[100] 林万龙. 农村公共服务市场化供给中的效率与公平问题探讨[J]. 农业经济问题，2007（8）.

[101] 林毅夫. 关于社会主义新农村建设的几点建议[J]. 北方经济，2006

（3）．

［102］林毅夫．新农村建设从村容整洁入手［EB/OL］．新浪网财经版，http：finance. sina. com. cn，2006－03－17.

［103］林毅夫．制度、技术与中国农业发展［M］．上海：上海三联书店、上海人民出版社，1994.

［104］刘军弟，霍学喜，黄玉祥，韩文霆．基于农户受偿意愿的节水灌溉补贴标准研究［J］．农业技术经济，2012（11）．

［105］刘利雨．论新农村建设取得的巨大成就［J］．农民致富之友，2013.

［106］娄亚鹏．新农村建设中的农村土地流转问题研究——以河南平顶山市为例［D］．长江大学硕士学位论文，2013.

［107］陆彬．我国新农村建设的问题与对策研究［J］．中外企业家，2015（35）．

［108］陆成林．农村环境综合整治财政政策创新——以辽宁省为例［J］．财政研究，2014（4）．

［109］陆铭等．市场化进程中社会资本还能够充当保障机制吗——中国农村家族灾后消费的经验研究［J］．世界经济，2010（9）．

［110］陆学艺．当前农村形势和社会主义新农村建设［EB/OL］．中国社会科学院网站，http：www. cass. net. cn f ile 2006040557531. html，2006－04－05.

［111］罗敏．村级"一事一议"财政奖补政策执行中的问题及建议——以甘肃省农村公益事业建设为例［J］．财政研究，2012（3）．

［112］罗仁福，王宇，张林秀，刘承芳，易红梅．"一事一议"制度、农村公共投资决策及村民参与——来自全国代表性村级调查面板数据的证据［J］．经济经纬，2016（2）．

［113］骆东奇，周于翔，姜文．基于农户调查的重庆市农村土地流转研究［J］．中国土地科学，2009（5）．

［114］马凯．中华人民共和国国民经济和社会发展第十一个五年规划纲要（辅导读本）［M］．北京：北京科学技术出版社，2006.

［115］马小勇，白永秀．中国农户的风险应对机制与消费波动——来自陕西的经验证据［J］．经济学季刊，2009（10）．

［116］马晓河．新农村建设的重点内容与政策建议［J］．经济研究参考，2006（31）．

［117］冒佩华．农地制度、土地经营权流转与农民收入增长［J］．管理世界，2015（5）．

［118］孟黎明．湖北山区新农村建设研究实践——以龙潭村为例［D］．华中

师范大学博士学位论文，2013.

［119］宁满秀，苗齐，邢鹂，钟甫宁．农户对农业保险支付意愿的实证分析——以装配线玛纳斯河流域为例［J］.中国农村经济，2006（6）．

［120］彭长生．"一事一议"将何去何从——后农业税时代村级公共品供给的制度变迁与机制创新［J］.农村经济，2011（10）．

［121］彭长生．基于村干部视角的"一事一议"制度绩效及评价研究［J］.农业经济问题，2012（2）．

［122］彭杰武．我国新农村建设的成就与成功经验［J］.保山学院学报，2013（4）．

［123］秦苏芳．从随礼看农民对社会保障的需求——以辽宁省开原市Ｓ村随礼现状的博弈分析为例［J］.社会保障研究，2010（3）．

［124］饶旭鹏．新农村建设的成就与问题——来自甘肃华池县、正宁县的调查［J］.创新，2013（3）．

［125］任映红．当前农村人情文化的负面将就和正向功能——以温州农村为例［J］.管理，2012（1）．

［126］单哲．山东省新农村建设关键问题及推进机制研究［D］.中国海洋大学博士学位论文，2011.

［127］尚会鹏．豫东地区婚礼中的"随礼"现象分析［J］.社会学研究，1996（6）．

［128］邵洁．新农村公共文化服务体系建设研究——以浙江省温州市鹿城区藤桥镇为例［D］.华中师范大学硕士学位论文，2014.

［129］盛来运．农民收入增长格局的变动趋势分析［J］.中国农村经济，2005（5）．

［130］石爱虎．农村土地产权制度与农业基础设施发展［J］.西北农业大学学报，1997（S1）．

［131］石敏，李琴．我国农地流转的动因分析——基于广东省的实证研究［J］.农业技术经济，2014（1）．

［132］宋军，胡瑞法，黄季．农民的农业技术选择行为分析［J］.农业技术经济，1998（6）．

［133］宋言奇，段进军．新农村生态环境保护不可忽略的六大环节［J］.农业现代化研究，2007（1）．

［134］孙香玉．保险认知、政府公信度与农业保险的需求——江苏省淮安农户农业保险支付意愿的实证检验［J］.南京农业大学学报（社会科学版），2008（3）．

［135］邰秀军，李树苗，李聪，黎洁．中国农户谨慎消费策略的形成机制
［J］．管理世界，2009（7）：85－93．

［136］唐功江．万源市新农村建设的对策研究［D］．四川农业大学博士学位
论文，2013．

［137］唐学玉，张海鹏，李世平．农业面源污染防控的经济价值——基于安
全农产品生产户视角的支付意愿分析［J］．中国农村经济，2012（3）．

［138］万金红，王静爱，刘珍等．从收入多样性的视角看农户的旱灾恢复
力——以内蒙古兴和县为例［J］．自然灾害学报，2008（1）．

［139］王波，黄光伟．我国农村生态环境保护问题研究［J］．生态经济，2006
（12）．

［140］王春超，李兆能．农村土地流转中的困境：来自湖北的农户调查
［J］．华中师范大学学报（人文社会科学版），2008（4）．

［141］王金霞，张丽娟，黄季焜，Scott Rozelle. 黄河流域保护性耕作技术的
采用：影响因素的实证研究［J］．资源科学，2009（4）．

［142］王倩．基于现状调研的农村土地适度规模经营研究［D］．河南大学博
士学位论文，2012．

［143］王贤彬，张莉，徐现祥．地方政府土地出让、基础设施投资与地方经
济增长［J］．中国工业经济，2014（7）．

［144］王学翠．社会主义新农村建设中存在的主要问题、成因及对策研
究——以山东省曲阜市尼山镇新农村建设情况为例［D］．华中师范大学硕士学位
论文，2014．

［145］王燕．论新农村生态环境的法制保障［J］．农业经济，2008（1）．

［146］魏琦．新农村建设中的政府行为研究［D］．华中师范大学硕士学位论
文，2014．

［147］温思美，赵德余．我国农户经营的非专业化倾向及其根源［J］．学术
研究，2002（1）．

［148］温铁军．充分发挥政府和农民两个积极性——著名学者温铁军谈新农
村建设［J］．前线，2006（1）．

［149］西爱琴．政府参与视角下农业巨灾保险认知及支付意愿——以苹果种
植户为例［J］．农业经济，2014（2）．

［150］西爱琴，邹贤奇．农户对农业保险支付意愿及受偿意愿的实证分
析——以四川能繁母猪保险为例［J］．浙江理工大学学报、浙江理工大学学报，
2012（4）．

［151］项继权，李晓鹏．"一事一议财政奖补"：我国农村公共物品供给的

新机制[J].江苏行政学院学报,2014(2).

[152] 肖相国.建设新农村倡导新生活[J].吉林农业,2015(14).

[153] 谢扬.推进城镇化　建设新农村[J].新视野,2008(5).

[154] 修竣强.新农村建设中财政投入研究[D].财政部财政科学研究所硕士学位论文,2013.

[155] 徐大伟,荣金芳,李亚伟,李斌.生态补偿标准测算与居民偿付意愿差异性分析[J].系统工程,2015(5).

[156] 徐大伟,荣金芳,李亚伟,李斌.生态补偿款测算与居民偿付意愿差异性分析——以怒江流域上游地区为例[J].系统工程,2015(5).

[157] 徐大伟,赵云峰,侯铁珊,杨娜.辽河流域生态价值评估中 WTP 与 WTA 差异性的实证分析[J].数理统计与管理,2015(1).

[158] 许恒周,郭玉燕.农民非农收入与农村土地流转关系的协整分析——以江苏省南京市为例[J].中国人口·资源与环境,2011,21(6).

[159] 许恒周,郭忠兴.农村土地流转影响因素的理论与实证研究——基于农民阶层分化与产权偏好的视角[J].中国人口·资源与环境,2011(3).

[160] 闫小欢,霍学喜.农民就业、农村社会保障和土地流转——基于河南省 479 个农户调查的分析[J].农业技术经济,2013(7).

[161] 晏兴成.礼物的形式与礼物交换者动机的嬗变——基于西南地区 M 村仪式性场合礼物流动的社会学研究[D].浙江大学博士学位论文,2010.

[162] 杨峰.农村生态环境管理研究[D].郑州大学博士学位论文,2014.

[163] 杨凯,赵军.城市河流生态系统服务的 CVM 估值及其偏差分析[J].生态学报,2005(6).

[164] 杨宜音.人际关系的建立与保持:农村人情消费分析[J].社会心理研究,1998(6).

[165] 叶进,周宏彬.构建新农村生态环境保护长效机制探微[J].农村经济,2009(3).

[166] 叶敬忠.留守妇女与新农村建设[J].中华女子学院学报,2009(3).

[167] 易行健,张波,杨汝岱,杨碧云.家庭社会网络与农户储蓄行为:基于中国农村的实证研究[J].管理世界,2012(5).

[168] 余丽燕."一事一议"农村公共产品供给分析——基于福建省的调查[J].农业经济问题,2015(3).

[169] 禹腊腊.晋中市新农村建设模式研究[D].山西农业大学博士学位论文,2014.

[170] 张传庚．广西新农村生态环境建设面临的挑战及对策[J].生态经济，2010（12）．

[171] 张广胜，周虹，景再方，李旻，潘春玲，周艳波．基于农民视角的新农村建设：现状及思考——对辽宁 15 县（区）1210 个农户的调查[J].农业经济问题，2006（10）．

[172] 张建军．竞争—承诺—服从：中国企业慈善捐款的动机[J].管理世界，2013（9）．

[173] 张敬华．江苏扬泰地区新农村建设研究[D].南京林业大学博士学位论文，2014.

[174] 张丽琴．随礼的历程考察与心理分析——基于东北农民 K 的随礼账册[J].中国农村观察，2010（5）．

[175] 张晓波，樊胜根，张林秀，黄季焜．中国农村基层治理与公共物品提供[J].经济学（季刊），2003（3）．

[176] 张永灵．湖南省衡阳县社会主义新农村文化建设的困境与对策研究[D].中国林业科学研究院博士学位论文，2014.

[177] 赵光，李放．养老保险对土地流转促进作用的实证分析[J].中国人口·资源与环境，2014（9）．

[178] 赵家国．着力构建农村金融新体系[J].农业经济，2011（7）．

[179] 赵培芳，李玉萍，姚晓磊．村干部在新农村建设中的角色探讨[J].湖南农业科学，2015（7）．

[180] 郑鹃娟．郫县社会主义新农村建设的问题与对策研究[D].四川农业大学博士学位论文，2013.

[181] 钟晓兰，李江涛，冯艳芬，李景刚，刘吼海．农户认知视角下广东省农村土地流转意愿与流转行为研究[J].资源科学，2013（10）．

[182] 周波．江西稻农技术采用决策研究[D].上海交通大学博士学位论文，2011.

[183] 周金衢．农村土地流转中农民、大户与国家关系研究[D].华中师范大学博士学位论文，2014.

[184] 周美琴，叶涛，史培军，聂文东．我国种植业政策性保险制度：由设计到实践的挑战——以湖南省为例[J].农业经济问题，2012（2）．

[185] 周密，张广胜．"一事一议"制度的运行机制与适用性研究[J].农业经济问题，2010（2）．

[186] 周密，张广胜．"一事一议"制度与村级公共投资：基于对 118 位村书记调查的经验分析[J].农业技术经济，2009（1）．

［187］周学红，马建章，张伟，王强．运用 CVM 评估濒危物种保护的经济价值及其可靠性分析［J］.自然资源学报，2009（2）.

［188］周晔馨．社会资本是穷人的资本吗？——基于中国农户收入的经验证据［J］.管理世界，2012（7）.

［189］朱建军，胡继连．农地流转对我国农民收入分配的影响研究——基于中国健康与养老追踪调查数据［J］.南京农业大学学报（社会科学版），2015，15（3）.

［190］朱萌，齐振宏，罗丽娜，黄建，李欣蕊，张董敏．不同类型稻农保护性耕作技术采纳行为影响因素实证研究——基于湖北、江苏稻农的调查数据［J］.农业现代化研究，2015（4）.

［191］朱晓莹．"人情"的泛化及其负功能——对苏北一农户人情消费的个案分析［J］.社会，2003（9）.

［192］朱宇．新农村和谐文化建设研究——淮南市新农村和谐文化建设的现状与对策［D］.上海师范大学硕士学位论文，2011.

［193］诸培新，张建，张志林．农地流转对农户收入影响研究——对政府主导与农户主导型农地流转的比较分析［J］.中国土地科学，2015，29（11）.

［194］祝海波．我国林地流转机理及制度思考［J］.农村经济，2006（12）.

［195］庄岁林．新农村建设与农村金融改革研究［D］.华中农业大学博士学位论文，2007.

4